사도신경

12문장에 담긴 기독교 신앙

사도신경 12문장에 담긴 기독교 신앙(해설서)

펴 낸 날   2017년 11월 10일
3쇄찍은날   2022년 2월 28일
지 은 이   손재익
펴 낸 이   장상태
펴 낸 곳   디다스코
            서울시 서초구 서초동 1355-3 서초월드오피스텔 1605호
전   화   02-6415-6800
팩   스   02- 523-0640
이 메 일   is6800@naver.com
등   록   2007년 4월 19일
신고번호   제2007-000076호

Copyright@디다스코

ISBN 979-11-956561-6-5 (93230)

값은 표지에 있습니다.

사도신경

12문장에 담긴 기독교 신앙

―――

웨스트민스터 신앙고백서 및 대소요리문답, 하이델베르크 요리문답,
벨기에 신앙고백서로 보는 사도신경

손 재 익

디다스코

사도신경은

·

간결하고 장엄한 신앙의 규범이다. 단어의 수는 간결하나,
문장의 무게는 장엄하다

Symbolum est
regula fidei brevis et grandis; brevis numero verborum,
grandis pondere sententiarum

– 아우구스티누스(Augustinus) –

일러두기

1. 약자(略字)로 표기된 것은 다음과 같다.

   BC = 벨기에 신앙고백서(Belgic Confession, 1561)

   HC = 하이델베르크 요리문답(Heidelberg Catechism, 1563)

   Dort = 도르트 신조(Canons of the Synod of Dort, 1619)

   WCF = 웨스트민스터 신앙고백서(Westminster Confession of Faith, 1647)

   WSC = 웨스트민스터 소요리문답(Westminster Shorter Catechism, 1648)

   WLC = 웨스트민스터 대요리문답(Westminster Larger Catechism, 1648)

2. 이 책에 인용된 신조들 중 웨스트민스터 신앙고백서, 웨스트민스터 대요
   리문답, 웨스트민스터 소요리문답, 벨기에 신앙고백서, 도르트 신조는
   저자의 번역이다. 하이델베르크 요리문답은 성약출판사의 번역을 조금 고
   쳐서 사용하였고, 첨가된 영어는 Fred H. Klooster, *Our Only Comfort:
   A Comprehensive Commentary on the Heidelberg Catechism*
   (Grand Rapids: Faith Alive, 2001)에 실린 미국 CRC교단의 것이다.

추천사 1

황 대 우

고신대 개혁주의 학술원, 한국칼빈학회장

손재익 목사는 『십계명, 언약의 10가지 말씀』이라는 책으로 많은 사람들에게 잘 알려져 있습니다. 본인의 유명세로 충분한데도 불구하고 군이 동역자인 제게 추천사를 받으려고 하는 겸손한 자세는 놀랍고 감동적입니다. 저자와의 관계가 조금은 복잡하지만 결코 미묘하지는 않습니다. 저자를 알게 된 지 10년이 넘었고 좋은 관계를 유지하고 있으니 십년지기라 해도 될 듯합니다.

먼저 이 책의 장점을 소개하자면, 첫째, 일반적이고 대중적인 사도신경 해설서에서는 찾아보기 힘든 사도신경의 형성 배경에 대한 역사적 자료와 상세한 해석을 제공하고 있다는 점입니다. 이런 부분은 요즘 일부 개신교도들 가운데 사도신경이 천주교 배경을 가진 신앙고백이므로 사용해서는 안 된다고 주장하는 사람들이 있는데, 이들의 주장은 사실 무근하고 허무맹랑한 것입니다. 본서는 초대교회 교인들도 사도신경과 같은 내용을 고백했다는 사실을 잘 보여주고 있습니다.

둘째, 사도신경을 쉬운 말로 해설하지만 결코 가볍지 않고, 신학적으로 깊고 풍성하지만 결코 난해하지 않다는 점입니다. 최근 대중적인 사도신경 해설서들이 제법 출간되고 있는데, 이 책은 해설 내용이 결코 가볍지 않고 오히려 상당히 깊고 진중합니다.

셋째, 개혁주의적 관점의 해설서라는 점입니다. 본서는 단순히 저자의 주관적인 개혁주의가 반영된 해설서가 아닙니다. 저자가 16-17세기 대표적인 개혁주의 신앙고백서들을 직접 번역하는 수고로움을 마다하지 않음으로써 공공의 개혁주의 관점을 확보하면서, 동시에 스스로 섭렵한 개혁주의 신학의 진수를 통합적으로 녹여낸 해설서입니다.

넷째, 사도신경에 관한 최근의 어떤 저술보다 성실하고 꼼꼼한 해설서입니다. 이것은 저자의 성실함과 꼼꼼함이 반영된 결과라 생각합니다. 개혁주의에 대한 저자의 사랑은 누구보다 열정적이고 뜨거우면서도, 역사적 자료에 대한 저자의 분석력은 누구보다 이성적이고 냉철합니다.

이 책을 일독하시는 분들은 본서가 저자의 뜨거움과 냉철함이 동시에 조화롭게 녹아 있는 탁월한 해설서라는 사실을 직접 체험하게 될 것입니다.

정 준 화

일산 현산교회(예장 합신) 집사, 한국건설기술연구원 부원장

어제 저녁 구역모임에서 예수 그리스도를 믿은 지 1년께 되신 60줄의 한 성도 분이 이렇게 묻는다. "믿는 사람의 삶이 왜 세상의 본이 되지 못하는가? 기독교에는 왜 프란체스코 교황같이 세상도 인정하는 듯한 그러한 사표(師表)가 없는가?"

두 가지 이유에서라고 답한다: "한국교회가 올바로 말씀을 가르치지 않아서입니다. 거기에 말씀을 들은 이가 그것을 귓등으로 듣고 흘려버려 말씀이 그중심에 뿌리내리지 못해서입니다. 그 결과로 믿는 바가 인격과 삶을 재형성(reform)하지 못하고 옛사람의 삶을 여전히 사는 것입니다."

대답인즉슨 옳다. 사도 베드로가 믿음 다음에 덕을 말하고 사도 야고보가 믿음을 행위로 보이라고 도전한 것은, 어떤 사람이 말씀을 올바로 듣고 받아들인다면 그는 자신의 인격과 삶을 변개시키는 싸움을 해야 함을 지적한 것이다. 믿는다면서 삶으로 그 믿음을 드러내지 않는다면 그 원인은 앞서 답한 둘 중 하나다.

여기, 믿음은 하나님의 말씀을 들음에서 난다는 가장 기본적인 사실에 충실하게 말씀을 가르치고 그에 기초하여 교회를 이루어가려는 젊은 목회자의 책을 추천한다. 그는 나와 함께 서울강서교회(마포구 소재)에서 3년 정도 동역했는데, 그가 개혁파 신앙에 충실한 말씀 해석과 가르침을 위해 늘 교회사 속 신앙의 선배들의 연구와 설교를 바탕으로 꼼꼼하게 설교와 강의안을 준비하던 모습이 눈에 선하다. 여기 펴내는『사도신경』도 지난해에 펴낸『십계명, 언약의 10가지 말씀』과 함께 섬기는 교회의 성도들을 앞에 두고 그렇게 준비하여 가르친 결과물인 것으로 안다.

이 책은 우선 누가 읽어도 이해하기 쉽게 썼다. 그간 우리가 사도신경을 무심코 외우면서 간과했을 법한 부분을 꼼꼼하게 지적하면서, 궁금해할 만한 것을 잘 설명해준다. 그렇다고 그가 근거 없이 소설처럼 해설을 썼다는 것은 아니다. 성경의 근거구절과 교리사와 신조들을 함께 비교하여 살펴서 그 조항의 의미를 듣고, 그것을 믿는 것의 유익이나 중요성을 설명한 뒤, 그 고백이 배격하는 것과 그 고백을 하면서 가져야 할 마음자세를 말하면서 해당 조항을 마무리하고 있다.

세 번의 "Credo"(믿나이다)로 시작하는 사도신경은 삼위 하나님이 어떤 분이시며 우리를 위해 무엇을 하셨는가를 잘 요약한 신앙고백이다. 이 믿음의 고백은 삼위 하나님께서 어떻게 인간을 구원하시는가를 아는 자의 복명복창(復命復唱)인바, 이 신경의 참뜻을 알고 마음으로 시인하는 자는 그의 인격과 삶이 예수 그리스도를 닮아가게 돼 있다. 믿는 자의 인격과 삶의 실제가 어떠해야 하는가는 십계명을 펴 들면 된다.

성령의 조명 아래에서, 올바른 이해는 올바른 믿음을 낳고 올바른 믿음은 올바른 인격과 삶을 낳는다. 고로 다시 자문한다. 수십 년간 예배 때마다 삼위 하나님과 삼위 하나님께서 하신 일을 "믿나이다" 하고 고백해온 나는 그 고백에 걸맞은 성품을 갖추고 그러한 삶을 살아가고 있는가? 집사에게도 추천사를 써 달라고 먼저 보내준 원고를 읽는 첫 호사를 누리면서 묻기에는 너무 무거운 물음이나, 이런 기회로 그 고백의 참뜻을 찬찬히 새겨보고 그 고백이 우리에게 주는 참된 도전을 받고 성령의 깨닫게 하심과 위로를 구한다.

이 두 병

손재익 목사를 대학시절부터 지켜봐 왔다. SK그룹 계열사에서 광고 관련
일을 하고 있으며 예수가족교회(예장 합동) 서리집사이다.

바른 말씀의 선포와 개혁교회를 세우는 일을 삶의 큰 기쁨이요 일생의 사명으
로 알고 주님의 몸 된 교회를 섬기는 손재익 목사의 사도신경 해설서 출간을 축
하드립니다.

저와 같은 평신도들에게 좋은 신앙 서적을 만나는 일은 올바른 교회에 출석하
는 것 다음으로 중요한 일입니다. 저 역시 신앙생활을 하면서 성경과 종교개혁
의 전통 위에 서 있으면서도 읽기 쉽게 쓰여진 사도신경 해설서를 찾기란 의외
로 어려웠기에 이 책을 적극 추천합니다.

이 책의 구성은 성경의 내용을 잘 소화하여 청중들이 이해하기 쉽도록 설교하
는 손재익 목사의 설교 스타일을 닮았습니다. 구체적으로 사도신경의 유래와 전
체 구조에 대해서 많은 장을 할애하여 사도신경이 교회사에서 어떤 위치를 차지
하는지를 잘 보여주고 있습니다. 본론에 들어가서는 각 문구마다 3대 일치신조
및 웨스트민스터 표준문서의 내용과 연계한 친절한 해설이 돋보이며, 특히 사도
신경을 고백할 때 가져야 할 성도의 마음가짐을 정리한 부분에서는 성도의 실제
신앙생활에 도움을 주고자 하는 목회자의 속 깊은 배려를 느낄 수 있었습니다.

책 후반부에 적은 저자의 말처럼 사도신경을 믿으면 구원 얻기에 충분하겠지
만, 한편으로 사도신경은 신앙의 모든 내용을 담고 있지는 않습니다. 이것이 십
계명 해설서와 사도신경 해설서에 이은 저자의 다음 책에 기대감을 가지게 되는
이유입니다. 성경에 근거하고 사도적 전통 및 종교개혁의 밝은 빛을 비춰준 선
배들의 신앙유산에 기대어 개혁주의 교회건설을 꿈꾸는 모든 이들과 함께 다시
한 번 이 책의 출간을 축하합니다.

머리말

사도신경. 주일예배를 비롯한 각종 모임마다 고백하는 신조다. 그리스도인이 되고부터 죽기까지 수천 번을 암송하는 고백이다. 주일 오전과 오후(저녁)예배, 그리고 그 외에 1주일에 1회 정도 암송한다고 가정하면 10년만 교회를 다녀도 약 1,500회를 암송하게 된다. 하지만 안타깝게도 기독교 복음의 기초와 핵심을 요약해 놓은 사도신경의 의미를 잘 모르는 경우가 많다.

가장 단순한 예로, 사도신경을 누가 언제 왜 작성했는지 물어보면 100명의 그리스도인들 중에 99명이 대답을 못한다. 사도신경의 고백 중 하나인 "거룩한 공교회"가 무엇을 뜻하는지를 물으면 제대로 이해하고 답하는 사람이 드물다.

그 이유가 무엇일까? 사도신경의 중요성 때문에 많이 사용(낭독 및 암송)은 하지만 정작 그 내용과 의미를 가르치거나 배우지 않기 때문이다. 대다수의 한국 교회가 사도신경, 주기도문, 십계명을 외우도록 하지만, 정작 가르치지는 않는다. 일평생 교회를 다녀도 그 의미를 배울 수 없는 경우가 많다.

이 책은 그러한 안타까움에 대한 결과물이다. 필자는 이 책을 통해 사도신경을 상세히 해설했다. 사도신경이 어떻게 만들어졌는지부터 각 단어와 문장이 담고 있는 의미, 성경적 근거, 각 문장이 배격하는 사상, 각 문장을 고백할 때 가져야 할 마음 등을 담고 있다. 상세히 해설하되, 쉽게 해설하려고 노력했다.

특히 사도신경이 성경적이지 않다고 주장하는 이들, 사도신경이 성경이 아닌데 왜 필요하냐고 주장하는 이들의 생각이 얼마나 잘못되었는지를 증명하고자 했다. 또한 웨스트민스터 신앙고백서와 대소요리문답이 사도신경을 반영하지 않았다는 오해가 얼마나 잘못되었는지를 증명하고자 했다. 이를 통해 사도신경 이후에 나온 개혁주의 신앙고백서(벨기에 신앙고백서, 웨스트민스터 신앙고백서)와 요리문답(하이델베르크 요리문답, 웨스트민스터 대소요리문답)이 다름 아닌 사도신경의 확장판이라는 사실을 드러내려고 했다. 독자들은 이 책을 통해 사도신경이 철저히 성경적이며, 사도신경 이후의 모든 신조들이 사도신경을 좀 더 확대한 것이라는 사실을 알 수 있기를 바란다.

뜻밖에도 사도신경을 해설한 책이 많지 않다. 혹 있다 해도 사도신경을 해설한 하이델베르크 요리문답을 다시 해설한 것이라 사도신경 본래의 뜻을 잘 드러내지 못한 경우가 많다. 이를 염두에 둔 필자는 사도신경 자체에 초점을 두었다. 그러면서도 벨기에 신앙고백서, 하이델베르크 요리문답, 도르트 신조, 웨스트민스터 신앙고백서, 웨스트민스터 대소요리문답에 언급된 내용을 통해 좀 더 구체적으로 설명했다. 특히 웨스트민스터 신앙고백서, 웨스트민스터 대소요리문답, 벨기에 신앙고백서는 필자의 번역이며, 웨스트민스터 신앙고백서와 대소요리문답의 경우 서로 비교하면서 번역하였기 때문에 동일한 영어표현에 대해 동일한 한글표현을 사용했다.

이 해설서는 필자가 같은 출판사를 통해 출간한 『십계명, 언약의 10가지 말씀(해설서)』(디다스코, 2016)과 유사한 형태로 집필되었다. 그렇기에 십계명 해설서를 읽어본 독자라면 이 책도 함께 읽어보기를 권한다. 이 책과 함께 출판된 교재도 유용하게 사용할 수 있다.

이 책을 통해 사도신경에 대한 이해가 분명해지기를 바란다. 나아가 사도신경의 의미를 잘 배워, 사도들이 전해준 복음에 충실한 교회로 세워지기를 바란다. 무엇보다도 사도신경이 담고 있는 고백이 그저 입에만 머무는 고백이 아니라, 마음으로 믿어 입으로 시인하는 고백이 되기를 바란다(롬 10:10).

좀 더 관심 있는 독자를 위해 덧붙이자면, 국내에 웨스트민스터 대요리문답에 대한 해설서가 많지 않은데, 필자가 본서를 통해 제7-11, 15, 17, 21-30, 36-58, 62-65, 70, 72, 77, 82-90, 152문답을 다루고, 필자의 전작(前作)인 『십계명, 언약의 10가지 말씀(해설서)』(디다스코, 2016)에서도 제91-152문답을 다루고 있음을 참조하기 바란다. 또한 곧 이어 나올 주기도문 해설서에서 제178-196문답을 다루고, 다른 출판사를 통해 나올 예배에 관한 저서를 통해 제153-177문답을 다루고 있음을 참조하기 바란다.

마지막으로 앞선 저서에 이어 이 책이 나오도록 독려해준 디다스코 장상태 대표에게 감사드린다. 장 대표가 아니었으면 이 책의 원고는 필자의 컴퓨터 하드디스크에서 필자를 위해서만 사용되었을 것이다. 장 대표 덕분에 원고가 하나의 책이 되었다.

2017년 6월 18일
사랑하는 아내의 생일에
손 재 익

제3부 사도신경의 참된 고백을 위해 · 311

사도신경 (옛 번역)

전능하사 천지를 만드신 하나님 아버지를 내가 믿사오며,
그 외아들 우리 주 예수 그리스도를 믿사오니,
이는 성령으로 잉태하사 동정녀 마리아에게 나시고,
본디오 빌라도에게 고난을 받으사, 십자가에 못 박혀 죽으시고,
장사한 지 사흘 만에 죽은 자 가운데서 다시 살아나시며,
하늘에 오르사, 전능하신 하나님 우편에 앉아 계시다가,
저리로서 산 자와 죽은 자를 심판하러 오시리라.
성령을 믿사오며,
거룩한 공회와, 성도가 서로 교통하는 것과,
죄를 사하여 주시는 것과,
몸이 다시 사는 것과,
영원히 사는 것을 믿사옵나이다. 아멘.

사도신경 (새 번역)

나는 전능하신 아버지 하나님, 천지의 창조주를 믿습니다.
나는 그의 유일하신 아들, 우리 주 예수 그리스도를 믿습니다.
그는 성령으로 잉태되어 동정녀 마리아에게서 나시고,
본디오 빌라도에게 고난을 받아 십자가에 못 박혀 죽으시고,
장사된 지[1] 사흘 만에 죽은 자 가운데서 다시 살아나셨으며,
하늘에 오르시어 전능하신 아버지 하나님 우편에 앉아 계시다가,
거기로부터 살아 있는 자와 죽은 자를 심판하러 오십니다.
나는 성령을 믿으며,
거룩한 공교회와 성도의 교제와
죄를 용서받는 것과
몸의 부활과
영생을 믿습니다. 아멘.

---

1) '장사되시어 지옥에 내려가신 지'가 공인된 원문(Forma Recepta)에는 있으나, 대다수의 본문에는 없다.

사도신경 (라틴어 원문)[2]

Credo in Deum patrem omnipotentem, creatorem caeli et terrae;
Et in Jesum Christum, filium ejus unicum, Dominum nostrum,
qui conceptus est de Spiritu Sancto, natus ex Maria virgine,
passus sub Pontio Pilato, crucifixus, mortuus et sepultus, descendit ad inferna,
tertia die resurrexit a mortuis,
ascendit ad caelos, sedet ad dexteram Dei patris omnipotentis,
inde venturus est judicare vivos et mortuos;
Credo in Spiritum Sanctum,
sanctam ecclesiam catholicam, sanctorum communionem,
remissionem peccatorum,
carnis resurrectionem,
et vitam aeternam. Amen.

사도신경 (헬라어 원문)

Πιστεύω εἰς ΘΕΟΝ ΠΑΤΕΡΑ, παντοκράτορα, ποιητὴν οὐρανοῦ καὶ γῆς.

Καὶ εἰς ἸΗΣΟΥΝ ΧΡΙΣΤΟΝ, υἱὸν αὐτοῦ τὸν μονογενῆ, τὸν κύριον ἡμῶν,

τὸν συλληφθέντα ἐκ πνεύματος ἁγίου, γεννηθέντα ἐκ Μαρίας τῆς παρθένου,

παθόντα ἐπὶ Ποντίου Πιλάτου, σταυρωθέντα, θανόντα, καὶ ταφέντα,
κατελθόν τα εἰς τὰ κατώτατα,

τῇ τρίτῃ ἡμέρᾳ ἀναστάντα ἀπὸ τῶν νεκρῶν, ἀνελθόντα εἰς τοὺς οὐρανούς,

καθεζόμενον ἐν δεξιᾷ θεοῦ πατρὸς παντοδυνάμου,

ἐκαῖθεν ἐρχόμενον κρῖναι ζῶντας καὶ νεκρούς.

Πιστεύω εἰς τὸ ΠΝΕΥΜΑ ΤΟ ἍΓΙΟΝ,

ἁγίαν καθολικὴν ἐκκλησίαν, ἁγίων κοινωνίαν,

ἄφεσιν ἁμαρτιῶν,

σαρκὸς ἀνάστασιν,

ζωὴν αἰώνιον. Ἀμήν.

---

2) J .N. D. Kelly, Early Christian Creeds (London: Continuum, 1972³), 369.

제1부

사도신경 개관

1장
사도신경이란 무엇인가?

1. 사도신경의 성립

사도신경 작성자에 대한 오해

사도신경(使徒信經)은 라틴어로 심볼룸 아포스톨룸(*Symbolum Apostolorum*) 혹은 심볼룸 아포스톨리쿰(*Symbolum Apostolicum*)이라고 하며, 영어로 The Apostles' Creed라고 한다. 그렇다면 사도신경은 누가, 언제, 왜 작성했는가?

'사도신경'이라는 명칭[1] 때문에 예수님의 제자들인 '사도'(使徒)들이 작성한 것이라고 생각하기 쉽다(참조. 마 10:2; 눅 6:13; 행 1:21-26; 2:42). 오늘날뿐 아니라 과거에도 많은 사람들이 그렇게 생각했다. 명칭 때문이기도 하지만, 4세기에 활동한 '루피누스'(Rufinus Tyrannius Aquileia, 345-410)의 사도신경 주석과 영국국교회의 공동기도서(the Book of Common Prayer)에 실린 설명 때문이었다.

루피누스는 사도신경 주석서(*Commentarius in Symbolum Apostolorum*, 404년)에서 "오순절 성령 강림 사건 이후 전 세계로 흩어져서 복음을 전해야 할

---

1) 사도신경이라는 명칭이 처음 사용된 시기는 390년이다. 밀라노 노회가 제38대 교황 시리키우스 (Siricius, 384-399년 재위)에게 보낸 글에 처음으로 '사도신경'이라는 명칭이 사용되었다.

열두 사도들이 서로 떨어져서 복음을 전하므로 인해 서로 다른 교리를 전할 위험을 막기 위해서 성령의 영감으로 각각 한 사람씩 하나의 조항(article)을 말한 것을 모은 것이 사도신경이다"라고 기록했다.[2] 사도들이 말했다고 하는 내용은 아래와 같다.[3]

베드로가 말했다.	"전능하신 하나님 아버지, 천지의 창조주를 믿는다."
안드레가 말했다.	"그분의 유일하신 아들 예수 그리스도, 우리의 유일한 주를 믿는다."
야고보가 말했다.	"그분은 성령으로 잉태되어 동정녀 마리아에게서 나셨다."
요한이 말했다.	"본디오 빌라도의 치하에서 고난을 당하셨고 십자가에 못 박히셨고 죽으셨고 장사되셨다."
도마가 말했다.	"음부에 내려가셨다가 삼일 만에 죽은 자들 가운데서 다시 살아나셨다."
야고보가 말했다.	"하늘로 오르셔서 전능하신 하나님의 오른편에 앉으셨다."
빌립이 말했다.	"그곳으로부터 살아있는 자들과 죽은 자들을 심판하러 오실 것이다."
바돌로매가 말했다.	"성령을 믿는다."
마태가 말했다.	"거룩한 공교회와 성도들의 교제를 믿는다."
시몬이 말했다.	"죄 용서를 믿는다."
다대오가 말했다.	"몸이 다시 사는 것을 믿는다."
맛디아가 말했다.	"영원히 사는 것을 믿는다."

그러나 루피누스의 생각은 사도신경이 12개의 문장으로 구성되어 있다는 것 때문에 생겨난 추측일 뿐이다. 이 사실은 15세기 이탈리아의 인문주의자이자 문헌학자였던 로렌초 발라(Lorenzo Valla, 1407-1457)가 밝혀냈다. 그 이후 장 칼뱅(John Calvin, 1509-1564)[4]이나 보시우스(Gerardus Vossius, 1577-1649), 제임스 어셔(James Ussher, 1581-1656) 등도 사도신경의 사도 저작설을 부인했다.[5] 사도신경은 사도들이 작성한 것이 아니다.

---

2) Rufinus Tyrannius Aquileia, *Commentary on the Apostles' Creed*, §2, edited and translated by J. N. D. Kelly, *Ancient Christian Writers*, vol. 20, cited in G. C. Stead, "The Apostles' Creed", in *Foundation Documents of the Faith*, ed. Cyril S. Rodd (Edinburgh: T&T Clark, 1987), 2; J .N. D. Kelly, *Early Christian Creeds* (London: Continuum, 1972³), 1.

3) Kelly, *Early Christian Creeds*, 3.

4) *Institutes*, Ⅱ. xvi. 18.

사도신경의 성립

사도신경은 누가 작성했을까? 사도신경은 특정한 작성자가 없다. 어느 한 사람이 작성한 것도 아니고, 공의회의 결정을 통해 확정된 것도 아니고, 어느 한 시점에 만들어진 것도 아니고, 언제부터 사용하기로 결정된 것도 아니다.

사도신경은 교회역사를 통해 서서히 자연스럽게 굳어진 것이다. 정확히 언제부터 만들어졌는지 알 수 없지만, 분명한 사실은 사도신경의 초기 형태는 150년경 이전에 사용되었다는 것이다.[6]

고대교회의 목사들은 불신자였다가 학습자[7]가 된 사람들에게 기독교회의 교리를 설명해야 했는데, 이때 기독교 복음의 핵심을 잘 요약한 사도신경을 사용했다. 오늘날로 설명하면 세례자를 위한 문답교육으로 사도신경을 사용한 것이다. 목사가 질문을 하면 그에 대해 학습자가 대답을 하는 방식으로 사용했다.[8] 이에 대해서는 215년경에 히폴리투스(Hippolytus of Rome, 170년경-235년경)가 쓴 『사도적 전통』에서 찾아볼 수 있다. 그 내용은 다음과 같다.

> 세례를 받을 사람(수세자)이 물로 내려가면 세례를 베푸는 사람이 세례를 받을 사람에게 다음과 같이 묻는다. "그대는 전능하신 하나님 아버지를 믿습니까?" 이에 대해 수세자가 "믿습니다"라고 대답하면 세례를 베풀고, 다시 "그대는 하나님의 아들, 성령으로 말미암아 마리아에게서 나시고 본디오 빌라도의 치하에서 고난당하시고 죽으셨다가 장사되셨다가 삼 일째에 죽은 사람들 가운데서 다시 살아나셔서 하늘

---

5) 유해무, 『개혁교의학』(서울: 크리스챤다이제스트, 1997), p.90, n.172.

6) 유해무, 『개혁교의학』, 91.

7) 세례를 받아 교회의 회원이 되기 이전의 단계를 가리키는 말이다. 고대교회는 세례교인과 학습자를 구분하였다. 유해무, 『신학: 삼위일체 하나님을 향한 송영』(서울: 성약, 2007), 287. 세례후보자, 즉 교리학습자를 헬라어로는 "카테쿠멘노스", 라틴어로는 "카테구메누스"(Catechumenus)라고 불렀는데 이 단어에서 세례후보자(혹은 초심자) 라는 뜻의 영어 "카테큐먼"(Catechumen)이 유래했다.

8) Catechism of the Catholic Church (Libreria Editrice Vaticana, Citta del Vaticano, 1994, 1997), para. 186, 189. 이 책에서 Catechism of the Catholic Church(가톨릭교회 교리서)를 언급하는 이유는 사도신경을 함께 고백하는 로마가톨릭교회와 개신교회의 공통점과 차이점을 드러내기 위함이다. 참고로, 필자는 집필을 모두 마친 시점에 가톨릭교회 교리서를 참고하였다.

로 오르셔서 하나님의 오른쪽에 앉아 계시다가 거기로부터 살아있는 사람들과 죽은 사람들을 심판하러 오실 예수 그리스도를 믿습니까?" 라고 묻는다. 이에 대해 수세자가 "믿습니다"라고 대답하면, 다시 "성령을 믿으며 거룩한 보편 교회와 몸의 부활을 믿습니까?"라고 묻는다. 수세자가 "믿습니다"라고 답하면 다시 세례를 주었다.[9]

이렇게 사용된 것이 사도신경이다. 그리고 점점 시간이 흐르면서 내용이 보충되고 오늘날과 같은 형태로 굳어졌다.[10]

기독교 복음의 요약으로서의 사도신경

사도신경은 불신자였다가 기독교 복음에 관심을 갖고 교회의 회원이 되고자 세례를 받아야 할 사람의 교육 및 문답을 위해서 정리되었다. 그렇기에 사도신경은 기독교 복음의 중요한 부분을 잘 요약하고 있다. 성부 하나님, 성자 예수님, 성령 하나님, 창조, 교회, 구원, 종말에 대해 다루고 있다. 기독교 교리의 모든 내용을 자세하게 다루는 것은 아니지만, 거의 대부분을 간소하게나마 다 다루고 있다.

이 말은 다르게 표현하면, 세례를 받기 위해서는 예수님에 대해서 아는 것만으로 충분한 것이 아니라 기독교 신앙이 말하는 핵심을 알고 있어야 한다는 점을 생각하게 한다. 성부 하나님이 누구신지 어떤 일을 하시는지, 성자 예수님이 누구신지 어떤 일을 하시는지, 성령님이 누구신지 어떤 일을 하시는지, 그리고 그것이 교회와 나와 어떤 관련이 있는지를 알아야만 세례를 받게 했다.[11]

---

9) 김영재, 『기독교 신앙고백: 사도신경에서 로잔협약까지』(수원: 영음사, 2011), 40-41; 박일민, 『개혁교회의 신조』(서울: 성광문화사, 1998), 30.

10) 현재 우리가 사용하고 있는 형태로 굳어진 것이 언제부터인지는 정확하게 알 수 없으나, 6세기 말이나 7세기 초에 남부 프랑스에서부터일 것으로 보는 생각이 지배적이다. 이후 9세기경 로마에서 정착되어 서방의 공식적 신경으로 사용되었다가 오늘날에 이르게 된 것으로 보인다. 이렇게 보는 이유는 프랑스 왕 샤를마뉴(Charlemagne, 742-812)가 프랑스 교회를 개혁하려 할 때 모든 교인들이 신경을 알아야 한다고 강조했고, 사제들이 그것을 교인들에게 설명하고 가르쳐야 한다고 말했기 때문이다. Kelly, *Early Christian Creeds*, 420-424.

11) 사도신경과 함께 3대 공교회 신경이라 불리는 아타나시우스 신경은 아타나시우스 신경 전체가 말하는 바를 믿어야 구원 받는다고 가르친다.

그래서 하이델베르크 요리문답은 제23문답에서부터 사도신경을 설명하기에 앞서, 제22문답에서 다음과 같이 고백한다.

하이델베르크 요리문답
22문 : 그러면 **그리스도인은 무엇을 믿어야 합니까?**
　답 : **복음에 약속된 모든 것**everything God promises us in the gospel**을 믿어야 합니다.**[10] 이 복음은 보편적이고 의심할 여지없는 우리의 기독교 신앙의 조항들인 **사도신경이 요약하여 가르쳐 줍니다.**

10) 마 28:19-20; 막 1:15; 요 20:31

사도신경의 사도성

사도신경은 '사도'들이 작성한 것이 아니다. 그런데 왜 '사도' 신경이라고 부르는가? '작성자'가 사도이기 때문이 아니라, '내용'이 사도적이기 때문이다. 사도신경은 사도가 작성한 것은 아니지만, 내용이 성경에서 나왔고, 사도들이 전한(고전 11:2; 딤후 1:14) 복음과 일치하기 때문이다. 그렇기에 '사도' 신경이라고 부르며, 지금도 계속해서 사도적 복음 위에 서 있는 교회가 믿고 고백하기 때문에 사도신경이라 부를 수 있다.[12]

2. 사도신경과 교회역사

보편 신경으로서의 사도신경

교회는 신앙고백 공동체다(마 16:15-18). 그래서 기독교회는 역사적으로 계속해서 믿는바 신앙을 요약하는 일을 해왔다. 그것을 '신조'(Creed)라고 한다. 기독교 신앙은 막연한 것이 아니라, 하나님께서 말씀하신 분명한 내용을 믿고 고백하는 것이다. 그렇기에 여러 가지 '신조'를 통해 믿는 바가 무엇인지를 분명히

---

12) *Catechism of the Catholic Church*, para. 194.

나타냈다.

신조는 크게 3가지가 있다. 신경(creed), 신앙고백서(confession), 요리문답서 (catechism)다. 신경에는 사도신경(The Apostles' Creed), 니케아신경(The Nicene Creed), 아타나시우스신경(The Athanasian Creed) 등이 있다. 신앙고 백서에는 프랑스 신앙고백서(*La confession de foi des eglises reformees de France*, 1559), 스코틀랜드 신앙고백서(The Scotch Confession, 1560), 벨기에 신앙고백서(Belgic Confession, 1561), 제1스위스 신앙고백서(*Confessio Helvetica Prior*, 1536), 제2스위스 신앙고백서(*Confession Helvetica Posterior*, 1566), 웨스트민스터 신앙고백서(Westminster Confession of Faith, 1647) 등이 있다. 요리문답서에는 제네바교회 요리문답(*Catechismus Ecclesiae Genevensis*, 1542), 하이델베르크 요리문답(Heidelberg Catechism, 1563), 웨스트민스터 대소요리문답(Westminster Larger Catechism, Westminster Shorter Catechism, 1647) 등이 있다.

신조 중 가장 대표적인 것이 사도신경이다. 사도신경은 기독교 역사 초기부터 사용되었기에 교회역사와 늘 함께 했다. 또한 니케아신경, 아타나시우스신경과 함께 3대 공교회 신경(Ecumenical Creeds)[13]으로 받아들여져서 지금까지 정통 적이고 보편적인 신조로 여겨져 왔다. 지금도 지상에 존재하는 대다수의 교회들 이 예배 때마다 고백한다.[14]

사도신경은 고대교회뿐만 아니라 후대의 교회들에 의해서 지속적으로 고백되 어 왔고, 특별히 종교개혁자들이 매우 중요하게 여겼다. 그래서 루터교의 신앙 고백서는 그 서두에 사도신경을 대표적인 신앙고백으로 수록하고 있고, 칼뱅의 기독교 강요는 사도신경의 구조를 따르며,[15] 제네바교회 요리문답과 하이델베르 크 요리문답은 사도신경을 중요하게 다룬다. 웨스트민스터 대소요리문답의 경 우 사도신경이 영감 된 성경본문이 아니라는 이유로 '직접' 해설하지는 않지만,

---

13) 2011년 개정된 대한예수교 장로회(고신) 헌법에는 3개의 공교회적 신경인 사도신경, 니케아신 경, 아타나시우스신경을 부록에 실었다. 이는 한국교회에서는 최초로 이루어진 일이다.

14) 사도신경은 서방교회의 전통에 있기 때문에 로마 가톨릭교회와 서방과 개신교회가 고백한다. 동 방교회 전통에 있는 교회들은 사도신경 대신에 니케아신경을 고백한다. 사도신경이 니케아신경 과는 달리 역사적인 공의회에서 공적으로 결정된 것이 아니라는 이유에서다. 김영재, 『기독교 신 앙고백』, 36.

15) *Institutes*, II. xvi. 18.

그 내용들을 풀어서 요리문답 전체에서 골고루 해설한다.[16] 그 외 거의 대부분의 교의학, 조직신학 저서들은 사도신경을 기본 틀로 사용한다.[17]

암송과 교육

사도신경은 세례를 통해 교회의 회원이 된 사람이라면 누구나 고백했던 것이다. 그렇기에 교회의 회원 된 사람은 모두 사도신경을 외워야 했다.[18] 그리고 외우는 것으로 끝나는 것이 아니라 그 내용을 잘 알고 또한 그것을 자신의 신앙으로 고백해야 했다.

그러다 보니 사도신경은 단순히 세례를 받으려는 학습자에게 암송시키는 것으로 끝난 것이 아니라, 그 문구들의 의미를 제대로 이해하는 것이 필요했다. 이를 위해서 유명한 신학자들의 요리문답 설교나 예루살렘의 시릴(Cyril of Jerusalem)의 설교집을 함께 읽도록 했다. 이렇게 함으로써 설교집이 일종의 요리문답 역할을 했다.[19] 여기에서 핵심은, 단순히 '암송'만 하도록 한 것이 아니라, 각 문장과 단어들의 의미를 제대로 이해하는 것이 필요했다는 것이다.

이러한 전통에 따라 기독교회는 사도신경을 교리교육의 중요한 교재로 사용해 왔다. 사도신경은 짧고 간결하면서도 기독교가 믿는바 교리를 가장 잘 요약해 두고 있는 대표적인 신조이기에 암송과 교육을 병행해 왔다.

---

16) 웨스트민스터 신앙고백서와 대소요리문답은 사도신경을 직접적으로 다루지 않는다. 그러나 자세히 살펴보면 사실상 사도신경의 내용들을 다 담고 있다. 필자는 이 사실을 이 책을 통해 잘 보여주려고 노력했다.

17) 칼 바르트는 사도신경이 교의학의 기초안을 공급한다고 표현한다. 칼 바르트, 『사도신경 해설』, 신경수 옮김 (서울: 크리스챤다이제스트, 1997), 11.

18) 고재수, 『교의학의 이론과 실제』(천안: 고려신학대학원 출판부, 2001²), 363.

19) 요리문답은 항상 '설교'와 함께 존재했다. 김헌수, "종교개혁과 요리문답 교육 및 설교," 『하이델베르크 요리문답의 역사와 신학: 개혁 신앙 강좌 6』(서울: 성약, 2006), 26.

3. 사도신경과 예배

예배의 한 순서가 된 사도신경

사도신경은 예배의 한 순서로 사용된다. 왜 예배의 순서에 포함되었을까? 예배에 참여하는 사람들은 기본적으로 사도신경을 고백함으로 세례를 받은 자들이다. 그렇기에 대부분 사도신경을 믿고 고백하고 암송하는 자들이다. 또한 세례를 받지 않은 나머지 사람들의 경우, 앞으로 사도신경을 통해 세례를 받아야 할 자들이다. 그러다 보니 자동적으로 오늘날처럼 공예배 시간에 암송하는 방식으로 정착하게 된 것이다.

사도신경이 예배의 순서에서 반복되므로, 신자의 삶에서 단 한 번 받은 세례는 매 주일 예배를 통해 반복된다(참고. WLC 제167, 177문답). 예배드릴 때 사도신경을 고백하면서, 처음 세례 받았던 때를 기억하게 된다. 세례 받을 때에 행했던 신앙고백이 그날 하루만으로 끝난 것이 아니라 매 주일, 매일, 매 순간의 삶에서 계속되고 있음을 기억하게 된다.

하루 두 번 드리는 예배에 영향을 미친 사도신경

개신교회는 주일 오전과 오후(저녁) 두 번 예배드리는 전통이 있다. 이 전통은 성경의 직접적인 명령에 의한 것이 아니라, 사도신경을 비롯한 교리와 밀접한 관련이 있다. 전통적으로 교회는 교리를 가르쳐야 할 필요성을 인식했고, 오후예배를 통해 교리를 가르쳤다. 그렇게 해서 굳어진 것이 오후예배라는 전통과 교리교육이라는 전통이다. 유럽의 개혁교회에서는 하이델베르크 요리문답을 오후예배 시간마다 가르치는 전통이 생겨났고, 하이델베르크 요리문답은 총 52주일 동안 가르칠 수 있도록 정리되어 있다.

예배 중에 사도신경을 반드시 고백해야만 하는가?

대부분의 교회는 예배 중에 사도신경을 고백한다. 그렇다면 예배 중에 사도신경을 고백하지 않으면 잘못된 것인가? 그렇지는 않다. 예배 중에 하는 것이 좋지만, 하지 않는다고 해서 잘못된 것이라고 할 수는 없다.

신조에 대한 거부반응을 갖고 있는 침례교는 사도신경을 고백하지 않는다. 청교도들이 작성한 웨스트민스터 대소요리문답의 경우 십계명과 주기도문은 다루지만 사도신경은 다루지 않는다. 이들은 가급적 성경에 있는 것만 하려는 태도에 따라 그렇게 하는 것일 뿐, 사도신경의 내용 자체를 반대하지는 않는다. 중요한 것은 사도신경의 내용을 믿느냐 하는 것에 있지, 사도신경 자체에 있는 것은 아니다.

동방교회(그리스 정교회, 러시아 정교회)의 경우 사도신경을 인정하지 않고 대신 니케아신경을 인정한다. 그 이유는 사도신경이 니케아신경과 달리 역사적인 공의회에서 공적으로 결정된 것이 아니라는 이유 때문이다.

그럼에도 불구하고 예배 중에 사도신경을 비롯한 각종 신경들을 고백하는 것은 교회와 성도에게 큰 유익을 주므로 전통을 이어가는 것이 좋다.

4. 사도신경의 가치와 사용

사도신경의 가치

사도신경은 지금으로부터 1800년 이상 된 것이다. 그러나 1800년 동안 지금까지, 그리고 앞으로도 가치 있는 신앙고백이다. 사도신경의 가치는 다음과 같다.

① 사도신경은 기독교의 교리를 가장 잘 요약한 대표적인 신조다.
② 사도신경은 가장 오래된 신조다.
③ 사도신경은 이 땅에 존재하는 대부분의 기독교회가 고백하는 신조다.[20]
④ 사도신경은 모든 신앙고백과 요리문답의 기초가 된다.
⑤ 사도신경은 어린아이에서부터 노인에 이르기까지, 배운 사람에서부터 배우지 못한 사람까지 모두가 알기 쉽다.

사도신경의 사용

교회와 그리스도인은 사도신경을 다음과 같이 사용할 수 있다.

① 교회의 고백: 사도신경은 지역교회와 보편교회의 고백으로 사용할 수 있다. 교회는 신앙고백 공동체다(마 16:18).
② 신앙기초교육: 사도신경은 복음을 모르는 자들에게 복음을 전하고 가르치는 데 유용하다. 그리고 이미 교회의 회원이 되었으나 신앙의 기초가 부족

---

20) 이 세상에는 여러 신조들이 있지만, 그중에 어떤 것들은 개혁교회만이, 어떤 것들은 장로교회만이 받아들이는 것이 있고, 침례교나 그 외에 기타 교파에서만 받아들이는 신조도 있다. 그리고 어떤 것들은 개혁교회와 장로교회가 도무지 받아들이기 어려운 신조가 있다. 그러나 사도신경은 서방의 모든 교회가 고백하는 신조다.

한 이들에게 가르치는 데 유용하다.

③ 세례교육: 세례를 받기 위해 준비하는 학습자들을 교육하는 데 유용하다. 사도신경이 만들어진 것도 그때문이었다.

④ 교리교육: 사도신경은 기독교 복음의 핵심 교리를 잘 요약해 두었다. 그러므로 교리교육을 위해 유용하다.

⑤ 신앙증진: 사도신경은 믿음을 고백하는 것이면서 동시에 그 믿음을 북돋아 준다. 사도신경을 계속해서 공부하고 암송할 때 그 내용을 묵상하게 되고 결국 믿음이 자라게 된다.[21]

⑥ 교회의 하나 됨: 교회는 같은 신앙고백으로 묶여 있어야 한다. 신앙의 일치를 이루어야 한다. 사도신경은 교회를 하나 되게 하는 가장 기초적인 고백이다.[22]

⑦ 이단방지: 모든 교인들이 사도신경을 잘 이해하고 암송한다면, 이단에 빠질 수 없다. 이단이란 성경의 가르침에 벗어난 잘못된 가르침을 특징으로 하는데, 사도신경을 제대로 이해한다면 그러한 잘못된 가르침에 빠지기 어렵다.

※ 한국교회가 사용하는 사도신경 번역과 저자의 번역 제안

한국교회가 오랫동안 사용해 왔던 사도신경은 번역에 문제가 있었다. 기본적으로는 잘된 번역이지만, 선교 초기에 이루어진 것이다 보니 아쉬움이 많았다. 가장 심각한 문제는 누가, 언제, 어떤 회의를 통해 번역한 것인지 전혀 알 수 없다는 점이다. 신조는 공적인 성격을 갖는 것임에도 불구하고 어떤 회의를 통해서 번역이 이루어졌는지 전혀 알 수 없다. 게다가 어떤 본문(라틴어, 헬라어, 영어)을 번역의 자료로 삼았는지 전혀 알려진 바가 없다.

---

21) 김진홍, 『교리문답으로 배우는 장로교 신앙』(서울: 생명의 양식, 2017), 60.
22) *Catechism of the Catholic Church*, para. 197.

이러한 이유로 많은 사람들이 재번역의 필요성을 역설했고, 이러한 문제의식에 따라 2004년에 한국교회는 사도신경을 새롭게 번역했다.[23] 그러나 안타깝게도 여전히 문제가 있다. 이 책에서는 번역 문제도 함께 제기할 것이다. 약간 어색한 느낌이 있지만 한국교회가 함께 고민해 볼 문제다.

필자가 이 책에서 새로운 번역을 제안할 때 사용한 원칙은 다음과 같다.
① 라틴어본과 헬라어본, 영어번역을 대본으로 하였다.
② 가급적이면 한자어보다는 한글을 사용했다. 왜냐하면 옛 번역은 "부활"보다는 "다시 사는 것", "승천"보다는 "하늘에 오르사", "재림"보다는 "오시리라"처럼 한글표현을 사용했기 때문이다. 또한 사도신경은 어린아이에서부터 노인에 이르기까지 모든 세대가 사용해야 하며 교육받은 사람이나 그렇지 못한 사람 모두가 사용해야 하기 때문이다.
③ 가급적이면 삼위 하나님에 대해 존칭을 사용하였다.
④ 단수와 복수의 구별을 분명히 하였다.
⑤ 이미 굳어져 버린 표현은 그 표현을 최대한 사용하려고 하였다.

참고로, 번역 및 한글의 특성상 필자가 제안한 번역 외에도 다양한 가능성이 있을 수 있다.

---

23) 새로운 번역은 대한예수교장로회(통합)이 결의하여 만든 것으로, 예장 통합은 총회 결의를 통해 자체 번역을 했지만, 2003년 총회에서 재번역안 채택을 보류하고 한국교회가 통일된 주기도문·사도신경 사용에 힘쓰기로 했다. 그리하여 예장 통합이 한국기독교총연합회(한기총)와 한국기독교교회협의회(KNCC)에 재번역을 요청해, 한기총과 KNCC는 2004년 6월과 7월 각각 연구위원회를 구성했다. 위원장으로는 이종윤 목사(서울교회)가 맡았다. 새 번역에 참여한 이들의 명단은 다음과 같다. 이종윤 이수영 나채운 이형기 홍사만(예장통합) 정훈택(예장합동) 김완태 배종수(기성) 박근원 홍순원 김창락 최 영(기장) 유승훈 박종천(기감) 조재태 최덕성(고신) 나용화 이순태(예장 개혁) 김필수 이보탁(구세군) 김기석(성공회) 한천설(예장개혁-성내동) 예용범 정용철(합동보수A) 한성기 이정현(대신) 김영일 최창남 박찬웅(복음) 이영훈 문한배(예성) 이영훈 강영만 박문옥 차준희(기하성) 김영재 조병수(합신) 임승안 박두환(나사렛) 한창영 최희용(개혁국제) 김창기 손선영(예감) 최덕신(예장고려) 이진희(예장성장) 엄진섭 김선회(루터회) 김광옥 이성환(기감연합) 김탁기(그리스도교) 박성기 김규승(예장브니엘) 이준원 김병근(예장합동총신) 김진규 김준범(예장고려개혁) 김준철 박재순 정해선(KNCC) 박천일 임채문(한기총) 민영진(성서공회) - 62명(무순)

2장
사도신경의 뼈대 – 삼위일체 하나님

관련 신조
하이델베르크 요리문답 제24-25문답
웨스트민스터 소요리문답 제5-6문답
웨스트민스터 대요리문답 제8-11문답
웨스트민스터 신앙고백서 제2장 제3절
벨기에 신앙고백서 제8-11조

1. 사도신경의 뼈대

사도신경은 무엇보다도 삼위일체 하나님을 고백한다. 한 분 하나님께서 성부, 성자, 성령의 삼위로 존재하심을 고백한다.

사도신경의 본문에는 삼위일체(三位一體, Trinity)라는 말이 없다. '삼위'(三位, three persons)라는 말도, '일체'(一體, one substance)라는 말도 없으며, 그와 관련된 표현이나 설명도 전혀 없다. 본문에는 없지만 구조를 통해 삼위일체 하나님을 고백한다.

한글로 된 사도신경은 "믿습니다"라는 표현이 네 번 사용되는데,[24] 라틴어 원문에는 Credo(믿습니다)가 성부, 성자, 성령에게 각각 사용되어 세 번 사용된다. 이를 통해 사도신경의 근간이 삼위일체 하나님에 대한 믿음에 기초함을 보여준다.

---

24) 한글은 술어가 제일 마지막에 들어가야 하는 특성상 성부, 성자, 성령에게 각각 "믿습니다"를 사용한 뒤, 제일 마지막에 한 번 더 사용한 것이다.

사도신경은 크게 세 단락으로 구분할 수 있다. 성부 하나님과 그분의 사역, 성자 예수님과 그분의 생애와 사역, 성령 하나님과 그분의 사역이다. 이처럼 사도신경의 구조는 삼위일체의 구조다.[25] 삼위일체 하나님에 대한 고백이 사도신경의 뼈대다.

그래서 하이델베르크 요리문답은 제23문답에서 사도신경을 언급한 뒤, 사도신경에 대한 해설을 "사도신경이 삼위일체의 구조로 되어 있다"는 사실을 설명하는 것으로 시작한다.[26]

하이델베르크 요리문답

24문 : 이 조항들은 어떻게 나누어집니까?

답 : 세 부분으로 나누어집니다. 첫째, 성부 하나님과 우리의 창조, 둘째, 성자 하나님과 우리의 구속deliverance, 셋째, 성령 하나님과 우리의 성화 sanctification에 관한 것입니다.

사도신경이 삼위일체 하나님을 고백한다는 사실은 사도신경이 만들어진 배경을 생각해 보면 더욱 분명해진다. 앞서 다룬 것처럼, 사도신경은 세례 문답에 기초를 둔다. 그런데 세례란 마태복음 28:19 "그러므로 너희는 가서 모든 민족을 제자로 삼아 **아버지와 아들과 성령의 이름으로 세례를 베풀고**"라는 말씀에 근거해 삼위 하나님의 이름으로 베푸는 것이니,[27] 사도신경이 삼위일체 신앙을 고백하고 있음은 당연하다.

---

25) 고재수, 『교의학의 이론과 실제』, 394; *Catechism of the Catholic Church*, para. 190. 사도신경의 구조를 따르고 있는 칼뱅의 기독교 강요는 *Institutes*, I. xiii에서 삼위일체론을 다룬다.
26) 사도신경을 삼위일체 구조에 따라 세 부분으로 나눌 수 있다는 사실은 고대교회부터 믿어오던 것이다.
27) 마태복음 28:19에 나오는 "~의 이름으로"는 헬라어로 에이스(εἰς)인데, '수단'(by)이라는 의미보다는 삼위 하나님을 향하여(in)라는 의미에 가깝다. Louis Berkhof, *Systematic Theology* (Grand Rapids: Eerdmans, 1941), 624-625.

모든 신자들은 사도신경으로 삼위일체 하나님을 고백하여, 성부, 성자, 성령의 이름으로 세례를 받았다. 그러므로 신앙은 삼위일체에 근거한다. 신자의 고백은 궁극적으로 삼위일체 하나님에 대한 것이며, 삼위일체 하나님을 향한다.[28]

2. 하나님의 존재방식 – 삼위일체

사도신경의 뼈대는 삼위일체 하나님이다. 그러므로 사도신경을 고백하는 자들은 반드시 삼위일체 하나님을 믿고 고백해야 한다. 하나님께서 성부, 성자, 성령의 삼위로 존재하심을 믿으며 성부, 성자, 성령의 존재와 사역을 믿으며 기억해야 한다. 반면, 삼위일체 하나님을 믿지 않는 사람들은 사도신경을 고백할 수없다. 삼위일체 하나님을 믿지 않는다면 사도신경을 입 밖으로 소리 내어 말해도 제대로 고백한 것이 아니다.

그렇다면, 삼위일체 하나님을 믿는다는 것은 무엇인가?

한 분 하나님

하나님은 본질상 한 분이시다. 성경은 하나님을 한 분뿐이라고 가르친다. 성경은 하나님의 삼위 되심보다 한 분이심을 먼저 말씀한다. 그러므로 우리는 한분 하나님을 믿어야 한다.

신명기 6:4(개역한글)는 "이스라엘아 들으라. 우리 하나님 여호와는 **오직 하나인 여호와시니**"라고 해서 **하나님께서 한 분이심**을 강조한다.[29] 십계명의 제1계명(출 20:3)은 "너는 나 외에는 다른 신을 네게 두지 말라"라고 해서, 하나님께서 한 분 하나님이라는 사실을 강조한다.[30] 이사야 45:5도 "나는 여호와라. **나외에 다른 이가 없나니 나밖에 신이 없느니라…**"라고 말씀한다. 이러한 성경의가르침에 따라 하나님은 한 분이심을 믿어야 한다.

웨스트민스터 대소요리문답은 신명기 6:4를 근거로 하나님이 한 분뿐이심을고백한다.

---

28) *Catechism of the Catholic Church*, para. 232.

29) 개역개정은 "이스라엘아 들으라. 우리 하나님 여호와는 오직 **유일한** 여호와이시니"라고 번역했다.

30) 손재익, 『십계명, 언약의 10가지 말씀: 웨스트민스터 신앙고백서 및 대소요리문답, 하이델베르크 요리문답, 벨기에 신앙고백서로 보는 십계명』(서울: 디다스코, 2016), 98-99.

삼위 하나님

한 분이신 하나님은 삼위로 존재하신다. 구약성경이 희미하게 계시하던 "삼위의 존재"는 신약성경을 통해 분명히 드러난다(BC 제9조). 대표적인 본문이 마태복음 3:13-17이다. 예수님께서 요단강에서 세례 요한에게 세례를 받으실 때 하늘에서 **성령**께서 비둘기 모양으로 나타나셔서 **예수님** 위에 임하신다(16절). 그리고 하늘에서 **성부 하나님**의 음성이 들리기를 "이는 내 사랑하는 아들이요 내 기뻐하는 자라"(17절)라고 한다. 이 장면을 통해 하나님께서 성부, 성자, 성령이라는 세 개의 위격(位格)으로 존재하신다는 사실이 드러난다.

하나님의 삼위 되심이 가장 잘 나타나는 것은 예수님의 생애와 사역이다. 예수님은 성부 하나님의 뜻에 따라 성부께서 보내셨고(요 3:16; 갈 4:4), 성령 하나님으로 말미암아 잉태되셨으며(마 1:20), 자신의 사역을 감당하실 때에 성령 하나님의 능력에 힘입어(마 12:28; 행 10:38) 성부 하나님을 증거하셨다. 십자가에 죽으신 뒤에 부활하실 때도 성부 하나님께서 성령 하나님을 통하여 부활하게 하셨다(행 2:32). 이와 같이 예수 그리스도의 강림에서부터 승천에 이르기까지의 모든 생애와 사역은 철저히 삼위일체적이다.

이러한 성경의 가르침에 근거하여 벨기에 신앙고백서, 하이델베르크 요리문답, 웨스트민스터 신앙고백서 및 대소요리문답은 하나님께서 삼위로 존재하심을 고백한다.

벨기에 신앙고백서

제8조 하나님은 본질상 한 분이시나, 세 위격으로 구별되신다

우리는 이 진리와 이 하나님의 말씀에 따라 오직 한 분 하나님을 믿으니,[1] 그분은 본질상 한 분one single essence이시며, 세 위격three persons이시고, 그의 비공유적 속성incommunicable properties에 의해 실제로really, 참으로truly, 영원히eternally 구별되는distinct 성부the Father, 성자the Son, 성령the Holy Spirit이십니다.[2] …그럼에도 불구하고 하나님은 이 구별에 의하여 셋으로 나누이지divided 않으시는데, 왜냐하면 성경이 우리에게 성부, 성자, 성령이 각각 그 인격을 가진 존재로서, 각자의 구별된 특성으로distinguished by Their properties 구분되어짐에도 불구하고 이 세 위격이 오직 한 분 하나님임을 가르치기 때문입니다. 그러므로 성부는 성자가 아니시며, 성자는 성부가 아니시며, 마찬가지로 성령도 성부가 아니고 성자가 아님은 분명합니다…

---

1) 고전 8:4-6   2) 마 3:16-17; 28:19

하이델베르크 요리문답

25문 : 오직 한 분 하나님만 계시는데,[1] 당신은 왜 삼위, 곧 성부, 성자, 성령을 말합니까?

답 : 왜냐하면 하나님께서 자신을 **그의 말씀에서 그렇게 계시하셨기 때문입**니다. 곧 이 구별된distinct 삼위는 한 분이시요 참되고 영원하신 하나님이십니다.[2]

---

1) **신 6:4**; 사 44:6; 45:5; 고전 8:4,6; 엡 4:5-6   2) 창 1:2-3; 사 61:1; 63:8-10; **마 3:16-17**; 28:19; 눅 1:35; 4:18; 요 14:26; 15:26; **행 2:32**-33; 고후 13:13; 갈 4:6; 엡 2:18; 딛 3:4-6

웨스트민스터 소요리문답

6문 : 하나님의 신격Godhead에는 몇 위(位)persons가 계십니까?

답 : 하나님의 신격에는 성부, 성자, 성령의 삼위가 계시는데, 이 삼위는 한 하나님이시며, 본질substance이 같으시고same, 능력power과 영광은 동등equal하십니다.[1]

1) 요일 5:7; 마 28:19

웨스트민스터 대요리문답

9문 : 하나님의 신격Godhead에는 몇 위(位)persons가 계십니까?

답 : 하나님의 신격에는 성부, 성자, 성령의 삼위가 계시는데, 이 삼위는 비록 각 위의 고유성properties은 구별되지만, 참되시고 영원하신 한 하나님이시며, 본질substance이 같으시고same, 능력power과 영광은 동등equal하십니다.[1]

1) 요일 5:7; **마 3:16,17**; 28:19; 고후 13:13; 요 10:30

웨스트민스터 신앙고백서

제2장 하나님에 관하여와 삼위일체에 관하여
Of God, and of the Holy Trinity

3. **단일한 신격 안에 하나의 본질substance과 능력power과 영원성eternity을 지니신 삼위가 계시니**In the unity of the Godhead there be three Persons of one substance, power, and eternity **성부 하나님, 성자 하나님, 성령 하나님이시다.**[38] 성부께서는 아무에게도 기원하지 않으시고of none 나지도 나오시지도 않는다 neither begotten nor proceeding. 성자께서는 성부로 말미암아 영원히 나신 바 되시고begotten of the Father,[39] 성령께서는 성부와 성자로부터 영원히 나오신 다proceeding from.[40]

38) **마 3:16**; 요일 5:7   39) 요 1:18; 1:14   40) 요 15:26; 갈 4:6

하이델베르크 요리문답 제25문답에 의하면 삼위일체는 사람의 견해가 아니라 하나님의 말씀에 계시된 것이다.[31]

성자와 성령이 하나님이시라는 증거

한 분 하나님은 성부, 성자, 성령의 삼위로 존재하신다. 성부, 성자, 성령은 본질상 하나님이시다. 그렇기에 여러 하나님께서 계신 것이 아니라 오직 한 분 하나님만 계신다.

성부가 하나님이시라는 것은 분명하다. 그렇다면 성자와 성령이 하나님이시라는 증거는 무엇인가?

▶ 왜 성자가 하나님이신가?[32]

성경은 성자를 하나님이라고 직접 언급한다. 요한복음 1:1 "태초에 말씀이 계시니라 이 말씀이 하나님과 함께 계셨으니 **이 말씀은 곧 하나님이시니라.**" 요한복음 1:18 "본래 하나님을 본 사람이 없으되 아버지 품속에 있는 독생하신 **하나님**이 나타내셨느니라." 요한복음 20:28 "도마가 대답하여 이르되 나의 주님이시요 **나의 하나님**이시니이다." 로마서 9:5 "조상들도 그들의 것이요 육신으로 하면 **그리스도**가 그들에게서 나셨으니 **그는** 만물 위에 계셔서 세세에 찬양을 받으실 **하나님이시니라** 아멘." 디도서 2:13 "복스러운 소망과 우리의 크신 **하나님 구주 예수 그리스도**의 영광이 나타나심을 기다리게 하셨으니." 요한일서 5:20 "또 아는 것은 하나님의 아들이 이르러 우리에게 지각을 주사 우리로 참된 자를 알게 하신 것과 또한 우리가 참된 자 곧 그의 아들 **예수 그리스도** 안에 있는 것이니 **그는 참 하나님이시요** 영생이시라."

성경은 하나님의 속성을 성자에게도 돌린다. 성자는 무소부재(無所不在)하시다. 마태복음 18:20 "두세 사람이 내 이름으로 모인 곳에는 나도 그들 중에 있느니라." 마태복음 28:20 "볼지어다 내가 세상 끝 날까지 너희와 항상 함께 있으리라 하시니라." 성자는 전지(全知)하시다. 마태복음 9:4 "예수께서 그 생각을 아시고 이르시되 너희가 어찌하여 마음에 악한 생각을 하느냐?" 요한복음 1:48 "나다나엘이 이르되 어떻게 나를 아시나이까? 예수께서 대답하여 이르시되 빌

---

31) *Institutes*, I. xiii. 21
32) 칼뱅은 이 주제를 *Institutes*, I. xiii. 7-9,11-13에서 다룬다.

립이 너를 부르기 전에 네가 무화과나무 아래에 있을 때에 보았노라." 요한복음 2:24-25 "²⁴예수는 그의 몸을 그들에게 의탁하지 아니하셨으니 이는 친히 모든 사람을 아심이요 ²⁵또 사람에 대하여 누구의 증언도 받으실 필요가 없었으니 이는 그가 친히 사람의 속에 있는 것을 아셨음이니라." 요한복음 4:16-18 "¹⁶이르시되 가서 네 남편을 불러 오라. ¹⁷여자가 대답하여 이르되 나는 남편이 없나이다. 예수께서 이르시되 네가 남편이 없다 하는 말이 옳도다. ¹⁸너에게 남편 다섯이 있었고 지금 있는 자도 네 남편이 아니니 네 말이 참 되도다." 요한복음 6:64 "그러나 너희 중에 믿지 아니하는 자들이 있느니라 하시니 이는 예수께서 믿지 아니하는 자들이 누구며 자기를 팔 자가 누구인지 처음부터 아심이러라." 요한복음 16:30 "우리가 지금에야 주께서 모든 것을 아시고 또 사람의 물음을 기다리시지 않는 줄 아나이다. 이로써 하나님께로부터 나오심을 우리가 믿사옵나이다." 무소부재, 전지 등은 하나님께 속한 속성이다.

성경은 성자께서 행하신 사역을 통해 성자가 곧 하나님이시라는 사실을 드러낸다. 예수님은 이 땅 위에서 많은 이적들을 행하셨다. 병자들(나병, 중풍병, 열병, 혈루병 등에 걸린 자들, 시각장애인, 지체장애인 등)을 고쳐주셨고, 죽은 자들을 살리셨고(나인성 과부의 아들, 회당장 야이로의 딸, 나사로), 바다의 풍랑을 잔잔케 하셨다(마 8:26-27). 이런 일들은 하나님께서만 하실 수 있다(요 10:37-38).

▶ 왜 성령이 하나님이신가?[33]

성경은 성령을 하나님이라고 직접 언급한다. 사도행전 5:3-4 "³베드로가 이르되 아나니아야 어찌하여 사탄이 네 마음에 가득하여 네가 **성령**을 속이고 땅값 얼마를 감추었느냐? ⁴땅이 그대로 있을 때에는 네 땅이 아니며 판 후에도 네 마음대로 할 수가 없더냐? 어찌하여 이 일을 네 마음에 두었느냐? 사람에게 거짓말한 것이 아니요 **하나님**께로다."

성경은 하나님의 속성을 성령에게도 돌린다. 성령은 전지하시다. 고린도전서 2:10 "오직 하나님이 성령으로 이것을 우리에게 보이셨으니 성령은 모든 것 곧 하나님의 깊은 것까지도 통달하시느니라." 스가랴 4:6 "그가 내게 대답하여 이르되 여호와께서 스룹바벨에게 하신 말씀이 이러하니라. 만군의 여호와께서 말

---

33) 칼뱅은 이 주제를 *Institutes*, I. xiii. 14-15에서 다룬다.

씀하시되 이는 힘으로 되지 아니하며 능력으로 되지 아니하고 오직 나의 영으로 되느니라." 성령은 영원하시다. 히브리서 9:14 "하물며 영원하신 성령으로 말미암아 흠 없는 자기를 하나님께 드린 그리스도의 피가 어찌 너희 양심을 죽은 행실에서 깨끗하게 하고 살아 계신 하나님을 섬기게 하지 못하겠느냐?" 성령은 편재하시다. 시편 139:7 "내가 주의 영을 떠나 어디로 가며 주의 앞에서 어디로 피하리이까?" 전지, 전능, 영원, 편재 등은 하나님께 속한 속성이다.

▶ 왜 성자와 성령이 하나님이신가?

성경은 하나님의 위엄과 영광을 성자와 성령에게도 돌린다. 마태복음 28:19 "그러므로 너희는 가서 모든 민족을 제자로 삼아 **아버지와 아들과 성령**의 이름으로 세례를 베풀고" 고린도후서 13:13 "주 **예수 그리스도**의 은혜와 **하나님**의 사랑과 **성령**의 교통하심이 너희 무리와 함께 있을지어다." 위의 말씀은 성부에게 돌려야 할 위엄과 영광을 성자, 성령에게도 동일하게 돌린다. 이런 점에서 성자와 성령도 하나님이시다.

그래서 웨스트민스터 대요리문답 제11문답은 다음과 같이 고백한다.

웨스트민스터 대요리문답

11문 : 성자와 성령이 성부와 동등한 하나님이심은 어떻게 나타납니까appear?

　답 : 하나님께만 속하는proper to God only 이름들[1]과 속성들[2]과 사역[3]과 예배[4]를 그들에게도 돌림으로써 성자와 성령이 성부와 동등한 하나님이심을 성경이 나타냅니다manifest.

---

1) 사 6:3,5,8 (요 12:41; 행 28:25; **요일 5:20; 행 5:3-4**)　2) **요 1:1**; 사 9:6; **요 2:24-25; 고전 2:10-11**　3) 골 1:16; 창 1:2　4) **마 28:19; 고후 13:13**

벨기에 신앙고백서 제8조도 유사하게 고백한다.

한 분 삼위 하나님

위와 같은 성경적 가르침에 근거해서 **"하나님은 한 분이시다(God is One). 한 분 하나님께서는 삼위(three persons)로 존재하신다"**라고 믿고 고백하며, 삼위일체(三位一體, Trinity)라고 표현한다.

여기에서 우리가 조심해야 할 것이 있다. 하나님을 '한 분 삼위'라고 말해야지, 그렇지 않고 '하나님은 한 분이시지만 또한 동시에 세 분'이라고 말하면 안 된다. 하나님은 한 분이시고, 그 한 분이 삼위로 존재하신다.

그러면서 또한 기억해야 할 것은 각각이 한 분이라는 사실이다. 성부도 한 분이요, 성자도 한 분이요, 성령도 한 분이시다. 그런데 하나님은 한 분이시다. 이렇게 성부, 성자, 성령이 각각 한 분인 이유는 각각이 고유한 신격(神格, divine person)을 가지신 분이기 때문이다.

각각이 한 분이시고, 각각이 하나님이시며, 세 분의 하나님이 아니라 한 분 하나님이시기에 성부, 성자, 성령은 동등하시다. 예수님께서는 "나와 아버지는 하나이니라"(요 10:30)라고 하셨고, "나를 본 자는 아버지를 보았거늘"(요 14:9)이라고 하셨으며, 바울은 "그는 근본 하나님의 본체시나 하나님과 동등 됨을 취할 것으로 여기지 아니하시고"(빌 2:6)라고 해서 성부와 성자가 동등하다는 것을 가르쳐 준다.

삼위일체에 대한 잘못된 믿음[34]

삼위일체 하나님에 대한 고백에 있어서 다음을 유의해야 한다.

첫째, 삼신론의 오류를 유의해야 한다.[35] 삼신론(Tri-theism)이란 하나님이 세 분이라고 믿는 것이다. 성부, 성자, 성령의 세 분 하나님이 존재하신다고 믿는 것은 잘못된 생각이다. 하나님은 한 분이시면서 세 개의 구별되는 위격으로 존재하시는 것이지, 세 분으로 존재하시는 것이 아니다.

둘째, 양태론의 오류를 유의해야 한다. 양태론(Modalism)이란 하나님의 삼위께서 한 분 하나님의 구별되는 세 위격이 아니라 한 하나님께서 각기 다른 시기에 자신을 드러내신 세 가지 양태(three modes of manifestation)에 불과하다는 생각이다.[36] 한국교회가 자주 범하는 오류다. 성부, 성자, 성령을 설명하면서 한 존재가 가질 수 있는 세 양태와 관련해서 설명하는 것(예를 들어, 물질의 삼태(三態)에 따라서 물이 수증기, 물, 얼음으로 될 수 있으나 다 같은 것이라고 설명하든지, 한 존재가 가질 수 있는 다양한 지위와 관계인 아버지, 남편, 교사 등으로 설명하든지 하는 것)은 양태론적 오류다.

셋째, 종속론의 오류를 유의해야 한다. 종속론(Subordinationism)이란 삼위를 동등한 분으로 믿지 않고, 어느 한 분이 다른 한 분에 종속되어 있다는 생각이다. 성자가 성부보다 못하신 분이라고 말한다거나, 성령은 성자보다 열등한 존재라고 보는 것은 종속론으로서, 아리우스(Arius, 250-336),[37] 여호와의 증인(Jehovah's Witness)이 대표적인 종속론자들이다.

---

34) 칼뱅은 이 주제를 *Institutes*, I. xiii. 21-29에서 다룬다.

35) 이런 삼신론에 가장 근접한 이들로 후기 단성론자들 중의 John Ascunages와 6세기에 아리스토텔레스에 대한 주석을 썼던 John Philoponus, 그리고 중세기의 극단적 유명론자였던 Roscelinus와 극단적 실재론자였던 Gilbert de la Porree를 들 수 있다. 이들을 각기 소이송(Soissons) 공의회(1092)와 라임(Reims) 공의회(1148)에서 정죄되었다.

36) 이런 주장을 한 사람으로는 2-3세기에 노에투스(Noetus), 프락세아스(Praxeus), 에피고누스(Epigonus), 클레오메네스(Cleomenes) 등이 있고, 특히 3세기의 사벨리우스(Sabellius)가 대표적이다. 18세기에는 스웨덴보리(Swedenborg)가 대표적이다.

37) 북이집트 알렉산드리아의 목사(장로)로서 "예수님이 영원 전부터 계신 것이 아니라, 하나님이 창조하신 첫 창조물이다. 예수 그리스도는 비록 다른 피조물들과는 구분되지만, 하나님에 의해 지어진 것은 같으며, 그런 점에서 그가 계시지 않았던 때가 있었다"라고 주장했다. 이 주장은 아타나시우스(Athanasius, 293-373)를 통해 잘못된 사상임을 지적당했으며 결국 니케아회의를 통해 이단으로 규정되었고 그 결과 니케아신경(The Nicene Creed, 325년)이 작성되었다.

정리

하나님은 본질상 한 분이시다. 한 분 하나님은 성부, 성자, 성령, 세 개의 구별되는 위격으로 존재하신다. 세 위격은 본질과 능력과 영광과 위엄에 있어서 동등하시다. 어느 한 위격이 더 낮거나 더 높거나 하는 것이 없다. 각각이 다 하나님이시다.

기독교 신앙의 핵심은 삼위일체 하나님을 믿는 것이고(fides omnium Christianorum in Trinitate consistit), 모든 기독교 교리의 기초는 삼위일체론에 있으며, 삼위일체 신앙은 우리 고백의 핵심이요 기독교를 다른 종교와 구별하는 표요 기독교인들의 영광이요 위로다.[38]

이러한 믿음으로 삼위일체를 고백하는 우리들은 삼위 하나님으로 말미암아 부름 받아 믿음을 고백하였고, 삼위 하나님의 이름으로, 삼위 하나님을 향하여 세례를 받은 자들이며(마 28:19), 그에 기초해 날마다 삼위 하나님을 예배하는 자다.

3. 삼위일체에 대한 고백이 배격하는 것

사도신경에 대한 바른 이해와 믿음은 이단을 방지한다. 사도신경은 삼위일체를 고백함으로 삼위일체를 믿지 않는 이들로부터 구별되게 해준다.

유대인과 모슬렘은 삼위일체를 믿지 않는다. 유대인은 한 분 하나님을 믿지만 삼위 하나님을 믿지는 않는다. 모슬렘은 예수님의 존재를 믿지만 예수님을 하나님으로 믿지 않는다.[39] 그러므로 사도신경을 참되게 고백한다면, 유대교나 이슬

---

38) Herman Bavinck, *Our Reasonable Faith*, trans by Henry Zylstra (Grand Rapids: Baker, 1977), 김영규 역, 『하나님의 큰 일』(서울: CLC, 1999), 145.

39) 하나님의 유일무이한 절대성을 강조하는 이슬람은 삼위일체를 강하게 거부한다. 꾸란(Al-Quran)은 제4장 171절에서 "성경의 백성들아, 너희들의 믿음에 열광하지 말라. 하나님에 대해 진리 외에는 말하지 말라. 마리아의 아들 예수, 메시아는 하나님(알라)의 예언자(사도)이니 그분께서 마리아에게 그분의 말씀과 그분의 영혼을 보내셨다. 그러니 하나님(알라)과 그분의 예언자들(사도들)을 믿고, 삼위일체(Trinity)는 말하지 말라. 너희가 그친다면 너희에게 유익하리라. 하나님(알라)은 오직 한 분 하나님이시다"라고 말하며, 5장 17절에서 "하나님이 마리아의 아들 예수라 말하는 그들에게 저주가 있으리라"라고, 5장 19절에서 "하나님 그분은 마리아의 아들 메시아입니다 라고 말하는 자들은 불신자들이니"라고, 5장 73절에서는 "하나님이 셋 중의 하나라 말하는 그들은 분명 불신자라 하나님 한 분 외에는 신이 없거늘"이라 말한다.

람교에 빠질 수 없다.

사도신경은 유일신론(Monotheism), 다신론(Polytheism), 유니테리언주의(Unitarianism),[40] 여호와의 증인 등을 배격한다.

삼위일체에 대한 고백이 배격하는 것에 대해서는 벨기에 신앙고백서 제9조에도 언급되어 있다.

벨기에 신앙고백서
제9조 이 교리의 성경적 증거

…이 삼위일체 교리는 사도시대 이후로부터 오늘에 이르기까지 **유대주의, 이슬람, 거짓 그리스도인들과 이단들 즉, 말시온, 마니mani, 프락세아스, 사벨리우스, 사모사타의 바울**, 아리우스와 같이 정통 교부들에 의해 정식으로 정죄받았던 사람들에 대항하여 참된 교회 안에서 항상 유지되고 보존되어 왔습니다…

---

40) 유니테리언주의(Unitarianism)는 하나님이 한 위(位)로만 존재한다는 견해를 갖고 있으며, 그리스도의 신성과 삼위일체 교리를 부인한다.

제2부

사도신경 12문장에 담긴 기독교 신앙

사도신경
본문 해설

1장
성부 하나님에 관하여

　삼위일체 하나님에 대한 믿음을 기본 뼈대로 하는 사도신경은 삼위 중 제1위 이신 '성부 하나님'에 대한 고백으로 시작한다. 성부 하나님부터 시작하는 이유 는 삼위 하나님은 동등하시지만 질서가 있으시니, 성부께서 제1위에 해당하시기 때문이다.

　"전능하신 하나님 아버지, 하늘과 땅을 창조하신 분을 믿습니다"에는 성부 하 나님에 대한 5가지 중요한 고백이 담겨 있다. 존재, 속성, 위격, 관계, 사역에 대 한 고백이다.

　① **"전능하신 하나님 아버지, 하늘과 땅을 창조하신 분을 믿습니다"**
　　　– 성부 하나님의 존재(存在, Being)에 대한 믿음
　② **"전능하신"** – 성부 하나님의 속성(屬性, Attributes)에 대한 믿음
　③ **"하나님 아버지"** – 성부 하나님의 위격(位格, Person)에 대한 믿음
　④ **"아버지"** – 성부 하나님과 우리의 관계(關係, Relation)에 대한 믿음
　⑤ **"하늘과 땅을 창조하신 분"** – 성부 하나님의 사역(事役, Works)에 대한 믿음

1문장 | 전능하신 하나님 아버지, 하늘과 땅을 창조하신 분

– 성부 하나님: 존재, 속성, 위격, 관계, 사역

> **관련 신조**
>
> 하이델베르크 요리문답 제26-28문답
>
> 웨스트민스터 소요리문답 제4, 7-11문답
>
> 웨스트민스터 대요리문답 제7, 12-20문답
>
> 웨스트민스터 신앙고백서 제2장 제1-2절, 제3-5장
>
> 벨기에 신앙고백서 제1, 12-13조

번역 문제

옛 번역: 전능하사 천지를 만드신 하나님 아버지

새 번역: 전능하신 아버지 하나님, 천지의 창조주

저자 번역: 전능하신 하나님 아버지, 하늘과 땅을 창조하신 분

번역 설명: ① 옛 번역의 "전능하사"는 고어(古語)이므로, "전능하신"으로 번역하는 것이 바람직하다. "전능(全能)"은 "(신이나 사람이)어떤 일이든 못하는 것이 없이 모두 능한"이라는 뜻의 한자어인데, 이를 대응할 한글 표현은 너무 길어서 이미 보편화된 "전능하신"으로 했다. ② 새 번역의 "아버지 하나님"의 순서보다는 옛 번역의 "하나님 아버지"라는 순서가 바람직하다. ③ 옛 번역은 "만드신"이라고 했고, 새 번역은 "창조주"라고 했다. 라틴어 사도신경은 "창조", 헬라어 사도신경은 "만드신"을 사용하고 있으며, 영어번역은 Maker나 Creator를 사용한다. "만드신"보다는 "창조하신"이 바람직하다. 왜냐하면 "만들다"는 표현은 무로부터 창조하신 하나님의 창조에 대한 오해의 여지가 있기 때문이다. ④ 창조(創造)는 한자어지만, 이를 대응할 한글표현이 마땅치 않기 때문에 그대로 사용했다. ⑤ "창조주(創造主)"의 주(主)는 "주인"이라는 뜻보다는 "주체"라는 뜻으로 번역한 것으로 보이는데, 한글표현으로 대체하기 위해 "하신 분"으로 했다. ⑥ 천지(天地)는 이미 보편화된 표현이지만 한자어이므로 가급적 한글을 사용하는

원칙에 따라 "하늘과 땅"이라고 했다.

(1) 성부 하나님의 존재

"전능하신 하나님 아버지, 하늘과 땅을 창조하신 분을 믿습니다." 이는 성부 하나님의 존재(存在, Being)에 대한 고백이다. 믿음은 존재를 전제로 한다. 그렇기에 이 문장을 고백하는 순간 성부 하나님의 존재를 믿는다. 성부 하나님의 존재를 믿지 않는 사람은 이 고백을 할 수 없다.[41]

사도신경을 고백하는 사람은 성부 하나님의 존재를 믿는다. 살아계신 하나님을 믿는다. 스스로 존재하시는 하나님을 믿는다(출 3:14). 성부 하나님을 추상적인 관념의 대상으로 믿는 것이 아니라, 실제 존재하시는 참 하나님으로 믿는다(WCF 제2장 제1절; WLC 제8문답; WSC 제5문답). 존재에 대한 믿음에서 그치지 않고, 더 나아가 하나님께서 나와 우리의 하나님이심을 믿는 것과 하나님 자신과 그분에게 속한 모든 것이 나와 우리의 구원을 위한 것임을 믿는데까지 나아간다.[42]

하나님을 믿는 우리는 모든 것이 하나님께로부터 나오고 하나님으로 말미암고 하나님께로만 향함을 믿고(롬 11:36), 그 어떤 것도 하나님과 바꿀 수 없음을 믿고 고백한다.

근거 성경구절

성부 하나님의 존재에 대한 근거구절은 다음과 같다. 창세기 1:1 "태초에 하나님이 천지를 창조하시니라." 출애굽기 3:14 "하나님이 모세에게 이르시되 나는 스스로 있는 자이니라. 또 이르시되 너는 이스라엘 자손에게 이같이 이르기를 스스로 있는 자가 나를 너희에게 보내셨다 하라." 고린도전서 8:6 "그러나 우리

---

41) 사도신경의 영어 번역 "I believe in God the Father almighty, creator of heaven and earth."에서 believe in은 "~의 존재를 믿다"는 뜻이다.

42) *Catechesis, summa theologiae per questiones et responsiones exposita in D. Zachariae Ursini opera theologica*, ed. Quirinus Reuter (Heidelberg: John Lancellot, 1612), Zacharias Ursinus, *The Commentary of Zacharias Ursinus on the Heidelberg Catechism*, Trans. by G. W. Williard, (Columbus: Scott & Bascom, 1852; Reprint, Phillipsburg: P&R, 1985), 139.

에게는 한 하나님 곧 아버지가 계시니 만물이 그에게서 났고 우리도 그를 위하여 있고 또한 한 주 예수 그리스도께서 계시니 만물이 그로 말미암고 우리도 그로 말미암아 있느니라." 히브리서 11:6 "믿음이 없이는 하나님을 기쁘시게 하지 못하나니 하나님께 나아가는 자는 반드시 그가 계신 것과 또한 그가 자기를 찾는 자들에게 상 주시는 이심을 믿어야 할지니라."

증명되지 않는 성부 하나님의 존재

성경은 하나님의 존재를 증명하기 위해 노력하지 않는다. 하나님의 존재를 인정하며, 하나님의 하신 일을 보여줄 뿐이다. 그 이유는 하나님의 존재는 설명이나 증명의 대상이 아니기 때문이다. 하나님의 존재는 인간의 언어와 이성으로 설명이 불가능하다. 하나님은 오직 자기 자신에 의해서만 증명될 수 있다.

우리는 믿음으로 하나님의 존재를 받아들일 뿐이다. 하나님은 영원부터 존재하시는 분이다. 하나님의 존재는 제한되거나 배제되지 않는다. 하나님은 그 존재에 있어 시작이나 끝, 순간의 연속이 없다. 존재의 기원도 없다.

이 고백이 배격하는 것

"**전능하신 하나님 아버지, 하늘과 땅을 창조하신 분을 믿습니다**"라는 고백은 이론적 무신론(theoretical atheism)과 실천적 무신론(practical atheism), 제1계명을 어기는 자를 배격한다.[43] 이 고백을 하는 순간 하나님께서 존재하시지 않는다고 말할 수 없으며, 하나님께서 존재하시지 않는 것처럼 살 수 없다.

이 고백을 할 때 가져야 할 마음

"**전능하신 하나님 아버지, 하늘과 땅을 창조하신 분을 믿습니다**"라고 성부 하나님의 존재를 고백할 때는 성부 하나님의 살아계심을 철저히 믿고 고백해야 한다. 하나님과 사람 앞에서 하나님의 살아계심을 인정하고 고백하고 증거한다는 사실을 기억해야 한다.

---

43) 손재익, 『십계명, 언약의 10가지 말씀』, 92, 95-96.

(2) 성부 하나님의 속성

"전능하신"은 성부 하나님의 속성(屬性, Attributes)에 대한 고백이다. 성부 하나님은 전능하시다. 우리가 믿는 하나님은 모든 것을 하실 수 있다. 이 속성은 오직 하나님만 갖고 계신다. 이 세상의 그 어떤 존재도 전능하지 않다.

근거 성경구절

성부 하나님의 속성 중 전능하심에 대한 근거구절은 다음과 같다. 창세기 17:1 "아브람이 구십구 세 때에 여호와께서 아브람에게 나타나서 그에게 이르시되 **나는 전능한 하나님이라** 너는 내 앞에서 행하여 완전하라." 창세기 18:14 **"여호와께 능하지 못한 일이 있겠느냐** 기한이 이를 때에 내가 네게로 돌아오리니 사라에게 아들이 있으리라." 창세기 28:3 **"전능하신 하나님**이 네게 복을 주시어 네가 생육하고 번성하게 하여 네가 여러 족속을 이루게 하시고." 창세기 35:11 "하나님이 그에게 이르시되 **나는 전능한 하나님이라** 생육하며 번성하라 한 백성과 백성들의 총회가 네게서 나오고 왕들이 네 허리에서 나오리라." 창세기 43:14 **"전능하신 하나님**께서 그 사람 앞에서 너희에게 은혜를 베푸사…" 창세기 48:3 "요셉에게 이르되 이전에 가나안 땅 루스에서 **전능하신 하나님**이 내게 나타나사 복을 주시며." 창세기 49:24-25 "[24]요셉의 활은 도리어 굳세며 그의 팔은 힘이 있으니 이는 **야곱의 전능자** 이스라엘의 반석인 목자의 손을 힘입음이라. [25]네 아버지의 하나님께로 말미암나니 그가 너를 도우실 것이요 **전능자**로 말미암나니 그가 네게 복을 주실 것이라. 위로 하늘의 복과 아래로 깊은 샘의 복과 젖먹이는 복과 태의 복이리로다." 출애굽기 6:3 "내가 아브라함과 이삭과 야곱에게 **전능의 하나님**으로 나타났으나 나의 이름을 여호와로는 그들에게 알리지 아니하였고." 여호수아 22:22 **"전능하신 자 하나님 여호와, 전능하신 자 하나님 여호와**께서 아시나니 이스라엘도 장차 알리라…" 룻기 1:20-21 "[20]나오미가 그들에게 이르되 나를 나오미라 부르지 말고 나를 마라라 부르라 이는 **전능자**가 나를 심히 괴롭게 하셨음이니라. [21]내가 풍족하게 나갔더니 여호와께서 내게 비어 돌아오게 하셨느니라. 여호와께서 나를 징벌하셨고 **전능자**가 나를 괴롭게 하셨거늘 너희가 어찌 나를 나오미라 부르느냐 하니라." 예레미야 32:17-18 "[17]슬프도소이다 주 여호와여 주께서 큰 능력과 펴신 팔로 천지를 지으셨사오니 **주에게는 할 수 없는 일이 없으시니이다.** [18]주는 은혜를 천만인에게 베푸시며 아버지의 죄악을 그 후손의 품에 갚으시오니 크고 능력 있으신 하나님이시요 이름은 만군의 여호와시니이다." 에스겔 10:5 "그룹들의 날개 소리는 바깥뜰까지 들리는데 **전 능하신 하나님**이 말씀하시는 음성 같더라." 마태복음 19:26 "예수께서 그들을 보시며 이르시되 사람으로는 할 수 없으나 **하나님으로서는 다 하실 수 있느니 라.**" 누가복음 1:37 "대저 하나님의 모든 말씀은 **능하지 못하심이 없느니라.**" 고 린도후서 6:18 "너희에게 아버지가 되고 너희는 내게 자녀가 되리라 **전능하신 주**의 말씀이니라 하셨느니라." 요한계시록 1:8 "주 하나님이 이르시되 나는 알 파와 오메가라 이제도 있고 전에도 있었고 장차 올 자요 **전능한 자**라 하시더라." 요한계시록 4:8 "네 생물은 각각 여섯 날개를 가졌고 그 안과 주위에는 눈들이 가득하더라 그들이 밤낮 쉬지 않고 이르기를 거룩하다 거룩하다 거룩하다 **주 하 나님 곧 전능하신 이여** 전에도 계셨고 이제도 계시고 장차 오실이시라 하고." 요 한계시록 11:17 "이르되 감사하옵나니 옛적에도 계셨고 지금도 계신 **주 하나님 곧 전능하신 이여** 친히 큰 권능을 잡으시고 왕 노릇 하시도다." 요한계시록 15:3 "하나님의 종 모세의 노래, 어린 양의 노래를 불러 이르되 **주 하나님 곧 전능하 신 이시여** 하시는 일이 크고 놀라우시도다 만국의 왕이시여 주의 길이 의롭고 참되시도다." 요한계시록 16:7 "또 내가 들으니 제단이 말하기를 그러하다 **주 하 나님 곧 전능하신 이시여** 심판하시는 것이 참되시고 의로우시도다 하더라." 요 한계시록 16:14 "그들은 귀신의 영이라 이적을 행하여 온 천하 왕들에게 가서 **하 나님 곧 전능하신 이**의 큰 날에 있을 전쟁을 위하여 그들을 모으더라." 요한계시 록 19:6 "또 내가 들으니 허다한 무리의 음성과도 같고 많은 물소리와도 같고 큰 우렛소리와도 같은 소리로 이르되 할렐루야 **주 우리 하나님 곧 전능하신 이**가 통치하시도다." 요한계시록 19:15 "그의 입에서 예리한 검이 나오니 그것으로 만국을 치겠고 친히 그들을 철장으로 다스리며 또 친히 **하나님 곧 전능하신 이** 의 맹렬한 진노의 포도주 틀을 밟겠고." 요한계시록 21:22 "성 안에서 내가 성전 을 보지 못하였으니 이는 **주 하나님 곧 전능하신 이**와 및 어린 양이 그 성전이심 이라."

이 외에도 하나님께서 행하신 사역, 천지창조, 출애굽, 십자가 사건 등은 하나 님의 전능성을 보여준다.

더 다양한 속성들
하나님께는 전능성 외에도 무한성, 자존성, 영원성, 불변성 등의 다양한 속성

이 있다. 사도신경은 모든 속성을 다 열거하는 대신 "전능하신" 속성을 대표로 고백한다.[44]

하나님의 다양한 속성들에 대해서는 웨스트민스터 소요리문답 제4문답,[45] 웨스트민스터 대요리문답 제7문답, 웨스트민스터 신앙고백서 제2장 제1절, 벨기에 신앙고백서 제1조 등에서 고백하고 있다. 이 신조들은 하나님의 전능성을 언급할 때 창세기 17:1; 18:14; 요한계시록 1:8; 4:8을 근거구절로 삼는다.

웨스트민스터 소요리문답

4문 : 하나님은 어떤 분이십니까What is God?

답 : 하나님은 영spirit이신데,[1] 그분의 존재하심being[2]과 지혜wisdom[3]와 **능력 power**[4]과 거룩하심holiness[5]과 공의justice와 선하심goodness과 진실하심 truth[6]이 무한하시며infinite,[7] 영원하시며eternal,[8] 불변하십니다unchangeable.[9]

---

1) 요 4:24   2) 출 3:14   3) 시 147:5   **4) 계 4:8**   5) 계 15:4   6) 출 34:6–7   7) 욥 11:7–9   8) 시 90:2   9) 약 1:17

---

44) 사도신경은 매우 짧은데, "전능하신 하나님 아버지"라는 표현은 두 차례 언급되고 있다. 첫 번째 문장 "전능하신 하나님 아버지, 하늘과 땅을 창조하신 분"이라는 고백과 여섯 번째 문장 "하늘로 오르셨고 전능하신 하나님 아버지의 오른쪽에 앉아계신다"는 고백에 언급된다.

45) 프린스턴의 조직신학자 찰스 핫지는 "웨스트민스터 소요리문답 제4문답은 인간이 하나님의 속성에 대해 표현한 것 중에 최고의 정의다"라고 말했다. Charles Hodge, *Systematic Theology*, vol. 1 (1871; Grand Rapids: Hendrickson, 2003), 367. 로버트 레이몬드는 그의 조직신학에서 철저히 웨스트민스터 소요리문답 제4문답을 중심으로 하나님의 속성론을 전개한다. Robert L. Reymond, *A New Systematic Theology of the Christian Faith* (Nashville: Thomas Nelson, 1998), 164–203.
하나님의 존재와 속성에 관해 다룬 최고의 책으로 Stephen Charnock, *The Existence and Attributes of God* (1853; Grand Rapids: Baker, 1996), 송용자 옮김, 『하나님의 존재와 속성 1,2』(서울: 부흥과개혁사, 2015)를 참고하라.

웨스트민스터 대요리문답

7문 : 하나님은 어떤 분이십니까What is God?

답 : 하나님은 영spirit이신데,[1] 존재[2]와 영광[3]과 복blessedness[4]과 완전함[5]에 있어서 본래 그리고 스스로 무한하시며in and of himself infinite, 자족하시고all-sufficient,[6] 영원하시고,[7] 불변하시고unchangeable,[8] 이해할 수 없고 incomprehensible,[9] 어디에나 계시고,[10] **전능하시고almighty,[11]** 모든 것을 아시고,[12] 지극히 지혜로우시고most wise,[13] 지극히 거룩하시며,[14] 지극히 의로우시고,[15] 지극히 자비로우시며, 은혜로우시고, 오래 참으시고, 선하심과 진실하심에 있어서 풍성하십니다abundant.[16]

---

1) 요 4:24 2) 출 3:14; 욥 11:7-9 3) 행 7:2 4) 딤전 6:15 5) 마 5:48 6) 창 17:1 7) 시 90:2 8) 말 3:6; 약 1:17 9) 왕상 8:27 10) 시 139:1-13 **11) 계 4:8** 12) 히 4:13; 시 147:5 13) 롬 16:27 14) 사 6:3; 계 15:4 15) 신 32:4 16) 출 34:6

웨스트민스터 신앙고백서

제2장 하나님에 관하여와 삼위일체에 관하여

Of God, and of the Holy Trinity

1. 오직 한 분이시고[1] 살아계시고 참되신 하나님은,[2] 존재being와 완전함perfection[3]에 있어서 무한하시고infinite, 지극히 순결하신pure 영이시고,[4] 보이지 않으시며,[5] 몸body이나 지체parts[6]나 성정passions[7]이 없으시며, 변치 않으시고immutable,[8] 광대하시고immense,[9] 영원하시고,[10] 이해할 수 없고incomprehensible,[11] 전능하시고 almighty,[12] 지극히 지혜로우시고,[13] 지극히 거룩하시고,[14] 지극히 자유로우시고,[15] 지극히 절대적이시며,[16] 변치 않는 지극히 의로운 뜻[17]에 따라 모든 일들을 행하시되 자기의 영광을 위하여[18] 행하시며, 지극히 사랑이시고,[19] 은혜로우시고, 자비로우시고, 오래 참으시고long-suffering, 인자하심goodness과 진실하심truth이 풍성하셔서abundant 사람들의 부정iniquity과 범죄transgression와 죄sin를 용서하시고,[20] 부지런히 그분을 찾는 자들에게 상을 주시며,[21] 그럼에도withal 그분의 심판은 지극히 공의롭고 두려우며terrible,[22] 모든 죄를 미워하시고,[23] 범죄자를 결코 면죄하지 않으신다by no means clear the guilty.[24]

1) 신 6:4; 고전 8:4,6   2) 살전 1:9; 렘 10:10   3) 욥 11:7-9; 26:14   4) 요 4:24   5) 딤전 1:17   6) 신 4:15-16; 눅 24:39; 요 4:24   7) 행 14:11,15   8) 약 1:17; 말 3:6   9) 왕상 8:27; 렘 23:23-24   10) 시 90:2; 딤전 1:17   11) 시 145:3   **12) 창 17:1; 계 4:8**   13) 롬 16:27   14) 사 6:3; 계 4:8   15) 시 115:3   16) 출 3:14   17) 엡 1:11   18) 잠 16:4; 롬 11:36   19) 요일 4:8,16   20) 출 34:6-7   21) 히 11:6   22) 느 9:32-33   23) 시 5:5-6   24) 출 34:7

벨기에 신앙고백서

제1조 유일하신 한 분 하나님만이 계시다

There is Only One God

우리 모두는 유일하신 한 분 하나님만only one God이 계시다는 것을[1] 마음heart으로 믿고 입으로 고백합니다.[2] 그분은 단순하시고simple 영적인 존재spiritual Being 입니다.[3] 그분은 영원하시며eternal,[4] 완전히 이해될 수 없고incomprehensible,[5] 보이지 않으시며invisible,[6] 변하지 않으시고immutable,[7] 제한이 없으시고infinite,[8] **전능하시고almighty,**[9] 완전히 지혜로우시며,[10] 공의로우시고,[11] 선하시고,[12] 모든 선이 흘러나오는 근원the overflowing fountain of all good이십니다.[13]

1) 신 6:4; 고전 8:4,6; 딤전 2:5   2) 롬 10:10   3) 요 4:24   4) 시 90:2   5) 롬 11:33   6) 골 1:15; 딤전 6:16   7) 약 1:17   8) 왕상 8:27; 렘 23:24   **9) 창 17:1; 마 19:26; 계 1:8**   10) 롬 16:27   11) 롬 3:25-26; 9:14; 계 16:5,7   12) 마 19:17   13) 약 1:17

성부 하나님께 있어서 속성의 중요성

사도신경은 성부 하나님을 속성으로 설명한다. 왜냐하면 성부 하나님은 '속성'으로밖에 설명할 수 없기 때문이다. 영으로 존재하셔서(요 4:24) 눈에 보이지 않으시는(딤전 6:16) 하나님은 하나님께 속한 특성으로만 설명 가능하다. 그래서 교부신학에서부터 개혁신학에 이르기까지 "하나님에게 있어서 속성은 곧 존재다"라는 말이 강조되어 왔다.

하나님은 속성으로밖에 설명할 수 없기에 웨스트민스터 소요리문답 제4문답과 웨스트민스터 대요리문답 제7문답은 "하나님은 어떤 분이십니까What is God?"라는 질문에 대해 속성으로 하나님을 설명한다.

속성에 대한 고백의 의의

사도신경을 고백하는 사람은 전능하신 성부 하나님을 믿는다. 성부 하나님의 전능하심을 믿는 사람은 성부 하나님께서 자신의 몸과 영혼에 필요한 모든 것을 채워 주시며, 눈물 골짜기 같은 세상에서 당하는 어떠한 악도 합력하여 선을 이루게 하실 것을 믿는다.

이에 대해 하이델베르크 요리문답 제26문답이 잘 설명해 주고 있다.

하이델베르크 요리문답

26문 : "전능하신 하나님 아버지, 하늘과 땅을 창조하신 분을 믿습니다"라고 고
　　　 백할 때 당신은 무엇을 믿습니까?

　답 : 우리 주 예수 그리스도의 영원하신 아버지께서 아무것도 없는 중에서 하
　　　 늘과 땅과 그 가운데 있는 모든 것을 창조하셨고,[1] 또한 그의 영원한 작
　　　 정counsel과 섭리providence로써 이 모든 것을 여전히 보존하고uphold 다
　　　 스리심rule을 믿으며,[2] 이 하나님께서 그의 아들 그리스도 때문에 나의 하
　　　 나님과 나의 아버지가 되심을 나는 믿습니다.[3] **그분을 전적으로 신뢰하기**
　　　 에 그가 나의 몸과 영혼에 필요한 모든 것을 채워 주시며,[4] 이 눈물 골짜
　　　 기 같은 세상에서 당하게 하시는 어떠한 악도 합력하여 선을 이루게 하실
　　　 것을 나는 조금도 의심치 않습니다.[5] 그는 전능하신 하나님이기에 그리하
　　　 실 수 있고,[6] 신실하신 아버지이기에 그리하기를 원하십니다.[7]

---

1) 창 1:1; 2:3; 출 20:11; 욥 38:4-11; 시 33:6; 사 40:26; 44:24; 행 4:24; 14:15　2) 시 104:2-5,27-30; 115:3; 마 10:29-30; 롬 11:36; 엡 1:11　3) 요 1:12; 20:17; 롬 8:15; 갈 4:5-7; 엡 1:5　4) 시 55:22; 마 6:25-26; 눅 12:22-24 5) 시 84:5-6; 롬 8:28　6) **창 17:1; 18:14;** 롬 8:37-39; 10:12; **계 1:8**　7) 마 6:32-33; 7:9-11

전능하신 하나님께서 하실 수 없는 것

하나님은 전능하시지만, 하실 수 없는 것이 있다. 존재하는 일을 멈추시거나 하나님이시기를 멈추실 수 없다. 자신의 속성 중 어떠한 것도 제거하실 수 없다. 그분이 갖고 있는 능력의 전부를 다 소진하실 수 없다. 자기부인을 하실 수 없다 (딤후 2:13). 거짓말을 하실 수 없다(딛 1:2). 약속을 어기실 수 없다(고후 1:20). 죄를 간과하실 수 없다(합 1:13). 죄의 유혹을 받으실 수 없다(약 1:13). 이러한

것들을 하시지 못한다고 해서 하나님의 전능성이 파괴되는 것은 아니다.

이 고백을 할 때 가져야 할 마음

"전능하신"이라는 성부 하나님의 속성을 고백할 때는 하나님의 전능하심에 대한 깊은 인식을 가져야 한다. 모든 것을 하실 수 있으신 하나님을 믿고 있음을 기억해야 한다. 하나님은 능치 못한 일이 없으시다는 사실을 기억해야 한다. 전능하신 속성 외에 다른 속성들도 있음을 기억하고 모든 속성에 대한 이해를 가지고 고백해야 한다.

---

(3) 성부 하나님의 위격

"하나님 아버지"는 성부 하나님의 위격(位格, Person)에 대한 고백이다. 성부는 성자의 아버지시다. 성부 하나님은 삼위 중 성부라 불리시니 성자와의 위격적 관계에서 성부(聖父, God the Father)시다. 이 사실은 그 다음 문장에 나오는 **"그분의 독생하신 아드님 우리 주님 예수 그리스도"**를 통해서 더욱 분명하게 드러난다.

근거 성경구절
"하나님 아버지"가 성부의 위격을 나타낸다는 사실은 하나님께서 예수님을 '아들'로, 예수님께서 하나님을 '아버지'로 표현한 성경구절에 근거를 둔다.

하나님께서 예수님을 '아들'로 부르시는 성경구절은 마태복음 3:17 "하늘로부터 소리가 있어 말씀하시되, **이는 내 사랑하는 아들이요** 내 기뻐하는 자라"가 있다. 예수님께서 하나님을 '아버지'로 부르시는 성경구절은 마태복음 26:42 "다시 두 번째 나아가 기도하여 이르시되 **내 아버지여** 만일 내가 마시지 않고는 이 잔이 내게서 지나갈 수 없거든 **아버지**의 원대로 되기를 원하나이다 하시고." 누가복음 23:46 "예수께서 큰 소리로 불러 이르시되 **아버지** 내 영혼을 **아버지** 손에 부탁하나이다 하고 이 말씀을 하신 후 숨지시니라." 요한복음 10:30 "나와 아버지는 하나이니라." 요한복음 14:9 "나를 본 자는 **아버지**를 보았거늘." 로마서 15:6 "한마음과 한 입으로 **하나님 곧 우리 주 예수 그리스도의 아버지**께 영광을 돌리게 하려 하노라"가 있다.

이 외에 고린도후서 11:31 "**주 예수의 아버지 영원히 찬송할 하나님**이 내가 거짓말 아니하는 것을 아시느니라." 에베소서 1:3 "찬송하리로다 **하나님 곧 우리 주 예수 그리스도의 아버지**께서 그리스도 안에서 하늘에 속한 모든 신령한 복을 우리에게 주시되" 등도 하나님께서 성자 하나님의 아버지이심을 언급한다.

신조들의 설명

하이델베르크 요리문답 제26문답은 사도신경의 첫 문장을 설명하면서 성부 하나님을 "우리 주 예수 그리스도의 영원하신 아버지"라고 표현하고, 성부와 성자의 관계를 "하나님의 아들 그리스도"라고 표현한다.

하이델베르크 요리문답

26문 : "전능하신 하나님 아버지, 하늘과 땅을 창조하신 분을 믿습니다"라고 고백할 때 당신은 무엇을 믿습니까?

답 : **우리 주 예수 그리스도의 영원하신 아버지**께서 아무것도 없는 중에서 하늘과 땅과 그 가운데 있는 모든 것을 창조하셨고,[1] 또한 그의 영원한 작정counsel과 섭리providence로써 이 모든 것을 여전히 보존하고uphold 다스리심rule을 믿으며,[2] **이 하나님께서 그의 아들 그리스도** 때문에 나의 하나님과 나의 아버지가 되심을 나는 믿습니다.[3] 그분을 전적으로 신뢰하기에 그가 나의 몸과 영혼에 필요한 모든 것을 채워 주시며,[4] 이 눈물 골짜기 같은 세상에서 당하게 하시는 어떠한 악도 합력하여 선을 이루게 하실 것을 나는 조금도 의심치 않습니다.[5] 그는 전능하신 하나님이기에 그리하실 수 있고,[6] 신실하신 아버지이기에 그리하기를 원하십니다.[7]

---

1) 창 1:1; 2:3; 출 20:11; 욥 38:4-11; 시 33:6; 사 40:26; 44:24; 행 4:24; 14:15   2) 시 104:2-5,27-30; 115:3; 마 10:29-30; 롬 11:36; 엡 1:11   3) 요 1:12; 20:17; 롬 8:15; 갈 4:5-7; 엡 1:5   4) 시 55:22; 마 6:25-26; 눅 12:22-24   5) 시 84:5-6; 롬 8:28   6) 창 17:1; 18:14; 롬 8:37-39; 10:12; 계 1:8   7) 마 6:32-33; 7:9-11

성부와 성자의 관계

성부, 성자, 성령은 동등하시지만(WLC 제9문답; WSC 제6문답), 성자는 성부를 아버지라 부르시고, 성부는 성자를 아들이라고 부르신다. 동등한데도 아버지와 아들의 관계로 표현된다(히 1:5).[46] 왜냐하면 성부는 영원부터 성자를 낳으셨고(시 2:7; 히 1:5; 5:5), 성자께서는 영원부터 성부로부터 나셨기 때문이다(요 1:18).

이 고백을 할 때 가져야 할 마음

"하나님 아버지"라는 성부 하나님의 위격을 고백할 때는 성부께서 성자에 대하여 '아버지'이심을 믿고 고백해야 한다. 성부, 성자, 성령은 동등하시지만, 질서가 있으니 성부는 성자의 아버지이시다.

---

(4) 성부 하나님과 우리의 관계

"아버지"는 사도신경을 고백하는 우리들과 성부 하나님의 관계(關係, Relation)에 대한 고백이다. 성부 하나님은 성자 하나님이신 예수 그리스도의 아버지시면서 또한 동시에 사도신경을 고백하는 우리들의 아버지시다.

근거 성경구절

성부 하나님께서 우리의 아버지시라는 근거구절은 다음과 같다. 이사야 63:16 **"주는 우리 아버지시라** 아브라함은 우리를 모르고 이스라엘은 우리를 인정하지 아니할지라도 **여호와여, 주는 우리의 아버지시라** 옛날부터 주의 이름을 우리의 구속자라 하셨거늘." 이사야 64:8-9 "⁸그러나 **여호와여, 이제 주는 우리 아버지시니이다** 우리는 진흙이요 주는 토기장이시니 우리는 다 주의 손으로 지으신 것

---

46) 성부와 성자의 관계에 대한 논의로 Tom A. Smail, *The Forgotten Father: Rediscovering the Heart of the Christian Gospel* (London: Hodder & Stoughton, 1980), 정옥배 옮김, 『잊혀진 아버지』(서울: IVP, 2005)를 참조하라.

이니이다. ⁹여호와여, 너무 분노하지 마시오며 죄악을 영원히 기억하지 마시옵소서. 구하오니 보시옵소서. 보시옵소서. 우리는 다 주의 백성이니이다." 마태복음 5:16 "이같이 너희 빛이 사람 앞에 비치게 하여 그들로 너희 착한 행실을 보고 **하늘에 계신 너희 아버지**께 영광을 돌리게 하라." 마태복음 5:45 "이같이 한즉 **하늘에 계신 너희 아버지**의 아들이 되리니 이는 하나님이 그 해를 악인과 선인에게 비추시며 비를 의로운 자와 불의한 자에게 내려주심이라." 마태복음 6:8-9 "⁸그러므로 그들을 본받지 말라 구하기 전에 너희에게 있어야 할 것을 **하나님 너희 아버지**께서 아시느니라. ⁹그러므로 너희는 이렇게 기도하라 **하늘에 계신 우리 아버지여** 이름이 거룩히 여김을 받으시오며." 마태복음 6:25-32(눅 12:22-30) "²⁵그러므로 내가 너희에게 이르노니 목숨을 위하여 무엇을 먹을까 무엇을 마실까 몸을 위하여 무엇을 입을까 염려하지 말라 목숨이 음식보다 중하지 아니하며 몸이 의복보다 중하지 아니하냐. ²⁶공중의 새를 보라 심지도 않고 거두지도 않고 창고에 모아들이지도 아니하되 **너희 하늘 아버지**께서 기르시나니 너희는 이것들보다 귀하지 아니하냐. ²⁷너희 중에 누가 염려함으로 그 키를 한 자라도 더할 수 있겠느냐. ²⁸또 너희가 어찌 의복을 위하여 염려하느냐 들의 백합화가 어떻게 자라는가 생각하여 보라 수고도 아니하고 길쌈도 아니하느니라. ²⁹그러나 내가 너희에게 말하노니 솔로몬의 모든 영광으로도 입은 것이 이 꽃 하나만 같지 못하였느니라. ³⁰오늘 있다가 내일 아궁이에 던져지는 들풀도 하나님이 이렇게 입히시거든 하물며 너희일까보냐 믿음이 작은 자들아. ³¹그러므로 염려하여 이르기를 무엇을 먹을까 무엇을 마실까 무엇을 입을까 하지 말라. ³²이는 다 이방인들이 구하는 것이라 **너희 하늘 아버지**께서 이 모든 것이 너희에게 있어야 할 줄을 아시느니라." 마태복음 18:14 "이와 같이 이 작은 자 중의 하나라도 잃는 것은 **하늘에 계신 너희 아버지**의 뜻이 아니니라." 마가복음 11:25 "서서 기도할 때에 아무에게나 혐의가 있거든 용서하라 그리하여야 **하늘에 계신 너희 아버지**께서도 너희 허물을 사하여 주시리라 하시니라." 요한복음 1:12 "영접하는 자 곧 그 이름을 믿는 자들에게는 **하나님의 자녀**가 되는 권세를 주셨으니." 요한복음 20:17 "예수께서 이르시되 나를 붙들지 말라 내가 아직 아버지께로 올라가지 아니하였노라 너는 내 형제들에게 가서 이르되 내가 **내 아버지 곧 너희 아버지, 내 하나님 곧 너희 하나님**께로 올라간다 하라 하시니." 로마서 8:14-16 "¹⁴무릇 하나님의 영으로 인도함을 받는 사람은 곧 하나님의 아들이라. ¹⁵너희는 다시 무서워하는 종의 영을 받지 아니하고 양자의 영을 받았으므로 우리가 **아빠 아버지**라고 부르짖느니라. [16]성령이 친히 우리의 영과 더불어 우리가 하나님의 자녀인 것을 증언하시나니." 고린도전서 8:6 "그러나 우리에게는 한 **하나님 곧 아버지**가 계시니 만물이 그에게서 났고 우리도 그를 위하여 있고 또한 한 주 예수 그리스도께서 계시니 만물이 그로 말미암고 우리도 그로 말미암아 있느니라." 고린도후서 6:18 "너희에게 **아버지**가 되고 너희는 내게 자녀가 되리라 전능하신 주의 말씀이니라." 갈라디아서 4:6 "너희가 아들이므로 하나님이 그 아들의 영을 우리 마음 가운데 보내사 **아빠 아버지**라 부르게 하셨느니라." 에베소서 1:5 "그 기쁘신 뜻대로 우리를 예정하사 예수 그리스도로 말미암아 자기의 아들들이 되게 하셨으니." 히브리서 12:6-9 "[6]주께서 그 사랑하시는 자를 징계하시고 그가 받아들이시는 아들마다 채찍질하심이라 하였으니. [7]너희가 참음은 징계를 받기 위함이라 **하나님이 아들과 같이 너희를 대우하시나니** 어찌 아버지가 징계하지 않는 아들이 있으리요. [8]징계는 다 받는 것이거늘 너희에게 없으면 사생자요 친아들이 아니니라. [9]또 우리 육신의 아버지가 우리를 징계하여도 공경하였거든 하물며 **모든 영의 아버지**께 더욱 복종하며 살려 하지 않겠느냐." 요한일서 3:1-2 "[1]보라 **아버지**께서 어떠한 사랑을 우리에게 베푸사 하나님의 자녀라 일컬음을 받게 하셨는가, 우리가 그러하도다 그러므로 세상이 우리를 알지 못함은 그를 알지 못함이라. [2]사랑하는 자들아 **우리가 지금은 하나님의 자녀라** 장래에 어떻게 될지는 아직 나타나지 아니하였으나 그가 나타나시면 우리가 그와 같을 줄을 아는 것은 그의 참모습 그대로 볼 것이기 때문이니."

아버지라고 부를 수 있게 하신 성자와 성령

우리가 하나님을 아버지라고 부를 수 있게 된 것은 우리의 공로로 된 것이 아니라 전적으로 성자 하나님과 성령 하나님 덕분이다. 하나님의 아들이신 예수님께서는 하나님을 "아버지"라고 부르셨고(마 11:25-26; 요 5:17,19), 우리로 하여금 하나님의 자녀가 되게 하심으로(요 1:12; 롬 8:15; 엡 1:5), 하나님을 아바 아버지라 부를 수 있게 하셨다(롬 8:15; 갈 4:6). 이 일에 양자의 영이신 성령께서 하셨고 또한 증언하신다(롬 8:16). 그렇기에 우리가 하나님을 아버지라고 부르는 것은 삼위일체에 기초한다.[47]

---

47) Smail, 『잊혀진 아버지』, 38.

신조들의 설명

이러한 성경적 가르침에 근거하여 하이델베르크 요리문답 제26문답은 "예수 그리스도의 영원한 아버지께서 그 아들 예수 그리스도로 말미암아 우리의 아버지가 되셨다"고 설명한다.

하이델베르크 요리문답

26문 : "전능하신 하나님 아버지, 하늘과 땅을 창조하신 분을 믿습니다"라고 고백할 때 당신은 무엇을 믿습니까?

답 : **우리 주 예수 그리스도의 영원하신 아버지**께서 아무것도 없는 중에서 하늘과 땅과 그 가운데 있는 모든 것을 창조하셨고,[1] 또한 그의 영원한 작정counsel과 섭리providence로써 이 모든 것을 여전히 보존하고upholdol 다스리심rule을 믿으며,[2] **이 하나님께서 그의 아들 그리스도 때문에 나의 하나님과 나의 아버지가 되심을 나는 믿습니다.**[3] 그분을 전적으로 신뢰하기에 그가 나의 몸과 영혼에 필요한 모든 것을 채워 주시며,[4] 이 눈물 골짜기 같은 세상에서 당하게 하시는 어떠한 악도 합력하여 선을 이루게 하실 것을 나는 조금도 의심치 않습니다.[5] 그는 전능하신 하나님이기에 그리하실 수 있고,[6] **신실하신 아버지**이기에 그리하기를 원하십니다.[7]

---

1) 창 1:1; 2:3; 출 20:11; 욥 38:4-11; 시 33:6; 사 40:26; 44:24; 행 4:24; 14:15   2) 시 104:2-5,27-30; 115:3; 마 10:29-30; 롬 11:36; 엡 1:11   **3) 요 1:12; 20:17; 롬 8:15; 갈 4:5-7; 엡 1:5**   4) 시 55:22; 마 6:25-26; 눅 12:22-24   5) 시 84:5-6; 롬 8:28   6) 창 17:1; 18:14; 롬 8:37-39; 10:12; 계 1:8   7) 마 6:32-33; 7:9-11

이 고백이 배격하는 것

하나님을 성부(聖父)로 믿지만 자신의 아버지로 믿지 않는 사람들은 사실상 하나님을 믿지 않는 것이다. 야고보서 2:19 "네가 하나님은 한 분이신 줄을 믿느냐 잘 하는 도다 귀신들도 믿고 떠느니라"는 말씀처럼 귀신도 하나님의 존재를 믿기 때문이다. 귀신은 하나님의 존재를 믿지만 하나님을 아버지로 믿지 않는다. 결국 귀신은 하나님을 믿지 않는 것이다. 그러므로 하나님을 참으로 믿는다면 하나님을 아버지로 믿어야 한다.

이 고백을 할 때 가져야 할 마음

"아버지"라는 성부 하나님과 우리의 관계를 고백할 때는 하나님께서 성자 하나님의 아버지이시기만 한 것이 아니라, 성자 하나님으로 말미암아 구원받은 모든 자들의 아버지이심을 기억해야 한다. 사도신경을 고백하는 모든 자들은 예수 그리스도의 아버지이신 하나님을 자신의 아버지로 믿는다. 사도신경을 고백하는 모든 자들은 하나님 아버지의 사랑하는 자녀들이다. 사도신경을 고백하는 모든 자들은 한 분 하나님을 한 분 아버지로 모시는 형제요 자매이며 가족이다(마 12:46-50; 막 3:31-35; 요 8:19-21).

(5) 성부 하나님의 사역[48]

"하늘과 땅을 창조하신 분"은 성부 하나님께서 하신 일, 즉 사역(事役, Work)에 대한 고백이다. 하나님은 하늘과 땅을 창조하셨다. 하늘과 땅은 이 세상 천지만물을 뜻한다. 눈에 보이는 것과 보이지 않는 모든 것을 뜻한다(골 1:16).[49] 하나님은 모든 것들을 창조하셨다.

이 고백은 **"전능하신"**이라는 고백과 연결된다.[50] 속성과 사역은 연결되기 때문이다. 속성이 있기에 사역이 가능하다. 성부 하나님께 전능성이라는 속성이 있기에 창조의 사역을 하실 수 있다. 만약 성부 하나님께서 전능하시지 않다면 창조를 하실 수 없다.

성부 하나님의 전능하신 속성은 '창조'만 아니라 성부 하나님의 다른 모든 사역으로 연결될 수 있지만, 사도신경은 성부 하나님의 여러 사역 중에서 '창조'와 연결시킨다. 그 이유는 창조가 가장 대표적인 성부 하나님의 사역이기 때문이다.

---

48) 칼뱅은 이 주제를 *Institutes*, I. xiv-xvii에서 다룬다.

49) 니케아신경은 이 사실을 신경 자체에서 언급하고 있다.

50) 하나님의 전능하심은 우리로 하여금 하나님의 사역을 믿게 만들고, 성자와 성령을 통해서 이루신 구원에 대해 확신하게 된다. *Catechism of the Catholic Church*, para. 278.

근거 성경구절

성부 하나님의 사역으로서의 창조에 대한 근거구절은 다음과 같다. 창세기 1:1 "태초에 하나님이 **천지를 창조하시니라**." 시편 33:6 "여호와의 말씀으로 하늘이 지음이 되었으며 그 만상을 그의 입 기운으로 이루었도다." 시편 104편 전체. 시편 121:2 "나의 도움은 **천지를 지으신 여호와**에게서로다." 시편 146:6 "**여호와는 천지와 바다와 그중의 만물을 지으시며** 영원히 진실함을 지키시며." 전도서 12:1 "너는 청년의 때에 너의 **창조주를** 기억하라 곧 곤고한 날이 이르기 전에, 나는 아무 낙이 없다고 할 해들이 가깝기 전에." 이사야 40:26 "너희는 눈을 높이 들어 **누가 이 모든 것을 창조하였나 보라** 주께서는 수효대로 만상을 이끌어 내시고 그들의 모든 이름을 부르시나니 그의 권세가 크고 그의 능력이 강하므로 하나도 빠짐이 없느니라." 이사야 40:28 "너는 알지 못하였느냐 듣지 못하였느냐 영원하신 하나님 여호와, **땅 끝까지 창조하신 이는** 피곤하지 않으시며 곤비하지 않으시며 명철이 한이 없으시며." 이사야 42:5 "**하늘을 창조하여 펴시고** 땅과 그 소산을 내시며 땅 위의 백성에게 호흡을 주시며 땅에 행하는 자에게 영을 주시는 하나님 여호와께서 이같이 말씀하시되." 이사야 44:24 "네 구속자요 모태에서 너를 지은 나 여호와가 이같이 말하노라 **나는 만물을 지은 여호와라** 홀로 하늘을 폈으며 나와 함께 한 자 없이 땅을 펼쳤고." 이사야 45:7 "**나는 빛도 짓고 어둠도 창조하며** 나는 평안도 짓고 환난도 창조하나니 나는 여호와라 이 모든 일들을 행하는 자니라 하였노라." 이사야 45:18 "대저 여호와께서 이같이 말씀하시되 **하늘을 창조하신 이 그는 하나님이시니** 그가 땅을 지으시고 그것을 만드셨으며 그것을 견고하게 하시되 혼돈하게 창조하지 아니하시고 사람이 거주하게 그것을 지으셨으니 나는 여호와라 나 외에 다른 이가 없느니라." 사도행전 4:24 "그들이 듣고 한마음으로 하나님께 소리를 높여 이르되 대주재여 **천지와 바다와 그 가운데 만물을 지은 이시오**." 에베소서 3:9 "영원부터 **만물을 창조하신 하나님** 속에 감추어졌던 비밀의 경륜이 어떠한 것을 드러내게 하려 하심이라." 히브리서 11:3 "믿음으로 모든 세계가 **하나님의 말씀으로 지어진 줄을** 우리가 아나니 보이는 것은 나타난 것으로 말미암아 된 것이 아니니라."

영적 존재들의 창조

하나님께서 창조하실 때는 눈에 보이는 것뿐만 아니라 눈에 보이지 않는 것도 창조하셨다. 눈에 보이지 않는 것에는 영적인 존재도 포함된다. 즉 천사도 창조하셨다(BC 제12조; WLC 제16문답).

하나님께서 창조하신 모든 것이 선하듯(창 1:31; 딤전 4:4), 천사도 선하게 창조되었다. 하나님께서는 천사들을 선하게 창조하셔서 자신의 사자(使者, messengers)로 삼으셨고(시 103:20-21; 슥 1:9, 13, 19; 2:3; 4:1, 4-5; 5:5, 10; 6:4), 당신의 택함 받은 백성들을 섬기게 하셨다(시 91:11; 히 1:14).

선하게 지음 받은 천사들 중 일부는 하나님께서 창조하신 높은 지위에서 타락하여 영원한 파멸로 떨어졌으니 곧 사탄이다(BC 제12조). 하나님께서 악한 천사를 창조하신 것이 아니라 선하게 지음 받은 천사가 스스로 타락하였다.

영적 존재는 분명히 존재한다. 그러나 사두개인들은 천사도 없고 영도 없다고 하는데(행 23:8), 우리는 그러한 자들의 거짓을 조심해야 한다.

오직 믿음으로 알 수 있는 창조

하나님의 창조는 아무도 본 사람이 없다(욥 34:4-6,12). 최초의 사람인 아담도 하나님의 창조를 못 봤다. 그러므로 눈으로 보아야만 창조를 믿겠다는 것은 불가능하다. 창조는 전적으로 믿음의 영역이다(히 11:3).

① 무로부터의 창조

창조의 중요한 특징은 무(無)로부터의 창조(*creatio ex nihilo*)다. 하나님은 아무것도 없는 데서 이 세상을 창조하셨다. 어떤 소재를 가지고 창조하지 않으셨다. 하나님께서 창조하실 때에는 아무것도 없었고 오직 하나님만 계셨다. 무(無)라는 개념조차 없었다. 삼위 하나님 외에 이 세상에 존재하던 것은 아무것도 없었다. 하나님께서 창조를 시작하심으로 삼위 하나님 외에 다른 무엇이 존재하기 시작했다.[51]

근거 성경구절

'무로부터의 창조'(*creatio ex nihilo*)라는 표현은 고대로부터 이어져 내려오는 것으로, 외경(外經, apocrypha)인 마카비하 7:28 "얘야, 너에게 당부한다. 하늘과 땅을 바라보고 그 안에 있는 모든 것을 살펴보아라. 그리고 **하나님께서 이**

---

51) *Catechism of the Catholic Church*, para. 290, 296-298.

미 있는 것에서 그것들을 만들지 않으셨음을 깨달아라. 사람들이 생겨난 것도 마찬가지다"에 근거하며, 제4차 라테란공의회를 통해 공적으로 채택되었다.

그러나 가급적이면 성경에서 그 근거를 찾는 것이 좋다. '무로부터의 창조'에 대한 근거는 창세기 1:1 "태초에 하나님이 천지를 창조하시니라"는 말씀에서 충분히 유추할 수 있으며,[52] 로마서 4:17 "기록된바 내가 너를 많은 민족의 조상으로 세웠다 하심과 같으니 그가 믿은바 하나님은 죽은 자를 살리시며 **없는 것을 있는 것으로 부르시는 이시니라**"에서도 얻을 수 있다.[53]

신조들의 설명

하이델베르크 요리문답 제26문답, 웨스트민스터 소요리문답 제9문답, 웨스트민스터 대요리문답 제15문답, 웨스트민스터 신앙고백서 제4장 제1절은 '무로부터의 창조'에 대한 언급을 놓치지 않는다.

하이델베르크 요리문답

26문 : "전능하신 하나님 아버지, 하늘과 땅을 창조하신 분을 믿습니다"라고 고백할 때 당신은 무엇을 믿습니까?

답 : 우리 주 예수 그리스도의 영원하신 아버지께서 **아무것도 없는 중에서 하늘과 땅과 그 가운데 있는 모든 것을 창조하셨고,**[1] 또한 그의 영원한 작정counsel과 섭리providence로써 이 모든 것을 여전히 보존하고uphold 다스리심rule을 믿으며,[2] 이 하나님께서 그의 아들 그리스도 때문에 나의 하나님과 나의 아버지가 되심을 나는 믿습니다.[3] 그분을 전적으로 신뢰하기에 그가 나의 몸과 영혼에 필요한 모든 것을 채워 주시며,[4] 이 눈물 골짜기 같은 세상에서 당하게 하시는 어떠한 악도 합력하여 선을 이루게 하실 것을 나는 조금도 의심치 않습니다.[5] 그는 전능하신 하나님이기에 그

---

52) 한국어 '창조하다'라는 말에는 "무로부터의 창조"의 의미가 담겨 있다. 한편, 창조하다는 의미를 가진 히브리어 '바라'(창 1:1)라는 말 자체에는 "무로부터 생성하다"라는 개념이 없다. Berkhof, *Systematic Theology*, 128, 132.

53) Berkhof, *Systematic Theology*, 134.

리하실 수 있고,⁶⁾ 신실하신 아버지이기에 그리하기를 원하십니다.⁷⁾

1) 창 1:1; 2:3; 출 20:11; 욥 38:4-11; 시 33:6; 사 40:26; 44:24; 행 4:24; 14:15 2) 시 104:2-5,27-30; 115:3; 마 10:29-30; 롬 11:36; 엡 1:11 3) 요 1:12; 20:17; 롬 8:15; 갈 4:5-7; 엡 1:5 4) 시 55:22; 마 6:25-26; 눅 12:22-24 5) 시 84:5-6; 롬 8:28 6) 창 17:1; 18:14; 롬 8:37-39; 10:12; 계 1:8 7) 마 6:32-33; 7:9-11

웨스트민스터 소요리문답

9문 : 창조의 사역the work of creation은 무엇입니까?

답 : 창조의 사역은 하나님께서 **아무것도 없는 데서**of nothing 만물을, 그분의 능력의 말씀으로 6일 동안 모두 매우 좋게all very good 만드신 것입니다.¹⁾

1) 창 1장; 히 11:3

웨스트민스터 대요리문답

15문 : 창조의 사역the work of creation은 무엇입니까?

답 : 창조의 사역은 하나님께서 태초에 하신 일인데, 그분의 능력의 말씀으로, **아무것도 없는 데서**of nothing 세계와 그 안에 있는 만물을, 자기를 위하여 for himself, 6일 동안 모두 매우 좋게all very good 만드신 것입니다.¹⁾

1) 창 1장; 히 11:3; 잠 16:4

웨스트민스터 신앙고백서
제4장 창조에 관하여
Of Creation

1. 성부, 성자, 성령 하나님께서는¹⁾ 그분의 영원하신 능력power과 지혜wisdom와 선하심goodness의 영광을 나타내시려고manifestation,²⁾ 태초에, **아무것도 없는 데서**of nothing 세상과 그 안에 있는 보이는 것들이나 보이지 않는 모든 것들을, 6일 동안in the space of six days, 모두 매우 좋게 창조하시기를 기뻐하셨다.³⁾

1) 요 1:3; 창 1:2; 욥 26:13; 33:4; 히 1:2 2) 시 33:5-6; 104:24; 렘 10:12; 롬 1:20 3) 행 17:24; 골 1:16; 히 11:3

무로부터의 창조의 중요성

사도신경을 고백하는 자들은 성부 하나님의 사역으로서의 창조를 믿되, 더불어서 그 창조가 '무로부터의 창조'임을 반드시 믿어야 한다. 그 이유는 다음과 같다.

첫째, 만약 하나님의 창조를 무로부터의 창조로 생각하지 않고 어떤 재료가 있었다고 생각하면, 하나님의 창조는 '창조'가 아니라 '만듦'이 된다. '만듦'이 라는 것은 사람도 재료만 있으면 누구나 만들 수 있다는 것을 생각해 볼 때,[54] 하나님의 창조 가치가 매우 낮아질 수 있다. 누구나 만들 수 있는 일을 하나님도 하신 것이 되어 버린다. 그러므로 반드시 '아무것도 없는 데서' 이루어진 일이라는 점을 기억해야 한다.

둘째, 만약 하나님의 창조를 무로부터의 창조로 생각하지 않고 어떤 재료가 있었다고 생각하면, 하나님께서 세상을 존재케 하시기 이전에도 이미 하나님 외에 다른 어떤 존재가 있었다는 것이 된다. 그렇게 되면, 하나님과 함께 존재했던 그것도 하나님처럼 스스로 존재했다는 것이 되고, 결국 하나님의 유일성이 파괴되고 하나님 외에 그 존재도 경배를 받기에 합당하다는 결론에 이르게 된다.

이러한 이유들 때문에 성부 하나님의 창조가 무로부터의 창조라는 사실을 반드시 기억해야 한다. 하나님은 어떤 재료를 사용해서 이 세상을 만드신 것이 아니라, 아무것도 없는 데서, 오직 삼위 하나님만 계시던 상태에서 이 세상을 창조하셨다. 성부 하나님의 창조를 믿으면서 무로부터의 창조는 부인한다면, 성부 하나님의 창조를 부인하는 것과 같다.

무로부터의 창조를 하신 하나님만이 홀로 계셔도 부족한 것이 전혀 없는 스스로 충족하신 분이요, 다른 무엇의 도움을 필요로 하시는 분이 아니라 아무것도 없이도 완전하시며 스스로 충족하신 분이시다(WCF 제2장 제2절).[55]

번역 문제

선교 초기부터 2004년까지 한국교회가 오랫동안 사용하던 사도신경 번역은 "천지를 만드신"이라고 표현했다. 이 표현은 오해의 소지가 있다. 물론 '만들다'는 '창조하다'를 포함하는 개념이기에 '만들다'라고 할 수도 있다. 하지만 만드

---

54) *Catechism of the Catholic Church*, para. 296.
55) 이승구, 『기독교세계관이란 무엇인가?』(서울: SFC, 2004), 93-94.

는 것과 창조는 분명히 다를 뿐 아니라, 사도신경의 라틴어 원문(creatorem)에서는 '만들다'가 아닌 '창조자'로 번역하고 있다.[56] 2004년 이후 사용되고 있는 새 번역은 "천지의 창조주"라고 번역했다.

② 창조의 주체

사도신경은 창조를 성부 하나님의 사역으로 돌린다(HC 제24문답). 그러나 엄밀히 말해서 창조의 주체는 성부 하나님만 아니라 성자, 성령까지 포함한 삼위일체 하나님이시다. 창조는 거룩하신 삼위일체 하나님의 공동 업적이다. 사도신경은 성부 하나님을 그 일의 대표로 내세워서 말했을 뿐이다.[57]

근거 성경구절

창조가 성부 하나님만의 사역이 아니라 삼위의 사역이라는 근거구절은 다음과 같다.

창조가 성자의 사역이라는 근거는 요한복음 1:3 **"만물이 그로 말미암아 지은바 되었으니** 지은 것이 하나도 그가 없이는 된 것이 없느니라." 고린도전서 8:6 "그러나 우리에게는 한 하나님 곧 아버지가 계시니 만물이 그에게서 났고 우리도 그를 위하여 있고 또한 **한 주 예수 그리스도께서 계시니 만물이 그로 말미암고 우리도 그로 말미암아 있느니라."** 골로새서 1:16 **"만물이 그에게서 창조되되** 하늘과 땅에서 보이는 것들과 보이지 않는 것들과 혹은 왕권들이나 주권들이나 통치자들이나 권세들이나 만물이 다 그로 말미암고 그를 위하여 창조되었고." 히브리서 1:2 "이 모든 날 마지막에는 아들을 통하여 우리에게 말씀하셨으니 이 아들을 만유의 상속자로 세우시고 또 **그로 말미암아 모든 세계를 지으셨느니**

---

56) 사도신경의 헬라어 원문은 '만들다'를 뜻하는 '포이에오'를 원형으로 하는 '포이에텐'이라고 되어 있다. 사도신경의 영어 번역은 creator라고 된 경우도 있고 maker라고 된 경우도 있다.

57) 이승구, 『사도신경』(서울: SFC, 2004), 69; *Catechism of the Catholic Church*, para. 292. 교회 역사 속에서도 창조의 사역이 삼위일체 하나님 세 위격 모두와 관련 있음을 가르쳐 왔다. 동방에서는 아타나시우스(Athanasius, 293-373)와 세 명의 갑바도기아 신학자들—바실(the Great Basil, 329-379), 나지안주스의 그레고리(Gregory of Nazianzus, 329-390), 닛사의 그레고리(Gregory of Nyssa, 330-394)—이 그렇게 가르쳤고, 서방에서는 아우구스티누스(Augustinus, 354-430)가 그렇게 가르쳤다. 특히 아우구스티누스는 "온 피조 세계는 삼위일체의 흔적(*vestigium trinitatis*)이다"라는 말을 남겼다.

라." 요한계시록 3:14 "라오디게아 교회의 사자에게 편지하라 아멘이시요 충성되고 참된 증인이시요 **하나님의 창조의 근본이신 이**가 이르시되"이다. 이처럼 성자 하나님도 창조에 관여하셨으니 성자 하나님을 '창조 중보자'(Christ's mediatorship of creation)라고 한다.[58]

창조가 성령의 사역이라는 근거는 창세기 1:2 "**하나님의 영**은 수면 위에 운행하시니라." 욥기 33:4 "**하나님의 영이 나를 지으셨고** 전능자의 기운이 나를 살리시느니라." 시편 104:30 "**주의 영을 보내어 그들을 창조하사** 지면을 새롭게 하시나이다"이다.

신조들의 설명

웨스트민스터 신앙고백서 제4장 제1절은 요한복음 1:3; 창세기 1:2; 욥기 33:4; 히브리서 1:2 등에 기초하여 성부, 성자, 성령 하나님께서 창조의 주체임을 분명하게 고백한다.

웨스트민스터 신앙고백서
제4장 창조에 관하여
Of Creation

1. **성부, 성자, 성령 하나님께서는**[1] 그분의 영원하신 능력power과 지혜wisdom와 선하심goodness의 영광을 나타내시려고manifestation,[2] 태초에, 아무것도 없는 데서of nothing 세상과 그 안에 있는 보이는 것들이나 보이지 않는 모든 것들을, 6일 동안in the space of six days, 모두 매우 좋게 창조하시기를 기뻐하셨다.[3]

---

1) 요 1:3; 창 1:2; 욥 26:13; 33:4; 히 1:2   2) 시 33:5~6; 104:24; 렘 10:12; 롬 1:20   3) 행 17:24; 골 1:16; 히 11:3

---

58) 이러한 표현은 신학 역사에서 사용되어 오던 것으로, 서철원 교수(총신대학원 조직신학 은퇴)는 이를 주제로 박사학위를 하였다. *The Creation Mediatorship of Jesus Christ* (Amsterdam: Rodopi, 1982). 이 주제와 관련해서 다음을 참조하라. Robert Letham, *The Work of Christ* (Leicester: IVP, 1993), 황영철 역, 『그리스도의 사역』(IVP 조직신학시리즈) (서울: IVP, 1987), 209-212.
한편, 유해무 교수(고려신학대학원 교의학)는 K. Schilder와 J. Kamphuis를 인용하면서 이러한 표현이 좋지 않다고 주장한다. 유해무, 『개혁교의학』, p. 206, n. 216, p. 210.

나눌 수 없는 삼위일체 하나님의 사역

성부 하나님의 사역인 창조뿐만 아니라 성자 하나님의 사역으로 고백하는 '구속', 성령 하나님의 사역으로 고백하는 '성화'(HC 제24문답) 역시 성자나 성령만의 사역이 아니다. 성화의 경우 성령 하나님께서 주도적으로 하시지만, 성부 하나님께서도 "내가 거룩하니 너희도 거룩하라"(레 11:45)라고 말씀하셨고, 성자 하나님께서도 "너희는 하나님으로부터 나서 그리스도 예수 안에 있고 예수는 하나님으로부터 나와서 우리에게 지혜와 의로움과 거룩함과 구원함이 되셨으니"(고전 1:30)의 말씀처럼 성화의 사역에 참여하신다.[59]

창조, 구속, 성화의 사역에 있어서 어떤 한 위격이 주도적으로 하신 것은 사실이지만, 다른 두 위격이 소외된 것은 아니다.[60] 그래서 초대교회의 교부들은 "삼위일체 하나님의 밖으로의 사역은 나누어지지 않는다"(*opera ad extra sunt indivisa*)라고 가르쳤다.[61]

삼위 하나님께서 하시는 일은 서로 대치시킬 수 없다.[62] 다만, 창조의 대표적 주체가 성부요, 구속의 대표적 주체가 성자며, 성화의 대표적 주체가 성령이시다.

③ 섭리

성부 하나님의 다른 사역들

사도신경은 성부 하나님의 사역으로 '창조'만 언급한다. 그런데 성부 하나님은 그 외에 다른 사역들도 하셨다. 영원 전부터 무엇이 일어날지를 주권적으로 결정하시는 '작정'(decree)을 하셨고(엡 1:11), 택자의 구원을 '예정'(predestination)하셨고(엡 1:4-5), 창조하신 것에 대한 '섭리'(providence)를 하셨고(마 10:29-30), 독생하신 아들 예수 그리스도를 이 세상에 보내시는(요 5:36-37; 6:57) 등의 사역을 하셨다. 그럼에도 불구하고 사도신경이 '창조'만 언급한 이유는 성부 하나님의 가장 '대표적인' 사역이기 때문이지, 성부 하나님의 '유

---

59) 김헌수, 『하이델베르크 요리문답 강해 I: 우리의 유일한 위로와 삼위 하나님』(서울: 성약출판사, 2009), 206-207.

60) Darrell W. Johnson, *Experiencing the Trinity* (Vancouver: Regent College, 2002), 김성환 옮김, 『삼위 하나님과의 사귐』(서울: IVP, 2006), 77.

61) *Catechism of the Catholic Church*, para. 258, 267.

62) Ursinus, *The Commentary of Zacharias Ursinus on the Heidelberg Catechism*, 119-120.

일한' 사역이기 때문은 결코 아니다.

신조들의 설명

사도신경을 해설하는 하이델베르크 요리문답은 제26-28문답에서 성부 하나님의 사역 중 창조뿐만 아니라 '섭리'를 다룬다. 제26문답은 '작정'을 언급한다.

하이델베르크 요리문답

26문 : "전능하신 하나님 아버지, 하늘과 땅을 창조하신 분을 믿습니다"라고 고백할 때 당신은 무엇을 믿습니까?

답 : 우리 주 예수 그리스도의 영원하신 아버지께서 아무것도 없는 중에서 하늘과 땅과 그 가운데 있는 모든 것을 창조하셨고,[1] 또한 **그의 영원한 작정counsel과 섭리providence로써 이 모든 것을 여전히 보존하고uphold 다스리심rule을 믿으며,**[2] 이 하나님께서 그의 아들 그리스도 때문에 나의 하나님과 나의 아버지가 되심을 나는 믿습니다.[3] 그분을 전적으로 신뢰하기에 그가 나의 몸과 영혼에 필요한 모든 것을 채워 주시며,[4] 이 눈물 골짜기 같은 세상에서 당하게 하시는 어떠한 악도 합력하여 선을 이루게 하실 것을 나는 조금도 의심치 않습니다.[5] 그는 전능하신 하나님이기에 그리하실 수 있고,[6] 신실하신 아버지이기에 그리하기를 원하십니다.[7]

---

1) 창 1:1; 2:3; 출 20:11; 욥 38:4-11; 시 33:6; 사 40:26; 44:24; 행 4:24; 14:15   2) 시 104:2-5,27-30; 115:3; 마 10:29-30; 롬 11:36; 엡 1:11   3) 요 1:12; 20:17; 롬 8:15; 갈 4:5-7; 엡 1:5   4) 시 55:22; 마 6:25-26; 눅 12:22-24   5) 시 84:5-6; 롬 8:28   6) 창 17:1; 18:14; 롬 8:37-39; 10:12; 계 1:8   7) 마 6:32-33; 7:9-11

27문 : 하나님의 섭리the providence of God란 무엇입니까?

답 : 섭리란 하나님의 전능하고 언제 어디나 미치는 능력으로,[1] 하나님께서 마치 자신의 손으로 하듯이, 하늘과 땅과 모든 피조물을 여전히 보존하고 다스리시는 것입니다.[2] 그리하여 잎사귀와 풀, 비와 가뭄,[3] 풍년과 흉년, 먹을 것과 마실 것, 건강과 질병, 부와 가난, 참으로 이 모든 것이[4] 우연이 아니라not by chance 아버지와 같은 그의 손길fatherly hand로 우리에게 임합니다.[5]

1) 시 94:9-10; 사 29:15-16; 렘 23:23-24; 겔 8:12; 마 17:27; 행 17:25-28 2) 히 1:3 3) 렘 5:24; 행 14:17 4) 잠 22:2; 요 9:3 5) 잠 16:33; 마 10:29-30

28문 : 하나님께서 모든 것을 창조하시고 섭리로써 여전히 보존하심을 아는 것
  이 우리에게 어떤 유익을 줍니까?

  답 : 우리는 어떠한 역경에서도 인내하고,[6] 형통할 때에 감사하며,[7] 또한 장래
  일에 대해서도 우리의 신실하신 하나님 아버지를 굳게 신뢰하여 어떠한
  피조물이라도 우리를 하나님의 사랑에서 끊을 수 없으리라 확신합니다.[8]
  모든 피조물이 완전히 하나님의 손 안에 있으므로 그의 뜻을 거슬러 일
  어나거나 되는 일은 하나도 없습니다.[9]

6) 욥 1:21-22; 시 39:9; 롬 5:3-4; 약 1:3   7) 신 8:10; 살전 5:18   8) 시 55:22; 롬 5:4-5; 8:38-39   9) 욥 1:12; 2:6; 잠 21:1; 행 17:25-28

벨기에 신앙고백서, 웨스트민스터 신앙고백서 및 대소요리문답도 창조의 사
역을 다룬 뒤에 이어서 섭리의 사역을 다룬다(BC 제13조; WCF 제5장; WLC 제
18문답; WSC 제11문답). 웨스트민스터 신앙고백서는 창조를 다루기에 앞서 제3
장에서 '작정'을 다룬다.

그러므로 사도신경에서 비록 '섭리'를 다루진 않지만, 창조와 결코 분리시킬
수 없는 섭리의 사역에 대해서도 알아야 한다.[63]

섭리

섭리(攝理, providence)란 하나님께서 자신의 전능한 능력으로, 창조하신 것
들에 대해 여전히 보존하시고 다스리시는 일이다(HC 제27문답; WCF 제5장 제

---

63) 자신의 대요리문답에서 창조를 설명하면서 섭리에 대한 설명을 더 많이 할애하고 있다. 마르틴
  루터의 대요리문답, II. 12-19. 칼뱅은 창조와 섭리는 분리될 수 없는 것으로 보았다. 칼뱅은 하
  나님께서 만물의 창조주라는 사실을 깨달은 즉시 그분께서 또한 만물의 보존자요 통치자라는 결
  론을 내리지 않으면 안 된다고 보았다. *Institutes*, I. xvi. 1. 로마가톨릭의 교리서도 사도신경
  을 해설하면서 창조를 다룬 뒤에 이어서 섭리를 다룬다. *Catechism of the Catholic Church*,
  para. 302-314.

1절; WLC 제18문답; WSC 제11문답).[64] 하나님께서 자신이 창조하신 것들에 대해 여전히 그 주권을 행사하시는 것이다. 하나님께서 당신의 지혜를 따라 창조하신 세계를 질서 있게 다스리시는 일이다.[65] 창조주 하나님께서 그분의 모든 피조물들을 보존하시고, 세계에서 일어나는 모든 일들에서 활동하시고, 만물을 그들의 지정된 목적으로 인도하시는 일이다.[66]

근거 성경구절

섭리에 대한 근거구절은 다음과 같다. 창세기 45:7 "하나님이 큰 구원으로 **당신들의 생명을 보존하고 당신들의 후손을 세상에 두시려고** 나를 당신들보다 먼저 보내셨나니." 시편 33:13-15 "¹³여호와께서 하늘에서 굽어 보사 **모든 인생을 살피심이여** ¹⁴곧 그가 거하시는 곳에서 **세상의 모든 거민들을 굽어 살피시는도다.** ¹⁵그는 그들 모두의 마음을 지으시며 그들이 하는 일을 굽어 살피시는 이로다." 시편 99:1 "**여호와께서 다스리시니** 만민이 떨 것이요 여호와께서 그룹 사이에 좌정하시니 땅이 흔들릴 것이로다." 시편 103:19 "여호와께서 그의 보좌를 하늘에 세우시고 그의 왕권으로 만유를 **다스리시도다.**" 시편 104:27-29 "²⁷이것들은 다 **주께서 때를 따라 먹을 것을 주시기를** 바라나이다. ²⁸주께서 주신즉 그들이 받으며 주께서 손을 펴신즉 그들이 좋은 것으로 만족하다가 ²⁹주께서 낯을 숨기신즉 그들이 떨고 주께서 그들의 호흡을 거두신즉 그들은 죽어 먼지로 돌아가나이다." 이사야 42:5 "하늘을 창조하여 펴시고 **땅과 그 소산을 내시며 땅 위의 백성에게 호흡을 주시며 땅에 행하는 자에게 영을 주시는 하나님 여호와께서** 이같이 말씀하시되." 마태복음 10:29 "참새 두 마리가 한 앗사리온에 팔리지 않느냐 그러나 너희 아버지께서 허락하지 아니하시면 그 하나도 땅에 떨어지지 아니하리라." 요한복음 5:17 "예수께서 그들에게 이르시되 **내 아버지께서 이제까지 일하시니 나도 일한다** 하시매." 히브리서 1:3 "그의 능력의 말씀으로 **만물을 붙드시며.**"

---

64) 섭리라는 단어는 성경에 나오지 않는다. 섭리는 그 어원이 창세기 22:14의 '여호와 이레'에서 유래한 개념이다. 라틴어 불가타 역에서 '여호와 이레'를 데우스 프로비데트(*Deus providet*)라고 번역하여 섭리라는 의미를 갖게 되었다. 섭리라는 직접적인 표현이 나오지 않지만, 섭리는 성경의 가르침이다.

65) *Catechism of the Catholic Church*, para. 216.

66) Berkhof, *Systematic Theology*, 166.

섭리의 세 가지 방식

하나님께서 섭리하시는 방식은 크게 세 가지다. 보존(preservation), 다스림(government), 협력(cooperation).[67]

보존(혹은 유지)이란 하나님께서 창조하신 피조물들을 창조하신 대로 지속되도록 붙들고 계신 일이다. 하나님께서 자신의 피조물을 자연법칙에 따라 알아서 움직이도록 내버려두시는 것이 아니라 적극적으로 계속적으로 붙드시고 계시는 방식이다. 보존을 이해하기 쉽게 설명하면, 이제까지 그런 적은 한 번도 없었지만 만약 하나님께서 단 1초라도 그 능력을 나타내지 않으신다면 이 세상의 모든 질서는 무너져 창조 이전의 상태인 무(無)로 돌아가 버릴 것이다. 만일 한순간이라도 하나님께서 창조하신 피조물을 붙드시는 일을 하지 않으신다면, 피조계는 결코 단 한순간이라도 계속해서 존재할 수 없다(마 10:29-31).[68] 예컨대, 첫째 날 빛을 창조하신 하나님이 그 이후에 섭리하지 않으신다면 빛은 바로 사라져 버린다. 사람을 창조하신 하나님께서 계속해서 사람의 호흡을 유지하지 않으시면 바로 그 순간 죽게 된다(시 104:29-30; 사 42:5).

다스림(혹은 통치)이란 하나님께서 자신의 피조물들에 대하여 주인 혹은 왕이 되셔서 주권과 통치권을 나타내시는 방식이다(시 103:19). 이 세상의 가장 하찮은 일들,[69] 우연으로 보이는 일들, 사람들의 모든 행실들은 모두 다 하나님의 다스림 아래 있다. 하나님은 이스라엘의 왕이시면서(사 33:22), 또한 온 세상의 왕이시다(시 10:16; 29:10; 47:9; 99:1; 슥 14:9; 딤전 6:15). 그분의 다스림에서 벗어날 수 있는 것은 아무것도 없다.

협력(혹은 동시발생)이란 하나님께서 인간에게 자유를 부여하시고 인간의 자유로운 선택과 협동하여 자기의 뜻을 이루어 나가시는 하나님의 지혜와 능력을 뜻한다. 하나님이 인간을 존중하여 동반자로서 협동하기 때문에, 이것을 '하나님의 동반'(divine accompanying)이라고 표현하기도 한다. 하나님의 섭리는 이 세상에서 일어나는 원인과 결과의 연관 관계를 무시하고 일어나는 것이 아니

---

67) 섭리의 세 요소는 결코 분리되지 않는다. 보존에 통치의 요소가 있고, 통치에 협력의 요소가 있고, 협력에 보존의 요소가 있다. Berkhof, *Systematic Theology*, 166; Herman Bavinck, *Gereformeerde Dogmatiek*, II, 40, [304].

68) 이승구, 『사도신경』, 40-41.

69) 아리스토텔레스, 키케로 등은 "신들은 큰일은 돌보지만, 작은 일들은 무시한다."(*Magna Dii curant, parva negligunt*)라고 했다.

며, 또한 강요와 억압을 부여하여 피조물들의 작용과 의지에 직접적으로 영향을 미치는 것도 아니다. 하나님은 이 세상의 원인과 결과의 관계를 사용하셔서 섭리하신다.[70]

섭리의 방식에 대한 신조들의 설명

하이델베르크 요리문답 제26-27문답, 웨스트민스터 소요리문답 제11문답, 웨스트민스터 대요리문답 제18문답은 섭리의 세 가지 방식 중에서 보존과 다스림을 언급한다.[71]

하이델베르크 요리문답

26문 : "전능하신 하나님 아버지, 하늘과 땅을 창조하신 분을 믿습니다"라고 고백할 때 당신은 무엇을 믿습니까?

답 : 우리 주 예수 그리스도의 영원하신 아버지께서 아무것도 없는 중에서 하늘과 땅과 그 가운데 있는 모든 것을 창조하셨고,[1] 또한 그의 영원한 작정counsel과 섭리providence로써 이 모든 것을 여전히 **보존하고uphold 다스림rule**을 믿으며,[2] 이 하나님께서 그의 아들 그리스도 때문에 나의 하나님과 나의 아버지가 되심을 나는 믿습니다.[3] 그분을 전적으로 신뢰하기에 그가 나의 몸과 영혼에 필요한 모든 것을 채워 주시며,[4] 이 눈물 골짜기 같은 세상에서 당하게 하시는 어떠한 악도 합력하여 선을 이루게 하실 것을 나는 조금도 의심치 않습니다.[5] 그는 전능하신 하나님이기에 그리하실 수 있고,[6] 신실하신 아버지이기에 그리하기를 원하십니다.[7]

---

70) 이승구, 『사도신경』, 45-46.
71) 섭리의 방식을 구분하는 방법에는 보존(preservation)과 다스림(government)의 이분법과 보존, 통치, 협력(cooperation)의 삼분법이 있다. 과거의 신학자들, 특히 칼뱅과 하이델베르크 요리문답, 웨스트민스터 대소요리문답, 댑니(Dabney), 핫지 부자(the Hodges), 쉐드(Shedd) 등은 보존과 다스림의 두 요소를 말한다. 하지만 그들이 협력을 배제한 것은 아니다. 그들은 협력을 보존, 다스림 속에 포함하였다. 17세기 이후 대부분의 교의학자들은 삼분법으로 말한다. 대표적으로는 벌코프(Berkhof), 마스트리히트(Mastricht), 아 마르크(a Marck), 드 무어(De Moore), 브라켈(Brakel), 카이퍼(Kuyper), 바빙크(Bavinck) 등이 있다. Berkhof, *Systematic Theology*, 166-167.

1) 창 1:1; 2:3; 출 20:11; 욥 38:4-11; 시 33:6; 사 40:26; 44:24; 행 4:24; 14:15   2) 시 104:2-5,27-30; 115:3; 마
10:29-30; 롬 11:36; 엡 1:11   3) 요 1:12; 20:17; 롬 8:15; 갈 4:5-7; 엡 1:5   4) 시 55:22; 마 6:25-26; 눅 12:22-24
5) 시 84:5-6; 롬 8:28   6) 창 17:1; 18:14; 롬 8:37-39; 10:12; 계 1:8   7) 마 6:32-33; 7:9-11

27문 : 하나님의 섭리the providence of God란 무엇입니까?

답 : 섭리란 하나님의 전능하고 언제 어디나 미치는 능력으로,[1] 하나님께서 마
치 자신의 손으로 하듯이, 하늘과 땅과 모든 피조물을 여전히 **보존하고
다스리시는 것**입니다.[2] 그리하여 잎사귀와 풀, 비와 가뭄,[3] 풍년과 흉년,
먹을 것과 마실 것, 건강과 질병, 부와 가난, 참으로 이 모든 것이[4] 우연
이 아니라not by chance 아버지와 같은 그의 손길fatherly hand로 우리에게
임합니다.[5]

1) 시 94:9-10; 사 29:15-16; 렘 23:23-24; 겔 8:12; 마 17:27; 행 17:25-28   2) 히 1:3   3) 렘 5:24; 행 14:17   4) 잠
22:2; 요 9:3   5) 잠 16:33; 마 10:29-30

웨스트민스터 소요리문답

11문 : 하나님의 섭리의 사역God's works of providence은 무엇입니까?

답 : 하나님의 섭리의 사역은 그분의 모든 피조물과 그 모든 활동actions을 그
분의 지극히 거룩함most holy[1]과 지혜wise[2]와 능력으로 **보존하시며**
preserving[3] **다스리시는** governing **것**입니다.[4]

1) 시 145:17   2) **시 104:24;** 사 28:29   3) **히 1:3**   4) **시 103:19;** 마 10:29-31

웨스트민스터 대요리문답

18문 : 하나님의 섭리의 사역God's works of providence은 무엇입니까?

답 : 하나님의 섭리의 사역은 그분의 모든 피조물을 그분의 지극히 거룩함
most holy[1]과 지혜wise[2]와 능력으로powerful **보존하시며**preserving[3] **다스리시
는**governing **것**입니다.[4] 그리고 자기의 영광을 위하여[5] 피조물들과 그 모
든 활동actions을 주관하시는ordering 것입니다.[6]

1) 시 145:17   2) **시 104:24;** 사 28:29   3) **히 1:3**   4) **시 103:19**   5) 롬 11:36; 사 63:14   6) 마 10:29-31; 창 45:7

섭리를 믿는 것이 중요한 이유

창조와 더불어 섭리를 믿는 것이 왜 중요한가? 하나님께서 창조를 마치시고 '안식'하셨다(창 2:2-3; 출 20:11; 31:17)고 하니, 창조 이후에는 아무 일도 하지 않고 계신 것으로 오해하는 사람들이 있기 때문이다. 창조와 창조자를 믿으면서도 "하나님께서는 이 세상을 창조하신 후에는 이 세상이 그 나름의 법칙에 따라 움직여 나가게끔 하신다"고 생각하는 사람들이 있다. 이들은 하나님께서 이 세상을 지으신 뒤에는 이 세상의 모든 일이 행운이나 우연에 의해 일어난다고 말한다. 역사 배후에 아무런 존재나 원리도 없고 단지 우연들의 집합에 의해 역사가 일어난다고 한다. 이러한 사람들을 이신론(理神論, Deism, 혹은 자연신론)자라고 한다.

성경은 그렇게 가르치지 않는다. 하나님은 제7일인 안식일에도 쉬지 않으셨다(요 5:17). '안식하셨다'(창 2:2)라는 표현은 창조의 '완성'을 의미하는 것일 뿐, 하나님은 창조하신 뒤에도 당신이 만드신 피조물들을 그대로 버려두지 않으신다. 하나님께서는 단순히 존재만 허락하신 것이 아니라 그 피조물들을 매순간 존재하도록 지탱해 주시고, 행동할 수 있게 하신다.[72] 그래서, 만약 하나님이 단 1초라도 그 능력을 나타내지 않으신다면 이 세상의 모든 질서는 무너져 무(無)로 돌아가 버릴 것이다.[73] 이제까지 단 한 번도 그러한 일이 일어나지 않았다는 것은 하나님께서 당신이 지으신 만물을 여전히 다스리고 계시다는 증거다.

그러므로 창조를 믿되 무로부터의 창조를 믿지 않으면 안 되듯, 창조를 믿되 섭리를 믿지 않으면 안 된다. 창조와 섭리는 본질적으로 구분되지만, 이 둘은 긴밀하게 연결되어 있다.

이 고백이 배격하는 것

섭리를 믿는 사람은 이 세상에 일어나는 어떤 일도 우연이라고 보지 않는다(HC 제27문답). 모든 일은 하나님의 섭리에 따라 일어난다. 하나님께서는 창조의 능력과 동일하신 능력으로 이 세상과 역사의 과정에 관여하고 계신다. 창조의 하나님께서 그의 영원하신 경륜과 섭리로 자신이 창조하신 모든 것들을 붙드

---

72) *Catechism of the Catholic Church*, para. 301.

73) 이승구, 『사도신경』, 40-41.

74) *Institutes*, I. xvi. 1, 8.

시고 다스리시고 계신다(히 1:3; 느 9:5-6; 단 4:25; 엡 1:11).[74] 그렇기에 우연은 없다.

이 고백을 제대로 믿는다면 어떤 일에 대해서도 우연에 근거하거나, 요행을 바랄 수 없다. 또한 어떠한 어려움과 환란이 있더라도 하나님께서 지키시고 보호하신다는 믿음을 가져야 한다. 나아가 하나님의 손길로 인하여 감사하게 된다.[75]

섭리에 대한 믿음은 에피쿠로스학파[76]와 이신론을 배격한다.

이에 대해서는 벨기에 신앙고백서 제13조, 하이델베르크 요리문답 제27문답이 잘 설명하고 있다.

벨기에 신앙고백서
제13조 하나님의 섭리
The Providence of God

우리는 이 선하신 하나님께서 만물을 창조하신 이후에 만물을 유기하시거나 abandon 운명fortune 혹은 우연chance에 맡기지 않으시고,[1] 당신의 거룩한 뜻에 따라 다스리시고 통치하심으로rules and governs 이 세상에는 그분의 지시direction없이 아무것도 일어날 수 없음을 믿습니다.[2] 그러나 하나님은 저질러지는 죄의 조성자the Author of the sins도 아니시고, 그 죄들에 대한 책임을 지셔야 하는 것도 아닙니다.[3] 왜냐하면 그의 능력과 선하심은 너무나 크고 헤아릴 수 없어서 심지어 마귀나 악한 사람들이 부당하게 행할 때에도 하나님께서는 가장 뛰어나고 공정한 방식just manner으로 당신의 사역을 정하시고ordains 행하시기executes 때문입니다.[4] 그리고

---

75) "모든 것에 하나님의 손길이 작용하고 있음을 인식하게 되면 모든 것에 대해 감사하기를 배우게 된다." Leon Morris, *The Epistle of Paul to the Thessalonians*, TNTC (Leicester: IVP, 1956), 103.

76) 에피쿠로스학파(Epicurean School)는 헬레니즘 시대에 스토아학파와 양대 학파를 이루는 학파다(행 17:17-18). 그들은 육체의 본능, 감각이 진리의 척도라고 주장하는 학파로 이성이 진리의 척도가 아니고 사람의 감각, 본능이 진리의 척도라고 주장하기 때문에 인생의 궁극적 목적은 쾌락의 추구라고 주장했다. 또한 이들은 신들의 존재는 믿지만, 그 신들이 인간의 삶에 관여하는 것에는 반대하는 자들로서 이신론자들의 조상 격에 해당한다.

인간의 이해를 초월하는 그분의 일하심His actions에 대해서는 우리의 능력에 허용된 범위를 넘어서는 호기심으로 질문을 가져서는 안 됩니다. 오히려 최대의 겸손humility과 경외심reverence으로 우리에게 감춰진 하나님의 의로우신 판단을 찬양하고adore,[5] 우리는 스스로 그리스도의 학생pupils of Christ임에 만족하여, 이러한 한계를 넘지 않고 그의 말씀 안에서 우리에게 가르치시는 것만을 배워야 할 것입니다.[6] 이 교리는 우리에게 말할 수 없는 위로consolation를 주는데, 그 이유는 어떠한 일도 우리에게 우연히 일어나지 않고, 오직 우리의 은혜로우신 하늘 아버지의 지시direction에 따라 일어나는 것임을 배우기 때문입니다. 하나님은 아버지의 돌보심으로 우리를 감찰하시고watches, 모든 피조물들을 그의 능력 아래 붙드셔서 우리의 머리카락 하나라도 (그가 다 세신 바 되었기 때문에), 참새 한 마리라도 우리 아버지의 뜻will이 없이는 땅에 떨어질 수 없습니다(마 10:29~30). 우리가 이것을 신뢰하는 것은 그가 마귀와 모든 원수들을 제압하심으로 하나님의 허락permission과 뜻 will 없이는 그것들이 우리를 해할 수hurt 없음을 알기 때문입니다.[7]

그러므로 **우리는 하나님께서 만물에 아무 상관하지 않으시며 다만 우연에 맡겨두셨다고 말하는 에피쿠로스학파의 가증스런 오류the damnable error of the Epicureans 를 배격합니다.**

---

1) 요 5:17; 히 1:3   2) 시 115:3; 잠 16:1,9,33; 21:1; 엡 1:11~12; 약 4:13~15   3) 약 1:13; 요일 2:16   4) 욥 1:21; 사 10:5; 45:7; 암 3:6; 행 2:23; 4:27~28   5) 왕상 22:19~23; 롬 1:28; 살후 2:11   6) 신 29:29; 고전 4:6   7) 창 45:8; 50:20; 삼하 16:10; 롬 8:28,38~39

하이델베르크 요리문답

27문 : 하나님의 섭리the providence of God란 무엇입니까?

답 : 섭리란 하나님의 전능하고 언제 어디나 미치는 능력으로,[1] 하나님께서 마치 자신의 손으로 하듯이, 하늘과 땅과 모든 피조물을 여전히 보존하고 다스리시는 것입니다.[2] 그리하여 잎사귀와 풀, 비와 가뭄,[3] 풍년과 흉년, 먹을 것과 마실 것, 건강과 질병, 부와 가난, 참으로 **이 모든 것이**[4] **우연이 아니라not by chance 아버지와 같은 그의 손길fatherly hand로 우리에게 임합니다.**[5]

---

1) 시 94:9~10; 사 29:15~16; 렘 23:23~24; 겔 8:12; 마 17:27; 행 17:25~28   2) 히 1:3   3) 렘 5:24; 행 14:17   4) 잠 22:2; 요 9:3   5) 잠 16:33; 마 10:29~30

섭리 신앙의 유익[77]

섭리는 머리로 아는 지식에 머무르지 않고 실제적 삶에 유익을 준다. 섭리를 믿으면 어떠한 상황에서도 인내하게 되고, 형통할 때에 감사하게 되며, 장래의 모든 일에 대해 하나님을 굳게 신뢰하게 된다. 하나님을 사랑하는 자 곧 그 뜻대로 부르심을 입은 자들에게는 모든 것이 합력하여 선을 이룬다는 사실을 믿는다 (롬 8:28). 섭리를 믿으면 모든 고통과 괴로움을 이길 수 있고, 미래에 맛보게 될 기쁨을 바라보게 된다.

섭리를 믿는 것이 주는 유익에 대해서는 하이델베르크 요리문답 제28문답에도 잘 나와 있다.

하이델베르크 요리문답

28문 : 하나님께서 모든 것을 창조하시고 섭리로써 여전히 보존하심을 아는 것이 우리에게 어떤 유익을 줍니까?

　답 : 우리는 어떠한 역경에서도 인내하고,[6] 형통할 때에 감사하며,[7] 또한 장래 일에 대해서도 우리의 신실하신 하나님 아버지를 굳게 신뢰하여 어떠한 피조물이라도 우리를 하나님의 사랑에서 끊을 수 없으리라 확신합니다.[8] 모든 피조물이 완전히 하나님의 손 안에 있으므로 그의 뜻을 거슬러 일어나거나 되는 일은 하나도 없습니다.[9]

---

6) 욥 1:21-22; 시 39:9; 롬 5:3-4; 약 1:3　　7) 신 8:10; 살전 5:18　　8) 시 55:22; 롬 5:4-5; 8:38-39　　9) 욥 1:12; 2:6; 잠 21:1; 행 17:25-28

그렇다고 섭리에 대한 믿음을 남용해서도 안 된다. 이 세상의 모든 일이 하나님에 의해서 일어나니까 하나님께서 다 책임지셔야지 나와는 상관없다는 생각은 바람직하지 않다. 또한 하나님께서 다 알아서 하시니까 나는 아무것도 안 해도 된다는 생각 역시 바람직하지 않다. 이러한 태도는 섭리에 대한 바른 태도가 아니다.[78]

---

77) 칼뱅은 이 주제를 *Institutes*, I. xvii. 6-11에서 다룬다.
78) *Institutes*, I. xvii. 3.

섭리 신앙은 모든 것을 하나님께 떠넘기는 신앙이 아니라, 모든 것을 하나님께 맡기고 하나님께 영광을 돌리는 신앙이다. 그러므로 우리에게 필요한 것은 하나님께서 모든 일에 있어서 선하게 인도하실 것이라는 믿음으로 나의 모든 삶을 하나님께 맡기며, 나에게 일어난 모든 일에 하나님께 영광을 돌리는 것이다. 나아가 초연한 자세로 모든 것을 받아들이며, 모든 일에 기도와 간구로 하나님께 아뢰는 믿음으로 살아가야 한다(빌 4:7).[79]

섭리에 대한 더 자세한 내용은 벨기에 신앙고백서 제13조, 웨스트민스터 신앙고백서 제5장이 잘 다루고 있다.

④ 전능성에 기초를 둔 창조와 섭리

하나님의 사역인 창조와 섭리는 하나님의 속성인 전능성에 기초를 둔다. 전능하신 하나님께서 이 세상을 창조하셨고, 전능하신 하나님께서 자신이 창조하신 모든 것들을 섭리하신다. 그러므로 전능하심을 믿는다면 창조와 섭리를 믿을 수밖에 없고, 창조와 섭리를 믿는 것은 전능하심을 믿는 것이다.

근거 성경구절

하나님의 전능성과 창조와 섭리의 관계에 대한 근거구절은 다음과 같다. 시편 50:1 **"전능하신 이 여호와 하나님**께서 말씀하사 해 돋는 데서부터 지는 데까지 **세상을 부르셨도다."** 시편 89:8-13 "[8]여호와 만군의 하나님이여 **주와 같이 능력 있는 이**가 누구리이까 여호와여 주의 성실하심이 주를 둘렀나이다. [9]**주께서 바다의 파도를 다스리시며 그 파도가 일어날 때에 잔잔하게 하시나이다.** [10]주께서 라합을 죽임 당한 자같이 깨뜨리시고 주의 원수를 주의 능력의 팔로 흩으셨나이다. [11]하늘이 주의 것이요 땅도 주의 것이라 세계와 그중에 충만한 것을 주께서 건설하셨나이다. [12]남북을 **주께서 창조하셨으니** 다볼과 헤르몬이 주의 이름으로 말미암아 즐거워하나이다. [13]**주의 팔에 능력이 있사오며 주의 손은 강하고 주의 오른손은 높이 들리우셨나이다."** 이사야 40:26 "너희는 눈을 높이 들어 **누가 이 모든 것을 창조하였나 보라** 주께서는 수효대로 만상을 이끌어 내시고 그들의 모든 이름을 부르시나니 **그의 권세가 크고 그의 능력이 강하므로** 하나도 빠짐이

---

79) 이승구, 『사도신경』, 30.

없느니라." 예레미야 32:17 "슬프도소이다. 주 여호와여 주께서 큰 능력과 펴신 팔로 천지를 지으셨사오니 주에게는 할 수 없는 일이 없으시니이다." 요한계시록 19:6 "또 내가 들으니 허다한 무리의 음성과도 같고 많은 물소리와도 같고 큰 우렛소리와도 같은 소리로 이르되 할렐루야 주 우리 하나님 곧 전능하신 이가 통치하시도다."

신조들의 설명

하이델베르크 요리문답 제27문답도 섭리를 다루면서 하나님의 전능성을 연결시킨다.

하이델베르크 요리문답

27문 : 하나님의 섭리the providence of God란 무엇입니까?

답 : **섭리란 하나님의 전능하고 언제 어디나 미치는 능력으로,**[1] 하나님께서 마치 자신의 손으로 하듯이, 하늘과 땅과 모든 피조물을 여전히 보존하고 다스리시는 것입니다.[2] 그리하여 입사귀와 풀, 비와 가뭄,[3] 풍년과 흉년, 먹을 것과 마실 것, 건강과 질병, 부와 가난, 참으로 이 모든 것이[4] 우연이 아니라not by chance 아버지와 같은 그의 손길fatherly hand로 우리에게 임합니다.[5]

---

1) 시 94:9-10; 사 29:15-16; 렘 23:23-24; 겔 8:12; 마 17:27; 행 17:25-28   2) 히 1:3   3) 렘 5:24; 행 14:17   4) 잠 22:2; 요 9:3   5) 잠 16:33; 마 10:29-30

전능성과 창조 및 섭리의 관계

하나님의 전능하신 속성은 창조와 섭리의 사역을 가능케 했다. 그렇기에 창조를 믿고, 섭리를 믿는다는 것은 우리의 삶 전체에 나타나는 하나님의 전능하심에 대한 찬송이다. 전능하신 하나님의 능력이 이 세상과 나의 삶에 지금도 여전히 완전하게 나타나고 있다는 고백으로 이어져야 한다. 또한 창조와 섭리가 그저 과거에 일어난 어떤 일이 아니라 지금도 순간순간 계속되는 하나님의 일하심임을 믿어야 한다.[80] 우리가 믿는 하나님은 결코 쉬지 않으시고 항상 일하시는 분이시다.

이 고백을 할 때 가져야 할 마음

"하늘과 땅을 창조하신 분"이라는 성부 하나님의 사역을 고백할 때는 성부 하나님께서 무로부터 이 세상의 모든 것들을 창조하셨음을 믿어야 한다. 창조는 성부 하나님만의 사역이 아니라 삼위일체 하나님 공동의 사역임을 믿어야 하며, 이 세상을 창조하신 하나님께서는 창조 이후에 섭리하고 계심을 믿어야 한다. 이 모든 것을 눈으로 본 사람은 아무도 없지만, 성경의 가르침에 따라 믿고 고백한다.

---

80) 이승구, 『사도신경』, 27.

2장
성자 하나님에 관하여

삼위일체 하나님에 대한 믿음을 기본 뼈대로 하는 사도신경은 삼위 중 제1위 이신 성부 하나님에 대한 고백을 다룬 뒤, 제2위에 해당하는 성자 하나님에 대한 고백을 다룬다.

"그분의 독생하신 아드님 우리 주님 예수 그리스도를 믿사오니, 그분은 성령으로 잉태되셨고, 동정녀 마리아에게서 나셨으며, 본디오 빌라도 치하에서 고난을 받으셨고, 십자가에 못 박히셨고, 죽으셨고, 장사되셨고, 음부에 내려가셨으며, 삼 일째에 죽은 사람들 가운데서 다시 살아나셨고, 하늘로 오르셨고, 전능하신 하나님 아버지의 오른쪽에 앉아 계시며, 거기로부터 살아 있는 사람들과 죽은 사람들을 심판하러 오실 것입니다." 여기에는 성자 하나님의 존재(being), 위격(person), 생애(life)와 사역(work)에 대한 여러 가지 고백이 담겨 있다. 그중에서 생애와 사역의 경우 낮아지심(비하)의 상태와 높이 되심(승귀)의 두 상태(duplex status)에서 하신 일로 구분된다(빌 2:6-11).

제2위인 성자 하나님에 대한 고백은 성부 하나님, 성령 하나님에 비해 길다. 성부 하나님은 한 문장, 성령 하나님은 다섯 문장인데, 성자 하나님은 여섯 문장일 뿐 아니라 문장도 제일 길다. 그 이유는 크게 두 가지다.

첫째, 성자 하나님에 관한 내용을 성경에서 가장 많이 다루고 있을 뿐만 아니라, 기독교 신앙이란 "예수님을 믿는 것"으로 대표되기 때문이다. 기독교라고 하면 가장 먼저 떠올리는 것이 예수님이다. 기독교 복음을 증거할 때 "하나님을 믿으십시오 혹은 성령님을 믿으십시오" 하기보다는 "예수님을 믿으십시오"라고 하는 경우가 많다. 기독교 신앙을 믿는다는 것은 무엇보다도 예수 그리스도를 믿는 것에 있다. 기독(基督)이라는 말도 그리스도라는 말의 한자(漢字) 번역이다. 이런 이유에서 사도신경은 성자 하나님에 관한 내용을 성부와 성령에 비해 더 많이 다룬다.

둘째, 사도신경이 형성되던 AD 2-6세기의 가장 중요한 논쟁이 성자 하나님에 대한 것이기 때문이다. 신조는 작성된 시대적 상황을 반영한다. 예컨대, 어느 시대에 성령에 관한 논쟁이 많다면, 그 논쟁을 해결하기 위해서 성령에 대한 내용을 다른 내용보다 더 다루게 된다. 어느 시대에 참 교회가 아닌 거짓 교회가 많다면 교회가 무엇인지에 대한 내용을 더 다루게 된다.[81] 그래서 신조들은 각각의 특징이 있다. 사도신경이 형성되던 AD 2-6세기는 성자 하나님이신 예수 그리스도의 신성과 인성에 관한 논의가 활발하던 시기였다. 특히 초기의 이단들은 그리스도의 신성보다도 인성을 부인했다(예. 가현설(假現說)).[82] 이러한 때에 성립된 것이 사도신경이기 때문에 예수님께서 하나님의 아들이심과 동시에 사람이시라는 점을 강조하기 위해서 성자 하나님에 대한 고백을 다른 내용에 비해 더 상세하게 다룬다.

---

81) 벨기에 신앙고백서 제27-29조는 그 영향을 보여준다.
82) *Catechism of the Catholic Church*, para. 465.

2문장 | 하나님의 독생하신 아드님 우리 주님 예수 그리스도
– 성자 하나님: 존재, 위격, 이름, 직분, 관계

> **관련 신조**
> 하이델베르크 요리문답 제29–34문답
> 웨스트민스터 소요리문답 제21, 23–26문답
> 웨스트민스터 대요리문답 제36, 41–45문답
> 웨스트민스터 신앙고백서 제8장 제1–3, 8절
> 벨기에 신앙고백서 제10, 26조

번역 문제

옛 번역: 그 외아들 우리 주 예수 그리스도를 믿사오니,

새 번역: 그의 유일하신 아들, 우리 주 예수 그리스도를 믿습니다.

저자 번역: 그분(하나님 아버지)의 독생하신(또는 유일하신) 아드님(아들) 우리 주님(주) 예수 그리스도를 믿사오니(믿으오니),

번역 설명: ① "하나님 아버지"를 앞서 언급했으므로 반복을 피하기 위해서 "그분의"라고 한다. 옛 번역은 "그", 새 번역은 "그의"라고 했지만, 한국어의 존칭어법에 따라 "그의"보다는 "그분의"라고 하는 것이 바람직하다. ② 옛 번역의 "외아들"과 새 번역의 "유일하신 아들"은 같은 말인데, 라틴어 사도신경의 필리움 에이우스 우니쿰(*filium ejus unicum*)을 직역하면 "그분의 유일하신 아들"이다. ③ "유일하신"에 해당하는 헬라어 사도신경의 "모노게네"(μονογενῆ)는 "유일한"으로도 해석할 수 있지만, "독생하신"으로도 해석할 수 있다. KJV성경과 NASB성경은 헬라어 모노게네를 "only-begotten"으로 번역했고 개역개정과 개역한글은 "독생자"로 번역했다(요 1:14; 3:16,18; 요일 4:9).[83] 그러므로 "유일하신"보다는 성경의 표현인 "독생하신"이 성자 하나님의 위격을 더 잘 나

---

83) NIV는 "one and only Son"으로 번역했다. 이에 따라 공동번역, 표준새번역, 현대인의 성경은 "외아들"로 번역했다.

타낸다는 점에서 "독생하신"으로 고치는 것을 생각해 볼 수 있다. 필자는 "독생하신"이 더 바람직하다고 본다.[84] ④ "독생(獨生)하신"은 한자어지만, 이를 대체할 만한 적당한 한글표현이 없어서 그대로 했다. ⑤ "아들"은 한글의 존칭어법에 따라 "아드님"으로 바꿨다. 자기보다 높은 분의 아들에게는 "아드님"이라고 부르는 것이 한글어법이다.[85] ⑥ "주"는 존칭어법에 따라 "주님"으로 번역했다.[86] ⑦ 옛 번역은 "믿사오니", 새 번역은 "믿습니다"라고 했는데, 이 문장은 다음 문장과 연결되는 것이므로 "믿사오니"로 했다. "믿사오니" 대신 "믿으오니"라고 할 수도 있다.

(1) 성자 하나님: 존재, 위격, 이름, 직분, 관계

"그분의 독생하신 아드님 우리 주님 예수 그리스도를 믿사오니"에는 성자 하나님에 대한 다섯 가지 중요한 고백이 담겨 있다. 성자 하나님의 존재, 위격, 이름, 직분, 관계에 대한 고백이다.

① **"그분의 독생하신 아드님 우리 주님 예수 그리스도를 믿사오니"**에는 성자 하나님의 존재(存在, Being)에 대한 믿음
② **"그분의 독생하신 아드님"**에는 성자 하나님의 위격(位格, Person)에 대한 믿음
③ **"우리 주님"**에는 성자 하나님과 우리의 관계(關係, Relation)에 대한 믿음
④ **"예수"**에는 성자 하나님의 이름(Name)에 대한 믿음
⑤ **"그리스도"**에는 성자 하나님의 직분(職分, Office)에 대한 믿음

---

84) 대한예수교장로회 고신 총회 헌법(2011년판)에 실린 부록은 직영 신학교인 고려신학대학원 교의학 교수 유해무의 번역(유해무, 『개혁교의학』, 94)을 따라 "독생자"로 번역했다. 유해무 교수의 영향을 받은 독립개신교회(IRC)도 성약출판사를 통해 번역 발행한 『하이델베르크 요리문답』의 제23, 33문답에서 "독생자"로 번역했다. 합동신학대학원 이승구 교수는 번역 문제를 직접 언급하지는 않지만, "하나님의 아들" 부분을 설명하면서 "독생하신 아들"이라는 의미를 구체적으로 설명한다. 유해무, 『개혁교의학』, 94; 이승구, 『사도신경』, 102-106.
85) 한국천주교회는 사도신경에서는 "아들"로 번역했고, 그들의 문서에서는 "아들"과 "아드님"을 혼용한다.
86) 한국천주교회는 "그 외아들 우리 주 예수 그리스도님"이라고 해서 "그리스도"에 "님"을 붙였다.

(2) 성자 하나님의 존재

"그분의 독생하신 아드님 우리 주님 예수 그리스도를 믿사오니"라는 고백은 성자 하나님의 존재에 대한 고백이다. 믿음은 존재를 전제로 한다. 그렇기에 이 문장을 고백하는 순간 성자 하나님의 존재를 믿는다. 성자 하나님의 존재를 믿지 않는 사람은 이 고백을 할 수 없다.[87]

선재(先在)하신 그리스도

성자 하나님의 존재는 언제부터 시작되었는가? 성령으로 잉태되셨을 때 비로소 존재하기 시작하셨는가? 그렇지 않다.

사도신경은 겉으로 보기에 성자 하나님의 존재의 시작을 "성령으로 잉태되신" 때부터로 출발한다. 그러나 사도신경에 내포된 의미는 그렇지 않다. 사도신경의 뼈대인 삼위일체 하나님의 존재방식에 근거해볼 때, 성자 하나님은 본질상 하나님이시기에 성령으로 잉태되시기 전부터 이미 계신 분이시다. 성부 하나님과 마찬가지로 영원 전부터 계신 분이시다. 성자 하나님께서 이 세상에 나타나신 것이 성령으로 잉태되셨을 때부터였을 뿐, 성자 하나님은 영원 전부터 존재하셨다.[88] 또한 "독생하신"이 의미하는 바가 "영원부터 나신"이라는 뜻이므로, 성자 하나님은 성령으로 잉태되시기 전부터 존재하셨다.

성자 하나님의 이러한 존재적 특성을 '선재(先在)하신'(the pre-existent)이라고 표현한다.[89] 이 세상에 드러나신 것은 성령으로 잉태되심을 통해서지만, 그 이전(先)에 이미 계셨기(在)에 선재(先在)라고 한다.

---

87) 사도신경의 영어 번역 "in Jesus Christ, His only Son our Lord"에서 in은 성부 하나님에 대한 고백에 나오는 동사 believe에서 이어지는 것으로 "~의 존재를 믿다"는 뜻이다.

88) "성육신은 참 하나님이시자 참 사람이신 신인양성의 위격적 연합을 의미하므로, 주님의 선재를 전제한다." 문병호, 『기독론: 중보자 그리스도의 인격과 사역』(서울: 생명의말씀사, 2016), 131. "성자의 성부로부터 나심, 즉 성자의 위격적 특성을 뜻하는 '영원한 나심'(eternal generation) 과 사람의 아들이 되심, 즉 성육신을 뜻하는 '역사상 나심'(historic generation)을 '두 나심' (two generations)이라고 부르기도 한다." 문병호, 『기독론』, p. 157, n. 348.

89) 그리스도의 '선재'에 대한 좋은 설명과 변증으로 Donald Macleod, *The Person of Christ* (Leicester: IVP, 1998), 김재영 역, 『그리스도의 위격』(서울: IVP, 2001), 53-90을 보라.

근거 성경구절

성자 하나님의 선재하심에 대한 근거구절은 다음과 같다. 요한복음 1:1 "태초에 말씀이 계시니라 이 말씀이 하나님과 함께 계셨으니 이 말씀은 곧 하나님이시니라." 요한복음 8:58 "예수께서 이르시되 진실로진실로 너희에게 이르노니 아브라함이 나기 전부터 내가 있느니라. 하시니." 요한복음 17:5 "아버지여 창세 전에 내가 아버지와 함께 가졌던 영화로써 지금도 아버지와 함께 나를 영화롭게 하옵소서." 고린도전서 8:6 "그러나 우리에게는 한 하나님 곧 아버지가 계시니 만물이 그에게서 났고 우리도 그를 위하여 있고 또한 한 주 예수 그리스도께서 계시니 만물이 그로 말미암고 우리도 그로 말미암아 있느니라." 골로새서 1:16 "만물이 그에게서 창조되되 하늘과 땅에서 보이는 것들과 보이지 않는 것들과 혹은 왕권들이나 주권들이나 통치자들이나 권세들이나 만물이 다 그로 말미암고 그를 위하여 창조되었고."

이 고백이 배격하는 것

"그분의 독생하신 아드님 우리 주님 예수 그리스도를 믿사오니"라는 고백은 성자 하나님께서 존재하지 않았던 때가 있었다거나 성자 하나님을 성부 하나님보다 열등하다고 믿는 자들(예. 아리우스, 여호와의 증인)을 배격한다.

---

(3) 성자 하나님의 위격

"그분의 독생하신 아드님"은 성자 하나님의 위격에 대한 고백이다. 성자 하나님은 본질상 성부 하나님과 마찬가지로 하나님이시면서 또한 동시에 성부 하나님의 아드님이시다. 이는 성자 하나님의 독특성이며 삼위일체 하나님의 존재 방식의 독특성이다.

근거 성경구절

성자 하나님의 위격에 대한 근거구절은 다음과 같다. 마태복음 3:17 "…이는 내 사랑하는 **아들**이요 내 기뻐하는 자라." 마태복음 16:16 "주는 그리스도시요 살아계신 **하나님의 아들**이시니이다." 마가복음 1:1 "**하나님의 아들 예수 그리스도**의 복음의 시작이라." 마가복음 15:39 "예수를 향하여 섰던 백부장이 그렇게 숨지심을 보고 이르되 이 사람은 진실로 **하나님의 아들**이었도다 하더라." 누가복음 1:35 "천사가 대답하여 이르되 성령이 네게 임하시고 지극히 높으신 이의 능력이 너를 덮으시리니 이러므로 나실 바 거룩한 이는 **하나님의 아들**이라 일컬어지리라." 요한복음 11:27 "이르되 주여 그러하외다 주는 그리스도시요 세상에 오시는 **하나님의 아들**이신 줄 내가 믿나이다." 요한복음 20:31 "오직 이것을 기록함은 너희로 **예수께서 하나님의 아들 그리스도이심**을 믿게 하려 함이요 또 너희로 믿고 그 이름을 힘입어 생명을 얻게 하려 함이니라." 로마서 1:4 "성결의 영으로는 죽은 자들 가운데서 부활하사 능력으로 **하나님의 아들**로 선포되셨으니 곧 **우리 주 예수 그리스도**시니라." 고린도전서 1:9 "너희를 불러 **그의 아들 예수 그리스도 우리 주**와 더불어 교제하게 하시는 하나님은 미쁘시도다." 히브리서 4:14 "그러므로 우리에게 큰 대제사장이 계시니 승천하신 이 곧 **하나님의 아들 예수**시라 우리가 믿는 도리를 굳게 잡을지어다." 요한일서 4:15 "누구든지 **예수를 하나님의 아들이라** 시인하면 하나님이 그의 안에 거하시고 그도 하나님 안에 거하느니라." 요한일서 5:5 "**예수께서 하나님의 아들이심**을 믿는 자가 아니면 세상을 이기는 자가 누구냐." 요한일서 5:20 "또 아는 것은 하나님의 아들이 이르러 우리에게 지각을 주사 우리로 참된 자를 알게 하신 것과 또한 우리가 참된 자 곧 **그의 아들 예수 그리스도** 안에 있는 것이니 그는 참 하나님이시요 영생이시라." 요한이서 1:3 "은혜와 긍휼과 평강이 하나님 아버지와 **아버지의 아들 예수 그리스도**께로부터 진리와 사랑 가운데서 우리와 함께 있으리라."

다음에 나오는 구절들은 예수님을 하나님의 독생자(독생하신 아드님)로 표현한다. 요한복음 1:14 "말씀이 육신이 되어 우리 가운데 거하시매 우리가 그의 영광을 보니 **아버지의 독생자**의 영광이요 은혜와 진리가 충만하더라." 요한복음 1:18 "본래 하나님을 본 사람이 없으되 아버지 품속에 있는 **독생하신 하나님**이 나타내셨느니라." 요한복음 3:16 "하나님이 세상을 이처럼 사랑하사 **독생자**를 주셨으니…." 요한일서 4:9 "하나님의 사랑이 우리에게 이렇게 나타난바 되었으니 **하나님이 자기의 독생자를 세상에 보내심은** 그로 말미암아 우리를 살리려 하심이라."

'성부의 아드님'의 독특성

성자가 성부의 아드님이라고 고백할 때 기억해야 할 것이 있다. 성부와 성자의 관계에서 아버지와 아들 됨은 일반적인 아버지와 아들 됨이 아니다. 성자는 성부와 본질상 하나이며, 신성과 능력과 영광에 있어서 동등하시다(요 10:30; 빌 2:6-8; 마 11:27). 성자는 하나님이시면서 또한 동시에 하나님의 아드님이시다. 그래서 성자가 성부의 '아드님'이라고 해서 성자가 성부보다 열등한 것은 아니다. 성자의 '아들 되심'은 위격의 관계를 보여줄 뿐이다. 성부와 성자는 각각 제1위와 제2위로서 아버지가 아들을 낳으신 관계다.

또한 성부와 성자의 관계에서 아버지와 아들 됨은 어느 시점에 시작된 것이 아니다. 성자 하나님은 이 세상에 오시기 전에도 이미 하나님의 아드님이셨다(요 8:58; 17:5). 성부는 성자를 영원부터 낳으셨고(시 2:7; 히 1:5; 5:5), 성자는 영원부터 성부에게 나셨다(요 1:18). 그렇기에 이 '낳음'은 '창조' 행위와는 전적으로 다르다.

이러한 독특한 관계는 "외아들"이나 "유일하신 아들"이라는 표현을 통해서는 나타내기 어렵다. 대신 요한복음 1:14,18; 3:16,18; 요한일서 4:9에서 사용한 "독생하신 아들"(only-begotten son)이라는 독특한 표현을 통해서 성부와 성자의 위격적 관계가 잘 나타난다.[90]

성부와 성자의 관계에 대해서 웨스트민스터 신앙고백서 제2장 제3절, 벨기에 신앙고백서 제10조는 요한복음 1:14,18; 3:16; 17:5 등을 근거로 다음과 같이 잘 정리하고 있다.

웨스트민스터 신앙고백서
제2장 하나님에 관하여와 삼위일체에 관하여
Of God, and of the Holy Trinity

3. 단일한 신격 안에 하나의 본질substance과 능력power과 영원성eternity을 지니

---

90) 유해무, 『개혁교의학』, 95-96; 이승구, 『사도신경』, 102-106; Geerhardus Vos, *The Self-disclosure of Jesus* (Philipsburg: P&R, 1978), 이승구 옮김, 『예수의 자기계시』(김포: 그나라, 2014).

신 삼위가 계시니In the unity of the Godhead there be three Persons of one substance, power, and eternity 성부 하나님, 성자 하나님, 성령 하나님이시다.[38] 성부께서는 아무에게도 기원하지 않으시고of none 나지도 나오시지도 않는다neither begotten nor proceeding. **성자께서는 성부로 말미암아 영원히 나신 바 되시고begotten of the Father,[39]** 성령께서는 성부와 성자로부터 영원히 나오신다proceeding from.[40]

---

38) 마 3:16; 요일 5:7   **39) 요 1:18; 1:14**   40) 요 15:26; 갈 4:6

벨기에 신앙고백서
제10조 예수 그리스도는 참되고 영원한 하나님이시다
Jesus Christ is True and Eternal God

우리는 예수 그리스도께서 그의 신성divine nature에 따라 하나님의 독생하신the only-begotten 아들이시요,[1] 영원부터 나셨으며begotten from eternity, 만들어지지 않으셨을 뿐 아니라 창조되지도 않으셨고(왜냐하면 그럴 경우 그는 피조물이 되시기 때문입니다), 성부와 동일한 본질essence이시고, 동등하게 영원하며, 하나님의 영광을 반영하시고, 그 본성nature의 참된 속성the very stamp을 나타내시며bear(히 1:3), 모든 것에 있어서 성부와 동등하신 분이심을 믿습니다.[2] 그가 하나님의 아들이심은, 그가 우리의 본성(즉 인성)을 취하실 때부터가 아니라 영원부터[3] 그러하셨습니다. 이는 우리가 다음 각 성경의 증거들을 비교해볼 때 그것들이 우리에게 가르쳐주는 것으로, 모세가 말하기를 하나님께서 세상을 창조하셨고,[4] 사도 요한이 말하기를 하나님이라고 부르는 그 말씀에 의해서 만물이 만들어졌으며,[5] 히브리서에 이르기를 하나님께서 그의 아들로 말미암아 이 세상을 지으셨으며,[6] 또한 사도 바울은 하나님께서 예수 그리스도를 통하여 이 세상을 창조하셨다고 합니다.[7] 그러므로 하나님, 말씀, 아들, 예수 그리스도로 불리시는 그분은 만물이 그분으로 말미암아 창조되었을 그때에 계셨다는 사실이 반드시 따라와야 합니다. 따라서 그분은 말씀하시기를, "진실로진실로 너희에게 이르노니 아브라함이 나기 전부터 내가 있느니라"(요 8:58)고 하셨고, 그가 기도하시기를 "아버지여 창세전에 내가 아버지와 함께 가졌던 영화로써 지금도 아버지와 함께 나를 영화롭게 하옵소서"(요 17:5)라고 하셨습니다. 그러므로 그분은 참되고true, 영원한 하나님eternal God이시며, 전능자이시고, 우리가 간구하고invoke 예배하고 섬길 분이십니다.

---

1) 마 17:5; **요 1:14,18; 3:16**; 14:1-14; 20:17,31; 롬 1:4; 갈 4:4; 히 1:2   2) 요 5:18,23; 10:30; 14:9; 20:28; 롬 9:5; 빌 2:6; 골 1:15; 딛 2:13   3) **요 8:58; 17:5**; 히 13:8   4) 창 1:1   5) 요 1:1-3   6) 히 1:2   7) 고전 8:6; 골 1:16

성자 하나님의 아들 됨의 독특성을 기억해야 하는 이유는 성경에서 '아들'이라는 말이 성자 하나님 외에도 사용된 경우가 있기 때문이다.

출애굽기 4:22 "너는 바로에게 이르기를 여호와의 말씀에 이스라엘은 **내 아들 내 장자라.**" 호세아 11:1 "**이스라엘**이 어렸을 때에 내가 사랑하여 **내 아들**을 애굽에서 불러냈거늘"은 이스라엘을 하나님의 아들로 표현한다. 신명기 14:1 "**너희는 너희 하나님 여호와의 자녀이니** 죽은 자를 위하여 자기 몸을 베지 말며 눈썹 사이 이마 위의 털을 밀지 말라." 호세아 1:10 "그러나 **이스라엘 자손의 수가** 바닷가의 모래같이 되어서 헤아릴 수도 없고 셀 수도 없을 것이며 전에 그들에게 이르기를 너희는 내 백성이 아니라 한 그곳에서 그들에게 이르기를 **너희는 살아 계신 하나님의 아들들이라** 할 것이라"는 이스라엘 백성 개개인을 가리켜 '여호와의 아들(자녀)'로 표현한다.

마태복음 5:9 "**화평하게 하는 자**는 복이 있나니 그들이 **하나님의 아들**이라 일컬음을 받을 것임이요." 요한복음 1:12 "**영접하는 자 곧 그 이름을 믿는 자들**에게는 **하나님의 자녀**가 되는 권세를 주셨으니." 로마서 8:14-17 "¹⁴무릇 **하나님의 영으로 인도함을 받는 사람**은 곧 **하나님의 아들**이라. ¹⁵너희는 다시 무서워하는 종의 영을 받지 아니하고 **양자의 영을 받았으므로** 우리가 아빠 아버지라고 부르짖느니라. ¹⁶성령이 친히 우리의 영과 더불어 **우리가 하나님의 자녀인 것**을 증언하시나니 ¹⁷자녀이면 또한 상속자 곧 하나님의 상속자요 그리스도와 함께 한 상속자니 우리가 그와 함께 영광을 받기 위하여 고난도 함께 받아야 할 것이니라." 로마서 9:26 "너희는 내 백성이 아니라 한 그곳에서 **그들이 살아계신 하나님의 아들이라 일컬음을 받으리라** 함과 같으니라." 갈라디아서 3:26 "너희가 다 믿음으로 말미암아 그리스도 예수 안에서 **하나님의 아들**이 되었으니." 갈라디아서 4:6 "**너희가 아들이므로** 하나님이 그 아들의 영을 우리 마음 가운데 보내사 아빠 아버지라 부르게 하셨느니라." 에베소서 1:5 "그 기쁘신 뜻대로 우리를 예정하사 **예수 그리스도로 말미암아 자기의 아들들이 되게 하셨으니.**" 빌립보서 2:15 "이는 너희가 흠이 없고 순전하여 어그러지고 거스르는 세대 가운데서 **하나님의 흠 없는 자녀로** 세상에서 그들 가운데 빛들로 나타내며." 요한일서 3:1-2 "¹보라 아버지께서 어떠한 사랑을 우리에게 베푸사 **하나님의 자녀라** 일컬음을 받게 하셨는가. 우리가 그러하도다 그러므로 세상이 우리를 알지 못함은 그를 알지 못함이라. ²사랑하는 자들아 **우리가 지금은 하나님의 자녀라** 장래에 어떻게 될지는 아직 나타나지 아니하였으나 그가 나타나시면 우리가 그와 같을 줄을 아는 것은 그의 참모습 그대로 볼 것이기 때문이니" 등의 구절은 그리스도인을 '하나님의 아들(자녀)'로 표현한다.

이 외에도 이스라엘의 왕, 천상적인 존재를 가리켜 "하나님의 아들"이라고 사용한 예가 있다(삼하 7:14; 욥 1:6; 2:1; 38:7; cf. 단 3:25).

입양된 하나님의 자녀인 그리스도인들

이러한 이유로 하이델베르크 요리문답 제33문답은 다음과 같이 가르친다.

하이델베르크 요리문답

33문 : 우리 역시 하나님의 자녀인데, 그분을 왜 "하나님의 독생하신 아드님"이
라 부릅니까?

답 : 왜냐하면 오직 그리스도만 본질로 하나님의 영원한 아드님이시기 때문입
니다.[1] 우리는 그리스도로 말미암아 은혜로 입양된 하나님의 자녀입니다.[2]

---

1) 요 1:1,14,18; 3:16; 롬 8:32; 히 1:1-2; 요일 4:9 2) **요 1:12;** 20:17; **롬 8:15-17; 갈 4:6;** 엡 1:5-6

오직 성자 하나님께만 사용되는 '하나님의 아들'이라는 표현은 그리스도인들에게도 적용될 수 있다(요 1:12; 롬 8:14,16; 9:26; 갈 3:26; 4:6; 빌 2:15; 요일 3:1-2). 그리스도인들도 하나님의 아들들이다. 하지만, 성자의 아들 되심과 그리스도인의 아들 됨은 구별되어야 한다.[91] 성자는 영원 전부터 성부의 아들로서 존재하시지만, 그리스도인은 성부 하나님의 독생하신 아들을 믿고 받아들임으

로써 하나님의 자녀가 된다(요 1:12). 성자의 아들 됨은 영원 전부터 있었던 것이지만, 그리스도인의 아들 됨은 은혜로 말미암아 하나님의 자녀로 입양됨으로 시작된다(WCF 제12장 제1절).

우리가 하나님의 아들이라 불리는 것과 성자 하나님께서 하나님의 아드님이라고 불리는 것은 본질적으로 다르다. 우리도 하나님의 아드님이지만, 우리는 하나님의 독생하신 아드님은 될 수 없다. 우리는 본질적으로 하나님의 아드님이 아니다. 우리는 그리스도로 말미암아 은혜로 입양된 하나님의 자녀다.

유일한 중보자 독생하신 하나님의 아들

우리 주님 예수 그리스도만이 하나님의 독생하신 아드님이시다. 본질상 하나님의 영원한 아드님은 오직 한 분 성자 하나님이시다. 성부께 다른 아드님은 없다. 오직 성자만이 성부의 아드님이시다. 그러므로 그분만이 우리의 유일하신 구원자요, 중보자가 되신다. 사도행전 4:12는 "다른 이로써는 구원을 받을 수 없나니 천하사람 중에 구원받을 만한 다른 이름을 우리에게 주신 일이 없음이라"라고 말씀한다.[92]

이 고백을 할 때 가져야 할 마음

"그분의 독생하신 아드님"이라는 성자 하나님의 위격을 고백할 때는 성자 하나님과 성부 하나님의 독특한 관계를 기억해야 한다. 성자 하나님은 본질상 하나님이시면서 또한 동시에 성부 하나님의 독생하신 아드님이시다. 성자는 영원부터 성부가 낳으셨기에 성부의 아들이시라도 성부보다 열등하지 않으시다.

---

91) 이에 대한 강조로 다음을 참고하라. Smail, 『잊혀진 아버지』, 169-176.
92) 이 내용은 이후에 다루게 될 "성자 하나님의 이름"과도 연관된다.

(4) 성자 하나님의 이름

"예수"는 성자 하나님의 이름에 대한 고백이다. 성자 하나님의 이름은 '예수'다. 이 이름은 영원 전부터 있었던 것은 아니고 이 세상에 태어나실 때에 붙여진 이름이다. 이름의 뜻은 '구원'이다.

"예수"라는 이름에는 성자 하나님의 사역(사명)이 담겨 있다. "아들을 낳으리니 이름을 **예수**라 하라 이는 그가 자기 백성을 그들의 죄에서 **구원**할 자이심이라"(마 1:21)의 말씀대로, 성자 하나님은 하나님의 백성을 구원할 사명이 있고, 그 사명에 따라 사역을 감당하셨다. 성부 하나님의 아드님께서 이 세상에 오신 이유는 죄와 비참함으로 인하여 흑암과 사망의 권세 아래에 있는 자기 백성을 구원하시기 위함이다. 이에 대해 웨스트민스터 대요리문답 제41문답은 다음과 같이 고백한다.

웨스트민스터 대요리문답

41문 : 우리의 중보자는 왜 **예수**Jesus라고 불리셨습니까?

답 : 우리의 중보자가 **예수**라고 불리셨던 것은 그분이 자기 백성을 그들의 죄에서 **구원**하시기 때문입니다.[1]

---

1) 마 1:21

근거 성경구절

성자 하나님의 이름에 대한 근거구절은 다음과 같다. 마태복음 1:21 "아들을 낳으리니 **이름을 예수라 하라** 이는 그가 자기 백성을 그들의 죄에서 **구원**할 자이심이라." 누가복음 1:30-31 "[30]천사가 이르되 마리아여 무서워하지 말라 네가 하나님께 은혜를 입었느니라. [31]보라 네가 잉태하여 아들을 낳으리니 **그 이름을 예수라 하라.**"

이 이름은 이미 구약시대에도 계시되었으니, 여호수아(민 13:8; 학 1:1; 슥 6:9-12), 호세아(호세아서) 등은 헬라어 예수스의 히브리식 표현이다.

예수라는 이름을 부를 수 있는 사람

누가 진정으로 "예수"라는 이름을 부를 수 있는가? 예수라는 이름을 참으로 부를 수 있는 사람은 자신이 죄에서 구원받아야 할 것을 인정하는 자다. 왜냐하면 예수라는 이름은 죄인을 구원하실 사역이 담겨 있기 때문이다. 자신이 죄인임을 인정하지 않는 자는 예수라는 이름도 무의미하다. 또한 예수라는 이름을 부르는 자는 하나님의 백성, 예수님의 백성이다. 왜냐하면 예수라는 이름은 마태복음 1:21에서 가르치는 대로 자기 백성을 죄에서 구원하실 것이라는 뜻이기 때문이다.

여러 예수 중 단 한 분 예수

성자 하나님의 이름인 '예수'를 부를 때 성자 하나님의 유일성을 생각해야 한다. 왜냐하면 성경에는 성자 하나님 외에도 '예수'라는 이름을 가진 자들이 더러 있기 때문이다. 누가복음 3:29는 예수님의 조상 중에 '예수'라는 이름을 가진 사람을 소개한다. 사도행전 13:6은 "온 섬 가운데로 지나서 바보에 이르러 **바예수**라 하는 유대인 거짓 선지자인 마술사를 만나니"라고 하는데, '바예수'에서 '바'는 '아들'이라는 뜻이다. 그래서 '바예수'라는 말은 '예수의 아들'이라는 뜻이다. 골로새서 4:11에는 "유스도라 하는 **예수**도 너희에게 문안하느니라"라는 말씀이 나온다. 마태복음 27:17에는 예수님과 함께 빌라도의 재판에 넘겨진 '바라바'라는 사람이 있는데 개역개정판 난외주에는 "어떤 사본에, 바라바라 하는 **예수**"라고 되어 있다. 아마도 그의 이름이 예수님과 동명이었던 것으로 보인다. [93]

이렇게 성경에만 해도 여러 명의 예수가 있다. 뿐만 아니라 이스라엘에는 지금도 묘비명에 무덤의 주인이름으로 '예수'라고 된 경우가 수천 개 있다. 예수라는 이름은 AD 2세기까지만 해도 아주 흔한 이름이었다. [94] 왜 예수라는 이름이 흔한 이름이었을까? '예수'라는 이름의 뜻은 '구원'이다. 당시의 이스라엘 백성들은 '이름'에 자기들의 신념을 담는 전통이 있었다. BC 3세기부터 AD 2세기까지 혼란스러운 시대를 살았던 유대인들이 여호수아라는 뜻의 헬라어인 '예수'라는 이름을 자기 자녀들에게 지어줌으로써 오직 여호와만이 자신들에게 구원

---

93) R. T. France, *The Gospel of Mark*, NIGTC (Grand Rapids: Eerdmans, 2002), 49, n.1.
94) France, *The Gospel of Mark*, 49.

이 되신다는 소망을 표현했다. 이렇게 1세기 중반까지는 일반적인 이름이었지만, 예수님께서 구원을 위해 십자가 형벌을 받으신 후에는 그리스도인에게는 너무나 고귀한 이름이 되었고, 유대인에게는 악명 높은 이름이 되어서 더 이상 자녀들에게 붙여주지 않아 2세기부터는 희귀하게 되었다. 그리고 이제는 "예수"라고 하면 자연스럽게 "성자 하나님이신 예수"를 가리켜 사용하게 되었다.[95]

그러므로 우리는 "예수"라는 이름을 부를 때, 이 세상에는 여러 명의 예수가 있었지만 그중에서 우리는 오직 한 예수만이 그 이름의 의미에 합당한 분이라는 점을 기억해야 한다. 오직 하나님의 독생하신 아드님 예수만이 성자 하나님이시오, 우리의 구원자시다. 이에 대해 하이델베르크 요리문답 제29-30문답은 다음과 같이 고백한다.

하이델베르크 요리문답

29문 : 왜 하나님의 아드님을 예수, 곧 구주(救主)savior라 부릅니까?

　답 : 그분이 우리를 우리 죄에서 구원하시기 때문이고,[1] 또 그분 외에는 어디에서도 구원을 찾아서도 안 되며 발견할 수도 없기 때문입니다.[2]

---

1) 마 1:21; 히 7:25 2) 사 43:11; 행 4:11-12; 딤전 2:5; 요일 5:11-12

30문 : 그렇다면 자신의 구원salvation과 복security을 소위 성인(聖人)에게서, 혹은 자기 자신이나 다른 데서 찾는 사람들도 유일한 구주이신 예수를 믿는 것입니까?

　답 : 아닙니다. 그들은 유일한 구주이신 예수를 말로는 자랑하지만 행위deeds 로는 부인합니다.[3] 예수가 완전한 구주가 아니든지, 아니면 참된 믿음으로 이 구주를 영접한 자들이 그들의 구원에 필요한 모든 것을 그에게서 찾든지, 둘 중의 하나만 사실입니다.[4]

---

3) 고전 1:13,30-31; 갈 5:4 4) 사 9:7; 요 1:16; 골 1:19-20; 골 2:10; 히 12:2; 요일 1:7

---

95) 이승구, 『사도신경』, 72, 75.

성자 하나님 외에 다른 구원자는 없다. 성자 하나님은 유일한 구주시다. 사도행전 4:12는 "다른 이로써는 구원을 받을 수 없나니 천하사람 중에 구원을 받을 만한 다른 이름을 우리에게 주신 일이 없음이라 하였더라"고 해서 하나님의 아들 예수 외에 구원을 위한 예수가 없음을 분명히 한다.

이 고백이 배격하는 것

"예수"라는 성자 하나님의 이름을 고백할 때 '성자 하나님 외의 다른 구원자'를 인정하는 이들을 배격한다. 사도신경을 고백할 때 "예수"라는 이름을 부르는 순간, '하나님의 독생하신 아드님 우리 주님 예수 그리스도' 이외의 모든 거짓 구원자를 배격한다.

개신교인과 동일한 사도신경을 고백하는 로마가톨릭은 예수님을 유일한 구원자라고 말은 하지만, 실제로는 다른 방법으로도 구원이 가능하다는 것을 인정하므로(HC 제30문답) 예수님을 참된 유일한 구원자로 인정하지 않는다. 그러므로 그들의 고백은 참된 고백이 아닌 입술만의 고백이라고 할 수 있다.[96]

이 고백을 할 때 가져야 할 마음

"예수"라는 성자 하나님의 이름을 고백할 때는 자신의 죄를 인정하고, 그 죄를 해결해 주실 수 있는 분은 오직 예수, 즉 성부 하나님의 독생하신 아드님이시고, 성령으로 잉태되셨고, 동정녀 마리아에게서 나셨고, 십자가에 못 박혀 죽으셨고, 다시 살아나셔서 하늘로 오르셨던 바로 그 예수님만이 우리의 유일한 구원자라는 사실을 믿고 고백해야 한다. 그분 외의 다른 사람이나 존재가 예수라는 이름을 가졌다고 하더라도 그들은 우리의 구원자가 될 수 없음을 기억해야 한다. 하나님은 천하사람 중에 구원을 받을 만한 다른 이름을 우리에게 주신 일이 없다.

---

96) 이승구, 『사도신경』, 82.

(5) 성자 하나님의 직분[97]

"**그리스도**"는 성자 하나님의 직분에 대한 고백이다. 성자 하나님을 가리켜 흔히 '예수님'이라고 부르지만 '그리스도'(참조. 행 3:20)나 '예수 그리스도'라고도 부르는데, '그리스도'는 성자 하나님의 직분을 나타내는 표현이다.

근거 성경구절

성자 하나님의 직분인 '그리스도'에 대한 근거구절은 다음과 같다. 마태복음 16:16에서 베드로가 고백하기를 "주는 **그리스도**시요 살아계신 하나님의 아들이시니이다"라고 한 것이 대표적이다(참조. 눅 9:20). 베드로의 대답에는 두 가지 중요한 내용이 담겨 있다. 하나는 "예수님께서 그리스도시라는 것", 다른 하나는 "예수님께서 살아계신 하나님의 아들이시라는 것"이다. 이 대답에는 성자 하나님의 위격과 직분에 대한 이해가 포함되어 있다. 이 외에도 누가복음 2:11 "오늘 다윗의 동네에 너희를 위하여 구주가 나셨으니 곧 **그리스도** 주시니라"가 있으며, 성자 하나님께서 부활하신 이후에 요한복음 20:31은 "오직 이것을 기록함은 너희로 예수께서 하나님의 아들 **그리스도**이심을 믿게 하려 함이요 또 너희로 믿고 그 이름을 힘입어 생명을 얻게 하려 함이니라"라고 말씀하며, 사도행전 2:36은 "그런즉 이스라엘 온 집은 확실히 알지니 너희가 십자가에 못 박은 이 예수를 하나님이 주와 **그리스도**가 되게 하셨느니라"라고 말씀하며, 이후 성자 하나님은 '예수 그리스도', '그리스도 예수', '우리 주 예수 그리스도' 등으로 불리신다.

그리스도가 직분인 이유

"**그리스도**"는 헬라어로서, 좀 더 분명하게 발음하면 '크리스토스'다. 헬라어인 '그리스도'를 히브리어로 번역하면 '메시아'(Messiah)다. 이 사실은 요한복음 1:41 "그가 먼저 자기의 형제 시몬을 찾아 말하되 우리가 메시아를 만났다 하고(**메시아는 번역하면 그리스도라**)"와 요한복음 4:25 "여자가 이르되 **메시아** 곧 **그리스도**라 하는 이가 오실 줄을 내가 아노니 그가 오시면 모든 것을 우리에게 알려 주시리이다"에 잘 나타난다.

---

97) 칼뱅은 이 주제를 *Institutes*, II. xv에서 다룬다.

히브리어 '메시아'는 '기름을 붓다'는 뜻을 가진 '마샤흐'의 명사형으로서, "기름 부음을 받은 자"(the anointed one)라는 뜻이다. 구약시대에 기름 붓는 행위는 선지자, 제사장, 왕의 직분을 성별하는 표였다. 직분을 나타내는 행위가 기름을 붓는 것이었다. 그러므로 "그리스도"는 성자 하나님의 선지자, 제사장, 왕의 직분을 의미한다.

제사장을 세울 때에도 기름을 부었다. 이에 대해서는 출애굽기 28:41 "너는 그것들로 네 형 아론과 그와 함께 한 그의 아들들에게 입히고 **그들에게 기름을 부어 위임하고** 거룩하게 하여 그들이 **제사장 직분**을 내게 행하게 할지며." 출애굽기 29:7 "관유를 가져다가 그의 머리에 부어 바르고." 출애굽기 29:21 "제단 위의 피와 **관유를 가져다가 아론과 그의 옷과 그의 아들들과 그의 아들들의 옷에 뿌리라** 그와 그의 옷과 그의 아들들과 그의 아들들의 옷이 거룩하리라." 레위기 8:10-13 "¹⁰모세가 관유를 가져다가 성막과 그 안에 있는 모든 것에 발라 거룩하게 하고 ¹¹또 제단에 일곱 번 뿌리고 또 그 제단과 그 모든 기구와 물두멍과 그 받침에 발라 거룩하게 하고 ¹²또 **관유를 아론의 머리에 붓고** 그에게 발라 거룩하게 하고 ¹³모세가 또 아론의 아들들을 데려다가 그들에게 속옷을 입히고 띠를 띠우며 관을 씌웠으니 여호와께서 모세에게 명령하신 것과 같았더라." 레위기 8:30 "모세가 **관유와 제단 위의 피를 가져다가 아론과 그의 옷과 그의 아들들과 그의 아들들의 옷에 뿌려서** 아론과 그의 옷과 그의 아들들과 그의 아들들의 옷을 거룩하게 하고" 등의 말씀에 잘 나타난다.

왕을 세울 때에도 기름을 부었다. 이에 대해서는 사무엘상 10:1 "이에 **사무엘이 기름병을 가져다가 사울의 머리에 붓고** 입맞추며 이르되 여호와께서 네게 기름을 부으사 그의 기업의 지도자로 삼지 아니하셨느냐." 사무엘상 16:13 "**사무엘이 기름 뿔 병을 가져다가 그의 형제 중에서 그에게 부었더니 이날 이후로 다윗이 여호와의 영에게 크게 감동** 되니라. 사무엘이 떠나서 라마로 가니라." 열왕기상 19:16 "너는 또 님시의 아들 **예후에게 기름을 부어 이스라엘의 왕이 되게 하고** 또 아벨므홀라 사밧의 아들 엘리사에게 기름을 부어 너를 대신하여 선지자가 되게 하라." 시편 89:20 "내가 내 종 다윗을 찾아내어 나의 거룩한 기름을 그에게 부었도다" 등의 말씀에 잘 나타난다.

선지자를 세울 때에는 항상 그런 것은 아니었지만 때때로 기름을 부었으니 열왕기상 19:16은 "너는 또 님시의 아들 예후에게 기름을 부어 이스라엘의 왕이 되게 하고 또 아벨므홀라 사밧의 아들 **엘리사에게 기름을 부어** 너를 대신하여 **선**

지자가 되게 하라"라고 말씀하며, 시편 105:15 "이르시기를 나의 **기름 부은 자**를 손대지 말며 나의 **선지자들**을 해하지 말라 하셨도다"에서 선지자를 "기름 부음 받은 자"라고 부른다.

이렇게 구약 시대의 선지자, 제사장, 왕들은 '기름부음 받은 자'들, 즉 '메시아'들이었다. 뿐만 아니라 이들은 장차 오실 진정한 "기름 부음 받은 자"에 대한 모형(type)이었다. 그래서 이스라엘 백성들은 장차 오실 '기름 부음 받은 자' 즉 메시아를 기다렸다. 이스라엘 백성들은 참된 '메시아'(그리스도)를 기다리면서 그가 오시면 진정한 선지자로 하나님에 대한 온전한 지식을 주시고, 진정한 제사장으로 이스라엘을 성결케 하시고, 진정한 왕으로 이스라엘과 온 세상을 온전히 다스리실 것을 기대했다(참조. 눅 3:15). 그가 마침내 오셨으니 성자 하나님이시다. 성자 하나님은 성령으로 기름 부음을 받으셨으니, 요한복음 3:34는 "하나님이 보내신 이는 하나님의 말씀을 하나니 이는 **하나님이 성령을 한량없이 주심이니라**"라고 말씀하며, 사도행전 10:38은 "**하나님이 나사렛 예수에게 성령과 능력을 기름 붓듯 하셨으매** 그가 두루 다니시며 선한 일을 행하시고 마귀에게 눌린 모든 사람을 고치셨으니 이는 하나님이 함께 하셨음이라"라고 말씀한다. 이처럼 성자 하나님은 구약의 모든 직분자와 기름 부음 받은 자를 대표하시는 유일하신 그리스도시다. 성자 하나님은 선지자, 제사장, 왕이시다.[98]

이에 대해 하이델베르크 요리문답 제31문답, 웨스트민스터 소요리문답 제23문답, 웨스트민스터 대요리문답 제42문답은 다음과 같이 고백한다.

하이델베르크 요리문답

31문 : 그분을 왜 그리스도, 곧 기름 부음을 받은 자anointed라 부릅니까?

답 : 왜냐하면 **그분은 성부 하나님으로부터 임명을 받고 성령으로 기름 부음을 받으셨기 때문입니다.**[1] 그분은 **우리의 큰 선지자**chief prophet와 선생 teacher으로서 우리의 구원deliverance을 위한 하나님의 감추인 경영 counsel과 뜻will을 온전히 계시하시고,[2] **우리의 유일한 대제사장**only high priest으로서 그의 몸을 단번에 제물sacrifice로 드려 우리를 구속(救贖)하셨

---

98) 그리스도의 3중 직무는 교회의 신학적 전통이다. 이승구, 『사도신경』, p.89. n.11. 특별히 이 일의 중요성을 인식한 사람은 칼뱅이었다. Berkhof, *Systematic Theology*, 356.

고set us free,³⁾ 성부 앞에서 우리를 위해 항상 간구하시며plead our cause,⁴⁾ 또한 **우리의 영원한 왕**eternal king으로서 그의 말씀과 성령으로 우리를 다스리시고, 우리를 위해 획득하신 구원을 누리도록 우리를 보호하고 보존하십니다.⁵⁾

---

1) 시 45:7; 사 61:1; 눅 3:21-22; 4:18; **행 10:38**; 히 1:9   2) 신 18:15; 사 55:4; 마 11:27; 요 1:18; 15:15; 행 3:22; 엡 1:9-10; 골 1:26-27   3) 시 110:4; 히 7:21; 9:12,14,28; 10:12,14   4) 롬 8:34; 히 7:25; 9:24; 요일 2:1   5) 시 2:6; 슥 9:9; 마 21:5; 28:18; 눅 1:33; 요 10:28; 계 12:10-11

웨스트민스터 소요리문답

23문 : 그리스도께서 우리의 구속자Redeemer로서 무슨 직분offices을 수행하십니까?

답 : 그리스도께서 우리의 구속자로서 **선지자**prophet와 **제사장**priest과 **왕**king의 **직분**offices을 수행하시되executeth, 그분의 낮아지심humiliation과 높이 되심exaltation의 두 상태 모두에서 하십니다.¹⁾

---

1) 행 3:21-22; 히 12:25; 고후 13:3; 히 5:5-7; 7:25; 시 2:6; 사 9:6-7; 마 21:5; 시 2:8-11

웨스트민스터 대요리문답

42문 : 우리의 중보자는 왜 그리스도Christ라고 불리셨습니까?

답 : 우리의 중보자가 그리스도라고 불리셨던 것은 **그분이 성령으로 한량없이** above measure **기름부음을 받으셨기 때문이며,**¹⁾ 그리하여 구별되셨고, 모든 권위authority와 능력ability을 충만히 부여받으셔서furnished,²⁾ 그분의 낮아지심humiliation과 높이 되심exaltation의 두 상태 모두에서 그분의 교회의³⁾ **선지자**prophet,⁴⁾ **제사장**priest,⁵⁾ **왕**king⁶⁾의 **직분**offices을 수행하시기execute 때문입니다.

---

1) **요 3:34**; 시 45:7   2) 요 6:27; 마 28:18-20   3) 빌 2:6-11   4) 행 3:21-22; 눅 4:18,21   5) 히 5:5-7; 4:14-15   6) 시 2:6; 마 21:5; 사 9:6-7

선지자로서의 그리스도[99]

그리스도이신 성자 하나님은 선지자시다. 이 사실은 요한복음 6:14에서 "그 사람들이 예수께서 행하신 이 표적을 보고 말하되 이는 참으로 세상에 오실 그 **선지자**라 하더라"는 말씀을 통해 분명히 가르쳐준다. 선지자의 중요한 역할은 하나님의 계시를 전달하는 것이다. 구약의 선지자들이 하나님의 부르심을 받아 그의 백성들에게로 보내심을 받은 것처럼(신 18:15), 성자 하나님께서는 성부 하나님으로부터 부름 받아 백성들에게 찾아오셔서 그들의 죄를 책망하시고 형벌을 경고하시고 회개를 촉구하시며 장차 일어날 일을 선포하신다(행 3:22-26). 구속에 대한 하나님의 은밀한 경륜과 하나님의 뜻을 온전히 다 계시해주신다(히 1:1-2). 그래서 요한복음 4:25-26은 "[25]여자가 이르되 **메시아 곧 그리스도**라 하는 이가 오실 줄을 내가 아노니 **그가 오시면 모든 것을 우리에게 알려주시리이다.** [26]예수께서 이르시되 네게 말하는 내가 그라 하시니라"라고 말씀한다. 성자 하나님은 이 세상에 계시는 동안 하나님의 뜻을 직접 알려주셨고, 다시 살아나셔서 하늘로 올라가신 뒤에는 기록된 말씀과 성령으로 가르치신다.

선지자로서의 그리스도께서 행하시는 사역에 대해서는 웨스트민스터 소요리문답 제24문답과 웨스트민스터 대요리문답 제43문답에서 잘 설명하고 있다.

웨스트민스터 소요리문답

24문 : 그리스도께서는 선지자 직분the office of a prophet을 어떻게 수행하십니까?

답 : 그리스도께서는 우리의 구원에 대한 하나님의 뜻을 그분의 말씀과 성령으로 우리에게 계시하심으로in revealing to us 선지자 직분을 수행하십니다.[1]

1) 요 1:18; 벧전 1:10-12; 요 15:15; 20:31

---

99) 칼뱅은 이 주제를 *Institutes*, II. xv. 1-2에서 다룬다.

제사장으로서의 그리스도[100]

그리스도이신 성자 하나님은 제사장이시다. 이 사실은 히브리서 2:17 "그러므로 그가 범사에 형제들과 같이 되심이 마땅하도다. 이는 하나님의 일에 자비하고 신실한 **대제사장**이 되어 백성의 죄를 속량하려 하심이라." 히브리서 7:24 "예수는 영원히 계시므로 그 **제사장 직분**도 갈리지 아니하느니라" 등의 말씀이 증거한다.

제사장의 중요한 역할은 하나님께 제사를 드리는 것이다. 구약의 제사장들이 이스라엘 백성들의 죄를 위하여 하나님께 제사를 드린 것처럼, 성자 하나님께서는 자기 백성의 죄를 위하여 자신의 몸과 생명을 성부 하나님 앞에 드리셨다. 성자 하나님께서는 제사를 드리심으로써 자기 백성의 죄를 구속하셨으니, 하나님의 공의를 만족시키셨고 우리를 하나님과 화목케 하셨다.

성자 하나님은 제사장이 되실 뿐만 아니라 친히 제물도 되셨다. 에베소서 5:2 "그리스도께서 너희를 사랑하신 것같이 너희도 사랑 가운데서 행하라 **그는 우리를 위하여 자신을 버리사** 향기로운 제물과 **희생제물**로 하나님께 드리셨느니라." 히브리서 9:14 "하물며 **영원하신 성령으로 말미암아 흠 없는 자기를 하나님께 드린 그리스도의 피**가 어찌 너희 양심을 죽은 행실에서 깨끗하게 하고 살아계신 하나님을 섬기게 하지 못하겠느냐." 히브리서 9:25-26 "[25]대제사장이 해마다 다른 것의 피로써 성소에 들어가는 것같이 자주 자기를 드리려고 아니하실지니

---

100) 칼뱅은 이 주제를 *Institutes*, II. xv. 6에서 다룬다.

²⁶그리하면 그가 세상을 창조한 때부터 자주 고난을 받았어야 할 것이로되 이제 **자기를** 단번에 **제물로 드려** 죄를 없이 하시려고 세상 끝에 나타나셨느니라"에 의하면 제사장이시면서 또한 제물이 되셨다. 구약의 제사장은 자신이 제물이 될 수 없으나 성자 하나님은 제사장으로서 제물의 역할도 감당하셨다. 또한 성자 하나님은 구약의 제사장들과 달리 십자가를 통한 단 한 번의 제사로 영원한 제사를 드리셨으니, 히브리서 10:12는 "오직 그리스도는 죄를 위하여 한 영원한 제사를 드리시고 하나님 우편에 앉으사"라고 말씀한다. 이런 점에서 신약의 제사장이신 그리스도는 구약의 제사장보다 더 위대하시고 완전하시다. 그래서 히브리서 4:14는 "그러므로 **우리에게 큰 대제사장이 계시니 승천하신 이 곧 하나님의 아들 예수시라** 우리가 믿는 도리를 굳게 잡을지어다"라고 말씀한다.

이 땅에서 제사를 지내신 제사장 성자 하나님은 하늘로 오르신 뒤에 우리를 위해 성부 하나님께 계속해서 간구하고 기도하시므로 제사장의 역할을 감당하고 계신다(롬 8:34; 히 7:25).

제사장으로서의 그리스도께서 행하시는 사역에 대해서는 웨스트민스터 소요리문답 제25문답과 웨스트민스터 대요리문답 제44문답에서 잘 설명한다.

웨스트민스터 소요리문답

25문 : 그리스도께서는 제사장 직분을 어떻게 수행하십니까?

답 : 그리스도께서는 자기를 희생제물sacrifice로 단번에 드려 하나님의 공의 divine justice를 만족시키시고satisfy,¹⁾ 우리를 하나님과 화목하게reconcile 하시고,²⁾ 또한 우리를 위하여 계속해서 중보기도하심intercession으로³⁾ 제사장 직분을 수행하십니다.

---

1) 히 9:14,28   2) 히 2:17   3) 히 7:24-25

웨스트민스터 대요리문답

44문 : 그리스도께서는 제사장 직분the office of a priest을 어떻게 수행하십니까?

답 : 그리스도께서는 자기 백성의 죄를 위한 화목제물reconciliation이 되시려고¹⁾ 자기를 흠 없는 희생제물sacrifice without spot로 하나님께 단번에 드리시

고,[2] 자기 백성을 위하여 계속해서 중보기도하심continual intercession으로[3] 제사장 직분을 수행하십니다.

---

1) 히 2:17   2) 히 9:14,28   3) 히 7:25

특히 중보자와 제사장으로서의 성자 하나님의 사역에 대해서는 벨기에 신앙고백서 제26조가 잘 설명하고 있다.

벨기에 신앙고백서

제26조 그리스도의 중보
Christ's Intercession

우리는 유일하신 중보자Mediator이시며[1] 대언자Advocate이신 의로우신 예수 그리스도를[2] 통하지 않고는 하나님께로 나아갈access 수 없음을 믿습니다. 이 일을 위하여 그리스도께서는 사람이 되시어, 신성과 인성the divine and human nature을 함께 가지셨으므로uniting together, 우리 사람들이 하나님의 위엄the divine majesty으로 나아가는 데 방해를 받지 않게 되었습니다.[3] 그런데 성부께서 당신 자신과 우리 사이에 세우신ordained 이 중보자께서는 당신의 위대하심으로 우리를 위협하지 않으시는데 우리가 우리의 선택fancy에 따라 또 다른 중보자를 찾을 수야 있겠습니까? 하늘과 땅에서 예수 그리스도보다 더 우리를 사랑하는 어떤 피조물도 없습니다.[4] 비록 그리스도께서 하나님의 본체the form of God이셨을지라도, 자기를 비워 우리를 위하여 사람의 형체와 종의 형체the form of man and of a servant를 취하시고(빌 2:6-7), 모든 면에서 형제들과 같이 되셨습니다(히 2:17). 그러므로 우리가 다른 중보자Intercessor를 찾는다면, 우리는 심지어 우리가 당신의 원수였을 동안도 우리를 위하여 당신의 생명을 내어주신 그분보다 우리를 더 사랑하는 분을 찾을 수 있겠습니까?(롬 5:8,10) 만일 우리가 권세와 능력을 가진 분을 찾는다면, 성부의 오른편에 앉아계시고[5] 하늘과 땅에서 모든 권세를 가지신 그분 외에 누가 더 있겠습니까?(마 28:18) 또한 하나님의 가장 사랑하시는 아들God's own well-beloved Son보다 누가 더 빨리 그 음성을 들을 수 있겠습니까?[6]

그러므로 성인들the saints을 영예롭게 하기보다는 차라리 불명예스럽게 하는 습관들the custom of dishonoring을 소개하여 그들이 결코 행하지도 않았고 요구하지도 않은 것을 하는 것은 순전히 신뢰의 결핍pure lack of trust입니다. 이와 반대로 성인들은 그들의 저서들에서 나타나는 것처럼 그들의 직무duty에 따른 그런 영예를 끊임없이 거부했습니다.[7] 여기에서 우리는 우리의 무가치함unworthiness을 의지하지 않아야 합니다. 왜냐하면 그것은 우리의 가치worthiness에 근거한 것이 아니라 당신의 의가 믿음으로 우리의 것이 되게 하신 예수 그리스도의 탁월하심excellence과 가치worthiness에 근거하여[8] 우리의 기도를 드리는 문제이기 때문입니다.[9]

그러므로 선한 이유good reason로 히브리서 저자는 우리가 이런 어리석은 두려움foolish fear, 더 정확하게 말하면 불신distrust에서 벗어나도록 하기 위해서 우리에게 "예수 그리스도께서 범사에 형제들과 같이 되심이 마땅하도다. 이는 하나님의 일에 자비하고 충성된 대제사장이 되어 백성의 죄를 구속하려 하심이라. 자기가 시험을 받아 고난을 당하셨은즉 시험받는 자들을 능히 도우시느니라"고 말합니다(히 2:17,18). 또한 히브리서 저자는 우리가 하나님께 나아가도록 더욱 더 격려하기encourage 위해서, "그러므로 우리에게 큰 대제사장이 있으니 승천하신 자 곧 하나님 아들 예수시라. 우리가 믿는 도리를 굳게 잡을지어다. 우리에게 있는 대제사장은 우리 연약함을 체휼하지 아니하는 자가 아니요 모든 일에 우리와 한결같이 시험을 받은 자로되 죄는 없으시니라"고 말합니다(히 4:14,15).[10] 동일한 서신에서 "그러므로 형제들아 우리가 예수의 피를 힘입어 성소에 들어갈 담력을 얻었나니…참 마음과 온전한 믿음으로 하나님께 나아가자" 등을 말합니다(히 10:19,22). 또한 "예수는 영원히 계시므로 그 제사 직분도 갈리지 아니하나니 그러므로 자기를 힘입어 하나님께 나아가는 자들을 온전히 구원하실 수 있으니 이는 그가 항상 살아서 저희를 위하여 간구하심이니라"고 말합니다(히 7:24-25).[11] 무슨 말이 더 필요합니까? 그리스도께서도 친히 "내가 곧 길이요 진리요 생명이니 나로 말미암지 않고는 아버지께로 올 자가 없느니라"고 말씀하셨습니다(요 14:6). 우리가 왜 다른 대언자를 찾아야 합니까? 하나님은 당신의 아들을 우리의 대언자로 주시기를 기뻐하셨습니다. 따라서 우리가 그 한 분만 구하지 않고 다른 대언자 때문에 그분을 떠나거나 다른 대언자를 찾지 않아야 합니다. 왜냐하면 하나님께서 우리에게 그분을 주셨을 때, 그분께서 우리가 죄인임을 너무나 잘 알고 계셨기 때문입니다.

결론적으로 우리는 그리스도의 명령에 따라 우리의 유일한 중보자 그리스도를 통하여 하늘의 아버지를 불러야 하는데,[12] 이것은 우리가 주님께서 가르쳐 주신 기도에서 배운 바와 같습니다.[13] 우리는 그리스도의 이름으로 아버지께 간구하는 모든 것을 얻는다고 확신합니다(요 16:23).[14]

---

1) 딤전 2:5   2) 요일 2:1   3) 엡 3:12   4) 마 11:28; 요 15:13; 엡 3:19; 요일 4:10   5) 히 1:3; 8:1   6) 마 3:17; 요 11:42; 엡 1:6   7) 행 10:26; 14:15   8) 렘 17:5,7; 행 4:12   9) 고전 1:30   10) 요 10:9; 엡 2:18; 히 9:24   11) 롬 8:34   12) 히 13:15   13) 마 6:9-13; 눅 11:2-4   14) 요 14:13

왕으로서의 그리스도[101]

그리스도이신 성자 하나님은 왕이시다(마 1장; 21:1-9). 왕의 중요한 역할은 나라를 다스리는 것이다. 구약의 왕들이 그 백성을 다스린 것처럼, 성자 하나님께서는 하늘에서 교회를 다스리신다. 말씀과 성령으로 교회를 다스리시고, 우리의 외적이며 내적인 원수들에 대항하여 우리를 보존하시며 보호하시되, 그의 전능한 권세로 하시고 그의 성령으로 말미암아 우리를 무장시키셔서 모든 원수들을 대적하고 이기기에 필요한 전신갑주를 입게 하신다.[102]

왕으로서의 그리스도께서 행하시는 사역에 대해서는 웨스트민스터 소요리문답 제26문답과 웨스트민스터 대요리문답 제45문답에서 잘 설명한다.

웨스트민스터 소요리문답

26문 : 그리스도께서는 왕의 직분을 어떻게 수행하십니까?

답 : 그리스도께서는 우리를 자기에게 복종케 하시고subduing,[1] 우리를 다스리시며ruling[2] 보호하시고defending,[3] 자기와 우리의 모든 원수들enemies을 막아restraining 정복하심으로conquering 왕의 직분을 수행하십니다.[4]

---

1) 행 15:14-16   2) 사 33:22   3) 사 32:1-2   4) 고전 15:25; 시 110편

---

101) 칼뱅은 이 주제를 *Institutes*, II. xv. 3-5에서 다룬다.
102) Ursinus, *The Commentary of Zacharias Ursinus on the Heidelberg Catechism*, 176.

웨스트민스터 대요리문답

45문 : 그리스도께서는 왕의 직분the office of a king을 어떻게 수행하십니까?

　답 : 그리스도께서는 백성을 세상으로부터 자기에게로 불러내시고,[1] 그들에게
　　　직분자들[2]과 율법[3]과 권징censures을 주셔서 그들을 눈에 보이게 다스리시
　　　며,[4] 그분의 택자에게 구원하는 은혜saving grace를 부여하시고,[5] 그들의 순
　　　종에는 상을 주시고,[6] 그들의 죄들에 대하여는 징계하시고correcting,[7] 그들
　　　이 당하는 모든 유혹temptations과 고난sufferings 중에 그들을 보존하시고 도
　　　우시고preserving and supporting,[8] 그들의 모든 원수들enemies을 제압하시고
　　　정복하시고restraining and overcoming,[9] 자기 자신의 영광[10]과 그들의 유익
　　　good[11]을 위하여 모든 것을 능력 있게 조정하시며powerfully ordering, 또한
　　　하나님을 알지 못하고 복음에 순종하지 않는 나머지 사람들에 대해서는
　　　복수하심으로taking vengeance on[12] 왕의 직분을 수행하십니다.

1) 행 15:14-15; 사 55:4-5; 창 49:10; 시 110:3　　2) 엡 4:11-12; 고전 12:28　　3) 사 33:22　　4) 마 18:17-18; 고전
5:4-5　5) 행 5:31　　6) 계 22:12; 2:10　　7) 계 3:19　　8) 사 63:9　　9) 고전 15:25; 시 110:1-2　　10) 롬 14:10-11
11) 롬 8:28　　12) 살후 1:8-9; 시 2:8-9

　이처럼 선지자, 제사장, 왕의 직분을 감당하시는 성자 하나님은 참으로 그리
스도시다.

그리스도께 속한 그리스도인

　성자 하나님의 직분이 그리스도(선지자, 제사장, 왕)라는 것은 그분께 속한 모
든 자에게도 의미를 갖는다. 왜냐하면 사도행전 11:26은 "…제자들이 안디옥에
서 비로소 그리스도인이라 일컬음을 받게 되었더라"라고 해서 성자 하나님의 제
자인 신자들이 '그리스도인' 이라는 이름을 부여받았다고 말씀하기 때문이다.

　그래서 하이델베르크 요리문답은 제31문답에서 성자 하나님의 직분 그리스도
에 대해 다룬 뒤, 제32문답에서 그리스도께 속한 자를 가리켜 '그리스도인' 이라
고 부르는 것의 의미에 대해서 다음과 같이 다룬다.

그리스도인들이 그리스도와 함께 감당해야 할 직분

하이델베르크 요리문답 제32문답의 설명대로 그리스도께 속한 모든 자들은
그리스도인으로서 이 세상에서 선지자, 제사장, 왕으로서의 직분을 수행해야 한
다. 선지자로서 그리스도의 이름을 증거하는 증인으로 살아야 하며, 제사장으로
서 자기 자신을 하나님 앞에 거룩한 산제사로 드려야 하고, 왕으로서 이 세상을
다스려야 한다.

이에 대해서는 베드로전서 2:9-10 "[9]그러나 너희는 택하신 족속이요 **왕** 같은
제사장들이요 거룩한 나라요 그의 소유가 된 백성이니 이는 너희를 어두운 데서
불러 내어 그의 기이한 빛에 들어가게 하신 이의 아름다운 덕을 **선포**하게 하려
하심이라. [10]너희가 전에는 백성이 아니더니 이제는 하나님의 백성이요 전에는
긍휼을 얻지 못하였더니 이제는 긍휼을 얻은 자니라"라는 말씀이 잘 설명한다.

---

103) 루터파는 음부강하부터 높이 되심의 시작으로 본다.

(6) 성자 하나님과 우리의 관계

"우리 주님"은 성자 하나님과 우리의 관계에 대한 고백이다. 성자 하나님은 우리의 주인(主人, Lord)이시다. 우리의 모든 것이 성자 하나님의 것이요, 우리의 생명도 성자 하나님께 속했다.

성자 하나님을 '주님'이라고 표현할 때는 자동적으로 우리 스스로를 '종'(혹은 노예)으로 표현하게 된다(롬 1:1; 빌 1:1). 성자 하나님은 높아지고 자동적으로 우리는 낮아진다. 그렇지 않다면 성자 하나님을 '주님'이라고 부르는 일이 헛된 것이 된다(마 7:21).

근거 성경구절

성자 하나님과 우리의 관계를 나타내는 "우리 주님"에 대한 근거구절은 다음과 같다. 요한복음 20:28 "도마가 대답하여 이르되 나의 **주님**이시요 나의 하나님이시니이다." 사도행전 1:21 "이러하므로 요한의 세례로부터 우리 가운데서 올려져 가신 날까지 **주** 예수께서 우리 가운데 출입하실 때에." 사도행전 2:36 "그런즉 이스라엘 온 집은 확실히 알지니 너희가 십자가에 못 박은 이 예수를 하나님이 **주**와 그리스도가 되게 하셨느니라 하니라." 사도행전 4:33 "사도들이 큰 권능으로 **주** 예수의 부활을 증언하니 무리가 큰 은혜를 받아." 사도행전 7:59 "그들이 돌로 스데반을 치니 스데반이 부르짖어 이르되 **주** 예수여 내 영혼을 받으시옵소서 하고." 사도행전 8:16 "이는 아직 한 사람에게도 성령 내리신 일이 없고 오직 **주** 예수의 이름으로 세례만 받을 뿐이더라." 사도행전 11:17 "그런즉 하나님이 우리가 **주** 예수 그리스도를 믿을 때에 주신 것과 같은 선물을 그들에게도 주셨으니 내가 누구이기에 하나님을 능히 막겠느냐 하더라." 사도행전 15:11 "그러나 우리는 그들이 우리와 동일하게 **주** 예수의 은혜로 구원 받는 줄을 믿노라 하니라." 사도행전 20:21 "유대인과 헬라인들에게 하나님께 대한 회개와 **우리 주** 예수 그리스도께 대한 믿음을 증언한 것이라." 사도행전 20:24 "내가 달려갈 길과 **주** 예수께 받은 사명 곧 하나님의 은혜의 복음을 증언하는 일을 마치려 함에는 나의 생명조차 조금도 귀한 것으로 여기지 아니하노라." 사도행전 20:35 "범사에 여러분에게 모본을 보여준 바와 같이 수고하여 약한 사람들을 돕고 또 **주** 예수께서 친히 말씀하신 바 주는 것이 받는 것보다 복이 있다 하심을 기억하여야 할지니라." 사도행전 28:31 "하나님의 나라를 전파하며 **주** 예수 그리스도에 관한 모든 것을 담대하게 거침없이 가르치더라." 로마서 14:9 "이를 위하여 그리스도께서 죽었다가 다시 살아나셨으니 곧 죽은 자와 산 자의 **주**가 되려 하심이라." 고린도전서 8:6 "그러나 우리에게는 한 하나님 곧 아버지가 계시니 만물이 그에게서 났고 우리도 그를 위하여 있고 또한 한 **주** 예수 그리스도께서 계시니 만물이 그로 말미암고 우리도 그로 말미암아 있느니라." 빌립보서 2:11 "모든 입으로 예수 그리스도를 **주**라 시인하여 하나님 아버지께 영광을 돌리게 하셨느니라."

여러 주인들 중 참된 주인

일반적으로 '주'는 다른 사람을 높일 때도 사용된다. 성경에서도 성자 하나님 외의 인물에게 '주'라고 부르는 경우가 있다. 창세기 18:2-3에서 아브라함은 자기에게 나타난 세 사람에게 "내 주여"라고 했다. 창세기 23:5-6에서 헷 족속은 아브라함에게 "내 주여"라고 했다. 유대인들은 빌라도를 가리켜 "주여"라고 불렀고(마 27:62-63), 마리아는 부활하신 주님을 동산지기로 오해하고 "주여"라고 불렀다(요 20:15). 때로는 로마 황제, 노예의 주인, 선생님을 가리켜 "주"라고 표현했다. 사라는 자신의 남편 아브라함에게 "주"라고 불렀다(벧전 3:6). 예수님에게 사용될 때에도 단순히 '극존칭의 의미'를 나타내는 경우가 있다. 마태복음 16:16에서 "주는 그리스도시요 살아계신 하나님의 아들이시니이다"라고 할 때의 '주'가 그런 경우다. 이런 경우는 사도신경에서 말하는 '주'와는 관련이 없다.

사도신경에서 고백하는 "주님"은 단순한 극존칭이 아니다. 우리 모든 것의 주인을 뜻한다. 그러므로 성자 하나님에 대해 '주님'이라고 부르면서 단순한 극존칭으로 사용해서는 안 된다. 그렇게 부르는 것은 불신자들도 할 수 있는 일이다. 자유주의 신학을 따르는 사람들 중에 성자 하나님을 '주인'으로 여기지 않고 단순히 '높으신 분'으로 생각하는 경우가 있는데, 그들은 사도신경을 참되게 고백하지 않는 자들이다.

나의 주님, 우리의 주님

성자 하나님은 나만의 주님이 아니라, 우리의 주님이시다. 성자 하나님은 나 한 사람만을 위해 이 세상에 오신 것이 아니라 자기 백성 모두를 위해서 이 세상에 오셨다. 성자 하나님은 이 세상에 오셔서 죽으시고 다시 살아나신 뒤 하늘에 오르심으로 우리 모두의 주님이 되셨다.

성자 하나님을 "우리 주"라고 부르는 이유에 대해서는 하이델베르크 요리문답 제34문답의 가르침을 보라.

하이델베르크 요리문답

34문 : 당신은 왜 그분을 "우리 주님"our Lord이라 부릅니까?

　답 : 왜냐하면 그분이 금이나 은이 아니라 그분의 보혈precious blood로써 우리의 몸과 영혼을 우리의 모든 죄로부터 구속(救贖)하셨고,[3] 우리를 마귀의 모든 권세the tyranny of the devil에서 해방하여[4] 주님의 것으로 삼으셨기 때문입니다.[5]

---

3) 고전 6:19-20; 7:23; 엡 1:7; 딤전 2:6; 벧전 1:18-19　4) 골 1:13-14; 히 2:14-15　5) 요 10:28; 벧전 2:9

이 고백을 할 때 가져야 할 마음

"우리 주님"이라는 성자 하나님과 우리의 관계를 고백할 때는 성자 하나님께서 나의 주인이시며, 나는 성자 하나님의 종이요, 노예라는 마음을 가져야 한다. 성자 하나님께서 분부하신 것이라면 어떤 것이라도 따를 자세가 있어야 한다.

성자 하나님의 칭호에 대하여

성자 하나님을 부를 때 주로 "예수님"이라고 한다. 혹은 "예수 그리스도"라고 한다. 이렇게 불러도 상관은 없으나 완전한 호칭은 "우리 주(님) 예수 그리스도"라고 할 수 있다. 성경은 성자 하나님께서 하늘로 오르신 뒤에는 "우리 주 예수 그리스도"라는 칭호를 주로 사용한다.

사도행전 15:25 "사람을 택하여 **우리 주 예수 그리스도**의 이름을 위하여 생명을 아끼지 아니하는 자인 우리가 사랑하는 바나바와 바울과 함께 너희에게 보내기를 만장일치로 결정하였노라." 로마서 1:4 "성결의 영으로는 죽은 자들 가운데서 부활하사 능력으로 하나님의 아들로 선포되셨으니 곧 **우리 주 예수 그리스도**시니라." 로마서 5:1 "그러므로 우리가 믿음으로 의롭다 하심을 받았으니 **우리 주 예수 그리스도**로 말미암아 하나님과 화평을 누리자." 로마서 5:11 "그뿐 아니라 이제 우리로 화목하게 하신 **우리 주 예수 그리스도**로 말미암아 하나님 안에서 또한 즐거워하느니라." 로마서 5:21 "이는 죄가 사망 안에서 왕 노릇 한 것같이 은혜도 또한 의로 말미암아 왕 노릇 하여 **우리 주 예수 그리스도**로 말미암아 영생에 이르게 하려 함이라." 로마서 6:23 "죄의 삯은 사망이요 하나님의 은사는 **그리스도 예수 우리 주** 안에 있는 영생이니라." 로마서 8:39 "높음이나 깊음이나 다른 어떤 피조물이라도 우리를 **우리 주 그리스도 예수** 안에 있는 하나님의 사랑에서 끊을 수 없으리라." 로마서 15:6 "한마음과 한 입으로 하나님 곧 **우리 주 예수 그리스도**의 아버지께 영광을 돌리게 하려 하노라." 로마서 15:30 "형제들아 내가 **우리 주 예수 그리스도**와 성령의 사랑으로 말미암아 너희를 권하노니 너희 기도에 나와 힘을 같이하여 나를 위하여 하나님께 빌어." 고린도전서 1:2 "고린도에 있는 하나님의 교회 곧 그리스도 예수 안에서 거룩하여지고 성도라 부르심을 받은 자들과 또 각처에서 우리의 주 곧 그들과 **우리의 주되신 예수 그리스도**의 이름을 부르는 모든 자들에게." 고린도전서 1:7 "너희가 모든 은사에 부족함이 없이 **우리 주 예수 그리스도**의 나타나심을 기다림이라." 고린도전서 1:8 "주께서 너희를 **우리 주 예수 그리스**

도의 날에 책망할 것이 없는 자로 끝까지 견고하게 하시리라." 고린도전서 1:9 "너희를 불러 그의 아들 **예수 그리스도 우리 주**와 더불어 교제하게 하시는 하나님은 미쁘시도다." 고린도전서 15:31 "형제들아 내가 **그리스도 예수 우리 주** 안에서 가진 바 너희에 대한 나의 자랑을 두고 단언하노니 나는 날마다 죽노라." 고린도전서 15:57 "**우리 주 예수 그리스도**로 말미암아 우리에게 승리를 주시는 하나님께 감사하노니." 고린도후서 1:3 "찬송하리로다. 그는 **우리 주 예수 그리스도**의 하나님이시요 자비의 아버지시요 모든 위로의 하나님이시며" 고린도후서 8:9 "**우리 주 예수 그리스도**의 은혜를 너희가 알거니와 부요하신 이로서 너희를 위하여 가난하게 되심은 그의 가난함으로 말미암아 너희를 부요하게 하려 하심이라." 갈라디아서 6:18 "형제들아 **우리 주 예수 그리스도**의 은혜가 너희 심령에 있을지어다. 아멘." 에베소서 1:3 "찬송하리로다. 하나님 곧 **우리 주 예수 그리스도**의 아버지께서 그리스도 안에서 하늘에 속한 모든 신령한 복을 우리에게 주시되." 에베소서 1:17 "**우리 주 예수 그리스도**의 하나님, 영광의 아버지께서 지혜와 계시의 영을 너희에게 주사 하나님을 알게 하시고." 에베소서 3:11 "곧 영원부터 **우리 주 그리스도 예수** 안에서 예정하신 뜻대로 하신 것이라." 에베소서 5:20 "범사에 **우리 주 예수 그리스도**의 이름으로 항상 아버지 하나님께 감사하며." 에베소서 6:24 "**우리 주 예수 그리스도**를 변함없이 사랑하는 모든 자에게 은혜가 있을지어다." 빌립보서 3:20 "그러나 우리의 시민권은 하늘에 있는지라 거기로부터 구원하는 자 곧 **주 예수 그리스도**를 기다리노니." 골로새서 1:3 "우리가 너희를 위하여 기도할 때마다 하나님 곧 **우리 주 예수 그리스도**의 아버지께 감사하노라." 데살로니가전서 1:3 "너희의 믿음의 역사와 사랑의 수고와 **우리 주 예수 그리스도**에 대한 소망의 인내를 우리 하나님 아버지 앞에서 끊임없이 기억함이니." 데살로니가전서 5:9 "하나님이 우리를 세우심은 노하심에 이르게 하심이 아니요 오직 **우리 주 예수 그리스도**로 말미암아 구원을 받게 하심이라." 데살로니가전서 5:28 "**우리 주 예수**

그리스도의 은혜가 너희에게 있을지어다." 데살로니가후서 2:1 "형제들아 우리가 너희에게 구하는 것은 **우리 주 예수 그리스도**의 강림하심과 우리가 그 앞에 모임에 관하여." 데살로니가후서 2:14 "이를 위하여 우리의 복음으로 너희를 부르사 **우리 주 예수 그리스도**의 영광을 얻게 하려 하심이니라." 데살로니가후서 2:16 "**우리 주 예수 그리스도**와 우리를 사랑하시고 영원한 위로와 좋은 소망을 은혜로 주신 하나님 우리 아버지께서." 데살로니가후서 3:18 "**우리 주 예수 그리스도**의 은혜가 너희 무리에게 있을지어다." 디모데전서 1:12 "나를 능하게 하신 **그리스도 예수 우리 주**께 내가 감사함은 나를 충성되이 여겨 내게 직분을 맡기심이니." 디모데전서 6:3 "누구든지 다른 교훈을 하며 바른 말 곧 **우리 주 예수 그리스도**의 말씀과 경건에 관한 교훈을 따르지 아니하면." 디모데전서 6:14 "**우리 주 예수 그리스도**께서 나타나실 때까지 흠도 없고 책망 받을 것도 없이 이 명령을 지키라." 디모데후서 1:2 "사랑하는 아들 디모데에게 편지하노니 하나님 아버지와 **그리스도 예수 우리 주**께로부터 은혜와 긍휼과 평강이 네게 있을지어다." 디모데후서 1:10 "이제는 **우리 구주 그리스도 예수**의 나타나심으로 말미암아 나타났으니 그는 사망을 폐하시고 복음으로써 생명과 썩지 아니할 것을 드러내신지라." 빌레몬서 1:25 "**우리 주 예수 그리스도**의 은혜가 너희 심령과 함께 있을지어다." 야고보서 2:1 "내 형제들아 영광의 주 곧 **우리 주 예수 그리스도**에 대한 믿음을 너희가 가졌으니 사람을 차별하여 대하지 말라." 베드로전서 1:3 "**우리 주 예수 그리스도**의 아버지 하나님을 찬송하리로다 그의 많으신 긍휼대로 예수 그리스도를 죽은 자 가운데서 부활하게 하심으로 말미암아 우리를 거듭나게 하사 산 소망이 있게 하시며." 베드로후서 1:11 "이같이 하면 **우리 주 곧 구주 예수 그리스도**의 영원한 나라에 들어감을 넉넉히 너희에게 주시리라." 베드로후서 1:16 "**우리 주 예수 그리스도**의 능력과 강림하심을 너희에게 알게 한 것이 교묘히 만든 이야기를 따른 것이 아니요 우리는 그의 크신 위엄을 친히 본 자라." 베드로후서 3:18 "오직 **우리 주**

곧 구주 예수 그리스도의 은혜와 그를 아는 지식에서 자라 가라 영광이 이제와 영원한 날까지 그에게 있을지어다." 데살로니가후서 3:6 "형제들아 **우리 주 예수 그리스도**의 이름으로 너희를 명하노니 게으르게 행하고 우리에게서 받은 전통대로 행하지 아니하는 모든 형제에게서 떠나라." 유다서 1:4 "이는 가만히 들어온 사람 몇이 있음이라 그들은 옛적부터 이 판결을 받기로 미리 기록된 자니 경건하지 아니하여 우리 하나님의 은혜를 도리어 방탕한 것으로 바꾸고 홀로 하나이신 주재 곧 **우리 주 예수 그리스도**를 부인하는 자니라." 유다서 1:17 "사랑하는 자들아 너희는 **우리 주 예수 그리스도**의 사도들이 미리 한 말을 기억하라." 유다서 1:21 "하나님의 사랑 안에서 자신을 지키며 영생에 이르도록 **우리 주 예수 그리스도**의 긍휼을 기다리라." 유다서 1:25 "곧 우리 구주 홀로 하나이신 하나님께 **우리 주 예수 그리스도**로 말미암아 영광과 위엄과 권력과 권세가 영원 전부터 이제와 영원토록 있을지어다. 아멘."

단순히 "예수" 혹은 "예수 그리스도"라고 부르는 것보다도 "우리 주(님) 예수 그리스도"라고 부르는 것이 중요한 이유는 예수님을 믿는데, 그분이 그리스도이심을 믿지 않으면 안 되고, 예수가 그리스도이심을 믿으면서 우리의 주님이심을 믿지 않으면 안 되기 때문이다. 엄밀히 말해, "하나님의 독생하신 아드님 우리 주님 예수 그리스도"라는 고백 중에 단 한 가지라도 빠진다면 제대로 된 고백이 될 수 없다.

성자 하나님의 생애와 사역

성자 하나님에 대한 고백은 크게 위격과 생애 및 사역으로 나눌 수 있다. **"하나님의 독생하신 아드님 우리 주님 예수 그리스도"**라는 고백이 성자 하나님의 위격을 다뤘다면 **"성령으로 잉태되신 일부터 심판하러 오실 것"**까지는 성자 하나님의 생애 및 사역이다.

성자 하나님의 생애와 사역에 대한 믿음

한글번역은 **"믿습니다(믿사오니)"**가 "그분의 독생하신 아드님 우리 주님 예수 그리스도"에만 해당하는 것처럼 보이지만 번역상 그렇게 했을 뿐, 그 이후에 나오는 "그분은 성령으로 잉태되셨고, 동정녀 마리아에게서 나셨고…심판하러 오실 것입니다"까지를 포함한다. 그래서 정확히 말하면 성자 하나님의 존재만 믿는 것이 아니라 그분의 위격, 이름, 직분, 관계를 포함해, 계속해서 다루게 될 성령 잉태, 동정녀 탄생, 고난, 죽음, 부활, 승천, 좌정, 재림, 심판 등의 모든 사역에 대한 믿음까지도 포함한다.

예수님의 생애와 사역은 이루 말할 수 없을 정도로 많다. 그래서 요한복음 21:25는 "예수께서 행하신 일이 이 외에도 많으니 만일 낱낱이 기록된다면 이 세상이라도 이 기록된 책을 두기에 부족할 줄 아노라"라고 말씀한다. 많은 것 중에서 사도신경은 가장 중요하고도 핵심적인 성자 하나님의 생애와 사역을 요약하여 고백한다.

성자 하나님의 생애의 두 상태

성자 하나님의 생애와 사역은 크게 두 부분으로 나눌 수 있다(빌 2:6-9). 첫째 부분은 사도신경의 세 번째 문장의 성령 잉태에서부터 네 번째 문장의 음부 강하까지로 그리스도의 낮아지심(the estate of Christ's humiliation)이라고 하며 한자어로 비하(卑下)라고 한다. 둘째 부분은 사도신경의 다섯 번째 문장의 부활부터 일곱 번째 문장의 재림까지로[103] 그리스도의 높이 되심(the estate of Christ's exaltation)이라고 하며 한자어로 승귀(昇貴)라고 한다.

이 두 가지 상태에 대해서는 웨스트민스터 소요리문답 제23문답과 웨스트민스터 대요리문답 제42문답은 '그리스도'를 설명하면서 언급한다.

웨스트민스터 소요리문답

23문 : 그리스도께서 우리의 구속자Redeemer로서 무슨 직분offices을 수행하십니까?

답 : 그리스도께서 우리의 구속자로서 선지자prophet와 제사장priest과 왕king의 직분을 수행하시되, **낮아지심과 높이 되심의 상태**his estate of humiliation and exaltation**에서** 수행하십니다.[1]

---

1) 행 3:21-22; 히 12:25; 고후 13:3; 히 5:5-7; 7:25; 시 2:6; 사 9:6-7; 마 21:5; 시 2:8-11

웨스트민스터 대요리문답

42문 : 우리의 중보자를 왜 그리스도Christ라고 불렀습니까?

답 : 우리의 중보자를 그리스도라고 불렀던 것은 그분이 성령으로 한량없이 above measure 기름 부음을 받으셨기 때문이며,[1] 그리하여 구별되셨고, 모든 권위authority와 능력ability을 충만히 부여받으셔서furnished,[2] **그의 낮아지심**humiliation**과 높이 되심**exaltation**의 두 상태 모두에서** 그의 교회의[3] 선지자,[4] 제사장,[5] 왕[6]의 직분을 수행하시기execute 때문입니다.

---

1) 요 3:34; 시 45:7   2) 요 6:27; 마 28:18-20   3) 빌 2:6-11   4) 행 3:21-22; 눅 4:18,21   5) 히 5:5-7; 4:14-15
6) 시 2:6; 마 21:5; 사 9:6-7

---

103) 루터파는 음부강하부터 높이 되심의 시작으로 본다.

낮아지심의 상태와 높이 되심의 상태를 어떻게 분류하느냐에 대해서는 웨스트민스터 소요리문답 제27-28문답과 웨스트민스터 대요리문답 제46, 51문답에 잘 나타나 있다.

웨스트민스터 소요리문답

27문 : 그리스도의 낮아지심은 무엇으로 이루어져 있었습니까?
Wherein did Christ's humiliation consist?

답 : 그리스도의 낮아지심은 비천한 형편a low condition에 나셨고,[1] 율법 아래 나셨고,[2] 이 세상의 비참함miseries[3]과 하나님의 진노wrath[4]와 십자가의 저주의 죽음을 받으셨고,[5] 장사되셨고,[6] 얼마 동안 죽음의 권세 아래 계셨던 것으로 이루어져 있었습니다.[7]

---

1) 눅 2:7   2) 갈 4:4   3) 히 12:2-3; 사 53:2-3   4) 눅 22:44; 마 27:46   5) 빌 2:8   6) 고전 15:3-4   7) 행 2:24-27,31

28문 : 그리스도의 높이 되심은 무엇으로 이루어져 있습니까?
Wherein consisteth Christ's exaltation?

답 : 그리스도의 높이 되심은 삼 일째에 죽은 사람들 가운데서 다시 살아나신 것rising again과[1] 하늘로 오르신 것ascending up과[2] 하나님 아버지의 오른쪽에 앉으신 것과[3] 마지막 날에 세상을 심판하러 오시는 것으로 이루어져 있습니다.[4]

---

1) 고전 15:4   2) 막 16:19   3) 엡 1:20   4) 행 1:11; 17:31

웨스트민스터 대요리문답

46문 : 그리스도의 낮아지심의 상태는 무엇이었습니까?
　　　What was the estate of Christ's humiliation?

　답 : 그리스도의 낮아지심의 상태는 그분의 잉태conception, 출생birth, 삶life, 죽음, 죽음 이후 자기의 부활까지에서 그분이 우리를 위하여 자기의 영광을 스스로 비우시고emptying 종의 형체를 취하신 그 비천한 형편that low condition이었습니다.[1]

---

1) 빌 2:6-8; 눅 1:31; 고후 8:9; 행 2:24

51문 : 그리스도의 높이 되심의 상태는 무엇이었습니까?
　　　What was the estate of Christ's exaltation?

　답 : 그리스도의 높이 되심은 그분의 부활resurrection과[1] 승천ascension과[2] 아버지의 오른쪽에 앉으신 것과[3] 세상을 심판하러 다시 오실 것his coming again을 포괄합니다comprehendeth.[4]

---

1) 고전 15:4　2) 막 16:19　3) 엡 1:20　4) 행 1:11; 17:31

성자 하나님의 낮아지심

성자 하나님의 낮아지심은 그분의 잉태되심에서부터 죽으심까지다. 이 사실
은 빌립보서 2:6-8 "⁶그는 근본 하나님의 본체시나 하나님과 동등 됨을 취할 것
으로 여기지 아니하시고 ⁷오히려 자기를 비워 종의 형체를 가지사 사람들과 같
이 되셨고 ⁸사람의 모양으로 나타나사 자기를 낮추시고 죽기까지 복종하셨으니
곧 십자가에 죽으심이라"에서 분명하게 언급하고 있다. 이 말씀에 근거해서 웨
스트민스터 소요리문답 제27문답과 웨스트민스터 대요리문답 제46문답은 그리
스도의 낮아지심은 그분의 잉태되심에서부터 죽으심까지로 이루어져 있음을 고
백한다.

웨스트민스터 소요리문답

27문 : 그리스도의 낮아지심은 무엇으로 이루어져 있었습니까?
Wherein did Christ's humiliation consist?

답 : 그리스도의 낮아지심은 비천한 형편a low condition에 나셨고,[1] 율법 아래
나셨고,[2] 이 세상의 비참함miseries[3]과 하나님의 진노wrath[4]와 십자가의
저주의 죽음을 받으셨고,[5] 장사되셨고,[6] 얼마 동안 죽음의 권세 아래 계
셨던 것으로 이루어져 있었습니다.[7]

---

1) 눅 2:7   2) 갈 4:4   3) 히 12:2-3; 사 53:2-3   4) 눅 22:44; 마 27:46   5) **빌 2:8**   6) 고전 15:3-4   7) 행 2:24-27,31

웨스트민스터 대요리문답

46문 : 그리스도의 낮아지심의 상태는 무엇이었습니까?
What was the estate of Christ's humiliation?

답 : 그리스도의 낮아지심의 상태는 그분의 잉태conception, 출생birth, 삶life, 죽음, 죽음 이후 자기의 부활까지에서 그분이 우리를 위하여 자기의 영광을 스스로 비우시고emptying 종의 형체를 취하신 그 비천한 형편that low condition이었습니다.[1]

---

1) **빌 2:6-8**; 눅 1:31; 고후 8:9; 행 2:24

3문장 | 성령으로 잉태되셨고, 동정녀 마리아에게서 나셨다[104]

– 성자 하나님: 성령 잉태와 동정녀 탄생

> **관련 신조**
>
> 하이델베르크 요리문답 제16-18, 35-36문답
> 웨스트민스터 소요리문답 제21-22문답
> 웨스트민스터 대요리문답 제36-40, 46-47문답
> 웨스트민스터 신앙고백서 제8장 제2절
> 벨기에 신앙고백서 제18-19조

번역 문제

옛 번역: 이는 성령으로 잉태하사 동정녀 마리아에게 나시고

새 번역: 그는 성령으로 잉태되어 동정녀 마리아에게서 나시고

저자 번역: 그분은 성령(님)으로 잉태되셨고, 동정녀(처녀) 마리아에게서 나셨으며

번역 설명: ① 옛 번역은 "이는"이라고 했다. 성자 하나님을 가리켜서 "이는"이라고 하는 것은 바람직하지 않다. 그래서 새 번역은 "그는"으로 바꾸었다. 하지만, 성자 하나님에 대한 존칭이 빠졌다. 그래서 "그분은"으로 번역했다. ② "성령"은 성부, 성자와 함께 쓰일 때는 "님"을 붙이지 않지만, 사도신경 번역은 성부와 성자에 대해 각각 "하나님 아버지", "예수 그리스도"라고 했으므로 "성령"에 대해서 "님"을 붙이는 것을 고려해볼 필요가 있다. ③ 잉태(孕胎)는 한자어로서 '아이를 배다'는 뜻인데, 대체할 만한 한글표현이 적당하지 않아 그대로 "잉태"로 했다. ④ 옛 번역은 "성령으로 잉태하사"라고 했는데 한글문법상 맞지 않다. 왜냐하면 성자 하나님을 잉태케 한 것은 성령인데, "성령으로 잉태하사"는

---

104) 칼뱅은 이 주제를 *Institutes*, II. xii-xiv에서 다룬다.

성자 하나님이 자기 자신을 잉태케 한 것이라는 뜻으로 맞지 않기 때문이다. 성자 하나님은 아기 예수로 태어나셨는데, 자기가 잉태할 수가 없다. 성자 하나님은 잉태되셨다. 주체가 아니라 객체다. 그래서 새 번역은 "성령으로 잉태되어"라고 바꾸었다. ⑤ 새 번역의 "성령으로 잉태되어"는 이후에 "나셨다"는 표현을 통해 존칭이 연결되긴 하지만, "성령으로 잉태되셔서"라고 하는 것이 더 낫다. 그런데 "성령으로 잉태되셔서 동정녀 마리아에게서 나셨으며"는 성령 잉태가 동정녀 탄생의 수단이라는 뉘앙스를 주므로, "성령으로 잉태되셨고, 동정녀 마리아에게서 나셨으며"로 했다. 참고로, 한국천주교회는 "성령으로 인하여 동정 마리아께 잉태되어 나시고"라고 번역함으로써 '동정녀 마리아를 통한 탄생'에 좀 더 무게를 두고 있다. ⑥ 옛 번역은 "동정녀 마리아에게 나시고"라고 했는데, 한글 문법상 잘못된 표현이다. "~에게 나시고"라는 표현은 성립되지 않는다. "~에게서 나시고"라고 해야 바람직하다. 그래서 새 번역은 "동정녀 마리아에게서 나시고"라고 바르게 번역했다. ⑦ 옛 번역과 새 번역의 "나시고"는 과거형을 명확히 드러내지 못한다. "나셨고(나셨으며)"라고 하는 것이 바람직하다. ⑧ "동정녀(童貞女)"는 한자어지만, 이를 대체할 만한 한글이 마땅치 않아 그대로 했다. 개역개정과 개역한글에는 "동정녀"라는 표현이 나오지 않고 대신 "처녀(處女)"라고 했으므로, "처녀 마리아에게서 나셨으며"라고 하는 것도 고려해보아야 한다.

(1) 성자 하나님의 독특하고도 신비로운 출생

"성령으로 잉태되셨고, 동정녀 마리아에게서 나셨으며"는 성자 하나님의 독특하고도 신비로운 출생에 대한 고백이다. 성령으로 잉태되셨고, 동정녀에게서 태어나신 것은 그 자체가 매우 신비로운 일이다. 왜냐하면 정상적인 사람의 출생과 다르기 때문이다.

이 세상 모든 사람의 생명은 남자와 여자의 정자와 난자가 만나서 발생된다. 그러나 성자 하나님은 일반적인 사람과 달리 성령으로 잉태되셨고, 처녀 마리아의 몸에서 태어나셨다. 남자가 아닌 성령으로 말미암아 이루어진 잉태요, 남자와 성적인 관계를 맺은 경험이 전혀 없는 처녀의 몸에서 이루어진 출산이었다. 이것은 신비다.

성령으로 잉태되신 성자 하나님은 동정녀의 몸에서 일반적인 사람과 동일한 과정을 거쳐 인성을 입으셨다. 성자 하나님께서 이 세상에 태어나셨을 때에 갖고 계시던 살과 피는 마리아의 태(胎)로부터 취하신 것이다(HC 제32문답). 사람의 모든 본질적인 속성과 사람에게 있는 공통적인 연약함을 마리아의 몸에서 취하셨다(WCF 제8장 제2절). 잉태되신 예수님은 마리아의 자궁 속에서 280여 일간 계셨고, 분만과 출산의 과정을 거치셨다. 성령으로 잉태되심과 동정녀를 통한 출생은 초자연적인 방식이었지만, 출생의 방식은 자연적이었다(마 1:25; 눅 2:7).[105] 초자연적인 일이 자연적인 일과 조화를 이루었다. 성장에 있어서도 사람의 정상적인 성장을 하셨다. 몸이 자랐고 지혜가 자랐다(눅 2:40,52). 범사에 우리와 같이 되셨다(히 2:17).

성자 하나님은 하나님이신 성령으로 잉태되신 참 하나님이시고, 사람인 마리아에게서 나신 참 사람이시다.

근거 성경구절

성자 하나님께서 성령으로 잉태되셨고, 동정녀 마리아에게서 나셨다는 고백에 대한 근거구절은 다음과 같다. 이사야 7:14 "그러므로 주께서 친히 징조를 너희에게 주실 것이라 보라 **처녀가 잉태하여 아들을 낳을 것이요** 그의 이름을 임마누엘이라 하리라." 마태복음 1:16 "야곱은 마리아의 남편 요셉을 낳았으니 **마리아에게서 그리스도라 칭하는 예수가 나시니라.**" 마태복음 1:18-20 "[18]예수 그리스도의 나심은 이러하니라. 그의 어머니 마리아가 요셉과 약혼하고 동거하기 전에 **성령으로 잉태된 것**이 나타났더니 [19]그의 남편 요셉은 의로운 사람이라 그를 드러내지 아니하고 가만히 끊고자 하여 [20]이 일을 생각할 때에 주의 사자가 현몽하여 이르되 다윗의 자손 요셉아 **네 아내 마리아** 데려오기를 무서워하지 말라 **그에게 잉태된 자는 성령으로 된 것이라.**" 마태복음 1:23 "보라 **처녀가 잉태하여 아들을 낳을 것이요** 그의 이름은 임마누엘이라 하리라 하셨으니 이를 번역한즉 하나님이 우리와 함께 계시다 함이라." 마태복음 13:55 "이는 그 목수의 아들이 아니냐 **그 어머니는 마리아,** 그 형제들은 야고보, 요셉, 시몬, 유다라 하지 않느냐." 마가복음 6:3 "**이 사람이 마리아의 아들 목수가** 아니냐 야고보와 요셉과 유다와 시몬의 형제가 아니냐 그 누이들이 우리와 함께 여기 있지 아니하냐 하고 예수를 배척한지라." 누가복음 1:27,34-35 "[27]다윗의 자손 요셉이라 하는 사람과 약혼한 처녀에게 이르니 **그 처녀의 이름은 마리아라…** [34]마리아가 천사에

---

105) 문병호, 『기독론』, 663.

게 말하되 나는 남자를 알지 못하니 어찌 이 일이 있으리이까? ³⁵천사가 대답하
여 이르되 **성령이 네게 임하시고** 지극히 높으신 이의 능력이 너를 덮으시리니
이러므로 나실 바 거룩한 이는 하나님의 아들이라 일컬어지리라." 갈라디아서
4:4 "때가 차매 하나님이 그 아들을 보내사 **여자에게서 나게 하시고** 율법 아래
에 나게 하신 것은."

신조들의 설명

위의 성경구절에 근거하여 웨스트민스터 소요리문답 제22문답과 웨스트민스
터 대요리문답 제37문답은 성자 하나님께서 하나님의 아들로서 사람이 되신 방
식에 대해서 다음과 같이 고백한다.

웨스트민스터 소요리문답

22문 : 그리스도께서는 하나님의 아들로서 어떻게 사람이 되셨습니까?

답 : 하나님의 아들이신 그리스도께서 사람이 되신 것은 참 몸a true body¹⁾과
지각 있는 영혼a reasonable soul을 취하사,²⁾ 성령의 능력power으로 동정녀
마리아의 태womb에서 잉태되어conceived 출생하심으로 된 것이니born of
her³⁾ 죄는 없으십니다.⁴⁾

1) 히 2:14,16; 10:5 2) 마 26:38 3) 눅 1:27,31,35,42; 갈 4:4 4) 히 4:15; 7:26

웨스트민스터 대요리문답

37문 : 그리스도께서는 하나님의 아들로서 어떻게 사람이 되셨습니까?

답 : 하나님의 아들이신 그리스도께서 사람이 되신 것은 참 몸a true body과 지
각 있는 영혼a reasonable soul을 취하사,¹⁾ 성령의 능력power으로 동정녀
마리아의 태womb에서 잉태되어conceived 그녀의 본질substance을 가지고
그녀에게서 출생하심으로 된 것이니born of her²⁾ 죄는 없으십니다.³⁾

1) 요 1:14; 마 26:38 2) 눅 1:27,31,35,42; 갈 4:4 3) 히 4:15; 7:26

사람이 되신 하나님

성자 하나님은 본질상 하나님이시다(빌 2:6). 그러므로 영원 전부터 존재하셨다(요 1:1-2). 그러나 하나님(神性)으로는 영원히 존재하셨지만, 사람(人性)으로는 어느 시점부터 존재하셨다. 선재하신 성자 하나님께서 어느 시점에 사람으로 이 세상에 나타나셨다.

이 일은 **성령으로 잉태되셨고, 동정녀 마리아에게서 나시는 일**을 통해서 시작되었다. 이러한 방식을 통한 출생을 '성육신'(成肉身, incarnation)이라고 한다.[106] 바꾸어 말하면, 성령으로 된 잉태와 동정녀를 통한 출생은 성육신의 수단이었다.

성자 하나님께서는 잉태와 출생을 통해 낮아지셨으니, 웨스트민스터 대요리문답 제47문답은 다음과 같이 고백한다.

웨스트민스터 대요리문답

47문 : 그리스도께서는 잉태conception와 출생birth에서 어떻게 자신을 낮추셨습니까?
how did Christ humble himself?

답 : 그리스도께서는 영원 전부터 아버지의 품속에 계신in the bosom of the Father 하나님의 아들이셨으나, 때가 차매 기꺼이 사람의 아들이 되셨고 낮은 지위의 여자에게서 잉태되어 나시고 일반적인 비천ordinary abasement보다 더 다양한 환경에 처하심으로 잉태와 출생에서 자신을 낮추셨습니다.[1]

---

1) 요 1:14,18; 갈 4:4; 눅 2:7

---

106) 성자 하나님께서 이 세상에 오신 것과 사람의 본성을 취하신 일을 강생(降生)이라고 한다.

성령으로 잉태되신 이유[107]

성자 하나님은 왜 성령으로 잉태되셨는가? 마리아의 남편인 요셉의 정자를 통해 잉태되셨으면 안 되었는가? 성자 하나님께서 성령을 통해 잉태되신 것은 다음과 같은 이유 때문에 필요했다.

첫째, 삼위일체를 보여주기 위해 필요했다. 삼위 하나님의 사역은 서로 긴밀하게 연결되어 있는데, 성자 하나님께서 성령 하나님으로 말미암아 잉태된 사건은 성부, 성자, 성령이 함께 사역하심을 잘 보여준다. 출생에서부터 성령에 의해 이루어진 성자 하나님의 사역은 이후에도 계속되는 사역 가운데 철저히 성령의 인도하심을 받으신 일과 연관된다. 성자 하나님은 성령 하나님으로 말미암아 잉태되실 뿐만 아니라(마 1:18-20; 눅 1:35), 성령으로 세례를 받으셨고(마 3:16; 막 1:9-10; 눅 3:21-22), 성령에 의해 사탄의 시험을 받으셨으며(마 4:1; 막 1:12; 눅 4:1), 성령에 의해 공생애를 시작하셨고(눅 4:14), 성령의 인도하심을 따라 사역하셨으며(마 12:28; 행 10:38), 성령의 능력으로 십자가에서 죽으셨고(히 9:14), 성령의 능력으로 다시 살아나셨으니(롬 1:4; 고전 15:45; 고후 3:6) 성자 하나님의 모든 사역은 철저히 성령 하나님에 의해서 이루어졌다.

둘째, 성자 하나님께서 죄가 없으신 사람으로 이 세상에 오시기 위해 필요했다. 성자 하나님은 죄가 없으시다. 그분의 생애 전체에서 아무런 죄가 없으셨다(히 4:15; 7:26; 벧전 2:22; 요일 3:5). 그런데 그의 출생조차 무죄해야 한다. 원죄를 물려받지 않아야 한다. 만약 성령으로 잉태되지 않으셨을 경우 원죄를 가지실 수 있다. 왜냐하면 이 세상의 모든 인간은 아담의 후손으로서 원죄를 갖고 태어나기 때문이다(시 51:5; 롬 5:14). 물론 원죄가 어떻게 유전되는지는 정확하게 알 수 없으나 남자와 여자의 관계 속에서 잉태되는 모든 사람은 죄를 갖고 태어나기 마련인데, 성자 하나님은 성령으로 말미암아 잉태되셨기 때문에 나면서부터도 죄가 없으신 분으로 이 세상에 오셨다. 성자 하나님은 죄책(Original guilt)과 오염(Original pollution)이 전달되지 않았으므로 중생이 필요 없으시고, 생애 가운데 죄를 짓지 않으셨으니 성화가 필요 없으시다.

---

107) 사도신경은 왜 이러한 탄생을 하셨는지를 직접적으로 언급하지 않지만, 니케아신경은 "우리 인생들과 우리의 구원을 위하여"라고 언급한다. 웨스트민스터 대요리문답은 제37문답에서 성령 잉태와 동정녀 마리아를 통한 탄생을 언급한 뒤에, 그 이유를 제38-40문답에서 다룬다.

셋째, 성자께서 참 하나님이심을 드러내기 위해 필요했다. 성자께서는 하나님이신데, 남자와 여자의 정상적인 관계 속에서 탄생하셨다면 하나님이라고 하기 어려울 수 있다. 그래서 하나님이신 성령에 의해 잉태되시는 일을 통해서 참 하나님이심을 드러내셨다.

동정녀에게서 나신 이유

동정녀에게서 나는 것은 성령으로 잉태되어야만 가능하다는 점에서 성령으로 잉태되신 것과 동정녀를 통한 출생은 분리될 수 없다. 남자를 알지 못하는 처녀의 몸에서 나는 것은 성령에 의한 잉태 외에는 방법이 없다.

하지만 성령으로 잉태되었기 때문에 반드시 동정녀의 몸에서 나야 하는 것은 아니다. 성령으로 잉태된 뒤에 동정녀가 아닌 여자의 몸에서 나는 것은 충분히 가능하다. 즉, 동정녀의 몸에서 태어나신 것은 성령으로 잉태되어야만 가능하지만, 성령으로 잉태되는 것은 동정녀의 몸에서만 가능한 것은 아니다.

그럼에도 불구하고 왜 성자 하나님은 성령으로 잉태되신 것만 아니라 그와 더불어 동정녀 마리아를 통해서 이 세상에 오셨는가? 성자 하나님께서 동정녀 마리아에게서 나신 것은 다음과 같은 이유 때문에 필요했다.

첫째, 구약의 예언이 성취되는 것을 보여주기 위해 필요했다. 이사야 7:14 "그러므로 주께서 친히 징조를 너희에게 주실 것이라 보라 처녀가 잉태하여 아들을 낳을 것이요 그의 이름을 임마누엘이라 하리라"의 예언이 성취된 것이다.

둘째, 불가능을 가능케 하시는 전능하신 하나님의 능력을 보여주기 위해 필요했다. 남자를 알지 못하는 여자가 어떻게 잉태할 수 있느냐고 물은 마리아에게 천사가 이렇게 대답한다. "대저 하나님의 모든 말씀을 능하지 못하심이 없느니라."(눅 1:37) 천사의 가르침에 잘 나타나 있듯이 동정녀에게서 나신 이유는 불가능을 가능케 하시는 하나님만이 우리를 구원하실 수 있는 초월적이신 분이심을 드러내기 위함이었다.[108] 동정녀를 통한 출생은 우리의 구원이 오직 하나님으로부터 말미암는다는 사실을 가르쳐준다.[109]

---

108) Macleod, 『그리스도의 위격』, 43.

109) Wayne Grudem, *Systematic Theology: An Introduction to Biblical Doctrine* (Grand Rapids: Zondervan, 1994), 노진준 옮김, 『조직신학(중)』(서울: 은성, 1997), 23.

신조들의 설명

벨기에 신앙고백서 제18조, 하이델베르크 요리문답 제35문답, 웨스트민스터 소요리문답 제22문답, 웨스트민스터 대요리문답 제37문답, 웨스트민스터 신앙고백서 제8장 제2절은 다음과 같이 가르친다.

벨기에 신앙고백서

제18조 하나님의 아들의 성육신
The Incarnation of the Son of God

그러므로 우리는 하나님께서 당신의 거룩한 선지자들의 입을 통하여 조상들에게 하신 그 약속을 성취fulfill하시기 위하여,[1] 당신께서 정하신 때에,[2] 당신의 독생하시고 영원한 아들을 세상에 보내셨으니, **그 아들은 종의 형체**the form of a servant **를 취하사 사람과 같은 모양**the likeness of men**으로 태어나셨음을 고백합니다**(빌 2:7). **그분은 진실로 모든 연약함**all its infirmities**을 가진 참된 사람의 본성**real human nature**을 취하셨으되,**[3] **죄는 없으십니다.**[4] 왜냐하면 그분은 사람의 행위the act of a man에 의한 것이 아닌 성령의 능력으로 말미암아 복된 동정녀 마리아의 모태에서 잉태되었기 때문입니다.[5] 그분은 인성을 입으심에 있어서 육체body에 대해서만 아니라 참된 사람의 영혼true human soul에 대해서도 인성을 취하심으로써, 참된 사람real man이 되셨습니다. 왜냐하면 사람이 육체를 잃었을 뿐만 아니라 영혼도 잃었기 때문에 둘 다 구원하시기 위해서 둘 다를 취하셔야만 했기 때문입니다.

그러므로, **그리스도께서 그의 어머니로부터 사람의 육체를 취하셨다는 사실을 부인하는 재세례파 이단에 반대하여,** 우리는 그리스도께서 자녀들의 혈육flesh and blood에 함께 속하셨음을 고백합니다(히 2:14). 그리스도께서는 다윗의 허리에서 나신 자요a fruit of the loins of David(행 2:30), 육신flesh으로는 다윗의 자손으로 나신 자며born of the seed of David(롬 1:3), 동정녀 마리아의 태의 열매요(눅 1:42), 여인에게서 나셨고(갈 4:4), 다윗의 가지시며(렘 33:15), 이새의 줄기에서 나신 싹이시요(사 11:1), 유다로 좇아 나셨고(히 7:14), 육신으로는 유대인의 자손이시며(롬 9:5), 성자께서는 아브라함의 후손들과 연관되시므로 아브라함의 씨입니다.[6] 그러므로 **그는 모든 면에 있어서 형제들과 같이 되셨으나 죄는 없으십니다**

(히 2:16-17; 4:15).

이와 같이 그분은 진실로 우리의 임마누엘Immanuel 곧 "하나님이 우리와 함께 계심"God with us이십니다(마 1:23).

1) 창 26:4; 삼하 7:12-16; 시 132:11; 눅 1:55; 행 13:23   2) 갈 4:4   3) 딤전 2:5; 3:16; 히 2:14   4) 고후 5:21; 히 7:26; 벧전 2:22   5) 마 1:18; 눅 1:35   6) 갈 3:16

하이델베르크 요리문답

35문 : "그분은 성령으로 잉태되셨고, 동정녀 마리아에게서 나셨으며"라는 말로 당신은 무엇을 고백합니까?

답 : 하나님의 영원한 아들은 참되고 영원한 하나님이시며 여전히 참되고 영원한 하나님으로서,[1] 성령의 사역(使役)으로[2] 동정녀 마리아의 살과 피로부터 참된 인성(人性)human nature을 취하셨습니다.[3] 그리하여 또한 다윗의 참된 자손이 되고[4] 모든 일에서 그의 형제들과 같이 되셨으나 죄는 없으십니다.[5]

1) 마 1:23; 3:17; 16:16; 17:5; 요 1:1; 10:30; 17:3,5; 20:28; 롬 1:3-4; 9:5; 빌 2:6; 골 1:15-16; 딛 2:13; 히 1:3; 요일 5:20   2) 마 1:18,20; 눅 1:35   3) 눅 1:31,42-43; 요 1:14; 갈 4:4   4) 삼하 7:12; 시 132:11; 마 1:1; 눅 1:32; 행 2:30-31; 롬 1:3   5) 빌 2:7; 히 2:14,17; 4:15; 7:26-27

웨스트민스터 소요리문답

22문 : 그리스도께서는 하나님의 아들로서 어떻게 사람이 되셨습니까?

답 : 하나님의 아들이신 그리스도께서 사람이 되신 것은 참 몸a true body[1]과 지각 있는 영혼a reasonable soul을 취하사,[2] 성령의 능력power으로 동정녀 마리아의 태womb에서 잉태되어conceived 출생하심으로 된 것이니born of her[3] 죄는 없으십니다.[4]

1) 히 2:14,16; 10:5   2) 마 26:38   3) 눅 1:27,31,35,42; 갈 4:4   4) 히 4:15; 7:26

웨스트민스터 대요리문답

37문 : 그리스도께서는 하나님의 아들로서 어떻게 사람이 되셨습니까?

　답 : 하나님의 아들이신 그리스도께서 사람이 되신 것은 참 몸a true body과 지
　　　각 있는 영혼a reasonable soul을 취하사,[1] 성령의 능력power으로 동정녀
　　　마리아의 태womb에서 잉태되어conceived 그녀의 본질substance을 가지고
　　　그녀에게서 출생하심으로 된 것이니born of her[2] 죄는 없으십니다.[3]

1) 요 1:14; 마 26:38　2) 눅 1:27,31,35,42; 갈 4:4　3) 히 4:15; 7:26

웨스트민스터 신앙고백서
제8장 중보자 그리스도에 관하여
Of Christ the Mediator

2. 하나님의 아들, 삼위일체 중 제2위께서는 참되시고 영원하신 하나님이시며
성부와 동일한 본질substance이시고 동등하신데, 때가 차매 인성man's nature[10]
을 취하셨으니 사람의 모든 본질적인 속성essential properties과 공통적인 연약
성common infirmities을 받으셨으나 죄는 없으시다.[11] 이분은 성령의 능력으로
잉태되셨고, 동정녀 마리아의 태에서 그녀의 본질을 취하셨다.[12] 그리하여 전
체적이고 완전하고 구별된 두 본성two whole, perfect, and distinct natures, 신성과
인성이 나누어지지 않고inseparably, 변화conversion와 혼합composition과 혼동
confusion 없이 하나의 위격 안에 결합되었다joined together in one person.[13] 이
위격은 참 하나님이시면서 참 사람으로서 한 분 그리스도이시며 하나님과 사
람 사이의 유일한 중보자the only Mediator이시다.[14]

10) 요 1:1,14; 요일 5:20; 빌 2:6; 갈 4:4　11) 히 2:14,16-17; 4:15　12) 눅 1:27,31,35; 갈 4:4　13) 눅 1:35; 골 2:9;
롬 9:5; 벧전 3:18; 딤전 3:16　14) 롬 1:3-4; 딤전 2:5

성자의 무죄성과 동정녀를 통한 출생의 관련성

성자 하나님은 참 사람으로 태어나셨으나 죄는 없으시다(히 4:15). 그런데 왜 성자 하나님께 죄가 없는가? 성자 하나님께서 동정녀에게서 태어나신 것이 성자 하나님의 무죄를 위해서라고 생각하는 사람들이 있는데, 그러한 생각은 잘못되었다. 왜냐하면 그렇게 될 경우 "동정녀(처녀)는 죄가 없다"는 잘못된 논리로 이어지기 때문이다. 만약 성자 하나님께서 성령으로 잉태되셔서 처녀가 아닌 이미 여러 번의 성 경험이 있는 마리아나 다른 여자에게서 나셨다고 해도 성자 하나님은 죄가 없으시다. 성자 하나님께서 죄가 없으신 이유는 동정녀를 통해 출생하셨기 때문과는 무관하다.

성자 하나님의 무죄성(sinlessness)을 마리아의 처녀성에 연관 짓게 될 경우 마리아의 무죄 잉태설, 평생 무죄설, 평생 처녀설 등과 같은 오류에 빠지게 된다.

성자 하나님의 무죄성이 어떻게 가능했느냐 하는 것은 남자(아버지)의 문제는 성령으로 잉태되신 것 때문이라고 볼 수 있으나 여자(어머니)의 문제는 이해하기 어렵다. 마리아의 살과 피를 받으신 성자 하나님의 인성이 연약성(infirmities)과 무죄성을 함께 가지셨다는 것(히 4:15; BC 제18조; WCF 제8장 제2절)은 신비로운 일이다.

성령을 통한 잉태와 동정녀를 통한 출생이 주는 유익

성자 하나님께서 성령으로 잉태되셨고, 동정녀 마리아에게서 나신 것은 우리에게 어떤 유익을 주는가? 하이델베르크 요리문답 제36문답은 다음과 같이 가르친다.

하이델베르크 요리문답

36문 : 그리스도의 거룩한 잉태conception와 출생birth은 당신에게 어떤 유익을 줍니까?

답 : 그리스도는 우리의 중보자이시므로[6] 잉태되고 출생할 때부터 가지고 있는 나의 죄를 그의 순결함과 온전한 거룩함으로 하나님 앞에서 가려 줍니다.[7]

---

6) 딤전 2:5-6; 히 9:13-15   7) 시 32:1; 사 53:11; 롬 8:3-4; 고전 1:30-31; 갈 4:4-5; 벧전 1:18-19; 3:18

(2) 참 하나님과 참 사람이 되신 성자 하나님

참 하나님과 참 사람

성령으로 잉태되신 것과 동정녀를 통해 출생하신 것은 참 하나님(*Vere Deus*)과 참 사람(*Vere Homo*)이신 성자 하나님의 두 본성을 보여준다. 성자 하나님은 신성(神性)만 갖고 계셨다. 그런데 성령으로 잉태되신 것과 동정녀를 통해 출생하신 것을 통해 인성(人性)을 취하셨다. 성령의 능력으로 말미암아 동정녀의 몸에 잉태가 가능하게 되었고 죄의 본성이 옮겨지지 않게 되었으며, 여자의 몸에서 나신 것(갈 4:4)으로 인하여 사람의 본성을 취하실 수 있었다. 그 이후로 성자 하나님은 하나의 위격(person)에 2개의 구별되는 본성인 신성(Divine nature)과 인성(Human nature)을 갖고 계신다.

이와 관련하여 하이델베르크 요리문답 제35문답, 웨스트민스터 소요리문답 제21문답, 웨스트민스터 대요리문답 제36문답, 벨기에 신앙고백서 제19조를 참고할 수 있다.

하이델베르크 요리문답

35문 : "그분은 성령으로 잉태되셨고, 동정녀 마리아에게서 나셨으며"라는 말로 당신은 무엇을 고백합니까?

답 : 하나님의 영원한 아들은 **참되고 영원한 하나님**이시며 여전히 **참되고 영원한 하나님**으로서,[1] 성령의 사역(使役)으로[2] 동정녀 마리아의 살과 피로부터 **참된 인성(人性)**human nature을 취하셨습니다.[3] 그리하여 또한 다윗의 참된 자손이 되고[4] 모든 일에서 그의 형제들과 같이 되셨으나 죄는 없으십니다.[5]

---

1) 마 1:23; 3:17; 16:16; 17:5; 요 1:1; 10:30; 17:3,5; 20:28; 롬 1:3-4; 9:5; 빌 2:6; 골 1:15-16; 딛 2:13; 히 1:3; 요일 5:20   2) 마 1:18,20; 눅 1:35   3) 눅 1:31,42-43; 요 1:14; 갈 4:4   4) 삼하 7:12; 시 132:11; 마 1:1; 눅 1:32; 행 2:30-31; 롬 1:3   5) 빌 2:7; 히 2:14,17; 4:15; 7:26-27

웨스트민스터 소요리문답

21문 : 하나님께서 선택하신 자들의 구속자Redeemer는 누구이십니까?

답 : 하나님께서 선택하신 자들의 유일한 구속자는 주 예수 그리스도이시니,[1] 그분은 하나님의 영원하신 아들로서 사람이 되셨으며[2] 그 후로 계속 **하나의 위격**one person**에 구별되는 두 본성**two distinct natures**이 있어 하나님** God**이시요 사람**man**이시니**, 영원토록 그러하십니다.[3]

1) 딤전 2:5-6 2) 요 1:14; 갈 4:4 3) 롬 9:5; 눅 1:35; 골 2:9; 히 7:24-25

웨스트민스터 대요리문답

36문 : 은혜언약의 중보자the Mediator는 누구입니까?

답 : 은혜언약의 유일한 중보자the only Mediator는 주 예수 그리스도시니,[1] 그분은 하나님의 영원하신 아들이시고, 성부와 하나의 본질이요of one substance 동등하시며equal,[2] 때가 차매 사람이 되셨고,[3] 과거와 영원토록 계속해서 **하나님**God**이시요 사람**man**이시니, 완전히 구별되는 두 본성**two entire distinct natures**을 가지신 하나의 위격**one person**이십니다.[4]

1) 딤전 2:5 2) 요 1:1,14; 10:30; 빌 2:6 3) 갈 4:4 4) 눅 1:35; 롬 9:5; 골 2:9; 히 7:24-25

벨기에 신앙고백서
제19조 그리스도의 한 위격 안에 있는 두 본성
The Two Natures in the One Person of Christ

우리는 **이 잉태**conception**로 말미암아** 하나님의 아들의 위격the person of the Son of God이 인성the human nature과 분리되지 않고inseparably 연합되어united 있으며 연결되어서joined,[1] **하나님의 두 아들이 있는 것도 아니고, 두 위격이 있는 것도 아니며, 오직 두 본성이 하나의 위격**one single person **안에 연합되어 있음을 믿습**

니다. 각각의 본성은 그 자체의 **구별된 속성**distinct properties을 갖고 있습니다. 즉 **그분의 신성**divine nature은 항상 창조되지 아니하며, 시작한 날도 없고 생명의 끝도 없이(히 7:3), 하늘과 땅에 충만하십니다.[2] **그분의 인성**human nature은 그 자체의 속성을 상실하지 않으시는데, 시작된 날이 있고 창조되었으며 유한하시고 참된 육체의 모든 속성들을 다 갖고 계십니다.[3] 비록 그의 부활로 인하여 당신의 인성에 **불멸성**immortality을 부여 받으셨을지라도, 그분은 인성의 실체reality를 바꾸지 않으셨습니다.[4] 왜냐하면 우리의 구원과 부활이 또한 그분의 몸의 실체에 달려있기 때문입니다.[5]

그러나 **이 두 본성은 하나의 위격에 밀접하게 연합되어 있어서 두 본성은 그의 죽음에 의해서도 분리되지 않습니다.** 그러므로 그분께서 죽으실 때 당신의 아버지의 손에 의탁하신 것은 그분의 육체로부터 떠난departed 참된 사람의 영a real human spirit이었습니다.[6] 한편 **그분의 신성은 항상 그분의 인성과 연합되어 있었으며, 심지어 무덤에 계시는 동안에도 그분의 신성은 인성과 연합되어 있었습니다.**[7] 그리고 비록 신성 그 자체가 잠시 동안 드러나지manifest 않았을 뿐, 그분이 어린아이일 때에도 그분 안에 신성이 있었던 것처럼 신성은 그분 안에 언제나 남아있었습니다.

그러므로 위와 같은 이유에서 **우리는 그가 참된 하나님**true God**이시며 동시에 참된 사람**true man**이심을 고백합니다.** 곧 **참된 하나님으로서** 그분은 당신의 능력으로 사망을 정복하셨으며, **참된 사람으로서** 그분은 당신의 육체의 연약함infirmity에 따라 우리를 위하여 죽으셨습니다.

---

1) 요 1:14; 10:30; 롬 9:5; 빌 2:6-7   2) 마 28:20   3) 딤전 2:5   4) 마 26:11; 눅 24:39; 요 20:25; 행 1:3,11; 3:21; 히 2:9   5) 고전 15:21; 빌 3:21   6) 마 27:50   7) 롬 1:4

하나님이시면서 동시에 사람이셔야 하는 이유

성자 하나님은 성령으로 잉태되셨고, 동정녀에게서 나심으로 참 하나님과 참 사람의 본성을 하나의 위격에 갖게 되었다. 그렇다면 성자 하나님은 왜 하나님이시면서 또한 동시에 사람이셔야 했는가? 왜 신성과 인성이 한 위격 안에 있어야 했는가?

그 이유는 하이델베르크 요리문답 제16-17문답, 웨스트민스터 대요리문답 제

38-40문답에 잘 나와 있다.

하이델베르크 요리문답

17문 : 중보자는 왜 동시에 참 하나님이셔야 합니까?

답 : 그의 신성(神性)divinity의 능력으로,[3] 하나님의 진노의 짐을[4] 그의 인성(人性)humanity에 짊어지시며,[5] 또한 의와 생명을 획득하여earn 우리에게 돌려주시기restore 위함입니다.[6]

---

3) 사 9:6; 롬 1:4; 히 1:3   4) 신 4:24; 시 130:3; 나 1:6   5) 사 53:4,11; 요 10:17-18   6) 사 53:5,11; 54:8; 요 3:16; 행 20:28; 고후 5:21; 벧전 3:18

웨스트민스터 대요리문답

38문 : 중보자가 하나님이셔야만 하는 것은 왜 필수적이었습니까requisite?

답 : 중보자가 하나님이셔야만 하는 것이 필수적이었던 것은, 하나님의 무한하신 진노와 죽음의 권세 아래에 빠지는 것sinking으로부터 인성the human nature을 유지하시고 지키시고sustain and keep,[1] 그분의 고난과 순종과 중보를 가치 있고 효력 있게 하시고give worth and efficacy,[2] 하나님의 공의를 만족시키시고to satisfy,[3] 하나님의 은총을 얻으시고procure his favor,[4] 특별한 백성을 사시고purchase a peculiar people,[5] 그분의 성령을 그들에게 주시고,[6] 그들의 모든 원수를 정복하시고,[7] 그들을 영원한 구원에 이르게 하셔야 했기 때문입니다.[8]

---

1) 행 2:24-25; 롬 1:4; 4:25; 히 9:14   2) 행 20:28; 히 9:14; 7:25-28   3) 롬 3:24-26   4) 엡 1:6; 마 3:17   5) 딛 2:13-14   6) 갈 4:6   7) 눅 1:68-69,71,74   8) 히 5:8-9; 9:11-15

하이델베르크 요리문답

16문 : 중보자는 왜 참 인간이고 의로운 분이셔야 합니까?

  답 : 하나님의 의는 죄지은 인간이 죗값 치르기를 요구하나,[1] 누구든지 죄인인 사람으로서는 다른 사람을 위해 값을 치를 수 없기 때문입니다.[2]

---

1) 사 53:3-5; 렘 33:15; 겔 18:4,20; 롬 5:12,15; 고전 15:21; 히 2:14-16 2) 시 49:7-8; 히 7:26-27; 벧전 3:18

웨스트민스터 대요리문답

39문 : 중보자가 사람이셔야만 하는 것은 왜 필수적이었습니까requisite?

  답 : 중보자가 사람이셔야만 하는 것이 필수적이었던 것은, 그분이 우리의 본성nature을 향상시키시고,[1] 율법에 순종하시고,[2] 우리의 본성 안에서 우리를 위하여 고난을 받으시고 중보하시며,[3] 우리의 연약함을 동정하셔야 했기 때문입니다.[4] 그리하여 우리가 양자됨the adoption of sons을 얻게 되고[5] 위로를 받으며, 은혜의 보좌로 담대히 나아갈 수 있게 되었습니다.[6]

---

1) 히 2:16 2) 갈 4:4 3) 히 2:14; 7:24-25 4) 히 4:15 5) 갈 4:5 6) 히 4:16

40문 : 중보자가 하나의 위격 안에서in one person 하나님과 사람이셔야만 하는 것은 왜 필수적이었습니까?

  답 : 하나님과 사람 사이를 화목하게reconcile 할 중보자가 하나의 위격 안에서 하나님과 사람이셔야만 하는 것이 필수적이었던 것은 각 본성의 고유한 사역the proper works은 온전한 인격의 사역으로서as the works of the whole person 우리를 위하여 하나님께 받으신 바가 되어야 하고,[1] 또한 우리가 의지하는 바가 되어야 했기 때문입니다.[2]

---

1) 마 1:21,23; 3:17; 히 9:14 2) 벧전 2:6

같은 표현, 다른 고백: 재세례파와 로마가톨릭

사도신경을 바르게 고백하는 자들과 마찬가지로 "동정녀 마리아에게서 나셨다"고 표현하지만, 그 의미는 전혀 다르게 생각하는 이들이 있다. 재세례파와 로마가톨릭이다.

재세례파는 성자 하나님께서 마리아의 몸에서 나오기만 하신 것이지 마리아로부터 인성을 취하지 않으셨다고 본다. 성자 하나님께서 마리아의 몸에서 살과 피를 취하신 것이 아니라 마리아의 몸을 단순한 '출생 경로'로 사용하신 것으로 본다.

그러나 재세례파의 고백은 바람직하지 않다(BC 제18조). 성자 하나님은 마리아의 자궁만 빌리신 것이 아니라 마리아의 살과 피로부터 참된 인성을 취하셨다(HC 제35문답; WCF 제8장 제2절). 마리아가 단순히 '출생 경로'로만 사용된 것은 아니다.

로마가톨릭은 재세례파의 주장과 정반대로 동정녀 마리아를 통한 출생에 지나친 의미를 부여한다. 성자 하나님의 출생에 마리아가 결정적인 역할을 한 것으로 그 공로를 돌린다. 마리아를 그리스도가 세상에 오신 일에 협력자로 여긴다. 그래서 마리아를 '하느님의 어머니'라고 해서 '성모'(聖母)라고 부르며, 마리아의 '무죄 잉태설'(Conception without Original Sin),[110] '평생 무죄설'(No any personal sin),[111] '평생 처녀설'(Perpetual Virginity),[112] '마리아 승천설'(Assumption of Mary to Heaven),[113] '하늘의 여왕'(Queen of Heaven),[114]

---

110) 토마스 아퀴나스(Thomas Aquinas, 1225-1274)에게서부터 시작된 주장이다. 그 이후 1854년 12월 8일 교황 비오 9세(Pope Pius IX)는 온 세계의 모든 감독들과 상의한 후에 '마리아의 원죄 없는 잉태설'을 선포하였다. 그때까지 마리아의 무죄설을 엄격히 확정하지는 않았었다. 이 주장은 *Catechism of the Catholic Church*, para. 491, 492, 493, 508, 966에 잘 나타나 있다.

111) *Catechism of the Catholic Church*, para. 411, 493, 508와 제2차 바티칸 공의회 교회헌장 제56조에 잘 나타나 있다.

112) 그렇다면, 마리아가 낳은 예수님의 다른 형제들은 어떻게 되는가? 가톨릭교회교리서 (*Catechism of the Catholic Church*) 제500조는 다음과 같이 말한다. "성경이 예수님의 형제자매에 대해 가끔 언급하고 있다는 점을 들어 마리아의 평생 동정 사실을 반박하는 사람들이 있다(막 3:31-35; 6:3; 고전 9:5; 갈 1:19). 교회는 항상 이 대목들이 동정 마리아의 다른 자녀들을 가리키는 것이 아니라고 이해해 왔다. 사실 "예수님의 형제들"(마 13:55)인 야고보와 요셉은 "다른 마리아"(마 29:1)라고 명시된 예수님의 제자 마리아의 아들들이다(마 27:56). 구약 성경의 표현 방식대로, 여기서 형제라는 말은 예수님의 가까운 친척을 일컫는 말이다(창 13:8; 14:16; 29:15)."

'마리아 보호설'(Mary's Protection of Believers),[115] '마리아 성현 숭배' 등을 주장한다.

마리아에 대한 그들의 강조는 4세기 이후 시작되었고, 1850년 이래로 공식적 입장이 되었다.[116] 1950년 제261대 교황 비오 12세는 소위 '가설 교리'(Dogma of Assumption)를 정의하였는데, '가설 교리'란 마리아는 예수님처럼 죄가 없고, 부패에서 보존되었으며, 부활하고, 승천하였으며, 하늘의 여왕, 중보자로서의 마리아를 예수님과 같은 반열에 올려놓아야 한다는 것이다.

이렇게 마리아를 강조하다 보니, 한국 천주교회가 번역한 사도신경은 **"성령으로 인하여 동정 마리아께 잉태되어 나시고"**라고 번역하여 성령보다 마리아를 더 강조하는 듯하고, 이 부분에 밑줄이 그어져 있어서 사도신경을 암송하는 중에 이 구절을 읽을 때에는 고개를 깊이 숙이도록 하고 있다.

그러나 마리아는 경배의 대상이 아니다. 마리아도 그저 은혜를 입은 자에 불과하다. 천사는 마리아에게 나타나 "은혜를 받은 자여 평안할지어다. 주께서 너

그러나 마태복음 1:25에 보면 "아들을 낳기까지 동침치 아니하더라"라고 되어 있는데 이 말은 성령의 잉태로 아기 예수님을 낳은 이후에는 동침하였음을 암시한다. 그리고 마태복음 13:56에 의하면 예수님은 야고보, 요셉, 시몬, 유다 등 4형제들뿐만 아니라 여동생들도 있었다. 조영엽, 『가톨릭 교회 교리서 비평』(서울: CLC, 2010), 46.

113) 제248대 교황 베네딕토 14세(Benedict XV, 1740 즉위–1758 서거)가 처음으로 마리아의 승천을 제의하였다. "마리아가 죽은 후 그녀의 시체는 무덤에 안치되었다. 그러나 그녀의 시체는 이 땅에서 썩지 않고 대신에 그녀의 아들 예수 그리스도께서 그녀의 육체와 영혼을 천국으로 데려갔다"고 한다. 로마가톨릭은 8월 15일을 마리아가 승천한 날로 가정하고 그날에 미사를 드린다. 가톨릭교회교리서(Catechism of the Catholic Church) 제966조와 제2차 바티칸 공의회 교회헌장 제59항에 잘 나타나 있다. 그러나 마리아의 승천이란 역사적 사실도 아니요, 성경에 전혀 언급되어 있지 않는 것으로 허위이다.

114) 마리아는 승천한 후 하늘의 여왕으로 앉아 있다고 주장한다.

115) 제2차 바티칸 공의회 교회헌장 제66항에는 "…신자들은 온갖 위험과 곤경 속에서 그분의 보호 아래로 달려 들어가 도움을 간청한다…"라고 말하고 있다. 그러나 모든 위험과 환란과 시험으로부터 우리를 보호하시는 분은 전능하시고 은혜로우신 하나님이시다.

116) 마리아에 대해 이와 같이 공식적인 가르침이 쇄도하게 된 것은 1854년에 마리아의 무염 시태설(無染始胎說, Immaculate Conception)을 선포하면서부터였다. 예수 그리스도가 원죄 없이 나신 것처럼 마리아도 죄 없이 출생한 것으로 믿어야 할 의무가 부과되었다. 이것의 잠정적인 결말은 1950년에 마리아 육체 승천설을 선언한 것이다. 예수 그리스도가 하늘로 올리우신 것같이 마리아가 죽지 않고 승천했음을 믿어야 할 의무가 부과되었다. 제2차 바티칸 공의회(1961–1965)에서는 이렇게 발전되어 온 마리아 숭배론에 별달리 새로운 조항을 덧붙이지 않았다.

와 함께 하시도다."(눅 1:28)라고 하였다. 마리아에게는 아무런 공로가 없다. 다만 그도 하나님의 역사 중 일부에 포함되는 은혜를 입었을 뿐이다.

지금까지 살펴본 것처럼, 재세례파나 로마 가톨릭교회가 개신교회와 동일하게 "동정녀 마리아에게서 나셨다"라고 고백한다고 해도 그 표현만 같을 뿐 실질적인 고백은 완전히 다르다. 이와 같은 사실은 사도신경을 고백한다는 것의 진정한 의미가 무엇인지를 생각하게 한다. 사도신경의 의미를 분명히 알고 고백해야 한다. 외적인 표현만 같아서는 안 되고, 고백의 내용이 같아야 한다.

이 고백을 할 때 가져야 할 마음

"성령으로 잉태되셨고, 동정녀 마리아에게서 나셨으며"라는 성자 하나님의 독특하고도 신비로운 출생에 대해 고백할 때는 성자 하나님께서 사람이 이해하기 어려운 신비로운 방식으로 이 세상에 오셨음을 기억하고, 그럼에도 불구하고 죄가 없으신 것을 제외하고는 사람과 동일한 몸과 영혼을 가지신 분으로 이 세상에 오셨음을 기억해야 한다. 더 나아가 우리를 구원하시기 위하여 이러한 방식으로 출생하셔서 '성육신' 하신 성자 하나님은 하나의 위격 안에 참 하나님과 참 사람의 두 본성을 갖고 계심을 기억해야 한다.

4문장 | 본디오 빌라도 치하에서 고난을 받으셨고, 십자가에 못 박히셨고, 죽으셨고, 장사되셨고, 음부에 내려가셨다

‒ 성자 하나님: 고난, 십자가, 죽음, 장사, 음부강하

관련 신조

하이델베르크 요리문답 제37‒44문답

웨스트민스터 소요리문답 제27문답

웨스트민스터 대요리문답 제46, 48‒50, 85문답

웨스트민스터 신앙고백서 제8장 제4절

도르트 신조 둘째 교리 제2‒4항

번역 문제

옛 번역: 본디오 빌라도에게 고난을 받으사, 십자가에 못 박혀 죽으시고, 장사한 지

새 번역: 본디오 빌라도에게 고난을 받아 십자가에 못 박혀 죽으시고, 장사된 지

저자 번역: 본디오 빌라도(의) 치하(아래)에서 고난을 받으셨고(고난 당하셨고), 십자가에 못 박히셨고(달리셨고), 죽으셨고(돌아가셨고), 장사되셨고, 음부에 내려가셨고,

번역 설명: ① 옛 번역과 새 번역은 "본디오 빌라도에게 고난을 받아(받으사)"라고 해서 성자 하나님께 고난을 가한 유일한 주체가 본디오 빌라도인 것으로 오해하게 되어 있다. 그러나 성경을 보면 빌라도는 고난의 유일하고 중요한 주체는 아니었다. 옛 번역과 새 번역은 잘못된 번역이다. "본디오 빌라도(의) 치하 (아래)에서"라고 해야 된다. 좀 더 자세한 내용은 아래에서 다룰 것이다. ② 고난 (苦難)은 괴로움과 어려움이라는 뜻의 한자어지만, 풀어쓰는 것보다 한자어 표현이 나으므로 그냥 두었다. ③ "고난을 받으셨고"와 "고난 당하셨고" 둘 다 가능

하지만 옛 번역과 새 번역에 따라 "고난을 받으셨고"라고 했다. ④ 라틴어 원문의 *crucifixus*와 영어 번역의 was crucified는 "십자가에 못 박히셨다"로도 번역할 수 있고, "십자가에 달리다"로도 번역할 수 있다. 옛 번역과 새 번역과 개역개정성경의 번역을 따라 "십자가에 못 박히셨고"라고 번역했다.[117] ⑤ 옛 번역과 새 번역은 "십자가에 못 박히신 일"과 "죽으신 일"을 하나로 묶어서 표현한다. 그러나 라틴어 원문에 의하면 "십자가에 못 박히셨고, 죽으셨고"(*crucifixus, mortuus*)로 나눠서 표현한다. 영어 번역도 마찬가지다(was crucified, dead). 그래서 "십자가에 못 박히셨고, 죽으셨고"로 나누었다.[118] ⑥ 옛 번역과 새 번역의 "못 박혀 죽으시고 장사한 지"라는 번역은 과거형을 잘 드러내지 못하므로 "못 박히셨고, 죽으셨고, 장사되셨고"라고 했다. ⑦ "죽으셨고"는 "돌아가셨고"라고도 할 수 있다.[119] ⑧ 장사(葬事)는 한자어로 길게 풀어 쓰면 "죽은 사람을 땅에 묻거나 화장(火葬)하는 일"이라는 뜻인데, 한국천주교회가 번역한 것처럼 "묻히셨고"라고 할 수도 있겠으나, "장사"라는 말이 의미를 더 잘 드러내기에 "장사되셨고"로 했다. ⑨ 옛 번역은 "장사한 지"라고 했는데, 장사는 성자 하나님께서 하신 것이 아니라 되신 것이므로 새 번역처럼 "장사된 지"가 바람직하며, 새 번역은 "음부에 내려가셨고"가 없기에 "장사된 지"라고 했지만, 원문에 "음부에 내려가셨으며"가 있으므로 뒤에 나오는 문장을 고려하여 "장사되셨고"라고 했다. ⑩ 옛 번역과 새 번역은 "음부에 내려가셨고"라는 부분을 생략했는데, 포함시키는 것이 바람직하다. 이에 대한 자세한 내용은 아래에서 다룰 것이다.

(1) 성자 하나님의 고난 받으심

"본디오 빌라도 치하에서 고난을 받으셨고"는 성자 하나님의 고난 받으심에 대한 고백이다. 성자 하나님께서는 이 세상에 오셔서 고난 받으셨다. 이 세상에서 경험하신 많은 일들이 고난이지만, 특히 본디오 빌라도 치하에서 고난을 받

---

117) 대한예수교장로회 고신 총회 헌법(2011년판)에 실린 부록은 유해무의 번역을 따라 "달리시고"라고 번역했으며, 한국천주교회는 "못 박혀"라고 번역했고, 독립개신교회는 "못 박히시고"라고 번역했다.

118) 대한예수교장로회 고신 총회 헌법(2011년판)에 실린 부록은 유해무의 번역을 따라 둘을 나눠서 "십자가에 달리시고, 죽으시고"라고 번역했다.

119) 한국천주교회는 "돌아가시고"라고 번역했다.

으셨다. 사도신경은 예수님의 생애 가운데 상당 부분은 생략하고 핵심적인 '고난'을 언급한다.

사람이시기에 경험하신 모든 일들

성자 하나님은 이 땅에 오실 때에 마리아의 몸을 통해 오심으로 인성을 취하셨다. 그 결과 사람과 동일한 육체를 가지셨기에(눅 2:7,40,52; 24:39),[120] 목이 마르기도 하셨고(요 4:6 19:28), 주리기도 하셨고(마 4:2), 식사도 하셨고(마 9:10-11; 26:7; 막 2:16; 14:3; 눅 11:38) 피곤하기도 하셨고, 불쌍히 여기시고 긍휼히 여기셨으며 울기도 하셨다(요 11:35; 12:27; 13:21). 그 외에 다양한 감정을 나타내셨다(마 8:10; 요 11:35; 히 5:7).

사람으로 오신 성자 하나님은 30년간의 사생애와 3년간의 공생애를 보내셨는데, 세례를 받으심으로 시작된 3년간의 공생애 중에는 사탄의 유혹을 받으셨고, 물을 포도주로 변화시키신 것을 비롯해 수많은 기적을 행하셨고, 예루살렘 성전을 청결케 하셨고, 가르치시고, 귀신을 쫓으셨고, 베드로의 장모를 비롯해 나병환자, 중풍병자 등 많은 사람을 고치셨고, 죽은 나사로를 살리셨고, 하나님 나라를 전파하셨고, 바리새인과 논쟁을 벌이셨다.

하나님이신 성자께서 사람으로서 이 세상에서 행하신 많은 일들은 자신을 낮추신 일이었으니, 웨스트민스터 대요리문답 제48문답은 다음과 같이 고백한다.

웨스트민스터 대요리문답

48문 : 그리스도께서는 자기의 생애life에서 어떻게 자신을 낮추셨습니까?

　답 : 그리스도께서는 자기의 생애에서 자신을 낮추셨으니, 율법에 스스로 복종하시고[1] 율법을 완전히 성취하심으로 하셨고,[2] 세상의 모욕들indignities과[3] 사탄의 유혹들temptations과[4] 인성the nature of man에 공통된 것들이나 특히 자기의 비천한 형편low condition에 수반되는 자기 육체의 연약함들

---

120) 예수의 지혜와 키가 자랐다는 설명은 인간 성장의 정상적인 법칙을 따라 성장하신 사실을 암시한다. Donald Guthrie, *New Testament Theology* (Leicester: IVP, 1981), 정원태, 김근수 옮김, 『신약신학』(서울: CLC, 1988), 247.

infirmities과 싸우심으로 하셨습니다.[5]

———————
1) 갈 4:4   2) 마 5:17; 롬 5:19   3) 시 22:6; 히 12:2-3   4) 마 4:1-13; 눅 4:13   5) 히 2:17-18; 4:15; 사 52:13-14

생애 전체가 고난

성자 하나님께서 이 땅에서 행하신 많은 사역들이 있지만, 사도신경은 그 가운데 고난을 고백한다. 사도신경은 성경의 모든 이야기를 다루는 것이 아니라 성경의 핵심적인 이야기만 다루기에 그렇다. 성자 하나님의 생애 가운데 여러 일들이 있었지만 그 모든 일을 한마디로 요약한다면 '고난'이다.

성자 하나님은 십자가에서만 고난 당하신 것이 아니라 생애의 시작부터가 고난이었다. 그분의 삶 가운데 고난이 아닌 부분이 하나도 없었다. 하늘에 계셔야 할 분께서 이 세상에 오셔서 종의 형체를 가지사 사람과 같이 되셨으니(빌 2:7) 무한하고 크신 그리스도께서 유한하고 작은 인간의 몸을 입고 사시는 것 자체가 고난이었고, 구유에 누이신 그 순간부터 이미 고난 당하셨다. 태어난 직후에도 고난을 받으셨으니, 분봉왕 헤롯이 두 살 이하의 아이를 모두 죽이라고 명령하여 죽음의 위협을 피해 육체적 부모의 품에 안겨서 멀리 애굽으로 도망을 가셔야 했다(마 2:13-16). 또한 공생애의 시작에서 사탄으로부터 고난(유혹)을 당하셨다(마 4:1). 나아가 거룩하신 하나님께서 이 세상의 더럽고 추한 모습을 보시는 것, 죄악 되고 오염된 환경 속에서 날마다 죄인들과 교제하는 것 자체가 그분에게는 고난이었다.[121]

그분의 생애 전체가 고난이었음에 대해서는 하이델베르크 요리문답 제37문답도 고백하고 있다.

———————
121) Berkhof, *Systematic Theology*, 336-337.

근거 성경구절

성자 하나님의 고난에 대한 근거구절은 다음과 같다. 이사야 53:4-5 "⁴그는 실로 우리의 질고를 지고 우리의 슬픔을 당하였거늘 우리는 생각하기를 **그는 징벌을 받아 하나님께 맞으며 고난을 당한다 하였노라.** ⁵그가 찔림은 우리의 허물 때문이요 그가 상함은 우리의 죄악 때문이라 그가 징계를 받으므로 우리는 평화를 누리고 그가 채찍에 맞으므로 우리는 나음을 받았도다." 마태복음 16:21 "이때로부터 예수 그리스도께서 자기가 예루살렘에 올라가 장로들과 대제사장들과 서기관들에게 많은 **고난을 받고** 죽임을 당하고 제 삼 일에 살아나야 할 것을 제자들에게 비로소 나타내시니." 마태복음 17:12 "내가 너희에게 말하노니 엘리야가 이미 왔으되 사람들이 알지 못하고 임의로 대우하였도다 인자도 이와 같이 그들에게 **고난을 받으리라** 하시니." 마가복음 8:31 "인자가 많은 **고난을 받고** 장로들과 대제사장들과 서기관들에게 버린바 되어 죽임을 당하고 사흘 만에 살아나야 할 것을 비로소 그들에게 가르치시되." 마가복음 9:12 "이르시되 엘리야가 과연 먼저 와서 모든 것을 회복하거니와 어찌 인자에 대하여 기록하기를 많은 **고난을 받고** 멸시를 당하리라 하였느냐." 누가복음 9:22 "이르시되 인자가 많은 **고난을 받고** 장로들과 대제사장들과 서기관들에게 버린바 되어 죽임을 당하고 제 삼 일에 살아나야 하리라 하시고." 누가복음 17:25 "그러나 그가 먼저 많은 **고난을 받으며** 이 세대에게 버린바 되어야 할지니라." 누가복음 22:15 "이르시되 내가 **고난을 받기** 전에 너희와 함께 이 유월절 먹기를 원하고 원하였노라."

누가복음 24:26 "그리스도가 이런 **고난을 받고** 자기의 영광에 들어가야 할 것이 아니냐 하시고." 누가복음 24:46 "또 이르시되 이같이 그리스도가 **고난을 받고** 제 삼 일에 죽은 자 가운데서 살아날 것과." 사도행전 1:3 "그가 **고난 받으신 후에** 또한 그들에게 확실한 많은 증거로 친히 살아계심을 나타내사 사십 일 동안 그들에게 보이시며 하나님 나라의 일을 말씀하시니라." 사도행전 3:18 "그러나 하나님이 모든 선지자의 입을 통하여 자기의 그리스도께서 **고난 받으실 일을** 미리 알게 하신 것을 이와 같이 이루셨느니라." 베드로전서 2:21 "이를 위하여 너희가 부르심을 받았으니 그리스도도 너희를 위하여 **고난을 받으사** 너희에게 본을 끼쳐 그 자취를 따라오게 하려 하셨느니라." 베드로전서 2:23 "욕을 당하시되 맞대어 욕하지 아니하시고 **고난을 당하시되** 위협하지 아니하시고 오직 공의로 심판하시는 이에게 부탁하시며." 베드로전서 4:1 "그리스도께서 이미 육체의 **고난을 받으셨으니** 너희도 같은 마음으로 갑옷을 삼으라. 이는 육체의 고난을 받은 자는 죄를 그쳤음이니" 베드로전서 5:1 "너희 중 장로들에게 권하노니 나는 함께 장로 된 자요 **그리스도의 고난의** 증인이요 나타날 영광에 참여할 자니라." 히브리서 2:9 "오직 우리가 천사들보다 잠시 동안 못하게 하심을 입은 자 곧 **죽음의 고난 받으심으로** 말미암아 영광과 존귀로 관을 쓰신 예수를 보니 이를 행하심은 하나님의 은혜로 말미암아 모든 사람을 위하여 죽음을 맛보려 하심이라." 히브리서 2:18 "그가 시험을 받아 **고난을 당하셨은즉** 시험 받는 자들을 능히 도우실 수 있느니라." 히브리서 5:8 "그가 아들이시면서도 **받으신 고난으로** 순종함을 배워서." 히브리서 13:12 "그러므로 예수도 자기 피로써 백성을 거룩하게 하려고 성문 밖에서 **고난을 받으셨느니라.**"

몸과 영혼 전체가 고난 받으심

예수님의 고난을 육체적인 것으로만 생각하는 경우가 있는데 그렇지 않다. 예수님의 고난은 인간성 전체, 즉 그분의 몸과 영혼 모두가 당한 것이었다.[122] 이에 대해 하이델베르크 요리문답 제37문답은 다음과 같이 고백한다.

---

122) Berkhof, *Systematic Theology*, 337.

성경을 자세히 보면 성자 하나님의 고난을 묘사할 때 육체적 고난보다 영적인 고난을 더 생생하게 그린다.

고난 받으신 이유

성자 하나님은 왜 고난을 받으셔야 했는가? 고난을 받지 않고 바로 죽임 당하시면 안 되었는가?

첫째, 우리가 당해야 할 고난을 대신 당하신 것이다. 이사야 53:4-5 "⁴그는 실로 우리의 질고를 지고 우리의 슬픔을 당하였거늘 우리는 생각하기를 그는 징벌을 받아 하나님께 맞으며 고난을 당한다 하였노라. ⁵그가 찔림은 우리의 허물 때문이요 그가 상함은 우리의 죄악 때문이라 그가 징계를 받으므로 우리는 평화를 누리고 그가 채찍에 맞으므로 우리는 나음을 받았도다"라는 말씀에 의하면 성자 하나님께서는 우리가 당해야 할 고난을 대신 받으셨다.

둘째, 우리가 당해야 할 모든 고난을 체험하신 것이다. 히브리서 4:15 "우리에게 있는 대제사장은 **우리의 연약함을 동정하지 못하실 이가 아니요** 모든 일에 우리와 똑같이 시험을 받으신 이로되 죄는 없으시니라"는 말씀에 의하면 성자 하나님께서 경험하신 고난은 우리가 당하는 고난을 친히 경험하심으로써 동정하시기 위함이다.

셋째, 고난 당하는 우리들을 능히 도우시기 위해서다. 히브리서 2:18 "그가 시험을 받아 고난을 당하셨은즉 시험 받는 자들을 능히 도우실 수 있느니라"는 말씀에 의하면 고난을 당해보신 성자 하나님께서 우리의 고난을 도우실 수 있다.

넷째, 우리의 고난을 구원하시기 위해서다. 고난은 죄의 결과다. 히브리서 5:8-9 "⁸그가 아들이시면서도 받으신 고난으로 순종함을 배워서 ⁹온전하게 되셨은즉 자기에게 순종하는 모든 자에게 **영원한 구원의 근원이 되시고**"라는 말씀에 의하면 성자 하나님께서는 친히 고난 받으심으로 우리의 고난을 구원하셨다. 베드로전서 2:21 "이를 위하여 너희가 부르심을 받았으니 그리스도도 **너희를 위하여 고난을 받으사** 너희에게 본을 끼쳐 그 자취를 따라오게 하려 하셨느니라"라는 말씀에 의하면 성자 하나님께서는 우리를 위하여 고난을 받으셨다. 이에 대해서는 하이델베르크 요리문답 제37-38문답에서도 고백하고 있다.

하이델베르크 요리문답

37문 : "고난을 받으시고"라는 말로 당신은 무엇을 고백합니까?

답 : 그리스도는 이 세상에 사셨던 모든 기간에, 특히 생의 마지막 시기에 모든 인류the whole human race의 죄에 대한 하나님의 진노를 자신의 몸과 영혼에 짊어지셨습니다.¹⁾ 그분은 유일한 화목제물로 **고난을 당함으로써**²⁾ **우리의 몸과 영혼을 영원한 저주**condemnation**로부터 구원하셨고,**³⁾ 우리를 위해 하나님의 은혜와 의와 영원한 생명을 얻으셨습니다.⁴⁾

---

1) 사 53:4,12; 딤전 2:6; 벧전 2:24; 3:18   2) 사 53:10; 롬 3:25; 고전 5:7; 엡 5:2; 히 9:28; 10:14; 요일 2:2; 4:10
3) 롬 8:1-4; 갈 3:13; 골 1:13; 히 9:12; 벧전 1:18-19   4) 요 3:16; 6:51; 롬 3:24-26; 고후 5:21; 히 9:15; 10:19

38문 : 그분은 왜 재판장 "본디오 빌라도 치하에서"under Pontius Pilate 고난을 받으셨습니까?

답 : 그리스도는 죄가 없지만 세상의 재판장에게 정죄(定罪)를 받으셨으며be condemned,⁵⁾ 이로써 **우리에게 임할 하나님의 준엄한 심판에서 우리를 구원하셨습니다.**⁶⁾

---

5) 마 27:24; 눅 23:13-15; 요 18:38; 19:4,11   6) 사 53:4-5; 고후 5:21; 갈 3:13

다섯째, 우리로 하여금 본받게 하시기 위해서다. 베드로전서 2:21 "이를 위하여 너희가 부르심을 받았으니 그리스도도 너희를 위하여 **고난을 받으사 너희에게 본을 끼쳐 그 자취를 따라오게 하려 하셨느니라**"는 말씀에 의하면 성자 하나님의 고난은 우리가 본받아야 한다.

성자 하나님께서 고난 받으셨음을 고백한다면, 이 고백에 참여하는 자들 모두도 이 세상에서 고난에 참여하는 자라야 함을 기억해야 한다.

이에 대해서 성경은 다음과 같이 가르친다. 로마서 8:17 "자녀이면 또한 상속자 곧 하나님의 상속자요 그리스도와 함께 한 상속자니 우리가 그와 함께 영광을 받기 위하여 고난도 함께 받아야 할 것이니라." 고린도후서 1:7 "너희를 위한 우리의 소망이 견고함은 너희가 고난에 참여하는 자가 된 것같이 위로에도 그러할 줄을 앎이라." 빌립보서 1:29 "그리스도를 위하여 너희에게 은혜를 주신 것은 다만 그를 믿을 뿐 아니라 또한 그를 위하여 고난도 받게 하심이라." 골로새서 1:24 "나는 이제 너희를 위하여 받는 괴로움을 기뻐하고 그리스도의 남은 고난을 그의 몸 된 교회를 위하여 내 육체에 채우노라." 데살로니가후서 1:5 "이는 하나님의 공의로운 심판의 표요 너희로 하여금 하나님의 나라에 합당한 자로 여김을 받게 하려 함이니 그 나라를 위하여 너희가 또한 고난을 받느니라." 디모데후서 1:8 "그러므로 너는 내가 우리 주를 증언함과 또는 주를 위하여 갇힌 자 된 나를 부끄러워하지 말고 오직 하나님의 능력을 따라 복음과 함께 고난을 받으라." 베드로전서 2:21 "이를 위하여 너희가 부르심을 받았으니 그리스도도 너희를 위하여 고난을 받으사 너희에게 본을 끼쳐 그 자취를 따라오게 하려 하셨느니라." 베드로전서 4:13 "오히려 너희가 그리스도의 고난에 참여하는 것으로 즐거워하라 이는 그의 영광을 나타내실 때에 너희로 즐거워하고 기뻐하게 하려 함이라." 베드로전서 5:1 "너희 중 장로들에게 권하노니 나는 함께 장로 된 자요 그리스도의 고난의 증인이요 나타날 영광에 참여할 자니라." 요한계시록 2:10 "너는 장차 받을 고난을 두려워하지 말라 볼지어다 마귀가 장차 너희 가운데서 몇 사람을 옥에 던져 시험을 받게 하리니 너희가 십 일 동안 환난을 받으리라 네가 죽도록 충성하라 그리하면 내가 생명의 관을 네게 주리라."

(2) 본디오 빌라도 치하에서 고난 받으심[123]

번역 문제

옛 번역과 새 번역은 "본디오 빌라도에게 고난을 받으셨다"고 고백함으로써 성자 하나님을 고난에 빠뜨린 주체를 본디오 빌라도라고 본다.[124] 이러한 번역은 성자 하나님께서 고난을 받으신 일에 대한 가장 큰 책임이 본디오 빌라도에게 있는 것으로 오해하게 만든다.[125] 그러나 성경을 자세히 살펴보면 본디오 빌라도에게 책임이 전혀 없는 것은 아니지만, 그에게 모든 책임을 전가시켜야 할 만큼 잘못이 있다고 보기는 어렵다.

성자 하나님께서 빌라도의 법정에서 재판을 받으시는 장면을 기록하고 있는 누가복음 23:4는 "빌라도가 대제사장들과 무리에게 이르되 내가 보니 이 사람에게 죄가 없도다 하니"라고 말씀하며, 23:14에도 "…너희가 고발하는 일에 대하여 이 사람에게서 죄를 찾지 못하였고"라고 말씀하고, 23:22에서도 "빌라도가 세 번째 말하되 이 사람이 무슨 악한 일을 하였느냐 나는 그에게서 죽일 죄를 찾지 못하였나니 때려서 놓으리라"라고 말씀한다. 이렇게 빌라도는 무려 세번이나 예수님에게 죄가 없다고 말했다. 동일한 내용을 기록하고 있는 요한복음 19:12의 경우, 심지어 예수님을 놓아주려고 힘썼다. 마태복음 27:11-26에도 동일한 내용이 기록되어 있고, 그중에서도 마태복음 27:24-25에서는 "(24)빌라도가 아무 성과도 없이 도리어 민란이 나려는 것을 보고 물을 가져다가 무리 앞에서 손을 씻으며 이르되 이 사람의 피에 대하여 나는 무죄하니 너희가 당하라. (25)백성이 다 대답하여 이르되 그 피를 우리와 우리 자손에게 돌릴지어다 하거늘"이라고 기록하고 있다.

이렇게 볼 때 성자 하나님께서 본디오 빌라도로부터 고난 당하신 것은 맞지만 그에게 전적인 책임이 있다고 보기 어렵다. 예수님을 고난으로 몰고 간 전적인 책임을 빌라도에게 전가하기에 그는 예수님의 무죄함을 너무나 많이 말했다. 빌라도는 전적인 책임을 가진 사람은 아니다. 군중들의 요구에 어쩔 수 없이 반응했을 뿐이다. 오히려 주도적인 역할을 한 사람은 군중들이었다(요 19:7, 15).

---

123) 칼뱅은 이 주제를 *Institutes*, II. xvi. 5에서 다룬다.
124) "본디오 빌라도에게"라는 표현조차도 "본디오 빌라도로부터"라는 표현이 더 바람직하다.
125) 유해무, 『개혁교의학』, 92; 고재수, 『교의학의 이론과 실제』, 406.

그렇다면 "본디오 빌라도에게 고난을 받으셨다"라는 번역은 무엇인가? 잘못된 번역(誤譯)이다.[126] 사도신경의 라틴어 원문은 *passus **sub** Pontio Pilato*라고 되어 있다. 사도신경의 영어번역은 suffered **under** Pontius Pilate라고 되어 있다. *sub*(라틴어)와 under(영어)는 "~에게"라고 번역될 수 있지만 "~ 아래에서" 혹은 "~의 치하(治下)에서"라고 번역할 수 있다. 그래서 제대로 번역하면, "본디오 빌라도(의) 치하에서 고난을 받으셨고"라고 해야 한다.[127] 치하(治下)가 한자어이기에 "아래에서"라고 번역할 수도 있겠지만, 의미를 좀 더 살리기 위해서는 "치하에서"로 하는 것이 더 낫다.

본디오 빌라도가 다스리던 때에 있었던 일임을 강조한 이유

사도신경은 성자 하나님의 고난을 이야기하면서 무엇보다도 **본디오 빌라도 치하(治下)에서 고난 받으셨음**을 고백한다. 사도신경은 왜 "본디오 빌라도 치하에서"라고 고백할까?

첫째, 성자 하나님의 십자가 사건이 역사적 사실임을 강조하기 위해서다. 사도신경이 형성되던 AD 2-3세기에는 '성자 하나님의 인성에 대한 부인'이 많던 시대다. 그러면서 "예수님이 참으로 이 세상에 존재하셨던 인간인가? 아니면 그저 상상의 인물이 아닌가?"하는 부분에 있어서 반박해야 할 필요가 있었다. 이

---

126) 이 번역은 하루 속히 바로잡아야 한다. 왜냐하면 사도신경이 성경적이지 않다고 주장하는 사람들, 사도신경을 고백하는 한국개신교회가 이단이라고 주장하는 신천지예수교 증거장막성전(www.shinchonji.kr, 총회장 이만희) 같은 이들에 의해 악용되고 있기 때문이다.
특히 신천지예수교 증거장막성전 측은 "사도신경에 나오는 '본디오 빌라도에게 고난을 받으사'는 잘못된 오류이며 예수님은 빌라도가 아닌 서기관과 바리새인들을 포함한 백성들에 의해 고난을 받으시고 돌아가신 것입니다"라고 하면서 사도신경은 잘못되었으며 사도신경을 고백하는 한국개신교회가 성경적이지 않다고 주장한다. 하지만 그들의 주장대로 사도신경이 잘못되었거나 한국개신교회가 성경적이지 않은 것이 아니라 한국교회가 사용하는 사도신경의 번역이 잘못되었을 뿐이다.

127) 고려신학대학원의 유해무 교수, 고려신학대학원에서 가르친 바 있는 네덜란드인 고재수 교수(Nicolaas H. Gootjes), 합동신학대학원의 이승구 교수 등이 번역의 문제점을 제기한다. 유해무, 『개혁교의학』, 94, 293, n.88; 고재수, 『교의학의 이론과 실제』, 406; 이승구, 『사도신경』, 139, 370.
대한예수교장로회 고신 총회 헌법(2011년판)에 실린 부록은 유해무의 번역을 따라 "본디오 빌라도 치하에서 고난당하시고"라고 바르게 번역하였다. 독립개신교회는 하이델베르크 요리문답 제23, 38문답을 번역하면서 "본디오 빌라도 아래에서 고난을 받으사"라고 바르게 번역했다. 한국천주교회는 "본시오 빌라도 통치 아래서 고난을 받으시고"라고 바르게 번역했다.

를 반박하기 가장 좋은 것은 로마역사와 비교하는 것이다. 왜냐하면 로마역사는 자료가 풍부하기 때문에 별다른 이견 없이 보편적으로 받아들여지기 때문이다. 그래서 로마역사 속 본디오 빌라도가 실제로 존재했던 인물인 것처럼 예수님의 고난과 십자가 사건 역시 역사적으로 분명히 존재했던 사건임을 강조하는 것이다.

성자 하나님은 유대지역 분봉왕 헤롯 대왕(헤롯 안티파터 2세, Herod AntipaterⅡ(BC 55-43년)의 둘째 아들)과 로마 황제 가이사 아우구스투스 1세(옥타비우스 카이사르, Gaius Julius Caesar Octavianus, BC 29년 1월 15일-AD 14년 8월 19일 통치)가 다스리던 시대에 베들레헴에서 태어나셨고, 티베리우스 황제(Tiberius Julius Caesar Augustus, AD 14년 9월 17일-37년 3월 16일 통치)가 다스리던 때 본디오 빌라도 총독(Pontius Pilatus, 재임: AD 26년-36년) 치하의 예루살렘에서 십자가에 못 박히셨고 죽으셨다.[128] 이렇게 말할 때에 그 누구도 예수님의 역사성을 부인할 수가 없다. 이처럼 "본디오 빌라도 치하에서"라는 말이 덧붙여 있는 것은 역사적 사실에 대한 강조를 위해서다.[129]

둘째, 본디오 빌라도에게 예수님의 죽음과 관련한 책임을 강조하기 위해서다.[130] 그에게 모든 책임을 지울 수는 없지만, 그는 책임에서 자유롭지도 않다.

셋째, 성자 하나님께서 세상의 재판장에게 정죄 당하셨음을 분명히 하기 위해서다(HC 제38문답; WLC 제49문답). 성자 하나님은 세상의 재판장인 본디오 빌라도 총독에 의해 정죄를 당하셨다. 이에 대해 하이델베르크 요리문답 제38문답은 다음과 같이 가르친다.

---

128) *Catechism of the Catholic Church*, para. 423.

129) 유해무, 『개혁교의학』, 297; Ursinus, *The Commentary of Zacharias Ursinus on the Heidelberg Catechism*, 217.

130) 고재수, 『교의학의 이론과 실제』, 402; 김진홍, 『교리문답으로 배우는 장로교 신앙』, 129-130.

이 고백을 할 때 가져야 할 마음

"본디오 빌라도 치하에서 고난을 받으셨고"라는 고백을 할 때는 성자 하나님께서
역사적으로 실제 존재했던 본디오 빌라도가 다스리던 때에 고난 당하셨고, 또한
성자 하나님께서는 본디오 빌라도의 재판 앞에서나 십자가에서만 고난 받으신
것이 아니라 생애 전체가 고난이셨으며, 그분이 받으신 고난은 우리의 몸과 영혼
이 받아야 할 고난을 대신 받으신 것임을 기억해야 한다. 나아가 성자 하나님의
고난을 어떤 특정한 때에만 기억하는 것이 아니라 항상 기억해야 하며, 우리도
성자 하나님을 따라 고난을 받아야 함임을 기억해야 한다.

(3) 십자가에 못 박히셨음[131]

"십자가에 못 박히셨고"는 성자 하나님께서 당하신 고난과 저주, 죽음의 방식
에 대한 고백이다. 성자 하나님의 생애 가운데 계속된 고난은 십자가 위에서 극
치에 이른다. 성육신에서부터 시작된 고난은 십자가에서 완전하게 나타났다. 결

---

131) 칼뱅은 이 주제를 *Institutes*, II. xvi. 6에서 다룬다.

국 십자가에 못 박히시는 방식을 통해 죽으셨다. 성자 하나님께서 십자가에 달린 것은 우리를 위해 대신 저주를 받으셨음을 의미한다. 더 나아가 성자 하나님께서 십자가에 못 박히심으로 고난 받으셨고, 죽으셨다는 사실을 강조함으로써 성자 하나님의 사역 가운데 핵심은 '십자가'라는 점을 강조한다.

근거 성경구절

성자 하나님께서 십자가에 못 박히셨다는 고백에 대한 근거구절은 다음과 같다. 마태복음 20:19 "이방인들에게 넘겨주어 그를 조롱하며 채찍질하며 **십자가에 못 박게** 할 것이나 제 삼 일에 살아나리라." 마태복음 23:34 "그러므로 내가 너희에게 선지자들과 지혜 있는 자들과 서기관들을 보내매 너희가 그중에서 더러는 죽이거나 **십자가에 못 박고** 그중에서 더러는 너희 회당에서 채찍질하고 이 동네에서 저 동네로 따라다니며 박해하리라." 마태복음 26:2 "너희가 아는 바와 같이 이틀이 지나면 유월절이라 인자가 **십자가에 못 박히기 위하여** 팔리리라 하시더라." 마태복음 27:22-23 "²²빌라도가 이르되 그러면 그리스도라 하는 예수를 내가 어떻게 하랴 그들이 다 이르되 **십자가에 못 박혀야** 하겠나이다 ²³빌라도가 이르되 어찜이냐 무슨 악한 일을 하였느냐 그들이 더욱 소리 질러 이르되 **십자가에 못 박혀야** 하겠나이다 하는지라." 마태복음 27:26 "이에 바라바는 그들에게 놓아주고 예수는 채찍질하고 **십자가에 못 박게** 넘겨주니라." 마태복음 27:31 "희롱을 다 한 후 홍포를 벗기고 도로 그의 옷을 입혀 **십자가에 못 박으려고** 끌고 나가니라." 마태복음 27:35 "그들이 **예수를 십자가에 못 박은 후에** 그 옷을 제비 뽑아 나누고." 마태복음 28:5 "천사가 여자들에게 말하여 이르되 너희는 무서워하지 말라 **십자가에 못 박히신 예수**를 너희가 찾는 줄을 내가 아노라." 마가복음 15:13-15 "¹³그들이 다시 소리 지르되 그를 **십자가에 못 박게** 하소서. ¹⁴빌라도가 이르되 어찜이냐 무슨 악한 일을 하였느냐 하니 더욱 소리 지르되 **십자가에 못 박게** 하소서 하는지라. ¹⁵빌라도가 무리에게 만족을 주고자 하여 바라바는 놓아주고 예수는 채찍질하고 **십자가에 못 박히게** 넘겨주니라." 마가복음 15:20 "희롱을 다 한 후 자색 옷을 벗기고 도로 그의 옷을 입히고 **십자가에 못 박으려고** 끌고 나가니라." 마가복음 15:24 "**십자가에 못 박고** 그 옷을 나눌새 누가 어느 것을 가질까 하여 제비를 뽑더라." 마가복음 15:25 "때가 제 삼시가 되어 **십자가에 못 박으니라.**" 마가복음 16:6 "청년이 이르되 놀라지 말라 너희가 **십자가에 못 박히신 나사렛 예수**를 찾는구나 그가 살아나셨고 여기 계시지 아니하니라 보라 그를 두었던 곳이니라." 누가복음 23:21 "그들은 소리 질러 이르되 그를 **십자가에 못 박게 하소서 십자가에 못 박게 하소서** 하는지라." 누가복음 23:23 "그들이 큰 소리로 재촉하여 **십자가에 못 박기를** 구하니 그들의 소리가 이긴지라." 누가복음 23:33 "해골이라 하는 곳에 이르러 거기서 **예수를 십자가에 못 박고** 두 행악자도 그렇게 하니 하나는 우편에, 하나는 좌편에 있더라." 누가복음 24:7 "이르시기를 인자가 죄인의 손에 넘겨져 **십자가에 못 박히고** 제 삼일에 다시 살아나야 하리라 하셨느니라 한대." 누가복음 24:20 "우리 대제사장들과 관리들이 사형 판결에 넘겨주어 **십자가에 못 박았느니라.**" 요한복음 19:6 "대제사장들과 아랫사람들이 예수를 보고 소리 질러 이르되 **십자가에 못 박으소서 십자가에 못 박으소서** 하는지라 빌라도가 이르되 너희가 친히 데려다가 **십자가에 못 박으라** 나는 그에게서 죄를 찾지 못하였노라." 요한복음 19:16 "이에 예수를 **십자가에 못 박도록** 그들에게 넘겨주니라." 요한복음 19:18 "그들이 거기서 예수를 **십자가에 못 박을새** 다른 두 사람도 그와 함께 좌우편에 못 박으니 예수는 가운데 있더라." 요한복음 19:41 "예수께서 **십자가에 못 박히신** 곳에 동산이 있고 동산 안에 아직 사람을 장사한 일이 없는 새 무덤이 있는지라" 사도행전 2:36 "그런즉 이스라엘 온 집은 확실히 알지니 **너희가 십자가에 못 박은 이 예수**를 하나님이 주와 그리스도가 되게 하셨느니라 하니라." 사도행전 4:10 "너희와 모든 이스라엘 백성들은 알라 **너희가 십자가에 못 박고** 하나님이 죽은 자 가운데서 살리신 나사렛 예수 그리스도의 이름으로 이 사람이 건강하게 되어 너희 앞에 섰느니라." 고린도전서 1:23 "우리는 **십자가에 못 박힌 그리스도**를 전하니 유대인에게는 거리끼는 것이요 이방인에게는 미련한 것이로되." 고린도전서 2:2 "내가 너희 중에서 **예수 그리스도와 그가 십자가에 못 박히신 것** 외에는 아무것도 알지 아니하기로 작정하였음이라." 고린도후서 13:4 "그리스도께서 약하심으로 **십자가에 못 박히셨으나** 하나님의 능력으로 살아계시니 우리도 그 안에서 약하나 너희에게 대하여 하나님의 능력으로 그와 함께 살리라." 갈라디아서 3:1 "어리석도다 갈라디아 사람들아 **예수 그리스도께서 십자가에 못 박히신 것**이 너희 눈앞에 밝히 보이거늘 누가 너희를 꾀더냐." 빌립보서 2:8 "사람의 모양으로 나타나사 자기를 낮추시고 죽기까지 복종하셨으니 곧 **십자가에 죽으심이라.**" 골로새서 2:14 "우리를 거스르고 불리하게 하는 법조문으로 쓴 증서를 지우시고 제하여 버리사 **십자가에 못 박으시고.**"

사형 집행 도구, 저주의 상징에서 복음의 핵심이 된 십자가

'십자가'는 성자 하나님께서 달리시기 전에는 단지 로마시대에 사용되던 극악한 사형집행 도구에 불과했다. 그러나 성자 하나님께서 달리신 이후부터 그 의미가 달라진다. 십자가는 복음의 핵심이 된다(고전 1:23; 2:2; 갈 6:14). 그 이유는 성자 하나님께서 십자가에 못 박혀 죽으심을 통해 자기 백성을 구원하셨으며, 성자 하나님께서 십자가에 못 박혀 죽으심으로 성부 하나님의 진노와 사랑이 동시에 나타나기 때문이다.

왜 성자 하나님은 십자가에 달리셨을까? 십자가의 재료가 무엇인지를 생각해 보아야 한다. 십자가는 '나무'로 만든다. 베드로전서 2:24 "**친히 나무에 달려** 그 몸으로 우리 죄를 담당하셨으니 이는 우리로 죄에 대하여 죽고 의에 대하여 살게 하려 하심이라 그가 채찍에 맞음으로 너희는 나음을 얻었나니"에 의하면 성자 하나님은 나무에 달리셨다. 신명기 21:23 "그 시체를 나무 위에 밤새도록 두지 말고 그날에 장사하여 네 하나님 여호와께서 네게 기업으로 주시는 땅을 더럽히지 말라 **나무에 달린 자는 하나님께 저주를 받았음이니라**"에 의하면 나무는 '저주'를 상징한다. 그렇기에 성자 하나님께서 십자가에 달리셨다는 것은 나무에 달리셨다는 것이요 나아가 저주를 받으셨다는 뜻이다. 그래서 갈라디아서 3:13은 "**그리스도께서 우리를 위하여 저주를 받은바 되사** 율법의 저주에서 우리를 속량하셨으니 기록된바 나무에 달린 자마다 저주 아래에 있는 자라 하였음이라"라고 말씀한다.

성자 하나님께서는 나무에 달려 못 박혀 죽으심으로 성부 하나님의 저주와 진노를 우리 대신 받으셨다. 성자 하나님께서 십자가에 죽지 않으셨다면 우리가 죽어야 한다. 우리가 저주와 진노를 받아야 한다. 그런데 성자 하나님께서 모든 저주와 진노를 감당하셨으니 이것은 곧 그분의 사랑이다.

이에 대해 하이델베르크 요리문답 제39문답은 신명기 21:23과 갈라디아서 3:13을 근거로 다음과 같이 고백한다.

하이델베르크 요리문답

39문 : 그리스도께서 "십자가에 못 박히셨음"은 달리 돌아가신 것보다 특별한 의미가 있습니까?

답 : 그렇습니다. 십자가에 달린 자는 하나님께 **저주**를 받은 자이므로[7] 그가

십자가에 달리심은 **내게 임한 저주를 대신 받은 것**이라고 나는 확신하게 됩니다.[8]

7) 신 21:23   8) 갈 3:13

웨스트민스터 대요리문답 제49문답은 "저주받은 십자가의 죽음"이라고 고백한다.

웨스트민스터 대요리문답

49문 : 그리스도께서는 자기의 죽음에서 어떻게 자신을 낮추셨습니까?

  답 : 그리스도께서는 자기의 죽음에서 자신을 낮추셨으니, 유다로부터 배신 당하셨고betrayed,[1] 자기 제자들로부터 버림 받으셨고forsaken,[2] 세상으로부터 조롱과 배척 당하셨고scorned and rejected,[3] 빌라도로부터 정죄 받으셨고condemned, 박해자들persecutors로부터 고통 당하셨습니다tormented.[4] 또한 죽음의 공포들과 어둠의 권세들과 싸우시면서 하나님의 진노의 무게를 느끼시고 참으셨고felt and borne,[5] 자기 생명을 속죄 제물an offering for sin로 내어놓으셨고,[6] 고통스럽고 수치스럽고 **저주받은 십자가의 죽음**을 견디심으로enduring 하셨습니다.[7]

1) 마 27:4   2) 마 26:56   3) 사 53:2-3   4) 마 27:26-50; 요 19:34   5) 눅 22:44; 마 27:46   6) 사 53:10   7) 빌 2:8; 히 12:2; 갈 3:13

사형 집행 도구, 저주의 상징이던 십자가는 기독교 복음의 핵심이 되었다. 십자가는 하나님의 은혜와 의, 사랑과 거룩, 하나님의 신실성과 진노가 동시에 나타나는 비밀이 되었다.[132] 이러한 핵심적인 사역이기에 사도신경은 그냥 간단하게 " 고난을 받으셨고, 죽으셨고"라고 하지 않고, " 고난을 받으셨고, 십자가에 못 박히셨고, 죽으셨고"라고 고백한다.

---

132) 유해무, 『개혁교의학』, 299.

우리도 십자가에 못 박힘

성자 하나님께서는 우리를 대신하여 십자가에 못 박히셨다. 우리가 받아야 할 진노와 저주를 친히 담당하셨다. 그런데 성자 하나님과 함께 우리도 십자가에 못 박혔다. 이에 대해 성경은 다음과 같이 말씀한다. 로마서 6:6 "우리가 알거니와 **우리의 옛 사람이 예수와 함께 십자가에 못 박힌 것**은 죄의 몸이 죽어 다시는 우리가 죄에게 종노릇 하지 아니하려 함이니." 갈라디아서 2:20 "**내가 그리스도와 함께 십자가에 못 박혔나니** 그런즉 이제는 내가 사는 것이 아니요 오직 내 안에 그리스도께서 사시는 것이라 이제 내가 육체 가운데 사는 것은 나를 사랑하사 나를 위하여 자기 자신을 버리신 하나님의 아들을 믿는 믿음 안에서 사는 것이라." 갈라디아서 5:24 "**그리스도 예수의 사람들은 육체와 함께 그 정욕과 탐심을 십자가에 못 박았느니라.**"

우리가 실제로 십자가에 못 박힌 것은 아니다. 우리는 성자 하나님이 대신 달리신 십자가에 못 박힐 필요가 없다. 그러나 의미상 성자 하나님과 함께 십자가에 못 박혔다. 우리의 옛 사람, 정욕과 탐심이 십자가에 못 박혔다. 이 일은 우리가 하나님의 독생하신 아드님 우리 주님 예수 그리스도를 믿을 때에 일어났다. 그리고 계속해서 이루어진다.

이에 대해 하이델베르크 요리문답 제43문답은 다음과 같이 고백한다.

하이델베르크 요리문답

43문 : 그리스도의 십자가의 제사와 죽으심에서 우리가 받는 또 다른 유익은 무엇입니까?

답 : 그리스도의 죽으심의 공효(功效)로 **우리의 옛사람이 그와 함께 십자가에 달리고 죽고 장사되며,**[6] **그럼으로써 육신의 악한 소욕(所欲)desires이 더 이상 우리를 지배하지 못하게 되고,**[7] 오히려 우리 자신을 그분께 감사의 제물an offering of gratitude로 드리게 됩니다.[8]

---

6) 롬 6:6; 갈 2:20; 골 2:11-12   7) 롬 6:8,11-12   8) 롬 12:1

이 고백을 할 때 가져야 할 마음

"십자가에 못 박히셨고"라는 고백을 할 때는 성자 하나님께서 십자가에 못 박히시는 방식으로 고난 받으시고 죽으심으로, 우리가 받아야 할 성부 하나님의 저주와 진노를 대신 받으셨음을 기억해야 한다. 성자 하나님께서 받으신 저주와 진노는 아무런 죄가 없으신 성자 하나님이 아니라 죄와 허물로 죽었던 우리가 받았어야 했던 것임을 기억해야 한다. 나아가 우리를 대신하여 십자가에 못 박히셨던 성자 하나님의 크신 사랑과 은혜를 기억하고, 우리의 옛사람, 정욕, 탐심이 성자 하나님과 함께 십자가에 못 박혔음을 기억하며, 날마다 우리의 옛사람, 정욕, 탐심을 십자가에 못 박아야 한다.

(4) 죽으셨음

"죽으셨고"는 성자 하나님의 죽으심에 대한 고백이다. 인성을 입고 이 세상에 오신 성자 하나님은 고난을 받으신 끝에 죄인들의 손에 죽임을 당하셨다. 성자 하나님의 죽음은 그분이 당하신 고난의 절정이다(눅 23:46).

근거 성경구절

성자 하나님의 죽으심에 대한 근거구절은 다음과 같다. 마태복음 16:21 "이때로부터 예수 그리스도께서 자기가 예루살렘에 올라가 장로들과 대제사장들과 서기관들에게 많은 고난을 받고 **죽임을 당하고** 제 삼 일에 살아나야 할 것을 제자들에게 비로소 나타내시니." 마태복음 17:22-23 "²²갈릴리에 모일 때에 예수께서 제자들에게 이르시되 인자가 장차 사람들의 손에 넘겨져 ²³**죽임을 당하고** 제 삼 일에 살아나리라 하시니 제자들이 매우 근심하더라." 마가복음 8:31 "인자가 많은 고난을 받고 장로들과 대제사장들과 서기관들에게 버린바 되어 **죽임을 당하고** 사흘 만에 살아나야 할 것을 비로소 그들에게 가르치시되." 마가복음 9:31 "이는 제자들을 가르치시며 또 인자가 사람들의 손에 넘겨져 **죽임을 당하고** 죽은 지 삼 일만에 살아나리라는 것을 말씀하셨기 때문이더라." 마가복음

15:37 "예수께서 큰 소리를 지르시고 **숨지시니라**." 누가복음 9:22 "이르시되 인자가 많은 고난을 받고 장로들과 대제사장들과 서기관들에게 버린바 되어 **죽임을 당하고** 제 삼 일에 살아나야 하리라 하시고." 누가복음 23:46 "예수께서 큰 소리로 불러 이르시되 아버지 내 영혼을 아버지 손에 부탁하나이다 하고 이 말씀을 하신 후 **숨지시니라**." 로마서 5:6 "우리가 아직 연약할 때에 기약대로 그리스도께서 경건하지 않은 자를 위하여 **죽으셨도다**." 고린도전서 15:3 "내가 받은 것을 먼저 너희에게 전하였노니 이는 성경대로 그리스도께서 우리 죄를 위하여 **죽으시고**." 빌립보서 2:8 "사람의 모양으로 나타나사 자기를 낮추시고 **죽기까지** 복종하셨으니 곧 십자가에 **죽으심이라**." 데살로니가전서 4:14 "우리가 예수께서 **죽으셨다가** 다시 살아나심을 믿을진대 이와 같이 예수 안에서 자는 자들도 하나님이 그와 함께 데리고 오시리라." 히브리서 2:9 "오직 우리가 천사들보다 잠시 동안 못하게 하심을 입은 자 곧 **죽음의 고난** 받으심으로 말미암아 영광과 존귀로 관을 쓰신 예수를 보니 이를 행하심은 하나님의 은혜로 말미암아 모든 사람을 위하여 죽음을 맛보려 하심이라." 히브리서 2:14 "자녀들은 혈과 육에 속하였으매 그도 또한 같은 모양으로 혈과 육을 함께 지니심은 **죽음**을 통하여 죽음의 세력을 잡은 자 곧 마귀를 멸하시며." 베드로전서 3:18 "그리스도께서도 단번에 죄를 위하여 **죽으사** 의인으로서 불의한 자를 대신하셨으니 이는 우리를 하나님 앞으로 인도하려 하심이라 육체로는 죽임을 당하시고 영으로는 살리심을 받으셨으니."

죽으셔야만 했던 이유

성자 하나님은 왜 죽으셔야 했는가? 죽지 않고 우리를 구원하실 수는 없었을까? 이에 대해서는 하이델베르크 요리문답 제40문답이 잘 설명하고 있다.

하이델베르크 요리문답

40문 : 그리스도는 왜 "죽으시기"까지 낮아져야 했습니까?

답 : 하나님의 공의와 진리 때문에[1] 우리의 죗값은 하나님의 아들의 죽음 이외에는 달리 치를 길이 없습니다.[2]

---

1) 창 2:17   2) 롬 8:3-4; 빌 2:8; 히 2:9,14-15

성자 하나님께서 죽으신 것은 우리의 죄에 대한 하나님의 공의를 만족시키기 위해서다(고전 15:3; 벧전 3:18). 하나님의 공의라는 기준에서 우리의 죄는 죽음에 이르게 한다. 죄의 대가는 사망이다(롬 6:23; WLC 제84문답). 우리가 죽어야만 하나님의 공의를 만족시킬 수 있다. 그렇지 않고는 하나님의 저주와 진노를 면할 수 없다.

그래서 성자 하나님께서 우리를 대신하여 죽으셨다. 이를 대속(代贖)의 죽음이라고 한다. 이에 대해 마태복음 20:28(막 10:45)은 "인자가 온 것은 섬김을 받으려 함이 아니라 도리어 섬기려 하고 자기 목숨을 많은 사람의 대속물로 주려 함이니라"라고 말씀한다. 성자 하나님께서 대신 죽으심으로 우리가 더 이상 죽을 필요가 없게 되었다.

이에 대해 도르트신조 둘째 교리 제2-4항이 잘 설명하고 있다.

도르트신조 둘째 교리
그리스도의 죽으심과 그것을 통한 사람의 구속
Christ's Death and Human Redemption Through Its

제2조
하지만 우리는 스스로 그 만족satisfaction을 이룰 수 없으며 우리 자신을 하나님의 진노wrath에서 건져낼deliver 수도 없다. 그래서 하나님께서는 당신의 무한하신 자비infinite mercy로 당신의 독생하신 아들을 우리의 보증surety으로 주셔서 우리를 위하여 그리고 우리를 대신하여 죄가 되시고, 저주를 받으셔서, 우리를 대신하여 하나님의 공의divine justice를 만족하게 하시기를 기뻐하셨다.

제3조
하나님의 아들의 이 죽으심은 유일하고 전적으로 완전한 희생sacrifice이며 죄를 위한 만족이다. 이것은 무한한 가치value and worth이며, 모든 세상의 죄를 속하기에to atone 넘치도록 충분하다.

제4조
이 죽음이 그렇게 위대한 가치가 있는 이유는, 그렇게 고난 받으신 분께서 우리의 구세주에게 필요했던 자격인 참되고 완전하게 거룩한 사람이실 뿐만 아니라 하나님의 독생하신 아들로서, 성부와 성령과 동일하게 영원하고 무한한 본질 essence이시기 때문이다. 다른 이유는 이 죽음이 하나님의 진노와 저주의 경험을 수반하게 되는데, 우리들의 죄로 인해 완전히 우리에게 합당하기 때문이다.

죽으심의 의의

성자 하나님의 죽음은 죄의 비참함과 대가(代價)가 무엇인지를 보여준다. 죄는 죽음에 이를 정도로 비참하며 죽음을 통해서만 해결할 수 있다. 성자 하나님은 죽을 우리를 구원하시려고 사람이 되셨고, 죽으셨다.

성자 하나님은 자신의 죽음을 통해 우리들의 죗값을 다 지불하셨다(마 20:28; 딤전 2:6; 딛 2:14). 성자 하나님은 자신의 죽음을 통해 우리의 죄에 대한 하나님의 진노를 가라앉히셨다(요일 2:2; 4:10). 성자 하나님은 자신의 죽음을 통해 우리와 하나님과의 원수 관계를 친구의 관계로 회복시키심으로 화목케 하셨다(롬 5:8-11; 고후 5:18-21).

성자 하나님은 자신이 죽으심으로 죽음의 권세를 이기셨다. 성자 하나님의 죽으심은 죽음을 죽이시는 죽음이었다(death of death in the death of christ).[133] 죽으실 수 없는 분이 자신의 죽음이 아니라 우리의 죽음을 죽으심으로 죽음을 이기셨다. 자신의 죽으심으로 죽음을 이기시고 우리를 살리셨다.

낮아지심 중 하나인 죽음

성자 하나님께서 죽으신 것은 그분의 낮아지심이었다. 이에 대해서 웨스트민스터 대요리문답 제49문답은 다음과 같이 고백한다.

---

133) 이 표현은 청교도 목사 존 오웬(John Owen)의 저서 제목이다.

우리가 죽는 이유

성자 하나님께서 우리를 대신하여 죽으셨다. 그럼에도 불구하고 신자들도 죽 는다(히 9:27; WLC 제84문답). 왜 그런가? 이에 대해서 하이델베르크 요리문답 제42-43문답과 웨스트민스터 대요리문답 제85문답이 잘 설명한다.

리고 죽고 장사되며,[6] 그럼으로써 육신의 악한 소욕(所欲)desires이 더 이상 우리를 지배하지 못하게 되고,[7] 오히려 우리 자신을 그분께 감사의 제물an offering of gratitude로 드리게 됩니다.[8]

---

6) 롬 6:6; 갈 2:20; 골 2:11-12   7) 롬 6:8,11-12   8) 롬 12:1

웨스트민스터 대요리문답

85문 : 죄의 삯이 사망이라면, 왜 그리스도 안에서 자신들의 모든 죄를 용서받은 의인들the righteous은 죽음에서 건져냄을 받지 못합니까?

  답 : 의인들은 마지막 날에 죽음에서 건져냄을 받을 것이며delivered from death, 죽을 때에도 사망의 쏘는 것sting과 저주에서 건져냄을 받을 것입니다.[1] 그러므로 비록 그들이 죽더라도 그 죽음은 하나님의 사랑에서 비롯된 것으로,[2] 그들을 죄와 비참에서 완전히 해방시켜주며,[3] 그들이 그 후에 들어가는 영광중에 그리스도와 더불어 더 깊은 교제further communion를 갖게 하십니다.[4]

---

1) 고전 15:26,55-57; 히 2:15   2) 사 57:1-2; 왕하 22:20   3) 계 14:13; 엡 5:27   4) 눅 23:43; 빌 1:23

이 고백을 할 때 가져야 할 마음

"죽으셨고"라는 고백을 할 때는 사람의 몸을 입고 오신 성자 하나님께서 죽으셨으니 그 죽음은 당신의 죄 때문이 아니라 우리의 죄 때문이며, 그 죽으심을 통해 하나님의 공의를 만족시키셨음을 기억해야 한다. 성자 하나님은 우리를 위해 대신 죽으실 정도로 우리를 사랑하셨음을 기억해야 한다. 모든 죄인은 자신의 죄로 인해 죽어야 하므로 성자 하나님의 대속의 죽음을 믿지 않는 자들은 자기가 그 대가를 치러야 함을 기억해야 한다.

(5) 장사되셨음

"장사되셨고"는 성자 하나님의 죽음이 분명했다는 고백이다. 성자 하나님께서는 죽으신 뒤에 돌로 된 무덤에 장사되셨으니 그분의 죽음은 완전한 죽음이었다.

하나의 고백으로 다루는 이유

흔히 성자 하나님의 죽으심을 언급한 뒤에 이어서 말하는 것은 다시 살아나신 것(부활)이다. 그런데 사도신경은 죽으심과 다시 살아나신 것 사이에 "장사되셨음과 음부에 내려가셨음"을 언급한다. "본디오 빌라도 치하에서 고난을 받으셨고, 십자가에 못 박히셨고, 죽으셨고"라는 고백 다음에 "다시 살아나셨고"라고 하지 않고 "장사되셨고, 음부에 내려가셨으며"라는 고백이 나온 이후에 "삼 일째에 죽은 사람들 가운데서 다시 살아나셨으며"가 나온다. 성경에 기록된 내용 중의 핵심만을 요약하고 있는 사도신경이 왜 하필이면 예수님의 죽음과 부활 사이에 '장사됨'과 '음부에 내려가셨음'에 대해서 고백할까?

"장사되셨고"가 나오는 이유는 성자 하나님의 죽으심이 완전한 죽으심이었음을 나타내기 위함이다. 그렇다면 앞서 "죽으셨고"라는 고백이 있었는데, 왜 "장사되셨고"라는 고백을 통해 성자 하나님의 죽으심이 완전하다는 것을 다시 한 번 더 고백해야 하는가? 그 이유는 성자 하나님의 죽으심을 다양한 방식으로 왜곡하는 사람들이 있기 때문이다.

이러한 이유로 하이델베르크 요리문답 제41문답은 다음과 같이 고백한다.

하이델베르크 요리문답

41문 : 그리스도는 왜 "장사"되셨습니까?

　답 : 그리스도의 장사되심은 그가 진정으로 죽으셨음을 확증합니다.[3]

3) 사 53:9; 마 27:59-60; 눅 23:53; 요 19:40-42; 행 13:29; 고전 15:3-4

장사되심은 "그분에게 완전한 사망이 임하였음을" 확실하게 보여준다. '장사' (葬事)란 죽은 사람에 대해 행하는 것으로 완전한 죽음에 대한 공식적인 확인이기 때문이다. 성자 하나님의 죽으심은 무덤에 들어가실 정도로 확실한 것이었다.

근거 성경구절

성경에 따르면 성자 하나님은 죽으셨고, 그 죽으셨음에 대한 분명한 증거로 장사되셨다. 이 사실은 마태복음 27:57-61; 마가복음 15:42-47; 누가복음 23:50-56; 요한복음 19:38-42 등 4개의 복음서에 공통적으로 기록되어 있다. 그중 마태복음 27:59-60에는 "[59]요셉이 시체를 가져다가 깨끗한 세마포로 싸서 [60]바위 속에 판 자기 새 무덤에 넣어 두고 큰 돌을 굴려 무덤 문에 놓고 가니"라고 예수님의 장사를 분명하게 기록하고 있다. 그리고 '시체'라는 표현이 사용된 것 역시 성자 하나님의 죽음의 확실성을 보여준다. 게다가 마태복음 27:50; 마가복음 15:37; 누가복음 23:46; 요한복음 19:30에는 "영혼이 떠나시니라"(마 27:50; 요 19:30) 혹은 "숨지시니라"(막 15:37; 눅 23:46)고 해서 죽으셨다는 사실을 분명히 강조한다. 이 외에도 성자 하나님께서는 여러 가지 방법에 의해 진정으로 죽으셨음이 확인되었다. 숨지신 후에 옆구리에 창이 찔리셨고(요 19:34), 로마 군인들이 성자 하나님의 다리를 꺾으려고 했는데 이미 죽으신 것을 보고는 다리를 꺾지 않았다(요 19:32-33). 요셉이 빌라도에게 찾아와서 시체를 달라고 하니, 빌라도는 벌써 죽었을까 싶어서 백부장에게 확인했더니 분명히 죽으셨다(막 15:43-45). 그리고 분명히 죽으셨기에 요셉은 시체를 세마포로 쌌다(마 27:59; 요 19:39-40). 그리고 이 모든 일의 마지막으로 무덤에 장사되셨다. 나아가 사도 바울도 고린도전서 15:4에서 **장사 지낸 바 되셨다가** 성경대로 사흘 만에 다시 살아나사"라고 증거한다. 이처럼 성자 하나님이 장사되셨다고 하는 것은 성경이 분명하게 가르치는 바다.

우리도 장사되었음

성자 하나님께서 장사되신 것처럼 우리도 장사되었다. 로마서 6:4 "그러므로 우리가 그의 죽으심과 합하여 **세례를 받음으로 그와 함께 장사되었나니** 이는 아버지의 영광으로 말미암아 그리스도를 죽은 자 가운데서 살리심과 같이 우리로 또한 새 생명 가운데서 행하게 하려 함이라." 골로새서 2:12 "너희가 **세례로 그**

리스도와 함께 장사되고 또 죽은 자들 가운데서 그를 일으키신 하나님의 역사를 믿음으로 말미암아 그 안에서 함께 일으키심을 받았느니라"는 말씀에 따르면 우리는 세례를 통해 성자 하나님과 함께 장사되었다.

장사될 우리

성자 하나님께서 장사되신 것처럼 우리도 장사될 것이다. 죽음은 인간이라면 누구에게나 찾아올 것이며(WLC 제84문답) 성자 하나님께 그러했던 것처럼 우리에게도 마찬가지다.

그런데 신자에게 죽음은 더 이상 두려움과 공포의 대상이 아니다(고전 15:55). 왜냐하면 이제 죽음은 더 이상 형벌과 저주의 죽음이 아니기 때문이다(WLC 제85문답). 신자의 죽음은 성화(sanctification)의 마지막이요 영화(glorification)의 시작이다(히 12:23; WLC 제86문답). 신자에게 죽음은 하늘에 이르는 문이다.[134] 이는 성자 하나님께서 무덤에 장사되심으로 가능하게 되었다. 성자 하나님의 장사되심이 무덤의 공포를 제거하셨다.[135]

이 고백을 할 때 가져야 할 마음

"장사되셨고"라는 고백을 할 때는 성자 하나님의 죽음은 완전한 죽음이요 분명한 역사적 사실임을 믿고, 우리들도 세례를 통해 그분과 함께 장사되었음을 기억해야 한다.

---

134) Berkhof, *Systematic Theology*, 671.
135) Berkhof, *Systematic Theology*, 340.

성자 하나님의 시체는 썩었을까?

성자 하나님은 십자가에 달려 죽으셨다. 그분의 죽음은 장사를 통해 분명히 확정되었다. 그렇다면 성자 하나님의 시체는 썩었을까?

성경은 다음과 같이 말한다. 사도행전 2:27 "이는 내 영혼을 음부에 버리지 아니하시며 주의 거룩한 자로 썩음을 당하지 않게 하실 것임이로다." 사도행전 2:31 "미리 본 고로 그리스도의 부활을 말하되 그가 음부에 버림이 되지 않고 그의 육신이 썩음을 당하지 아니하시리라 하더니." 사도행전 13:37 "하나님께서 살리신 이는 썩음을 당하지 아니하였나니."

위의 구절들에 근거하여 웨스트민스터 신앙고백서 제8장 제4절, 웨스트민스터 대요리문답 제54문답은 성자 하나님께서 죽으셨고, 장사되셨으나, 썩지는 않으셨다고 고백한다.

웨스트민스터 신앙고백서

제8장 중보자 그리스도에 관하여
Of Christ the Mediator

4. 주 예수님께서는 이 직분office을 아주 기꺼이willingly 맡으셨고undertake,[22] 그 직분을 감당하시려고 율법 아래 나서서[23] 율법을 온전히 성취하셨다.[24] 그분의 영혼으로는 아주 심한 고뇌most grievous torments를 견디셨으며,[25] 그분의 몸으로는 아주 심한 고통most painful sufferings을 견디셨으며,[26] 십자가에 못 박히셨고 죽으셨으며,[27] 장사되셨고, **죽음의 권세 아래 계셨으나 썩음을 보시지는 않으셨다** yet saw no corruption.[28] 제 삼 일에 고난 당하셨던 동일한 몸으로[29] 죽은 자들 가

운데서 살아나셨고,[30] 동일한 몸으로 하늘로 올라가셨으며, 그 후 그분의 아버지 오른쪽에 앉으셨고,[31] 거기서 중보기도intercession를 하고 계신다.[32] 그리고 세상 끝 날에 사람들과 천사들을 심판하시기 위해 다시 오실 것이다.[33]

22) 시 40:7,8; 히 10:5-10; 요 10:18; 빌 2:8　23) 갈 4:4　24) 마 3:15; 5:17　25) 마 26:37,38; 눅 22:44; 27:46
26) 마 26-27　27) 빌 2:8　**28) 행 2:23,24,27; 13:37; 롬 6:9**　29) 요 20:25,27　30) 고전 15:3-5　31) 막 16:19
32) 롬 8:34; 히 9:24; 7:25　33) 롬 14:9-10; 행 1:11; 10:42; 마 13:40-42; 유 1:6; 벧후 2:4

웨스트민스터 대요리문답

52문 : 그리스도께서는 자기의 부활에서 어떻게 높이 되셨습니까?
how was Christ exalted?

답 : 그리스도께서는 자기의 부활에서 높이 되셨으니, (**그분은 죽음에 매여 계실 수 없으셔서**[1]) **죽음 중에 썩지corruption 않으셨고**, 고난 당하실 때와 동일한 몸을 가지셨으니 본질적인 성질essential properties을 지닌 몸이었으나,[2] (이 세상에 속한 죽을 수 있는 성질mortality과 다른 공통적인 연약성들infirmities은 없었습니다.) 몸이 실제로 자기의 영혼과 연합하여[3] 자기의 능력으로 제 삼 일에 죽은 자들 가운데서 다시 살아나셨습니다.[4] 이로써 그리스도께서는 자기를 하나님의 아들로 선포하셨고,[5] 하나님의 공의를 만족시키셨으며,[6] 죽음과 죽음의 권세를 가진 자를 정복하셨고,[7] 살아 있는 자들과 죽은 자들quick and dead의 주가 되셨습니다.[8] 이 모든 일은 교회의 머리[9]라는 공적인 사람a public person으로서 행하신 것으로,[10] 신자들을 의롭다 하시고,[11] 은혜로 살리시고,[12] 원수들을 대항하도록 도우시고,[13] 마지막 날에 죽은 자들 가운데서 그들을 다시 살리실 것을 확신시키기 위해 하셨습니다.[14]

1) 행 2:24,27　2) 눅 24:39　3) 롬 6:9; 계 1:18　4) 요 10:18　5) 롬 1:4　6) 롬 8:34　7) 히 2:14　8) 롬 14:9
9) 엡 1:20,22-23; 골 1:18　10) 고전 15:21-22　11) 롬 4:25　12) 엡 2:1,5-6; 골 2:12　13) 고전 15:25-27　14)
고전 15:20

(6) 음부에 내려가셨음[136]

한국개신교회가 사용하는 사도신경에는 없는 "음부에 내려가셨으며"

"음부에 내려가셨으며"라는 고백이 한국개신교회가 사용하는 사도신경에는 없다. 그러나 사도신경의 라틴어 원문(*descendit ad inferna*)과 영어 번역 (descended to hell)에는 있다.[137] 한국교회의 사도신경 중 옛 번역에는 없고, 새 번역에는 본문에는 없으나 대신 난외주에서 " '장사되시어 지옥에 내려가신 지' 가 공인된 원문(Forma Recepta)에는 있으나, 대다수의 본문에는 없다"고 설명한다.

원래의 한글 사도신경에는 이 부분이 있었다. 1894년 언더우드 선교사가 번역한 사도신경, 1905년 장로교 선교사 협의회에서 번역한 사도신경에는 "음부에 내려가셨으며"라는 문구가 있었다. 반면 1897, 1902, 1905년에 각각 번역된 감리교의 사도신경에는 없었다.[138]

조선예수교장로회의 사도신경에는 있었던 "음부에 내려가셨으며"가 빠진 이유는 1908년 장로교와 감리교가 '합동 찬송가'를 발행하면서 장로교가 '양보' (?) 했기 때문이다. 장로교와 감리교가 같은 찬송가를 사용하려면 찬송가 앞뒤에 실린 주기도문, 사도신경, 십계명의 번역도 같아야 한다. 그런데 주기도문과 십계명은 성경 본문에 근거한 것이니 이견(異見)이 없었지만 사도신경의 경우 두 교파 간에 입장 차가 있었다. 이에 따라 장로교가 '양보' (?) 했다. 이것이 계기가 되어 지금까지 한글 사도신경에 "음부에 내려가셨으며"라는 말이 빠져 있다.

---

136) 칼뱅은 이 주제를 *Institutes*, II. xvi. 8-12에서 다룬다.
　　개혁파는 이 부분을 그리스도의 낮아지심으로 보고(WLC 제50문답), 루터파는 그리스도의 높이 되심으로 본다. 그 이유는 루터파가 '음부 강하'를 어떻게 해석하느냐와 관련 있다. 루터파는 예수님께서 실제로 음부에 가셔서 사탄과 어둠의 권세들에게 자신의 승리를 드러내셨다고 본다.

137) 한국교회가 새로 번역한 사도신경의 난외주에서 밝힌 대로, 사본마다 없는 경우도 있다. 이 부분이 처음 나온 사본은 주후 390년경의 아퀼레이아 양식(Aquileian Form)이다.

138) 감리교가 번역한 사도신경에는 없었던 이유는 감리교의 창시자인 존 웨슬리(John Wesley, 1703-1791년)가 1784년에 감리교 신조를 작성하면서 그리스도의 음부 강하를 생략했기 때문이다.

잘못된 견해들

사도신경이 고백하는 "음부에 내려가셨으며"의 바른 뜻을 이해하기 위해서는 잘못된 견해를 먼저 살펴보는 것이 도움이 된다.

▶ 로마가톨릭의 견해

첫 번째 잘못된 견해는 로마가톨릭의 견해다. 로마가톨릭의 한 지역교회인 한국천주교회는 이 부분을 **"저승에 가시어"**라고 번역했다. 한국개신교회가 사용하는 사도신경에는 "음부에 내려가셨으며"가 빠져 있는 것과 달리 한국천주교회가 사용하는 사도신경에는 이 부분이 포함되어 있다는 사실만 생각하면 한국천주교회가 더 바람직해 보인다. 하지만, 그 의미를 생각해 보면 그렇지 않다.

한국천주교회는 "저승에 가시어"(음부에 내려가셨으며)를 자신들의 비성경적 교리인 연옥(煉獄, purgatory) 및 림보(고성소(古聖所), limbo) 교리와 연관시킨다. 그들은 성경에서 전혀 언급한 적 없는 연옥과 림보의 존재를 믿는다.

연옥은 천국도 지옥도 아닌 제3의 장소로서, 그들에 의하면 사람이 죽으면 신자라 할지라도 하늘(heaven)로 갈 만한 완벽한 성인(聖人)은 극히 적어서 거의 대부분의 신자들은 죽은 후 곧바로 하늘에 가지 못하는 불완전한 신자(?)들이다. 이들은 일정한 기간을 다른 곳에서 지내는데 바로 '연옥'이다.[139] 연옥에서 영혼이 깨끗해져야 비로소 하늘(heaven)로 가게 된다.

림보는 두 장소가 있는데, 선조 림보(*Limbus Patrum*)와 유아 림보(*Limbus Infantum*)다.[140] 선조 림보는 구약시대의 신자들이 죽어서 그 영혼이 '구원계시의 완성'을 기다리는 장소다. 구약시대의 사람들 역시 믿음이 완전하지 않았다고 보고 그들이 죽음 직후에 곧바로 천국(하늘)에 가지 못하고 그 대신 '림보'로 갔다고 본다. 그들은 "저승에 가시어"라는 고백을 선조 림보와 연관시킨다.[141]

성자 하나님께서 죽으신 후에 저승, 즉 선조 림보에 가셨고, 십자가에서 이루신 구속의 공로로 구약의 성도들을 풀어 해방하셔서 그들을 데리고 '하늘'

---

139) 연옥교리는 피렌체 공의회와 트리엔트 공의회에서 확정되었다. *Catechism of the Catholic Church*, para. 1031.

140) 림보(*Limbus*)란 지옥의 양쪽 가장자리(*limbus*)라는 뜻이다.
   유아 림보(*Limbus Infantum*)는 영세를 받지 못하고 죽은 모든 영아들, 즉 원죄는 있으나 개인적 죄책은 없는 유아들이 있는 장소다. 그런데 2008년 이후에는 이 교리를 믿지 않는다.

141) *Catechism of the Catholic Church*, para. 632-637.

(heaven)로 가셨다고 해석한다.[142]

하지만 로마가톨릭의 견해는 잘못되었다. 왜냐하면 성경은 '선조 림보'라는 장소에 대한 어떠한 암시도 주지 않으며, 오히려 구약시대에 죽은 성도들은 하나님과 함께 있다고 가르치고 있기 때문이다(민 23:10; 시 16:10-11; 73:24-25).[143] 림보라는 곳은 존재하지 않는다.

▶ 제2 기회설

두 번째 잘못된 견해는 제2 기회설(Second probation)이다. 이 견해는 로마가톨릭의 견해에 반대하면서 몇몇 개신교 교파가 주장하는 견해다. 성자 하나님께서 죽으신 뒤 부활하실 때까지 지옥에 내려가셔서 지옥에 있는 영혼들에게 복음을 선포하시고 그들에게 두 번째 기회를 주셨다는 견해다.[144] 앞서 살펴본 로마가톨릭의 견해와 비슷하다. 차이라면, 로마가톨릭은 지옥이 아닌 '림보'라는 중간 정도의 장소에 가신 것으로 보고, 모든 영혼이 아니라 구약 시대에 죽었던 영혼만을 본다는 점에 있다. 반면, 제2 기회설은 성자 하나님께서 지옥에 가셔서, 성자 하나님께서 죽으시기 이전에 죽었던 모든 지옥의 영혼들에게 두 번째 기회를 주셨다는 점에서 다르다.

하지만 제2 기회설은 잘못되었다. 성경 어디에서도 이런 가능성을 언급하지 않는다.[145] 복음은 죽은 자가 아닌 오직 살아 있는 자에게만 전파된다. 사람이 죽은 뒤에는 복음을 들을 수 있는 기회가 다시는 주어지지 않는다. 죽은 뒤에는 심판이 있을 뿐이다(히 9:27; WLC 제84문답).

▶ 루터파의 견해

세 번째 잘못된 견해는 루터파의 견해다. 루터파는 "음부에 내려가셨으며"를 성자 하나님께서 죽으신 뒤, 부활하시기 전에 '죽음의 세계'에 내려가셨다고 본다.[146] 그러면서 죽음의 세계(음부)에 가셔서 하신 일이 구약의 성도들을 하늘로

---

142) 이러한 해석은 토마스 아퀴나스의 영향을 받은 것으로 보이며, 문병호, 『기독론』, 888. 일반적으로 1586년의 Robert Bellarmine이 명확히 제시하기 시작한 것으로 여겨진다. 이승구, 『사도신경』, 200.
143) 이승구, 『사도신경』, 200.
144) 이승구, 『사도신경』, 201.
145) Berkhof, *Systematic Theology*, 692-693.

데려가신다거나 혹은 그들에게 복음을 전하셔서 회개할 또 다른 기회를 주셨다고 보기보다는, 그곳에 있는 사탄과 흑암의 세력들에게 자신의 승리를 선포하셨다고 본다.[147]

하지만 루터파의 견해는 잘못되었다. 성자 하나님께서 부활 전에 이미 살아나셨다는 그들의 생각은 비성경적이다.

잘못된 견해들이 나온 2가지 이유

위의 세 가지 잘못된 견해들의 공통점은 성자 하나님께서 지옥이나 그에 준하는 장소로 가셨다고 보는 것이다. 그러나 성자 하나님께서 직접 지옥에 내려가셨다는 것은 성경적 근거가 전혀 없다.

그럼에도 불구하고 이러한 오해를 하는 이유는 크게 두 가지 때문이다.

첫째, 음부(陰府)로 번역된 말의 다양한 의미 때문이다. 음부는 히브리어로는 '스올'이고, 헬라어로는 '하데스'인데, 한글성경에서는 구약에서는 거의 대부분 '음부'로 번역되었고 일부 '무덤'으로 번역되었으며, 신약에서는 모두 '음부'로 번역되었지만, 다양한 뜻으로 번역될 수 있다. 음부라고 번역된 말의 진정한 의미를 밝히는 것은 매우 까다로운 일인데 일반적으로 헬라어로 '하데스'는 '죽은 자들의 영역'을 지칭하거나(행 2:27,31; 참조. 시 16:10) 중간 상태 중에 있는 고통의 장소인 지옥을 가리킨다(눅 16:19-31). 히브리어로 '스올'은 주로 '죽음의 상태'를 나타내는 말로 사용되며(창 37:35; 42:38; 삼상 2:6; 왕상 2:6), 간혹 '무덤'을 뜻하는 말로 사용된다(시 141:7). 상징적으로는 '지옥의 고통'을 의미하기도 한다(하이델베르크 요리문답 제44문답의 근거구절인 시 18:5와 시 116:3). 정리하면, 성경에서 음부는 네 가지 서로 다른 뜻으로 사용된다. 1) 죽음의 상태, 2) 무덤, 3) 지옥 4) 지옥의 고통 등이다.[148] 이에 따라 사도신경의 음부

---

146) 한국루터교 목사 최주훈이 번역한 『마르틴 루터 대교리문답』(서울: 복 있는 사람, 2017), p.42, n.5를 보라.

147) 이러한 견해에 따라 개혁파가 이 부분을 그리스도의 낮아지심의 마지막 부분으로 보는 것과 달리, 루터파는 이 부분을 그리스도의 높이 되심의 첫 부분으로 본다.

148) Berkhof, *Systematic Theology*, 685-686; W. G. T. Shedd, *Dogmatic Theology*, II (1889; Grand Rapids: Zondervan), 625-633. 반면, 후크마는 지옥을 의미한다고 볼 수는 없다고 본다(cf. 잠 15:14). Anthony A. Hoekema, *The Bible and The Future* (Grand Rapids: Eerdmans, 1979), 96, 류호준 옮김, 『개혁주의 종말론』(서울: CLC, 1986, 2002), 139.

를 로마가톨릭은 지옥으로, 루터파는 죽음의 세계로, 개혁파는 지옥의 고통으로 이해하고, 그에 따라 다양한 해석을 하게 되었다.

둘째, 베드로전서 3:18-22에 대한 오해 때문이다. 베드로전서 3:18-22 "18그리스도께서도 단번에 죄를 위하여 죽으사 의인으로서 불의한 자를 대신하셨으니 이는 우리를 하나님 앞으로 인도하려 하심이라 **육체로는 죽임을 당하시고 영으로는 살리심을 받으셨으니** 19그가 또한 **영으로 가서 옥에 있는 영들에게 선포하시니라.** 20그들은 전에 노아의 날 방주를 준비할 동안 하나님이 오래 참고 기다리실 때에 복종하지 아니하던 자들이라 방주에서 물로 말미암아 구원을 얻은 자가 몇 명뿐이니 겨우 여덟 명이라. 21물은 예수 그리스도께서 부활하심으로 말미암아 이제 너희를 구원하는 표니 곧 세례라 이는 육체의 더러운 것을 제하여 버림이 아니요 하나님을 향한 선한 양심의 간구니라. 22그는 하늘에 오르사 하나님 우편에 계시니 천사들과 권세들과 능력들이 그에게 복종하느니라"에 대한 잘못된 해석 때문이다. 이 구절이 성자 하나님께서 지옥에 가셨다고 가르친다고 보는 것이다. 하지만 베드로전서 3:18-22는 그런 뜻이 아니다.[149]

베드로전서 3:18의 "육체로는 죽임을 당하시고 영으로는 살리심을 받으셨으니"는 성자 하나님께서 죽으신 뒤에 육체는 죽으셨고 영혼은 살아나셨다는 뜻으로 오해하기 쉽고, 베드로전서 3:19의 "그가 또한 영으로 가서 옥에 있는 영들에게 선포하시니라"는 성자 하나님께서 죽으신 뒤에 그의 영혼이 지옥에 가서 지옥에 있는 영혼들에게 선포하셨다는 것으로 오해하기 쉽다.

그러나 이 구절은 사도신경에서 말하는 "음부에 내려가셨으며"와는 전혀 상관없다. 베드로전서 3장은 성자 하나님의 죽으심과 다시 살아나신 것 사이에 어떤 일이 있었는지를 보여주는 본문이 아니다.

그렇다면 베드로전서 3:18-22는 무슨 뜻인가? 18절 하반부의 "육체로는 죽임을 당하시고 영으로는 살리심을 받으셨으니"는 성자 하나님께서 죽으신 뒤에 육체는 죽으셨고 영혼은 살아나셨다는 뜻으로 오해하는 경우가 많은데, 성자 하나님의 육체와 영혼을 비교하는 내용이 아니다. 성자 하나님의 죽음이 자연적이고 물리적인 영역에서 발생했으나, 그의 부활은 영의 영역 안에서 일어났다는 것을

---

149) 이 구절은 신약성경에서 가장 해석하기 어려운 본문 중 하나다. Edwin A. Blum, "1 Peter," *The Expositor's Bible Commentary*, vol 12 (Grand Rapids: Zondervan, 1981), 241.

대조하는 것이다.[150] 다시 말해 성자 하나님의 부활이 성령에 의해 일어난 영적인 사건이라는 의미다(참조. 롬 1:3,4; 6:10). 그리고 19절의 "그가 또한 영으로 가서 옥에 있는 영들에게 선포하시니라"는 성자 하나님께서 죽으신 뒤에 그의 영혼이 지옥에 가서서 영들에게 선포하신 것처럼 오해될 수 있지만, 이 본문은 뒤에 나오는 베드로전서 4:6과 관련해서 생각해야 한다. 베드로전서 4:6을 보면 "죽은 자들에게도 복음이 전파되었으니"라는 말이 나오는데 이 말은 '지금 현재'(본문이 말하는 시점)[151] 죽은 자들에게도 이전에 그들의 살아생전에 복음이 전파되었다는 뜻이다. 성자 하나님께서 십자가에서 죽으신 뒤에 그들에게 가서서 복음을 전한 것이 아니라, 성자 하나님께서 이 세상에 오시기 전에 이미 그들에게도 복음이 증거되었다는 것이다. 이러한 관점에서 베드로전서 3:19에서 말하는 '옥에 있는 영들에게 선포된 시점'은 예수님께서 죽으신 뒤가 아니다. 그들이 죽기 전이다. 이에 따라 베드로전서 3:19를 재구성하면 "영으로 지금 옥에 있는 영들에게 그때에 복음을 선포하셨다"이다.

요컨대, 베드로전서 3:18-22는 성자 하나님께서 죽으시고 나서 지옥에 가셨다는 의미가 전혀 아니다. 게다가 베드로전서 3:18-22는 사도신경이 고백하는 **"음부에 내려가셨으며"**의 근거구절이 아니다.

바른 해석

그렇다면 사도신경에서 고백하는 **"음부에 내려가셨으며"**는 어떤 의미인가? 이 고백은 사도신경의 다른 문구와 달리 성경의 직접적인 진술에 기초하지 않는다.[152]

개혁주의 신학자들의 대다수는 이 부분을 비유적으로 본다.[153] '음부'를 직접적인 장소로 보지 않고 상징적으로 '지옥의 고통'을 의미하는 것(시 18:5)으로 본다. 그 이유는 성자 하나님께서 죽으신 뒤에 어느 장소로 가셨다는 성경말씀이 전혀 없기 때문이다. 이에 따라 '음부'를 '지옥의 고통'으로 이해하고, 십자가의 죽으심을 통해 겪으신 성자 하나님의 영적 고뇌가 지옥과 같은 극심한 고난이었다는 비유적인 표현으로 본다. 예수님께서 얼마나 극심한 영혼의 고통을

---

150) J. Ramsey Michaels, *1 Peter*, WBC 49 (Waco: Word, 1988), 204.

151) NIV는 '지금'이라는 의미를 번역해 두었다(who are now dead).

152) Berkhof, *Systematic Theology*, 341.

153) 이렇게 보는 것은 칼뱅의 견해를 따르는 것이다. *Institutes*, II. xvi. 8-12.

당하셨는지 그가 지옥의 고통까지도 우리를 위해 당하셨다는 것을 표현하는 것으로 본다.

개혁주의 신학에 따르면 "음부에 내려가셨으며"라는 고백은 그리스도의 십자가 사건이 단순한 육체적 고통이기보다 영적 고통이라는 사실을 더욱 잘 보여주려는 사도신경의 강조다.

이에 대해서 하이델베르크 요리문답 제44문답이 아주 잘 설명하고 있다.

하이델베르크 요리문답

44문 : "음부에 내려가셨으며"라는 말이 왜 덧붙여져 있습니까?

  답 : 내가 큰 고통과 중대한 시험을 당할 때에도 나의 주 예수 그리스도께서 나를 **지옥의 두려움과 고통**으로부터 구원하셨음을 확신하고 거기에서 풍성한 위로를 얻도록 하기 위함입니다.[9] 그분은 그분의 모든 고난을 통하여 특히 십자가에서 말할 수 없는 두려움anguish과 아픔pain과 공포terror와 **지옥의 고통**을 친히 당하심으로써 나의 구원을 이루셨습니다.[10]

———————

9) 사 53:5   10) **시 18:5**–6; 116:3; 마 26:38; 27:46; 히 5:7

하이델베르크 요리문답은 칼뱅을 비롯한 개혁주의 신학자들의 견해에 따라 "음부에 내려가셨으며"라는 구절이 실제로 성자 하나님이 어디에 가셨다는 의미가 아니라 그가 당하신 고난을 비유적으로 표현하는 것이라는 점을 분명히 이해하고 위와 같이 고백한다. 게다가 베드로전서 3:18-22를 근거구절로 언급하지 않는다.

웨스트민스터 대요리문답 제50문답의 차이점

"음부에 내려가셨으며"에 대해서는 개혁신학자들 가운데서도 다양한 견해가 있다. 코케이우스(Johannes Cocceius)와 베자(Theodor Beza)는 "장사되심"(행 2:24-27; 참조. 시 16:10)으로 이해하고, 부르만(Peter Burman), 에임스(William Ames), 퍼킨스(William Perkins) 등은 "죽음의 권세 아래 계셨던 것"으로 이해한다.[154]

웨스트민스터 대요리문답 제50문답은 "음부에 내려가신 것"을 장사되셔서 죽음의 권세 아래 계셨던 것으로 고백한다.[155]

웨스트민스터 대요리문답

50문 : 그리스도께서 죽으신 후에 있었던 그리스도의 낮아지심은 무엇으로 이루어져 있습니까?

답 : 그리스도께서 죽으신 후에 있었던 그리스도의 낮아지심은 장사되셔서,[1] 제 삼 일까지 죽음의 권세 아래 죽은 자의 상태에 계속 계신 것으로 이루어져 있습니다.[2] 이는 다른 말로 "그분이 음부에 내려가셨습니다he descended into hell"라고 표현되었습니다.

1) 고전 15:3-4   2) 시 **16:10**; 행 **2:24-27,31**; 롬 6:9; 마 12:40

웨스트민스터 대요리문답 제50문답의 가르침은 개혁주의 신학자 다수의 견해와 크게 다르지 않다. 왜냐하면 성자 하나님께서 장사되셔서 죽음의 권세 아래 죽은 자의 상태에 계신 동안 그분이 경험한 것이 곧 '지옥의 고통'이기 때문이다.

개혁신학자들 간에 세부적인 면에 있어서 다른 의견이 있음에도 불구하고 몇 가지 중요한 사실에 있어서는 공통적이었으니, 이 고백을 중요하게 여겼고, 음부를 실제적인 공간으로 보지 않았으며, 베드로전서 3:18-22를 이 고백에 대한 근거구절로 보지 않았고, 이 고백의 의미를 성자 하나님께서 당하신 고난으로 이해했다.

---

154) Herman Bavinck, *Gereformeerde Dogmatiek*, III, 47, [394]; 문병호, 『기독론』, 885.

155) 웨스트민스터 신앙고백서는 제8장 제4절에서 "음부에 내려가셨으며"라는 언급은 없지만 그 대신 "죽음의 권세 아래 계셨으나"라고 표현함으로써 웨스트민스터 대요리문답 제50문답과 같은 해석을 한다.

이 고백의 의의

"음부에 내려가셨으며"라는 고백은 우리에게 어떤 의의가 있는가? 이 고백은 우리가 당해야 할 하나님의 진노와 저주는 지옥의 고통과 같은데, 그것을 친히 그리스도께서 담당하셔서 해결해주셨음을 고백하는 것이다. 이 고백은 그리스도의 고난과 죽으심의 의미를 더 심화시키는 표현이다(cf. 시 18:5). 또한 그리스도의 십자가 사건이 단순한 육체적 고통이기보다 영적 고통이라는 사실을 더욱 잘 보여준다. 그리스도의 대속의 의는 육체만 아니라 영혼에도 미치는 전인적인 것이다.

성자 하나님께서 겪으셨던 육체의 고통보다 더 끔찍스러운 것은 우리의 죄를 위해 죄책을 지시는 영적인 고통이었다. 우리와는 비교할 수 없을 정도로 거룩하신 분으로 죄와 죄책감에 대하여 엄청난 거부감을 갖고 계신 분의 영혼이 그토록 거부하던 모든 악을 짊어지셨으니 자신에 대한 혐오감은 말로 다할 수 없었을 것이다.[156]

행복한 무지냐 어려운 앎이냐

"음부에 내려가셨다"는 고백의 해석은 매우 어렵다. 그래서 이 구절을 아예 빼버려서 로마가톨릭이나 루터파, 그 외 여러 사람들이 오해했던 것처럼 다른 사람들도 오해하지 않도록 하는 것이 유익할 수도 있다. 일종의 '행복한 무지'로 내버려 두는 것이 좋을 수도 있다. 그러나 아예 모르기보다는 제대로 알고 제대로 고백하여 이 부분에 대한 오해를 하지 않도록 조심하는 것이 더욱 좋다.[157]

종교개혁 당시에도 이 구절이 어려우니 빼자는 주장이 있었다. 그러나 칼뱅은 "교부들 가운데는 이 부분을 말하지 않은 사람이 한 명도 없고, 이 고백에는 구원을 위해서 유용한 비밀이 포함되어 있으므로 이 부분을 뺀다면 그리스도의 죽으심의 혜택을 대부분 잃어버릴 것이다"라고 했다.[158]

한국교회는 어렵거나 곤란한 내용은 아예 가르치지 않음으로 성도들을 우민화(愚民化)하려는 경향이 있다. 그러다 보니 교회가 성도들에게 성경을 잘 가르치지 않음으로 성경을 모르는 성도들을 양산해 내는 경향이 있는데, 그것은 절대

---

156) Grudem, 『조직신학(중)』, 97-98.
157) 이승구, 『사도신경』, 211.
158) *Institutes*, II. xvi. 8.

로 바람직하지 않다. 교회는 끊임없이 성경과 신앙고백과 교회 역사를 가르쳐야 한다. "음부에 내려가셨으며"라는 고백에 대한 부분 역시도 잘 알고 잘 고백해야 한다.

같은 표현, 다른 고백

"음부에 내려가셨으며"라는 고백을 통해서 다시 확인하게 되는 것은 사도신경을 동일하게 고백해도 그 고백의 내용은 완전히 달라질 수 있다는 것이다. 앞서 보았듯이 이 내용을 로마가톨릭, 루터파 등도 고백하지만 그들의 고백과 우리의 고백은 외형상 표현만 같을 뿐 그 의미는 완전히 다르다. 이런 점에서 외형이 같다고 해서 내면도 같다고 판단하지 않도록 유의해야 한다. 그리고 어떤 부분을 고백한다고 할 때에 그 부분에 대한 정확한 의미를 알지 못하고 고백하는 것은 무의미하다는 것을 기억해야 한다. "음부에 내려가셨으며"라는 고백을 입으로 하더라도 그 의미를 모른 채 하게 될 때 그 고백은 잘못되거나 헛된 고백이 될 수밖에 없다.

이 고백의 위치

"음부에 내려가셨으며"를 죽음 가운데 당한 고통으로 이해한다면, "십자가에 못 박히셨고, 죽으셨고, 장사되셨고, 음부에 내려가셨으며"가 아니라 "십자가에 못 박히셨고, 음부에 내려가셨으며, 죽으셨고, 장사되셨으며"로 해야 하지 않을까? 왜 "장사되셨고" 다음에 있을까?

음부에 내려가심이 시간적으로는 죽으심과 장사되심보다 앞서지만, 영혼의 고통이 육체의 고통보다 크고 완전한 의를 채우는 마지막 요소가 되므로 마지막에 배치한 것이라고 보는 것이 개혁주의 신학의 입장이다.[159]

번역 문제

음부(陰府)는 한자어지만 다른 한글로 대체할 표현이 마땅치 않고 한글번역성경에서 음부라고 번역했을 뿐만 아니라, 한국천주교회가 번역한 것처럼 "저승에 가시어"라고 하거나, 한국개신교회의 새 번역 난외주에 번역된 것처럼 "지옥에 내려가신 지"라고 하는 것은 음부(陰府)를 지옥의 고통이라는 상징적 의미로 보

---

159) 문병호, 『기독론』, 885.

는 개혁주의 신학의 해석과 다른 뜻이 되므로 음부 그대로 두었다.

참고로, 지옥(地獄)은 한자어이며, 저승은 불교에서 온 용어로서 지시대명사 '저'와 삶을 뜻하는 한자어 '생(生)'이 합쳐져서 이루어진 말로서 '저생'의 소리가 변해서 '저승'이 되었다.

"음부로"라고 하지 않고 "음부에"라고 한 것은 음부가 장소적인 의미를 담고 있는 것이 아니기 때문이다. 이후에 다루게 될 "하늘로 오르셨고"는 "하늘에"가 아닌 "하늘로"라고 했다.

이 고백을 할 때 가져야 할 마음

"음부에 내려가셨으며"라는 고백을 할 때는 성자 하나님께서 죽으신 뒤에 직접 음부에 내려가신 것이 아니라, 성자 하나님께서 죽기까지 고난 받으셨던 일이 마치 음부에 내려가시는 것처럼 말할 수 없는 두려움과 아픔과 공포와 지옥의 고통을 당하셨음을 기억해야 한다. 나아가 그리스도의 고난과 죽음은 우리의 몸과 영혼 모두를 위함임을 기억해야 한다.

성자 하나님의 높이 되심

사도신경의 다섯 번째 문장부터 일곱 번째 문장에서 고백하는 "삼 일째에 죽은 사람들 가운데서 다시 살아나셨으며, 하늘로 오르셨고, 전능하신 하나님 아버지의 오른쪽에 앉아 계시는데, 거기로부터 살아 있는 사람들과 죽은 사람들을 심판하러 오실 것입니다"라는 부분은 성자 하나님의 높이 되심을 다룬다.[160]

성자 하나님은 원래 높은 분이셨으나 이 세상에 오시면서 스스로 낮아지셨다(빌 2:6-8; WSC 제27문답; WLC 제46문답). 낮아지신 성자 하나님은 다시 살아나심으로 성부 하나님께서 그를 높여주셨다.[161]

성자 하나님의 부활이 성자 하나님의 높이 되심의 시작이라는 사실은 사도행전 2:31-36 "³¹미리 본 고로 그리스도의 부활을 말하되 그가 음부에 버림이 되지 않고 그의 육신이 썩음을 당하지 아니하시리라 하더니 ³²이 예수를 하나님이 살리신지라 우리가 다 이 일에 증인이로다. ³³**하나님이 오른손으로 예수를 높이시매** 그가 약속하신 성령을 아버지께 받아서 너희가 보고 듣는 이것을 부어 주셨느니라. ³⁴다윗은 하늘에 올라가지 못하였으나 친히 말하여 이르되 주께서 내 주에게 말씀하시기를 ³⁵내가 네 원수로 네 발등상이 되게 하기까지 너는 내 우편에 앉아 있으라 하셨도다 하였으니 ³⁶그런즉 이스라엘 온 집은 확실히 알지니 **너희가 십자가에 못 박은 이 예수를 하나님이 주와 그리스도가 되게 하셨느니라** 하

---

160) 이 고백에 따라 개혁신학은 그리스도의 높이 되심을 네 단계로 구별한다. 부활, 승천, 좌정, 재림.
161) 성자 하나님의 낮아지심을 다루고 있는 웨스트민스터 대요리문답 제47-49문답은 "어떻게 스스로 낮추셨습니까?(how did Christ humble himself)"라고 묻는 반면, 성자 하나님의 높이 되심을 다루고 있는 웨스트민스터 대요리문답 제52-54문답은 "어떻게 높이 되셨습니까?(how was Christ exalted)"라고 묻는다. 성자 하나님께서는 스스로 자신을 낮추셨고, 그 결과 성부 하나님께서 성자 하나님을 높여주셨다(행 2:33).

니라"는 말씀 중 33절의 "하나님이 오른손으로 예수를 높이시매"와 36절의 "너희가 십자가에 못 박은 이 예수를 하나님이 주와 그리스도가 되게 하셨느니라"에 잘 나타나 있다.[162]

이에 대해서 웨스트민스터 소요리문답 제28문답과 웨스트민스터 대요리문답 제51문답은 다음과 같이 고백한다.

웨스트민스터 소요리문답

28문 : 그리스도의 높이 되심은 무엇으로 이루어져 있습니까?
Wherein consisteth Christ's exaltation?

답 : 그리스도의 높이 되심은 삼 일째에 죽은 사람들 가운데서 다시 살아나신 것rising again과[1] 하늘로 오르신 것ascending up과[2] 하나님 아버지의 오른쪽에 앉으신 것과[3] 마지막 날에 세상을 심판하러 오시는 것으로 이루어져 있습니다.[4]

---

1) 고전 15:4   2) 막 16:19   3) 엡 1:20   4) 행 1:11; 17:31

---

162) 여기에서 우리가 조심해야 할 것은 예수님께서 원래 높지 않으셨는데 높아지게 된 것으로 오해하면 안 된다. 원래 높으신 분이었는데, 낮아지셨다가 다시 높아지셨다.

51문 : 그리스도의 높이 되심의 상태는 무엇이었습니까?
What was the estate of Christ's exaltation?

답 : 그리스도의 높이 되심은 그분의 부활resurrection과[1] 승천ascension과[2] 아버지의 오른쪽에 앉으신 것과[3] 세상을 심판하러 다시 오실 것his coming again을 포괄합니다comprehendeth.[4]

---

1) 고전 15:4   2) 막 16:19   3) 엡 1:20   4) 행 1:11; 17:31

5문장 | 삼 일째에 죽은 사람들 가운데서 다시 살아나셨다[163]

- 성자 하나님: 부활

관련 신조

하이델베르크 요리문답 제45문답

웨스트민스터 소요리문답 제28문답

웨스트민스터 대요리문답 제51-52문답

웨스트민스터 신앙고백서 제8장 제4절

번역 문제

옛 번역: 사흘 만에 죽은 자 가운데서 다시 살아나시며

새 번역: 사흘 만에 죽은 자 가운데서 다시 살아나셨으며

저자 번역: 삼 일째(사흗날, 사흘째, 셋째 날)에 죽은 사람들 가운데서 다시 살아나셨으며

번역 설명: ① "사흘 만에"는 "만 3일" 즉, 72시간으로 이해될 수 있는데, 성자 하나님은 금요일 오후에 죽으셔서 일요일 새벽에 다시 살아나셨으므로 3일째 되는 날에 다시 살아나셨다.[164] 그래서 "만에"보다는 "날에" 혹은 "째에"로 하는 것이 낫다.[165] ② 옛 번역과 새 번역은 '사흘'이라는 표현이 사용되었는데, 삼 일(三

---

163) 칼뱅은 이 주제를 *Institutes*, II. xvi. 13에서 다룬다.

164) 유대인들은 하루 중 어떤 부분이라도 하루로 환산했다. 그렇기에 "삼 일째에"라고 할 때는 사망하신 날과 부활하신 날을 포함해서 계산해야 한다. 간혹 "밤낮 사흘 동안"(마 12:40)이나 "사흘 후에"(마 27:63)라고 표현하기도 한 것도 이러한 이유 때문이다. 이에 대해서는 요나가 뱃속에 있었던 3일과 예수님이 십자가에 계셨던 3일의 차이에 대해 설명해 놓은 다음을 참조하라. Leon Morris, *The Gospel according to Matthew*, PNTC (Grand Rapids: Eerdmans, 1992), 325-326. Herman Ridderbos, *Korte Verklaring der Heilige Schrift-Mattheus* (Kampen: kok), trans by Ray Togtman (Grand Rapids: Zondervan, 1987), 오광만 역, 『마태복음(상)』(서울: 여수룬, 1999⁵), 380. 개역개정과 개역한글은 "제 삼 일에"(마 16:21;

日)이 한자어이긴 하지만 사흘이라는 표현보다는 더 자주 쓰이고, 어린아이들의 경우 '사흘'이라는 표현을 거의 사용하지 않기 때문에 삼 일(三日)이 더 낫겠다고 판단했다. ③ "삼 일째에"와 "제 삼 일에" 둘 다 사용가능하겠으나, "제 삼 일(第三日)에"로 할 경우 모두 한자어이기 때문에 "사흘날에" 또는 "사흘째에" 또는 "삼 일째에"로 하는 것이 좋다고 본다.[166] ④ 옛 번역과 새 번역은 "죽은 자"라고 해서 복수를 표현하지 않았다. 한글어법에서는 복수를 생략하는 경우가 많기 때문이다. 하지만, 신조는 엄밀한 의미를 드러낼 필요가 있으므로 "죽은 자들"로 복수를 분명히 하는 것이 좋겠으며, "자(者)"는 한자어이므로 "죽은 사람들"이라고 했다. ⑤ 옛 번역은 "살아나시며"라고 해서 시제가 드러나지 않는데, 다시 살아나신 일은 오늘날에도 의미 있는 현재적 사건이긴 하지만 엄연히 과거에 일어난 일이므로 새 번역대로 "살아나셨으며"가 좋다. ⑥ 옛 번역과 새 번역 모두 "부활하셨으며"라는 한자어가 섞인 표현 대신 "다시 살아나시다"는 표현을 사용했다는 점에 따라 "다시 살아나셨으며"라고 했다.

성자 하나님께서 다시 살아나셨음에 대한 고백

"**다시 살아나셨다**"는 십자가에 못 박히셨고, 죽으셨고, 장사되셨던 성자 하나님께서 더 이상 죽음에 머물러 계시지 않으시고 다시 살아나셨다는 고백이다. 성자 하나님은 죽으셨다가 다시 살아나셨다. 부활(復活, the Resurrection)하셨다. 금요일 밤에 장사되신 성자 하나님은 성경의 예언과 자신의 약속대로(마 12:40; 16:21; 17:23; 20:19; 막 8:31; 눅 9:22; 18:33; 요 2:19) 삼 일째인 안식 후 첫날 일요일 새벽에 죽은 사람들 가운데서 다시 살아나셨다. 다시 살아나신 성자 하나님은 다시 죽지 아니하실 것이고, 죽음이 다시 그분을 주장하지 못할 것이다(롬 6:9).

17:23; 20:19; 눅 9:22; 24:7,46 등), "사흘 만에"(막 8:31; 행 10:40; 고전 15:4), "삼 일 만에"(막 9:31; 10:34; 눅 18:33) "사흘 후에"(마 27:63) 등으로 다양하게 번역했다.

165) 김헌수, 『하이델베르크 요리문답 강해 II: 높아지신 그리스도와 성신 하나님의 위로』(서울: 성약출판사, 2010), 15.

166) 한국천주교회와 독립개신교회는 "사흗날에"로 번역했다.

근거 성경구절

성자 하나님께서는 십자가에 달리시기 전에 자신이 다시 살아나실 것을 예언하셨으니 그에 대한 근거구절은 다음과 같다. 마태복음 16:21 "이때로부터 예수 그리스도께서 자기가 예루살렘에 올라가 장로들과 대제사장들과 서기관들에게 많은 고난을 받고 죽임을 당하고 **제 삼 일에 살아나야 할 것**을 제자들에게 비로소 나타내시니." 마태복음 17:9 "그들이 산에서 내려올 때에 예수께서 명하여 이르시되 **인자가 죽은 자 가운데서 살아나기 전에는** 본 것을 아무에게도 이르지 말라 하시니." 마태복음 17:23 "죽임을 당하고 **제 삼 일에 살아나리라** 하시니 제자들이 매우 근심하더라." 마태복음 20:19 "이방인들에게 넘겨주어 그를 조롱하며 채찍질하며 십자가에 못 박게 할 것이나 **제 삼 일에 살아나리라**." 마가복음 8:31 "인자가 많은 고난을 받고 장로들과 대제사장들과 서기관들에게 버린바 되어 죽임을 당하고 **사흘 만에 살아나야 할 것을 비로소 그들에게 가르치시되**." 마가복음 9:31 "이는 제자들을 가르치시며 또 인자가 사람들의 손에 넘겨져 죽임을 당하고 **죽은 지 삼 일만에 살아나리라는 것을 말씀**하셨기 때문이더라." 마가복음 10:34 "그들은 능욕하며 침 뱉으며 채찍질하고 죽일 것이나 **그는 삼 일 만에 살아나리라** 하시니라." 누가복음 9:22 "이르시되 인자가 많은 고난을 받고 장로들과 대제사장들과 서기관들에게 버린바 되어 죽임을 당하고 **제 삼 일에 살아나야 하리라** 하시고." 누가복음 18:33 "그들은 채찍질하고 그를 죽일 것이나 **그는 삼 일 만에 살아나리라** 하시되." 요한복음 20:9 "그들은 **성경에 그가 죽은 자 가운데서 다시 살아나야 하리라 하신 말씀**을 아직 알지 못하더라."

이 예언에 따라 성자 하나님은 십자가에 죽으신 뒤에 다시 살아나셨으니, 사람들이 성자 하나님을 장사 지낸 무덤에 갔을 때에 천사들이 그 사실을 다음과 같이 증거하였다. 마태복음 28:6-7 "⁶그가 여기 계시지 않고 **그가 말씀 하시던 대로 살아나셨느니라.** 와서 그가 누우셨던 곳을 보라 ⁷또 빨리 가서 그의 제자들에게 이르되 **그가 죽은 자 가운데서 살아나셨고** 너희보다 먼저 갈릴리로 가시나니 거기서 너희가 뵈오리라 하라 보라 내가 너희에게 일렀느니라 하거늘." 마가복음 16:6 "청년이 이르되 놀라지 말라. 너희가 십자가에 못 박히신 나사렛 예수를 찾는구나. **그가 살아나셨고** 여기 계시지 아니하니라. 보라 그를 두었던 곳이니라." 누가복음 24:6-7 "⁶여기 계시지 않고 **살아나셨느니라.** 갈릴리에 계실 때에 너희에게 어떻게 말씀하셨는지를 기억하라. ⁷이르시기를 인자가 죄인의 손에 넘겨져 십자가에 못 박히고 **제 삼 일에 다시 살아나야 하리라** 하셨느니라." 누가복음 24:23-24 "²³그의 시체는 보지 못하고 와서 **그가 살아나셨다** 하는 천사들의 나타남을 보았다 함이라 ²⁴말하기를 **주께서 과연 살아나시고** 시몬에게 보이셨다 하는지라."

다시 살아나신 성자 하나님은 사람들에게 자신의 부활을 직접 보여주셨으니, 막달라 마리아에게 나타나셨고(막 16:9; 요 20:14-17), 무덤에서 돌아가던 여인들에게 보이셨고(마 28:8-10), 게바(베드로)에게 보이셨고(눅 24:34; 고전 15:5), 엠마오로 가는 두 명의 제자에게 보이셨고(막 16:12,13; 눅 24:13-35), 열두 제자에게 보이셨고(요 20:24-29; 고전 15:5), 베드로를 비롯한 일곱 제자에게 보이셨고(요 21:1-14), 500여 형제에게 일시에 보이셨고(고전 15:6). 야고보에게 보이셨고(고전 15:7), 모든 사도에게 보이셨고(마 28:16-20; 눅 24:50-53; 막 16:19,20; 행 1:9-12), 감람산에서 하늘로 올라가실 때에 보이셨고(눅 24:50-53; 행 1:6-12), 다메섹 도상의 바울에게 보이셨고(행 9:3-6; 고전 15:8), 스데반에게 보이셨고(행 7:55), 밧모 섬에서 요한에게 보이셨다(계 1:10-19).

이와 같이 다시 살아나신 성자 하나님은 개인들에게 나타나셨을 뿐만 아니라, 두 사람에게, 작은 그룹에게 나타나기도 하셨으며, 많은 무리에게도 나타나셨고, 남자와 여자에게, 공적으로와 사적으로도, 각기 다른 시간에, 예루살렘에서도 갈릴리에서도 나타나셨다. 이러한 성경의 언급은 우리 주 예수 그리스도의 다시 살아나심의 온전함과 확실성을 드러낸다.

성자 하나님께서 다시 살아나신 뒤에 사도들이 전파한 복음의 핵심은 성자 하나님의 다시 살아나심(부활)이었다. 사도행전 2:23-24 "²³그가 하나님께서 정하신 뜻과 미리 아신 대로 내준 바 되었거늘 너희가 법 없는 자들의 손을 빌려 못 박아 죽였으나 ²⁴**하나님께서 그를 사망의 고통에서 풀어 살리셨으니** 이는 그가 사망에 매여 있을 수 없었음이라." 사도행전 2:31 "미리 본 고로 **그리스도의 부활을 말하되** 그가 음부에 버림이 되지 않고 그의 육신이 썩음을 당하지 아니하시리라 하더니." 사도행전 3:14-15 "¹⁴너희가 거룩하고 의로운 이를 거부하고 도리어 살인한 사람을 놓아 주기를 구하여 ¹⁵생명의 주를 죽였도다. 그러나 **하나님이 죽은 자 가운데서 그를 살리셨으니 우리가 이 일에 증인이라.**" 사도행전 4:33 "사도들이 큰 권능으로 **주 예수의 부활을 증언하니** 무리가 큰 은혜를 받아." 사도행전 10:41 "모든 백성에게 하신 것이 아니요 오직 미리 택하신 증인 곧 **죽은 자 가운데서 부활하신 후** 그를 모시고 음식을 먹은 우리에게 하신 것이라." 사도행전 17:3 "뜻을 풀어 **그리스도가 해를 받고 죽은 자 가운데서 다시 살**

아나야 할 것을 증언하고 이르되 내가 너희에게 전하는 이 예수가 곧 그리스도라 하니.” 사도행전 26:23 “곧 **그리스도가 고난을 받으실 것과 죽은 자 가운데서 먼저 다시 살아나사 이스라엘과 이방인들에게 빛을 전하시리라 함이니이다 하니라.**” 로마서 1:4 “성결의 영으로는 **죽은 자들 가운데서 부활하사** 능력으로 하나님의 아들로 선포되셨으니 곧 우리 주 예수 그리스도시니라.” 로마서 6:5 “만일 우리가 그의 죽으심과 같은 모양으로 연합한 자가 되었으면 또한 **그의 부활과 같은 모양으로** 연합한 자도 되리라.” 로마서 6:9 “이는 **그리스도께서 죽은 자 가운데서 살아나셨으매** 다시 죽지 아니하시고 사망이 다시 그를 주장하지 못할 줄을 앎이로라.” 로마서 8:34 “누가 정죄하리요 죽으실 뿐 아니라 **다시 살아나신 이는 그리스도 예수시니** 그는 하나님 우편에 계신 자요 우리를 위하여 간구하시는 자시니라.” 로마서 14:9 “이를 위하여 **그리스도께서 죽었다가 다시 살아나셨으니** 곧 죽은 자와 산 자의 주가 되려 하심이라.” 고린도전서 15:4 “장사 지낸 바 되셨다가 **성경대로 사흘 만에 다시 살아나사.**” 고린도전서 15:12-22 “[12] **그리스도께서 죽은 자 가운데서 다시 살아나셨다 전파되었거늘** 너희 중에서 어떤 사람들은 어찌하여 죽은 자 가운데서 부활이 없다 하느냐. [13]만일 죽은 자의 부활이 없으면 그리스도도 다시 살아나지 못하셨으리라. [14]**그리스도께서 만일 다시 살아나지 못하셨으면 우리가 전파하는 것도 헛것이요** 또 너희 믿음도 헛것이며 [15]또 우리가 하나님의 거짓 증인으로 발견되리니 **우리가 하나님이 그리스도를 다시 살리셨다고 증언하였음이라** 만일 죽은 자가 다시 살아나는 일이 없으면 하나님이 그리스도를 다시 살리지 아니하셨으리라. [16]만일 죽은 자가 다시 살아나는 일이 없으면 그리스도도 다시 살아나신 일이 없었을 터이요. [17]그리스도께서 다시 살아나신 일이 없으면 너희의 믿음도 헛되고 너희가 여전히 죄 가운데 있을 것이요 [18]또한 그리스도 안에서 잠자는 자도 망하였으리니 [19]만일 그리스도 안에서 우리가 바라는 것이 다만 이 세상의 삶뿐이면 모든 사람 가운데 우리가 더욱 불쌍한 자이리라. [20]그러나 이제 **그리스도께서 죽은 자 가운데서 다시 살아나사 잠자는 자들의 첫 열매가 되셨도다.** [21]사망이 한 사람으로 말미암았으니 죽은 자의 부활도 한 사람으로 말미암는도다. [22]아담 안에서 모든 사람이 죽은 것같이 그리스도 안에서 모든 사람이 삶을 얻으리라.” 고린도후서 5:15 “그가 모든 사람을 대신하여 죽으심은 살아 있는 자들로 하여금 다시는 그들 자신을 위하여 살지 않고 오직 그들을 대신하여 죽었다가 다시 살아나신 이를 위하여 살게 하려 함이라.” 데살로니가전서 4:14 “우리가 **예수께서 죽으셨다가 다시 살아나심을**

믿을진대 이와 같이 예수 안에서 자는 자들도 하나님이 그와 함께 데리고 오시리라." 디모데후서 2:8 "내가 전한 복음대로 다윗의 씨로 **죽은 자 가운데서 다시 살아나신 예수 그리스도를 기억하라.**" 베드로전서 1:3 "우리 주 예수 그리스도의 아버지 하나님을 찬송하리로다 그의 많으신 긍휼대로 **예수 그리스도를 죽은 자 가운데서 부활하게 하심으로 말미암아 우리를 거듭나게 하사** 산 소망이 있게 하시며."

이 외에도 성경은 성자 하나님의 부활에 대해 매우 많이 증언한다.

죽은 자들 가운데서 다시 살아나셨음

사도신경은 "다시 살아나셨고"라고 하지 않고, **"죽은 사람들 가운데서 다시 살아나셨으며"**라고 고백한다. 왜 그럴까?

성경에는 예수님이 "죽은 자 가운데서 다시 살아나셨다"고 표현하는 부분이 많이 나오기 때문이다. 마태복음 17:9 "그들이 산에서 내려올 때에 예수께서 명하여 이르시되 인자가 **죽은 자 가운데서 살아나기** 전에는 본 것을 아무에게도 이르지 말라 하시니." 마태복음 28:7 "또 빨리 가서 그의 제자들에게 이르되 그가 **죽은 자 가운데서 살아나셨고** 너희보다 먼저 갈릴리로 가시나니 거기서 너희가 뵈오리라 하라 보라 내가 너희에게 일렀느니라 하거늘." 요한복음 20:9 "(그들은 성경에 그가 **죽은 자 가운데서 다시 살아나야** 하리라 하신 말씀을 아직 알지 못하더라)." 요한복음 21:14 "이것은 예수께서 **죽은 자 가운데서 살아나신 후**에 세 번째로 제자들에게 나타나신 것이라." 사도행전 3:15 "생명의 주를 죽였도다 그러나 하나님이 **죽은 자 가운데서 그를 살리셨으니** 우리가 이 일에 증인이라." 사도행전 4:10 "···하나님이 **죽은 자 가운데서 살리신** 나사렛 예수 그리스도의 이름으로···." 사도행전 10:41 "모든 백성에게 하신 것이 아니요 오직 미리 택하신 증인 곧 **죽은 자 가운데서 부활하신 후** 그를 모시고 음식을 먹은 우리에게 하신 것이라." 사도행전 13:30 "하나님이 **죽은 자 가운데서 그를 살리신지라.**" 사도행전 17:3 "뜻을 풀어 그리스도가 해를 받고 **죽은 자 가운데서 다시 살아나야 할 것**을 증언하고 이르되 내가 너희에게 전하는 이 예수가 곧 그리스도라 하니." 사도행전 26:23 "곧 그리스도가 고난을 받으실 것과 **죽은 자 가운데서 먼저 다시 살아나사** 이스라엘과 이방인들에게 빛을 전하시리라 함이니이다 하니라." 로마서 1:4 "성결의 영으로는 **죽은 자들 가운데서 부활하사** 능력으로 하나님의 아들로 선포되셨으니 곧 우리 주 예수 그리스도시니라." 로마서 6:9

"이는 그리스도께서 **죽은 자 가운데서 살아나셨으매** 다시 죽지 아니하시고 사망이 다시 그를 주장하지 못할 줄을 앎이로라." 로마서 7:4 "…다른 이 곧 **죽은 자 가운데서 살아나신** 이에게 가서…." 로마서 8:11 "예수를 **죽은 자 가운데서 살리신** 이의 영이 너희 안에 거하시면 그리스도 예수를 **죽은 자 가운데서 살리신** 이가 너희 안에 거하시는 그의 영으로 말미암아 너희 죽을 몸도 살리시리라." 로마서 10:9 "네가 만일 네 입으로 예수를 주로 시인하며 또 하나님께서 그를 **죽은 자 가운데서 살리신** 것을 네 마음에 믿으면 구원을 받으리라." 고린도전서 15:12 "그리스도께서 **죽은 자 가운데서 다시 살아나셨다** 전파되었거늘 너희 중에서 어떤 사람들은 어찌하여 **죽은 자 가운데서 부활**이 없다 하느냐." 고린도전서 15:20 "그러나 이제 그리스도께서 **죽은 자 가운데서 다시 살아나사** 잠자는 자들의 첫 열매가 되셨도다." 갈라디아서 1:1 "사람들에게서 난 것도 아니요 사람으로 말미암은 것도 아니요 오직 예수 그리스도와 그를 **죽은 자 가운데서 살리신** 하나님 아버지로 말미암아 사도 된 바울은." 에베소서 1:20 "그의 능력이 그리스도 안에서 역사하사 **죽은 자들 가운데서 다시 살리시고** 하늘에서 자기의 오른편에 앉히사." 골로새서 2:12 "너희가 세례로 그리스도와 함께 장사되고 또 **죽은 자들 가운데서 그를 일으키신** 하나님의 역사를 믿음으로 말미암아 그 안에서 함께 일으키심을 받았느니라." 히브리서 13:20 "양들의 큰 목자이신 우리 주 예수를 영원한 언약의 피로 **죽은 자 가운데서 이끌어 내신** 평강의 하나님이." 베드로전서 1:3 "우리 주 예수 그리스도의 아버지 하나님을 찬송하리로다 그의 많으신 긍휼대로 예수 그리스도를 **죽은 자 가운데서 부활**하게 하심으로 말미암아 우리를 거듭나게 하사 산 소망이 있게 하시며." 베드로전서 1:21 "너희는 그를 **죽은 자 가운데서 살리시고** 영광을 주신 하나님을 그리스도로 말미암아 믿는 자니 너희 믿음과 소망이 하나님께 있게 하셨느니라."

사도신경은 위에 열거된 성경의 표현에 근거하여 "죽은 사람들 가운데서 다시 살아나셨고"라고 고백한다. 사도신경이 철저히 성경에 근거함을 잘 보여준다.

그렇다면 성경은 왜 이런 표현을 사용하는가? 죽은 사람의 부활이 있음을 암시하기 위함이다(고전 15:13,15,17). 성자 하나님은 죽은 자들 가운데서 다시 살아나심으로 모든 죽은 자들 가운데 먼저 나신 자(골 1:18; 계 1:15)가 되셨다. 부활의 첫 열매(고전 15:20,23)가 되셨다. 성자 하나님의 부활이 죽은 사람들 가운데서의 부활이듯, 우리도 그럴 것이다(행 17:31; 엡 2:5).

반면, 로마가톨릭은 "죽은 자들 가운데서"라는 표현이 예수님께서 부활하시기 전에 죽은 자들의 거처에 머물러 계셨다는 사실을 전제조건으로 한다고 말한다.[167] 이러한 생각은 "음부에 내려가셨으며"에 대한 로마가톨릭의 이해를 반영한다.

삼 일째에

사도신경은 "죽은 사람들 가운데서 다시 살아나셨고"라는 고백 앞에 **"삼 일째에"**라는 표현을 덧붙인다.

성자 하나님은 금요일 오후에 돌아가셨고, 일요일 새벽에 다시 살아나셨다. 금, 토, 일이므로 삼 일째다. 성자 하나님은 안식일 다음 날인 일요일에 다시 살아나셨으니, 기독교회는 성자 하나님의 부활 이전에 지키던 토요일 안식일을 멈추고, 일요일을 그리스도인의 안식일(the Christian Sabbath)로 지켜 왔다(행 20:7; 고전 16:2; 계 1:10; WCF 제21장 제7절; WSC 제59문답; WLC 제116문답).[168]

부활하신 이유

십자가에서 죽임 당하셨고 무덤에 장사되셨던 성자 하나님은 왜 다시 살아나셨는가?

첫째, 성자 하나님의 속성 때문이다. 예수님은 하나님이시다. 하나님은 죽으실 수 없다. 생명 그 자체이신 하나님께 죽음은 어울리지 않는다. 실제로 성자 하나님께서는 취하신 인성 때문에 죽으셨을 뿐, 신성은 죽지 않으신다. 십자가에서 죽으시고 장사되셨을 때 신성은 죽지 않으셨다. 인성조차도 잠시 죽으셨으나, 계속해서 죽은 상태로 계실 수 없었다. 성자 하나님은 죽음에 매여 계실 수 없으셨다(행 2:24; WLC 제52문답). 죽음이 성자 하나님을 가둬놓을 수 없었다. 그래서 다시 살아나셨다. 생명의 창시자이신 성자 하나님이 죽은 자 가운데서 살아나셨다는 것은 이상한 일이 아니다. 예수님이 정말로 성자 하나님이시라면, 그분이 다시 살아나셨다는 것보다 죽으셨다는 사실이 훨씬 더 놀라운 일이다.[169]

---

167) *Catechism of the Catholic Church*, para. 632.

168) 이에 대한 자세한 설명으로는 손재익, 『십계명, 언약의 10가지 말씀』, 166–176을 보라.

169) James I. Packer, *Knowing God* (London: Hodder & Stoughton, 1973), 정옥배 옮김, 『하나님을 아는 지식』(서울: IVP, 1996), 73.

둘째, 우리를 의롭다 하시기 위해서다. 로마서 4:25 "예수는 우리가 범죄한 것 때문에 내줌이 되고 또한 **우리를 의롭다 하시기 위하여 살아나셨느니라**"에 따르면 성자 하나님은 우리의 죄 때문에 죽으셨고, 우리를 의롭다 하시기 위해서 다시 살아나셨다.

부활을 통해 나타내신 것

성자 하나님은 죽은 자들 가운데서 다시 살아나심으로 다음과 같은 사실들을 나타내셨다.

첫째, 하나님의 아들로 선포하셨다. 로마서 1:4는 "성결의 영으로는 **죽은 자들 가운데서 부활하사 능력으로 하나님의 아들로 선포되셨으니** 곧 우리 주 예수 그리스도시니라"라고 말씀하며, 사도행전 13:33은 "곧 **하나님이 예수를 일으키사** 우리 자녀들에게 이 약속을 이루게 하셨다 함이라 시편 둘째 편에 기록한 바와 같이 **너는 내 아들이라** 오늘 너를 낳았다 하셨고"라고 말씀한다. 성자 하나님께 서는 사생애와 공생애를 통해 자신이 하나님의 아들이심을 드러내셨을 뿐만 아니라(눅 1:35; 요 1:49; 마 4:1-10; 8:29; 14:33; 16:16; 막 3:11; 눅 22:70; 요 11:27), 십자가 위에서 자신이 하나님의 아들이심을 드러내셨고(마 27:54; 막 15:39), 죽은 자들 가운데서 다시 살아나심으로 자신이 하나님의 아들이심을 드러내셨다.

둘째, 죽음과 죽음의 권세를 정복하셨다. 골로새서 2:13-15 "¹³또 범죄와 육체의 무할례로 죽었던 너희를 하나님이 그와 함께 살리시고 우리의 모든 죄를 사하시고 ¹⁴우리를 거스르고 불리하게 하는 법조문으로 쓴 증서를 지우시고 제하여 버리사 십자가에 못 박으시고 ¹⁵**통치자들과 권세들을 무력화하여 드러내어 구경 거리로 삼으시고 십자가로 그들을 이기셨느니라**" 히브리서 2:14 "자녀들은 혈과 육에 속하였으매 그도 또한 같은 모양으로 혈과 육을 함께 지니심은 **죽음을 통하여 죽음의 세력을 잡은 자 곧 마귀를 멸하시며**"에 따르면 성자 하나님의 죽음은 죽음의 세력을 멸하시는 죽음이다.

셋째, 우리의 주가 되셨다. 로마서 14:8-9 "⁸우리가 살아도 주를 위하여 살고 죽어도 주를 위하여 죽나니 그러므로 사나 죽으나 우리가 주의 것이로다. ⁹이를 위하여 그리스도께서 죽었다가 다시 살아나셨으니 곧 **죽은 자와 산 자의 주가** 되려 하심이라"에 따르면 성자 하나님은 다시 살아나심으로 말미암아 죽은 사람들과 살아 있는 사람들의 주가 되셨다.

이에 대해서는 웨스트민스터 대요리문답 제52문답이 설명하고 있다.

웨스트민스터 대요리문답

52문 : 그리스도께서는 자기의 부활에서 어떻게 높이 되셨습니까?
how was Christ exalted?

답 : 그리스도께서는 자기의 부활에서 높이 되셨으니, (그분은 죽음에 매여 계실 수 없으셔서[1]) 죽음 중에 썩지corruption 않으셨고, 고난 당하실 때와 동일한 몸을 가지셨으니 본질적인 성질essential properties을 지닌 몸이었으나,[2] (이 세상에 속한 죽을 수 있는 성질mortality과 다른 공통적인 연약성들infirmities은 없었습니다.) 몸이 실제로 자기의 영혼과 연합하여[3] 자기의 능력으로 제 삼 일에 죽은 자들 가운데서 다시 살아나셨습니다.[4] **이로써 그리스도께서는 자기를 하나님의 아들로 선포하셨고,[5]** 하나님의 공의를 만족시키셨으며,[6] **죽음과 죽음의 권세를 가진 자를 정복하셨고,[7] 살아 있는 자들과 죽은 자들**quick and dead**의 주가 되셨습니다.[8]** 이 모든 일은 교회의 머리[9]라는 공적인 사람a public person으로서 행하신 것으로,[10] 신자들을 의롭다 하시고,[11] 은혜로 살리시고,[12] 원수들을 대항하도록 도우시고,[13] 마지막 날에 죽은 자들 가운데서 그들을 다시 살리실 것을 확신시키기 위해 하셨습니다.[14]

---

1) 행 2:24,27   2) 눅 24:39   3) 롬 6:9; 계 1:18   4) 요 10:18   **5) 롬 1:4**   6) 롬 8:34   **7) 히 2:14   8) 롬 14:9**   9) 엡 1:20,22~23; 골 1:18   10) 고전 15:21~22   11) 롬 4:25   12) 엡 2:1,5~6; 골 2:12   13) 고전 15:25~27   14) 고전 15:20

부활의 유익

부활은 우리에게 다음과 같은 유익을 주었다.

첫째, 우리를 의롭다 해주었다. 로마서 4:25 "예수는 우리가 범죄한 것 때문에 내줌이 되고 또한 **우리를 의롭다 하시기 위하여 살아나셨느니라.**"

둘째, 은혜로 살려주었다. 에베소서 2:5 "허물로 죽은 우리를 그리스도와 함께 살리셨고 너희는 은혜로 구원을 받은 것이라."

셋째, 원수들을 대항할 수 있도록 힘을 주셨다. 고린도전서 15:20-27 "20그러나 이제 **그리스도께서 죽은 자 가운데서 다시 살아나사** 잠자는 자들의 첫 열매가 되셨도다. [21]사망이 한 사람으로 말미암았으니 죽은 자의 부활도 한 사람으로 말미암는도다. [22]아담 안에서 모든 사람이 죽은 것같이 그리스도 안에서 모든 사람이 삶을 얻으리라. [23]그러나 각각 자기 차례대로 되리니 먼저는 첫 열매인 그리스도요 다음에는 그가 강림하실 때에 그리스도에게 속한 자요 [24]그 후에는 마지막이니 **그가 모든 통치와 모든 권세와 능력을 멸하시고** 나라를 아버지 하나님께 바칠 때라. [25]그가 모든 원수를 그 발아래에 둘 때까지 반드시 왕 노릇 하시리니 [26]맨 나중에 멸망 받을 원수는 사망이니라. [27]만물을 그의 발아래에 두셨다 하셨으니 만물을 아래에 둔다 말씀하실 때에 만물을 그의 아래에 두신 이가 그중에 들지 아니한 것이 분명하도다."

넷째, 마지막 날에 우리도 다시 살아날 것이라는 소망을 확신시켜 준다. 로마서 8:11은 "예수를 죽은 자 가운데서 살리신 이의 영이 너희 안에 거하시면 **그리스도 예수를 죽은 자 가운데서 살리신 이가 너희 안에 거하시는 그의 영으로 말미암아 너희 죽을 몸도 살리시리라**"라고 해서 그리스도 예수를 죽은 자 가운데서 다시 살리신 하나님께서 우리의 죽을 몸도 살리실 것이라고 말씀한다. 고린도전서 6:14는 "하나님이 주를 다시 살리셨고 또한 그의 권능으로 **우리를 다시 살리시리라**"라고 해서 성자 하나님을 다시 살리신 하나님께서 우리도 다시 살리실 것이라고 말씀한다. 성자 예수님께서는 인간의 부활에 앞서서 먼저 부활을 경험하셨다. 그래서 고린도전서 15:21-22은 "[21]사망이 한 사람으로 말미암았으니 죽은 자의 부활도 한 사람으로 말미암는도다. [22]아담 안에서 모든 사람이 죽은 것같이 그리스도 안에서 모든 사람이 삶을 얻으리라"라고 해서, 먼저 부활하신 그리스도로 말미암아 우리도 다시 살아날 것을 말씀한다. 성자 하나님은 '부활의 첫 열매'(고전 15:20,23)요 '죽은 자 가운데서 먼저 나신 자'(골 1:18; 계 1:15)다. 베드로전서 1:3 "우리 주 예수 그리스도의 아버지 하나님을 찬송하리로다 그의 많으신 긍휼대로 예수 그리스도를 죽은 자 가운데서 부활하게 하심으로 말미암아 **우리를 거듭나게 하사 산 소망이 있게 하시며**"에 의하면 부활은 사도신경의 맨 마지막 고백인 영원한 생명과 연결된다.

이러한 사실은 하이델베르크 요리문답 제45문답과 웨스트민스터 대요리문답 제52문답에 잘 나타나 있다.

하이델베르크 요리문답

45문 : 그리스도의 "부활"은 우리에게 어떤 유익을 줍니까?

답 : 첫째, 그리스도는 부활로써 죽음을 이기셨으며overcome, 죽으심으로써 얻으신 의에 우리로 참여하게 하십니다.[1] 둘째, 그의 능력으로 말미암아 우리도 이제 새로운 생명으로 다시 살아났습니다.[2] 셋째, 그리스도의 부활은 우리의 영광스런 부활에 대한 확실한 보증guarantee입니다.[3]

---

1) **롬 4:25**; 고전 15:16-18　2) 롬 6:4; 엡 2:4-6; 골 3:1-3; 벧전 1:3　3) **롬 8:11**; 고전 15:20-22; 빌 3:20-21

웨스트민스터 대요리문답

52문 : 그리스도께서는 자기의 부활에서 어떻게 높이 되셨습니까?
how was Christ exalted?

답 : 그리스도께서는 자기의 부활에서 높이 되셨으니, (그분은 죽음에 매여 계실 수 없으셔서[1]) 죽음 중에 썩지corruption 않으셨고, 고난 당하실 때와 동일한 몸을 가지셨으니 본질적인 성질essential properties을 지닌 몸이었으나,[2] (이 세상에 속한 죽을 수 있는 성질mortality과 다른 공통적인 연약성들infirmities은 없었습니다.) 몸이 실제로 자기의 영혼과 연합하여[3] 자기의 능력으로 제 삼 일에 죽은 자들 가운데서 다시 살아나셨습니다.[4] 이로써 그리스도께서는 자기를 하나님의 아들로 선포하셨고,[5] 하나님의 공의를 만족시키셨으며,[6] 죽음과 죽음의 권세를 가진 자를 정복하셨고,[7] 살아 있는 자들과 죽은 자들quick and dead의 주가 되셨습니다.[8] 이 모든 일은 교회의 머리[9]라는 공적인 사람a public person으로서 행하신 것으로,[10] **신자들을 의롭다 하시고,[11] 은혜로 살리시고,[12] 원수들을 대항하도록 도우시고,[13] 마지막 날에 죽은 자들 가운데서 그들을 다시 살리실 것을 확신시키기 위해 하셨습니다.[14]**

---

1) 행 2:24,27　2) 눅 24:39　3) 롬 6:9; 계 1:18　4) 요 10:18　5) 롬 1:4　6) 롬 8:34　7) 히 2:14　8) 롬 14:9　9) 엡 1:20,22-23; 골 1:18　10) 고전 15:21-22　11) **롬 4:25**　12) 엡 2:1,5-6; 골 2:12　13) **고전 15:25-27**　14) **고전 15:20**

부활을 믿는 자들의 삶

성자 하나님께서 다시 살아나셨다는 사실을 믿는 자들은 다음과 같은 삶을 살아야 한다.

첫째, 하나님께 대하여 살아 있는 자로 여겨야 한다. 로마서 6:10-11은 "¹⁰그가 죽으심은 죄에 대하여 단번에 죽으심이요 그가 살아계심은 하나님께 대하여 살아계심이니 ¹¹이와 같이 너희도 너희 자신을 죄에 대하여는 죽은 자요 **그리스도 예수 안에서 하나님께 대하여는 살아 있는 자로 여길지어다**"라고 말씀한다.

둘째, 자기 자신을 하나님께 드려야 한다. 로마서 6:13은 "또한 너희 지체를 불의의 무기로 죄에게 내주지 말고 **오직 너희 자신을 죽은 자 가운데서 다시 살아난 자같이 하나님께 드리며 너희 지체를 의의 무기로 하나님께 드리라**"라고 말씀한다.

부활과 삼위일체

성자 하나님의 다시 살아나심은 그분의 단독적인 사역이 아니다. 하나님의 삼위일체 되심을 잘 보여주는 사건이다. 부활 자체는 성자 하나님이 하신 일이지만, 부활은 성부와 성령에 의해 이루어졌다.

다음의 성경구절은 성자 하나님의 부활이 성부 하나님에 의해 이루어졌음을 보여준다. 사도행전 2:24 "**하나님께서 그를 사망의 고통에서 풀어 살리셨으니** 이는 그가 사망에 매여 있을 수 없었음이라." 사도행전 2:32 "**이 예수를 하나님이 살리신지라** 우리가 다 이 일에 증인이로다." 사도행전 3:15 "생명의 주를 죽였도다 그러나 **하나님이** 죽은 자 가운데서 그를 살리셨으니 우리가 이 일에 증인이라." 사도행전 4:10 "···**하나님이** 죽은 자 가운데서 살리신 나사렛 예수 그리스도의 이름으로." 사도행전 5:30 "너희가 나무에 달아 죽인 **예수를 우리 조상의 하나님이 살리시고**." 사도행전 13:30 "**하나님이** 죽은 자 가운데서 그를 살리신지라." 사도행전 13:33-34 "³³곧 **하나님이 예수를 일으키사** 우리 자녀들에게 이 약속을 이루게 하셨다 함이라 시편 둘째 편에 기록한 바와 같이 너는 내 아들이라 오늘 너를 낳았다 하셨고 ³⁴또 **하나님께서 죽은 자 가운데서 그를 일으키사** 다시 썩음을 당하지 않게 하실 것을 가르쳐 이르시되 내가 다윗의 거룩하고 미쁜 은사를 너희에게 주리라 하셨으며." 로마서 4:24 "···곧 예수 우리 주를 죽은 자 가운데서 살리신 이를 믿는 자니라." 로마서 10:9 "네가 만일 네 입으로 예수를 주로 시인하며 또 **하나님께서** 그를 죽은 자 가운데서 살리신 것을 네 마음에 믿으면 구원을 받으리라." 고린도전서 6:14 "**하나님이 주를 다시 살리셨고 또한 그의 권능으로 우리를 다시 살리시리라.**" 갈라디아서 1:1 "사람들에게서 난 것도 아니요 사람으로 말미암은 것도 아니요 오직 예수 그리스도와 **그를 죽은 자 가운데서 살리신 하나님 아버지**로 말미암아 사도 된 바울은." 에베소서 1:20 "**그의 능력이 그리스도 안에서 역사하사 죽은 자들 가운데서 다시 살리시고 하늘에서 자기의 오른편에 앉히사.**" 골로새서 2:12 "너희가 세례로 그리스도와 함께 장사되고 또 **죽은 자들 가운데서 그를 일으키신 하나님의 역사**를 믿음으로 말미암아 그 안에서 함께 일으키심을 받았느니라." 히브리서 13:20 "양들의 큰 목자이신 우리 주 예수를 영원한 언약의 피로 죽은 자 가운데서 이끌어 내신 평강의 하나님이." 베드로전서 1:3 "**우리 주 예수 그리스도의 아버지 하나님**을 찬송하리로다 그의 많으신 긍휼대로 **예수 그리스도를 죽은 자 가운데서 부활하게 하심으로** 말미암아 우리를 거듭나게 하사 산 소망이 있게 하시며." 베드로전서 1:21 "**너희는 그를 죽은 자 가운데서 살리시고 영광을 주신 하나님**을 그리스도로 말미암아 믿는 자니 너희 믿음과 소망이 하나님께 있게 하셨느니라."

다음의 성경구절은 성자 하나님의 부활이 성령 하나님에 의해 이루어졌음을 보여준다. 로마서 1:4 "**성결의 영으로는** 죽은 자들 가운데서 부활하사 능력으로 하나님의 아들로 선포되셨으니 곧 우리 주 예수 그리스도시니라."

다음의 성경구절은 성자 하나님의 부활이 성부 하나님과 성령 하나님의 사역임을 보여준다. 로마서 8:11 "**예수를 죽은 자 가운데서 살리신 이의 영**이 너희 안에 거하시면 그리스도 **예수를 죽은 자 가운데서 살리신 이**가 너희 안에 거하시는 **그의 영으로 말미암아** 너희 죽을 몸도 살리시리라."

이처럼 성자 하나님의 부활은 성부 성자 성령의 사역이며, 하나님의 삼위일체 되심을 보여준다. 부활은 삼위일체 하나님의 밖으로의 사역은 나누어지지 않음(*opera ad extra sunt indivisa*)을 잘 보여주는 대표적인 사건이다. 그러므로 삼위일체를 믿지 않는다면 부활을 믿을 수 없고, 부활을 믿는다면 삼위일체를 믿을 수밖에 없다.

사도신경이 삼위일체에 대한 믿음을 전제로 하고 있다는 점을 생각한다면 성자 하나님의 다시 살아나셨음에 대한 고백은 삼위일체에 대한 고백과도 연결된다.

이 고백이 배격하는 것

이 고백은 부활이 없다고 말하거나 부활의 역사성을 부인하는 이들을 배격한다.

부활은 신화(神話)나 전설(傳說)이 아니라 사실(史實)이다. 성자 하나님께서 죽은 자 가운데서 다시 살아나신 것은 과거에 실제로 있었던 사건이다. 부활의 역사성은 그 누구도 부인할 수 없다.

그럼에도 불구하고 부활을 믿지 않으려는 생각이 역사 가운데 항상 있어 왔으니, 예수님 당시의 사두개인들은 부활이 없다고 했다(마 22:23; 막 12:18; 눅 20:27; 행 23:8). 그 외에도 예수님의 부활을 부인하는 여러 가지 주장이 있었으니, 크게 네 가지를 살펴볼 수 있다.[170]

첫째, 허위설(The Falsehood Theory) 혹은 거짓설이다. 제자들이 무덤에서 시체를 도둑질 한 후 주님이 부활했다고 거짓말을 했다는 주장이다. 이 주장은 마태복음 28:13-15에 의해서 당시의 유대인들에게 퍼진 생각이다. 해당구절을 보면 무덤을 지키던 경비병들은 예수님께서 부활하셨다는 사실을 알게 된 뒤에 말하기를 "그의 제자들이 이 밤에 와서 우리가 잘 때에 그를 도둑질하여 갔다 하라"라고 했다. 이렇게 해서 시체가 없어진 것에 대해 모면하려고 했다. 그런데 이들이 퍼뜨린 거짓 소문을 오히려 사실로 받아들이는 자들이 생겨나게 되었다. 그래서 도적설이라고도 한다.

둘째, 기절설(The Swoon Theory)이다. 실제로 죽으신 것이 아니라 십자가에서 탈진하고 기절하셨다는 주장이다. 실제로 부활하신 것이 아니라 잠시 기절하셨던 성자 하나님께서 '바위에 판 무덤'(눅 23:53)에서 원기를 회복하시고 일어나셨다고 본다.

셋째, 환상설(The Vision Theory)이다. 예수님을 너무 사모하던 제자들이 예수님의 죽음 뒤에 그분을 사무치게 그리워한 결과 일종의 환상을 보았다는 주장이다. 그러나 이 견해는 제자들이 부활에 대한 '기대'가 없었다는 성경의 가르침을 볼 때 합당치 않다. 제자들은 오히려 부활에 대해 예상하지 못했고, 그래서 예수님이 나타나셨을 때에 바로 받아들이지 못했다.

넷째, 신화설(The Mythical Theory)이다. 고대 근동의 여러 종교에도 부활 설화가 있는데, 그것이 복음서에 들어왔다는 주장이다.

---

170) Berkhof, *Systematic Theology*, 347-349.

현대에 들어와서 현대 신학자들 중에도 부활이 실제 있었던 역사적 사건이 아니라 영적인 사건에 불과하다고 생각하는 경우가 있다. 슐라이어마허(Friedrich Schleiermacher, 1768-1834), 알브레히트 리츨(Albrecht Ritschl, 1822-1889), 루돌프 불트만(Rudolf Karl Bultmann, 1884-1976), 위르겐 몰트만(Jürgen Moltmann, 1926-) 등이 대표적이다.

부활이 없다는 생각이나 부활이 실제 역사 속 사건이 아니라 영적인 사건이라는 생각은 사도신경의 가르침에서 벗어난다. 부활은 역사적으로 실재(實在)했던 사건이다. 부활은 그 누구도 부정할 수 없는 기독교의 진리다. 고린도전서 15:17은 "그리스도께서 다시 살아나신 일이 없으면 너희의 믿음도 헛되고 너희가 여전히 죄 가운데 있을 것이요"라고 말씀한다.

우리는 부활의 간접적인 증인들이다. 주님의 부활을 귀로 들었고 눈으로 보았고 손으로 만졌다(요일 1:1; 요 20:27). 보지 못하고 믿는 자들이 복되다(요 20:29; 벧전 1:8).

이 고백을 할 때 가져야 할 마음

"삼 일째에 죽은 사람들 가운데서 다시 살아나셨으며"라는 고백을 할 때는 성자 하나님께서 무덤과 죽음에 머물러 계시지 않으셨고, 죽으신 지 3일째 되는 날인 일요일(주일)에 죽은 사람들 가운데서 다시 살아나셨음을 믿어야 한다. 성자 하나님께서 다시 살아나신 것이 역사적 사실임을 믿어야 하며, 그 일이 성자 하나님께만 유익이 되는 것이 아니라 이 고백을 하는 나 자신에게 유익이 됨을 기억해야 한다. 성자 하나님의 부활로 말미암아 우리가 의롭다 칭함을 받게 되었으며, 죽음의 권세와 원수들을 대항할 힘을 얻었음을 믿어야 한다. 또한 장차 우리도 성자 하나님과 마찬가지로 다시 살아날 것이라는 소망을 가지고 살아야 한다.

6문장 | 하늘로 오르셨고, 전능하신 하나님 아버지의 오른쪽에 앉아 계신다
– 성자 하나님: 승천과 좌정

> **관련 신조**
> 하이델베르크 요리문답 제46-51문답
> 웨스트민스터 대요리문답 제53-55문답
> 웨스트민스터 신앙고백서 제8장 제4절

번역 문제

옛 번역: 하늘에 오르사, 전능하신 하나님 우편에 앉아 계시다가

새 번역: 하늘에 오르시어 전능하신 아버지 하나님 우편에 앉아 계시다가

저자 번역: 하늘로 오르셨고(올라가셨고), 전능하신 하나님 아버지(의) 오른쪽에 앉아 계시는데,

번역 설명: ① "하늘에"를 "하늘로"라고 했다. 왜냐하면 성자 하나님께서는 "땅에서 하늘로" 오르셨으니 "에"보다는 "로"가 방향을 나타내는 조사로서 더욱 분명한 의미를 드러내기 때문이다. 조사 중에서 방향을 나타내는 조사는 잘 가려 써야 한다.[171] ② 새 번역의 "오르시어"를 대신해 "오르셨고"라고 했다. "오르시어"라는 표현은 하늘로 올라가신 것이 하나님의 오른쪽에 앉으시기 위한 하나의 과정에 불과한 것처럼 느껴질 수 있다. 그러므로 "오르셨고"라고 함으로써 오르심과 앉으심을 각각 하나의 독립적인 일로 고백함을 분명히 했다. ③ 옛 번역은 "전능하신 하나님 우편"에서 "아버지"가 생략되어 있으며, 새 번역은 "아버

---

171) 김정선, 『내 문장이 그렇게 이상한가요?』(파주: 유유, 2016), 90.
172) 신조가 성경에 근거해야 한다는 점에서 개역개정의 번역(엡 1:20)에 따라 "오른편"이라고도 할 수 있겠으나, 개역개정과 사도신경 둘 다 '오른쪽'이라고 고치는 것도 좋겠다(개역개정은 시편 110:1에서만 "오른쪽"이라고 번역했다). 한국천주교회의 사도신경은 "오른편"으로 번역했고, 한국천주교회가 번역한 성경과 교회교리서에서는 "오른쪽"이라고 표현한다.

지"를 "전능하신"과 "하나님" 사이에 넣었다. 그래서 "전능하신 하나님 아버지"라고 했다. "하나님 아버지 오른쪽"은 "하나님 아버지의 오른쪽"이라고 할 수도 있고, "하나님 아버지 오른쪽"이라고 할 수도 있다. ④ 옛 번역과 새 번역은 "우편(右便)"이라고 했다. 우편, 오른편, 오른쪽이 가능하다. 그런데 우편(右便)은 한자어이고, 오른편(오른便)도 한자어를 포함한다. 오른편과 오른쪽은 같은 말이다. 그래서 "오른쪽"이라고 했다.[172] ⑤ "앉아 계시다가"를 "앉아 계시는데"라고 했다. "앉아 계시다가"라는 표현은 그 이후에 언급되는 "다시 오시는 것"이 강조되고 지금 앉아 계시는 것은 일종의 기다리는 시간이 된다. 그래서 "앉아 계시는데"라고 했다. 이렇게 한 또 다른 이유는 "앉아 계신 행위"는 성자 하나님의 생애 중 유일하게 현재의 상태이기 때문이다.

(1) 하늘로 오르셨다[173]

"하늘로 오르셨고"는 다시 살아나신 성자 하나님께서 원래 계셨던 하늘로 올라가셨음에 대한 고백이다. 죽은 사람들 가운데서 다시 살아나신 성자 하나님은 40일 동안 이 땅에 계시면서 하나님 나라에 관한 일을 말씀하시고 제자들에게 복음 전파의 사명을 주신 뒤에 하늘로 올라가셨다. 하늘로 올라가셨음을 한자어로 승천(昇天, Ascension)이라고 한다. 성자 하나님이 오르신 하늘(天)은 sky가 아니라 Heaven이다. 즉 하나님께서 계신 곳이다.[174] 성자 하나님은 이 세상에 오시기 전에 계시던 장소인 '하늘'로 가셨다(요 3:13; 6:62).

성자 하나님께서 하늘로 올라가실 때는 그분의 인성이 온전히 하늘로 올라가셨다. 성자 하나님은 다시 살아나심을 통해 입으신 부활체와 영혼이 함께 올라가셨고, 땅으로부터 하늘로 눈에 보이게(visible) 이동하셨다(행 1:9; HC 제46문답; WLC 제53문답). 성육신 전에는 성자 하나님의 신성만이 하늘에 계셨으나, 승천하실 때는 인성이 함께 하늘로 오르셨다. 성자 하나님께서 승천하실 때에 구름이 그분을 가렸으며(행 1:9),[175] 영광 가운데 올라가셨다(딤전 3:16).

---

173) 칼뱅은 이 주제를 *Institutes*, II. xvi. 14에서 다룬다.

174) 유대인들은 '하나님'이라는 단어를 그대로 부르기보다는 '하늘'이라고(눅 15:18,21; 20:4; 마 21:25; 요 3:27; 단 4:26) 쓰는 경향이 있다. 제3계명의 영향이다.

175) 성경에서 '구름'은 영광을 상징한다(출 16:10; 24:16; 40:34-38; 민 16:42; 왕상 8:11; 대하 5:14; 겔 10:4; 마 24:30; 막 13:26; 눅 21:27).

성자 하나님의 승천은 단순한 장소 이동에만 그치지 않고, 그분의 인성의 진전된 변화도 포함된다. 인성이 천국적 영광의 충만함으로 진입했고, 천상의 생활에 완전히 적응하게 되었다.[176]

근거 성경구절

성자 하나님께서 하늘로 올라가셨다는 고백에 대한 근거구절은 다음과 같다. 마가복음 16:19 "주 예수께서 말씀을 마치신 후에 **하늘로 올려지사** 하나님 우편에 앉으시니라." 누가복음 24:50-51 "⁵⁰예수께서 그들을 데리고 베다니 앞까지 나가사 손을 들어 그들에게 축복하시더니 ⁵¹축복하실 때에 그들을 떠나 **하늘로 올려지시니.**" 사도행전 1:9-11 "⁹이 말씀을 마치시고 그들이 보는데 **올려져 가시니** 구름이 그를 가리어 보이지 않게 하더라. ¹⁰**올라가실 때에** 제자들이 자세히 하늘을 쳐다보고 있는데 흰 옷 입은 두 사람이 그들 곁에 서서 ¹¹이르되 갈릴리 사람들아 어찌하여 서서 하늘을 쳐다보느냐 너희 가운데서 **하늘로 올려지신 이 예수**는 하늘로 가심을 본 그대로 오시리라 하였느니라." 에베소서 4:8-10 "⁸그러므로 이르기를 **그가 위로 올라가실 때에** 사로잡혔던 자들을 사로잡으시고 사람들에게 선물을 주셨다 하였도다. ⁹올라가셨다 하였은즉 땅 아래 낮은 곳으로 내리셨던 것이 아니면 무엇이냐. ¹⁰내리셨던 **그가 곧 모든 하늘 위에 오르신 자니** 이는 만물을 충만하게 하려 하심이라." 디모데전서 3:16 "크도다. 경건의 비밀이여, 그렇지 않다 하는 이 없도다. 그는 육신으로 나타난바 되시고 영으로 의롭다 하심을 받으시고 천사들에게 보이시고 만국에서 전파되시고 세상에서 믿은바 되시고 **영광 가운데서 올려지셨느니라.**" 히브리서 4:14 "그러므로 우리에게 큰 대제사장이 계시니 **승천하신 이 곧 하나님의 아들 예수시라** 우리가 믿는 도리를 굳게 잡을지어다." 히브리서 9:24 "그리스도께서는 참 것의 그림자인 손으로 만든 성소에 들어가지 아니하시고 바로 **그 하늘에 들어가사** 이제 우리를 위하여 하나님 앞에 나타나시고." 베드로전서 3:22 "그는 **하늘에 오르사** 하나님 우편에 계시니 천사들과 권세들과 능력들이 그에게 복종하느니라."

---

176) Berkhof, *Systematic Theology*, 350.

신조들의 설명

성자 하나님의 승천과 관련하여 하이델베르크 요리문답 제46문답은 다음과 같이 고백한다.

하이델베르크 요리문답

46문 : "하늘로 오르셨고"라는 말로 당신은 무엇을 고백합니까?

  답 : 그리스도는 제자들이 보는 가운데 땅에서 하늘로 오르셨고,[1] 우리의 유익good을 위하여 거기에 계시며will be there,[2] 장차 살아 있는 사람들과 죽은 사람들을 심판하러 다시 오실 것입니다.[3]

---

1) 막 16:19; 눅 24:51; 행 1:9　2) 롬 8:34; 엡 4:10; 골 3:1; 히 4:14; 7:24-25; 9:24　3) 마 24:30; 행 1:11

하늘로 올라가실 때 제자들이 보는 가운데에 오르셨다는 것, 현재 하늘에 계신 것은 우리의 유익을 위함이라는 것, 장차 최후심판을 위해 재림하실 것을 고백한다.

성자 하나님의 승천과 관련하여 웨스트민스터 대요리문답 제53문답은 다음과 같이 고백한다.

웨스트민스터 대요리문답

53문 : 그리스도께서는 자기의 승천에서 어떻게 높이 되셨습니까?

  답 : 그리스도께서는 자기의 승천에서 높이 되셨으니, 부활하신 후에 사도들에게 자주 나타나셔서 대화를 나누시되 그들에게 하나님 나라에 관한pertaining 것들을 말씀하셨고,[1] 모든 민족에게 복음을 전할 사명commission을 주셨고,[2] 부활하신지 사십 일 후에 우리의 본성을 가지시고 우리의 머리로서[3] 원수들을 이기시고,[4] 눈에 보이게visibly 가장 높은 하늘로 올라가셨고, 거기서 사람들을 위하여 선물들을 받으시고,[5] 우리의 애정affections을 그곳으로thither 끌어 올리시고,[6] 우리를 위하여 있을 곳을 예비하십니

다.[7] 그분 자신은 그곳에 계시고, 세상 끝에 재림second coming하실 때까지 계속해서 그곳에 계실 것입니다.[8]

---

1) 행 1:2-3   2) 마 28:19-20   3) 히 6:20   4) 엡 4:8   5) 행 1:9-11; 엡 4:10; 시 68:18   6) 골 3:1-2   7) 요 14:3
8) 행 3:21

성자 하나님께서 다시 살아나신 후 하늘로 올라가기 전까지 하신 일, 하늘로 올라가신 이유와 목적, 성자 하나님의 현재 상태에 대해 고백한다.

인성은 우리 곁을 떠나셨으나 신성은 우리와 함께 계심

하늘로 올라가시기 전에 성자 하나님은 "…볼지어다 내가 세상 끝 날까지 너희와 항상 함께 있으리라 하시니라"(마 28:20)라고 말씀하셨다. 그렇다면 성자 하나님은 지금 우리와 함께 계시는가?

성자 하나님은 분명 우리 곁을 떠나셨다. 하늘로 올라가셨다. 그분의 육체와 영혼이 하늘로 올라가셨다. 승천 이후 그분의 인성은 더 이상 우리와 함께 계시지 않는다. 그렇다면 성자 하나님께서 하늘로 올라가시기 전에 하신 말씀은 거짓인가? 성자 하나님께서 제9계명을 어기셨는가?(참조. 엡 4:25) 그렇지 않다.

인성뿐만 아니라 신성까지 함께 갖고 계신 성자 하나님은 비록 하늘에 계시지만 또한 동시에 우리와 함께하신다. 인성이 아닌 신성으로 함께하신다. 성자 하나님의 인성은 하늘에 계시지만, 신성은 시공을 초월하실 수 있기 때문에 하늘에 계시면서도 또한 동시에 우리와 함께 계실 수 있다.[177] 그러므로 승천하신 후에도 그분의 신성이 가지신 능력으로 어디에나 계신다. 성자 하나님은 신성으로 우리와 함께하시고 우리를 다스리시고 인도하신다.[178]

---

177) 이러한 생각은 그분의 신성이 '인성 밖에서'(*extra humanum*) 역사하신다는 생각인데, 이러한 개혁주의 신학에 대해 루터파는 "칼뱅주의 신학이 주장하는 '밖에서'"(*extra Calvinisticum*)라는 별명을 붙일 정도였다.

178) 성자 하나님의 인성의 편재성(Ubiquity)을 말하는 것이 아니라 오히려 신성의 편재성을 말하기 위한 것이라는 것에 있어 오해가 없어야 할 것이다. 하이델베르크 요리문답 제47,48문답은 이 '편재성'(Ubiquity)문제를 잘 다루고 있다. Fred H. Klooster, *Our Only Comfort: A Comprehensive Commentary on the Heidelberg Catechism* (Grand Rapids: Faith Alive, 2001), 595.

이에 대해 하이델베르크 요리문답 제47문답이 좋은 질문과 답을 하고 있다.

하이델베르크 요리문답

47문 : 그렇다면 세상 끝 날까지 우리와 함께 있으리라는 그리스도의 약속은 어떻게 됩니까?[4]

    답 : 그리스도는 참 사람이시고 참 하나님이십니다. 그분의 인성(人性)으로는 더 이상 세상에 계시지 않으나,[5] 그분의 신성(神性)divinity과 위엄majesty과 은혜grace와 성령Spirit으로는 잠시도 우리를 떠나지 않으십니다.[6]

---

4) 마 28:20   5) 마 26:11; 요 16:28; 17:11; 행 3:21; 히 8:4   6) 마 28:20; 요 14:16~18; 16:13; 엡 4:8,11

하이델베르크 요리문답 제47문답은 마태복음 28:20을 근거로 "그렇다면 세상 끝 날까지 우리와 함께 있으리라는 그리스도의 약속은 어떻게 됩니까?"라고 질문한 뒤, 성자 하나님께 두 본성이 있음을 언급하고, 그중에 인성(Human Nature)은 이 세상에 계시지 않으나, 신성(Divine Nature)으로 함께하심을 설명한다.[179]

그러면서 성자 하나님의 하나의 위격 안에 있는 두 개의 본성이 서로 나뉜다고 오해할 것에 대비해서 바로 이어지는 제48문답에서 다음과 같은 내용을 다룬다.

---

179) 이러한 생각은 "신성은 신성이고, 인성은 인성이라는 원리"로서의 개혁파 신학에 충실한 생각이다. 그리스도의 신성과 인성 사이에는 본질적인 속성 교류(*communicatio idiomatum*)는 없다. 칼케돈의 정신에 충실한 생각이다.

승천의 이유

성자 하나님은 부활하신 뒤에 계속해서 땅에 계시지 않으시고 왜 하늘로 올라
가셨는가?

첫째, 이 땅에서 해야 할 모든 사역을 마치셨기 때문이다. 성자 하나님께서는
이 땅에서 더 하실 일이 없으시다. 우리를 위한 모든 속죄의 사역을 마치셨다.
그러므로 더 이상 땅에 계실 필요가 없으셔서 하늘로 올라가셨다.

둘째, 하늘은 성자 하나님께서 원래 계시던 곳이기 때문이다. 땅은 성자 하나
님께서 우리의 구원을 위하여 잠시 내려오신 장소이고, 이곳에서의 모든 사역을
마치셨으니 하늘로 올라가셨다. 요한복음 3:13은 **"하늘에서 내려온 자 곧 인자
외에는 하늘에 올라간 자가 없느니라."** 요한복음 6:62는 "그러면 너희는 **인자가
이전에 있던 곳으로 올라가는 것**을 본다면 어떻게 하겠느냐"라고 말씀한다.

셋째, 우리도 장차 하늘로 올라갈 것을 보여주시기 위함이다. 성자 하나님은
하늘로 올라가심으로써 우리를 위한 '처소'를 예비하셨다(히 6:20; 11:16). 요한
복음 14:2-3은 "[2]내 아버지 집에 거할 곳이 많도다 그렇지 않으면 너희에게 일
렀으리라 **내가 너희를 위하여 거처를 예비하러 가노니** [3]가서 너희를 위하여 거
처를 예비하면 내가 다시 와서 너희를 내게로 영접하여 나 있는 곳에 너희도 있
게 하리라"라고 말씀한다.

넷째, 하늘로 가셨다는 것은 '성소'로 들어가셨음을 나타낸다(히 9:12). 이 사
실은 승천 사건이 속죄 사건의 한 부분임을 보여준다. 그리스도께서 하늘로 오
르신 것으로 속죄가 완성되었다(히 9:24). 그러므로 십자가 사건과 승천은 따로

생각할 수 없다.

승천의 유익

성자 하나님께서는 요한복음 16:7에서 "그러나 내가 너희에게 실상을 말하노니 **내가 떠나가는 것이 너희에게 유익이라** 내가 떠나가지 아니하면 보혜사가 너희에게로 오시지 아니할 것이요 가면 내가 그를 너희에게로 보내리니"라고 말씀하셨다. 성자 하나님은 하늘로 올라가신 이후 오히려 이 땅에서 우리와 함께 계신 것보다 더 풍성하게 우리와 함께하신다. 성자 하나님께서 하늘로 올라가셨음은 우리를 이 땅에 홀로 남겨두시려 함이 아니요, 오히려 우리에게 더 좋은 것(for our good), 즉 성령으로 채우시기 위함이다(요 16:6-7; HC 제46문답).[180]

성자 하나님께서 하늘로 오르신 것이 우리에게 주는 유익에 대해서는 하이델베르크 요리문답 제49문답이 잘 정리하고 있다.

하이델베르크 요리문답

49문 : 그리스도께서 하늘로 오르심은 우리에게 어떤 유익을 줍니까?

답 : 첫째, 그리스도는 우리의 대언자(代言者)로서 하늘에서 우리를 위해 그분의 아버지 앞에서 간구하십니다.[9] 둘째, 우리의 몸이 그리스도 안에서 하늘에 있으며,[10] 이것은 머리 되신 그리스도께서 그분의 지체(肢體)members인 우리를 그분에게로 이끌어 올리실 것에 대한 확실한 보증입니다.[11] 셋째, 그리스도는 그 보증으로 그분의 성령을 우리에게 보내시며,[12] 우리는 성령의 능력으로 말미암아 그리스도께서 하나님 오른쪽에 앉아 계신 위의 것을 구하고 땅의 것earthly things을 구하지 않습니다.[13]

---

9) 롬 8:34; 요일 2:1   10) 엡 2:6   11) 요 14:2-3; 17:24   12) 요 14:16; 16:7; 행 2:33; 고후 1:22; 5:5   13) 빌 3:20; 골 3:1

---

180) Klooster, *Our Only Comfort*, 602.

같은 표현, 다른 고백

루터파는 우리와 마찬가지로 **"하늘로 오르셨고"**라고 고백하지만, 그 의미를 다르게 이해한다. 루터파는 성자 하나님께서 하늘로 오르신 것이 장소를 이동하신 것이 아니라 상태가 변화되신 것으로 본다. 즉 그리스도의 인성이 성육신 당시에 전수받은 신적 속성을 완전히 향유하고 활용하심으로써 영원히 편재하시게 된 것으로 간주한다. 그래서 성자 하나님의 신성이 모든 곳에 있듯이 인성도 모든 곳에 있다고 본다.[181] 모든 루터교인들이 인성의 편재성이라는 주제에 있어 생각이 일치되는 것은 아니다. 더러는 이를 완전히 부정하며, 더러는 승천으로 그리스도의 편재가 초래되었지만 승천에는 공간적 이동도 포함되며 그리스도는 이로써 그의 가시적 존재를 지상으로부터 철수시켰다고 믿는다.[182]

개혁주의 신학은 성경(행 1:9)에 근거하여 성자 하나님의 승천을 실제적인 장소 이동(local transition)으로 본다. 성자 하나님은 더 이상 이 땅에 계시지 않으시고, 하늘에 계신다.

(2) 하나님 아버지의 오른쪽에 앉아 계신다[183]

"전능하신 하나님 아버지 오른쪽에 앉아 계시는데"는 하늘로 오르신 성자 하나님께서 그곳에서 전능하신 하나님 아버지의 오른쪽에 앉으셨고 현재도 앉아 계심에 대한 고백이다. 한자어로 좌정(坐定, Session) 또는 재위(在位)라고 한다. 성자 하나님의 생애 중 이 부분만이 현재다.[184] 나머지는 과거와 미래다.

---

181) 이렇게 생각하는 이유는 루터파의 속성교류(communion of the properties)론 때문이다. 그들은 그리스도의 신성과 인성이 본질적으로 섞인다고 본다. 이는 칼케돈 정의에 어긋난다.
　　루터파의 이러한 생각은 성찬에 대한 그들의 교리인 공재설(共在說)(consubstantiation)로 이어진다. 루터파는 성찬을 먹고 마실 때 빵과 포도주는 아무런 변화가 없으나 빵과 포도주 안에 (in), 그것들과 함께(with), 그 아래(under), 몸과 피를 포함하는 그리스도의 전인격이 신비스럽고 기적적인 방법으로 임재 한다고 주장한다. 웨스트민스터 신앙고백서 제29장 제7절과 웨스트민스터 대요리문답 제170문답은 루터파의 이러한 주장을 의식하면서 "안에, 함께, 아래에 in, with, or under 임하지 않는다"라는 표현을 사용한다.

182) Berkhof, *Systematic Theology*, 351.

183) 칼뱅은 이 주제를 *Institutes*, II. xvi. 15-16에서 다룬다.

184) 웨스트민스터 대요리문답 제54문답은 좌정이 현재 상태임을 '시제(時制, tense)'를 통해 분명히 드러내고 있다.

성자 하나님께서 하늘로 오르시는 것은 여러 사람들이 직접 보았으나(행 1:9), 하나님 아버지의 오른쪽에 앉으시는 것은 아무도 본 사람이 없다. 볼 수 있는 사람도 없다. 성자 하나님께서 하나님의 오른쪽에 앉으셨다고 기록한 사람들(마가, 바울, 히브리서 기자, 베드로)조차도 볼 수 없었다. 그럼에도 불구하고 우리는 이 사실을 믿고 고백한다. 오직 성령 하나님의 감동으로 기록된 성경의 가르침에 기초한 고백이다.

근거 성경구절

성자 하나님께서 하나님 아버지의 오른쪽에 앉으셨음에 대한 근거구절은 다음과 같다. 시편 110:1 "여호와께서 내 주에게 말씀하시기를 내가 네 원수들로 네 발판이 되게 하기까지 **너는 내 오른쪽에 앉아 있으라** 하셨도다." 마태복음 26:64 "예수께서 이르시되 네가 말하였느니라 그러나 내가 너희에게 이르노니 이 후에 **인자가 권능의 우편에 앉아 있는 것**과 하늘 구름을 타고 오는 것을 너희가 보리라 하시니." 마가복음 16:19 "주 예수께서 말씀을 마치신 후에 하늘로 올려지사 **하나님 우편에 앉으시니라.**" 에베소서 1:20 "그의 능력이 그리스도 안에서 역사하사 죽은 자들 가운데서 다시 살리시고 **하늘에서 자기의 오른편에 앉히사.**" 히브리서 1:3 "이는 하나님의 영광의 광채시요 그 본체의 형상이시라 그의 능력의 말씀으로 만물을 붙드시며 죄를 정결하게 하는 일을 하시고 높은 곳에 계신 **지극히 크신 이의 우편에 앉으셨느니라.**" 히브리서 8:1 "지금 우리가 하는 말의 요점은 이러한 대제사장이 우리에게 있다는 것이라 그는 **하늘에서 지극히 크신 이의 보좌 우편에 앉으셨으니.**" 히브리서 10:12 "오직 그리스도는 죄를 위하여 한 영원한 제사를 드리시고 **하나님 우편에 앉으사.**" 히브리서 12:2 "믿음의 주요 또 온전하게 하시는 이인 예수를 바라보자 그는 그 앞에 있는 기쁨을 위하여 십자가를 참으사 부끄러움을 개의치 아니하시더니 **하나님 보좌 우편에 앉으셨느니라.**"[185] 베드로전서 3:22 "그는 하늘에 오르사 **하나님 우편에 계시니** 천사들과 권세들과 능력들이 그에게 복종하느니라." 요한계시록 4:2 "내가 곧 성령에 감동되었더니 보라 하늘에 보좌를 베풀었고 **그 보좌 위에 앉으신 이가 있는데.**"

---

[185] 예수님이 좌정하셨다는 사실에 대하여 히브리서에서는 1:3; 8:1; 10:12; 12:2 등 모두 4번에 걸쳐서 언급하고 있는데, 각각 강조점이 다르다.

오른쪽의 의미

성자 하나님은 전능하신 하나님 아버지의 오른쪽에 앉으셨다. 그렇다면 하나님의 오른쪽은 어디인가?

성부 하나님은 영이시기에(요 4:14,24; WSC 제4문답; WLC 제7문답) 왼쪽과 오른쪽은 사실상 존재하지 않는다. 그러므로 "하나님 아버지의 오른쪽"은 비유적인 표현이다. 신인동형론적 표현(神人同形論的表現, antropomorphism)이다.

'오른쪽'은 일반적으로 누군가를 우대할 때 사용된다(참조. 왕상 2:19; 시 45:9). 그렇기에 '성부의 오른쪽'이란 하나님과 함께 통치하는 권능의 자리, 영예의 자리, 영광의 자리를 의미한다(시 118:16; 행 5:31). 성자 하나님께서 성부 하나님의 오른쪽에 앉으셨다는 것은 통치와 다스림의 관점에서 생각해야 된다.

좌정의 독특성

성자 하나님께서 하나님 아버지의 오른쪽에 앉아 계시다는 것은 다음과 같은 점에서 독특하다.

첫째, 성자 하나님의 현재 상태다. 사도신경에서 고백하는 성자 하나님의 생애에 관한 모든 것들은 과거 혹은 미래의 일인데, 좌정은 유일하게 현재의 상태를 보여준다. 성자 하나님은 이 세상에 다시 오실 때까지 계속 좌정해 계실 것이다.

둘째, 승천과 좌정은 같은 것이 아니다. 승천과 좌정은 구별된다(롬 8:34). 왜냐하면 둘 중 하나만 있을 수 있기 때문이다.[186]

셋째, 하늘로 오르신 것은 한 번 뿐이지만 하나님의 오른쪽에 앉아 계신 것은 다시 오실 때까지 계속된다.

넷째, 천사와 우리도 승천하고, 우리도 하늘에 앉지만(엡 2:6), 하나님의 오른쪽에 앉지는 않는다. 하나님의 오른쪽에 앉는 일은 오직 성자 하나님만 하실 수 있는 일이다.

좌정의 의의

성자 하나님께서 성부 하나님의 오른쪽에 앉아 계시다는 것은 아래와 같은 의의를 갖는다.

첫째, 완전한 제사장이신 그리스도, 우리의 속죄를 위한 모든 제사를 마치신

---

186) Ursinus, *Commentary on the Heidelberg Catechism*, 253

성자 하나님의 사역을 보여준다. 구약의 제사장들은 자기들의 사역이 완전히 끝나지 않았다는 표시로 제사를 드릴 때마다 항상 서 있었다(히 10:11). 그래서 구약의 성막 혹은 성전에는 의자가 없었다. 앉지 않음으로써 제사가 아직 완전하게 성취되지 않았다는 것을 보여주었다. 그러나 우리의 완전한 대제사장이신 성자 하나님은 완전한 하나의 영원한 제사를 드리셨기 때문에 앉으셨다(히 10:12). 성자 하나님께서 하늘로 올라가신 뒤에 앉으셨다는 것은 우리를 위한 제사가 완전히 이루어졌음을 보여주는 상징적인 행위다.

둘째, 우리를 위해 간구하시는 그리스도를 보여준다. 로마서 8:34는 "누가 정죄하리요 죽으실 뿐 아니라 다시 살아나신 이는 그리스도 예수시니 **그는 하나님 우편에 계신 자요 우리를 위하여 간구하시는 자시니라**"라고 말씀한다. 성자 하나님은 보좌에 앉으셔서 우리를 위해서 간구하고 계신다.

셋째, 우리도 앉게 하실 것에 대한 소망을 준다. 에베소서 2:6은 "또 함께 일으키사 그리스도 예수 안에서 함께 하늘에 앉히시니"라고 말씀한다. 물론 우리는 하나님 보좌의 오른쪽에 앉지는 않는다. 그러나 분명히 우리는 하늘에서 앉게 될 것이다.

좌정하셔서 하시는 일

하나님 아버지의 오른쪽에 앉으신 성자 하나님은 가만히 앉아 계신 것이 아니다. 우리를 위한 속죄 사역은 다 마치셨지만, 그렇다고 해서 휴식을 취하고 계신 것이 아니다.

앉으신 분으로서 보좌에서 자신의 역할을 감당하신다. 성부 하나님의 오른쪽에 앉아 계시는 동안 피동적으로 신적 주권, 능력, 위엄, 영광을 받아 누리는 데그치지 않고 능동적으로 그분의 사역을 계속해서 수행하신다.[187]

첫째, 성령을 보내셨다. 하나님 아버지 오른쪽에 앉으신 일을 통해 왕으로 즉위하신 성자 하나님께서는 성부 하나님으로부터 성령을 받아 이 땅에 성령을 보내셨다. 이 사실은 사도행전 2:33 "하나님이 오른손으로 예수를 높이시매 그가 약속하신 성령을 아버지께 받아서 너희가 보고 듣는 이것을 부어 주셨느니라"는 말씀에 나타난다.

둘째, 보내신 성령을 통해 교회를 모으시고(WLC 제54문답), 교회와 만물을

---

187) Berkhof, *Systematic Theology*, 352.

다스리신다. 성부 하나님께서는 자기의 오른쪽에 앉아 있는 성자를 통해서 만물을 다스리신다(HC 제50문답; WLC 제54문답). 성자 하나님은 지금도 여전히 하늘에서 이 세상을 다스리는 왕 노릇을 하고 계신다. 또한 성자 하나님께서 하늘로 올라가신 이유는 교회의 머리로 나타내시기 위해서다(엡 1:22). 그렇기에 교회의 머리로서의 역할을 감당하신다. 즉 교회를 다스리고 계신다(행 5:31; 벧전 3:22; 시 118:16). 이 사역을 통해 성자 하나님은 하늘에서 왕으로서의 그리스도의 사역을 감당하신다. 이에 대해서 하이델베르크 요리문답 제50문답과 웨스트민스터 대요리문답 제54문답이 다음과 같이 고백한다.

하이델베르크 요리문답

50문 : "하나님 아버지의 오른쪽에 앉아 계시는데"라는 말이 왜 덧붙여졌습니까?

  답 : 그리스도는 거기에서 자신을 그의 교회의 머리로 나타내기 위해서 하늘로 오르셨으며,[1] 성부께서는 그를 통하여 만물을 다스리십니다.[2]

---

1) 엡 1:20-23; 골 1:18   2) 마 28:18; 요 5:22

웨스트민스터 대요리문답

54문 : 그리스도께서는 하나님의 오른쪽에 앉으심으로 어떻게 높이 되십니까?

  답 : 그리스도께서는 하나님의 오른쪽에 앉으심으로 높이 되시니, 하나님이시면서 사람으로서 성부 하나님의 최고의 은총을 받으시고,[1] 모든 충만한 기쁨[2]과 영광[3]과 **하늘과 땅에 있는 모든 것들을 다스리는 권세[4]를 받으십니다. 또한 자기 교회를 모으시고 지키시며**defend, **그들의 원수들을 굴복시키시고**subdue, 자기의 사역자들과 백성들에게 은사들gifts과 은혜들을 베푸시며furnishes,[5] 그들을 위하여 간구intercession하십니다.[6]

---

1) 빌 2:9   2) 행 2:28; 시 16:11   3) 요 17:5   **4) 엡 1:22; 벧전 3:22**   5) 엡 4:10-12; 시 110:1   6) 롬 8:34

셋째, 우리를 위한 중보 사역을 감당하신다. 로마서 8:34 "누가 정죄하리요 죽으실 뿐 아니라 다시 살아나신 이는 그리스도 예수시니 **그는 하나님 우편에 계신 자요 우리를 위하여 간구하시는 자시니라**"에 의하면 우리를 위해 간구하신다. 그래서 웨스트민스터 대요리문답 제55문답은 제54문답에 이어서 그리스도께서 하나님 아버지의 오른쪽에서 우리를 위해 어떻게 간구하시는지에 대해 다룬다.

웨스트민스터 대요리문답

54문 : 그리스도께서는 하나님의 오른쪽에 앉으심으로 어떻게 높이 되십니까?

   답 : 그리스도께서는 하나님의 오른쪽에 앉으심으로 높이 되시니, 하나님이시면서 사람으로서 성부 하나님의 최고의 은총을 받으시고,[1] 모든 충만한 기쁨[2]과 영광[3]과 하늘과 땅에 있는 모든 것들을 다스리는 권세[4]를 받으십니다. 또한 자기 교회를 모으시고 지키시며defend, 그들의 원수들을 굴복시키시고subdue, 자기의 사역자들과 백성들에게 은사들gifts과 은혜들을 베푸시며furnishes,[5] **그들을 위하여 간구intercession하십니다.**[6]

---

1) 빌 2:9   2) 행 2:28; 시 16:11   3) 요 17:5   4) 엡 1:22; 벧전 3:22   5) 엡 4:10–12; 시 110:1   **6) 롬 8:34**

55문 : 그리스도께서는 어떻게 간구하십니까?

   답 : 그리스도께서는 다음과 같이 간구하십니다. 땅에서 행하신 자기의 순종과 희생의 공로merit로[1] 하늘에 계신 성부 앞에서 계속해서 우리의 본성our nature으로 나타나시며,[2] 그 공로가 모든 신자들에게 적용되도록 자기의 뜻을 선포하십니다.[3] 그들에 대한 모든 고발들accusations에 답하시며,[4] 날마다의 실패에도 불구하고 그들에게 양심의 평안quiet of conscience을 주시며procuring,[5] 은혜의 보좌로 담대하게 나아가게 하시며,[6] 그들 자신persons[7]과 봉사[8]를 받으십니다.

---

1) 히 9:12,24   2) 히 1:3   3) 요 3:16; 17:9,20,24   4) 롬 8:33–34   5) 롬 5:1–2; 요일 2:1–2   6) 히 4:16   7) 엡 1:6   8) 벧전 2:5

이 사역을 통해 성자 하나님은 하늘에서 제사장으로서의 그리스도의 사역을 감당하신다.

넷째, 성령을 통해 하늘의 은사를 우리에게 부어주시고(행 2:33; 엡 4:7-8), 그분의 권능으로 모든 원수들로부터 보호하고 보존하신다. 이에 대해서 하이델베르크 요리문답 제51문답과 웨스트민스터 대요리문답 제54문답이 다음과 같이 고백한다.

하이델베르크 요리문답

51문 : 우리의 머리 되신 그리스도의 이 영광은 우리에게 어떤 유익을 줍니까?

답 : 첫째, 그리스도는 성령으로 그분의 지체(肢體)인 우리에게 하늘의 은사들을 부어주십니다pour out.[3] 둘째, 그분은 그분의 권능으로 우리를 모든 원수들enemies로부터 보호하고defend 보존하십니다keep safe.[4]

---

3) 행 2:33; 엡 4:8,10-12   4) 시 2:9; 110:1-2; 요 10:28; 계 12:5

웨스트민스터 대요리문답

54문 : 그리스도께서는 하나님의 오른쪽에 앉으심으로 어떻게 높이 되십니까?

답 : 그리스도께서는 하나님의 오른쪽에 앉으심으로 높이 되시니, 하나님이시면서 사람으로서 성부 하나님의 최고의 은총을 받으시고,[1] 모든 충만한 기쁨[2]과 영광[3]과 하늘과 땅에 있는 모든 것들을 다스리는 권세[4]를 받으십니다. 또한 자기 교회를 모으시고 지키시며defend, **그들의 원수들을 굴복시키시고subdue, 자기의 사역자들과 백성들에게 은사들gifts과 은혜들을 베푸시며furnishes,**[5] 그들을 위하여 간구intercession하십니다.[6]

---

1) 빌 2:9   2) 행 2:28; 시 16:11   3) 요 17:5   4) 엡 1:22; 벧전 3:22   5) 엡 4:10-12; 시 110:1   6) 롬 8:34

상대적으로 소홀한 승천과 좌정

많은 사람들이 부활에 대해서는 중요하게 다루면서 그 이후에 있었던 승천과 좌정에 대해서는 덜 관심을 가진다.[188] 하지만, 사도신경은 부활을 마지막으로 성자 하나님의 생애에 대한 고백을 마치지 않고 승천과 좌정을 계속해서 다룬다.[189]

부활은 성자 하나님의 마지막 생애와 사역이 아니다. 부활 이후가 있다. 죽은 사람들 가운데서 다시 살아나신 성자 하나님은 이 세상에서 40일 간 계신 뒤에 하늘로 오르셨고, 전능하신 하나님 아버지의 오른쪽에 앉으셨다. 그리고 지금도 계속해서 그렇게 계신다.

이 고백을 할 때 가져야 할 마음

"하늘로 오르셨고, 전능하신 하나님 아버지의 오른쪽에 앉아 계시는데"라는 고백을 할 때는 성자 하나님께서 다시 살아나신 뒤에 하늘로 오르셨고, 성부 하나님의 오른쪽에 앉으셨고, 현재도 앉아 계심을 믿어야 한다.

성자 하나님께서 승천과 좌정을 하신 이유는 우리를 위한 모든 속죄 제사를 마치셨기 때문이요, 우리를 위한 처소를 예비하시기 위함이다.

하늘에 있는 성부 하나님의 오른쪽에 앉아 계신 성자 하나님은 교회를 불러 모으시고, 온 세상과 교회를 다스리고 계시고, 우리를 위해 기도하시며, 우리에게 필요한 하늘의 은사를 내려 주신다.

---

188) 예수님의 승천과 그 이후의 지속적인 사역(좌정으로 말미암는 사역)은 오늘날 많이 간과되고 있는 영역이다. Derek Prime, *The Ascension: The Shout of a King* (Leominster: Day One Pub., 1999), 김귀탁 옮김, 『승천: 왕을 부르는 소리』(서울: 부흥과 개혁사, 2008), 8. 하지만, 이 내용은 기독교 신조의 중요한 위치를 차지한다. Prime, 『승천: 왕을 부르는 소리』, 19.

189) 하이델베르크 요리문답은 주님의 부활에 대한 부분(제45문답)보다 승천에 관한 부분(제46-49문답)을 더 많이 다룬다. 이는 종교개혁 당시의 루터파와 칼뱅파의 성자 하나님의 위격과 관련한 논쟁의 영향이다. Fred H. Klooster, *A Might Comfort: The Christian Faith according to the Heidelberg Catechism* (Grand Rapids: CRC Publications, 1990), 이승구 역, 『하나님의 강력한 위로: 하이델베르크 요리문답에 나타난 기독교 신앙』(서울: 토라, 2004 개정역), 102. 이와 관련해 자세한 역사적 배경에 대해서는 다음을 참조하라. Klooster, *Our Only Comfort*, 592-595.

7문장 | 거기로부터 살아 있는 사람들과 죽은 사람들을 심판하러 오실 것이다[190]

– 성자 하나님: 재림과 최후심판

> **관련 신조**
> 하이델베르크 요리문답 제52문답
> 웨스트민스터 대요리문답 제53, 56, 88-90문답
> 웨스트민스터 신앙고백서 제8장 제4절, 제33장
> 벨기에 신앙고백서 제37조

번역 문제

옛 번역: 저리로서 산 자와 죽은 자를 심판하러 오시리라.

새 번역: 거기로부터 살아 있는 자와 죽은 자를 심판하러 오십니다.

저자 번역: 거기로부터(그곳으로부터) 살아 있는 사람들과 죽은 사람들을 심판하러 오실 것입니다.

번역 설명: ① 옛 번역 "저리로서"는 고어(古語)이기에 이해하기가 어려운 면이 있다. 새 번역 "거기로부터"가 바른 번역이다. "거기에서부터"나 "그곳으로부터", "그곳에서부터"라고 번역할 수도 있다.[191] ② 옛 번역은 "산 자와 죽은 자"라고 했는데, 새 번역은 "살아 있는 자와 죽은 자"로 좀 더 의미를 분명히 했다. 그런데 원문 상 살아 있는 자와 죽은 자는 단수(單數)가 아니라 복수(複數)다. 한글 어법상 복수를 생략하는 것이 일반적이지만, 신조는 그 내용이 구체적일 필요가 있기 때문에 "살아 있는 사람들, 죽은 사람들"로 복수 표현을 분명히 했다. ③ "살아 있는 자들과 죽은 자들"의 "자(者)"는 한자어이기에 "사람들"로 번역했다.

---

190) 칼뱅은 이 주제를 *Institutes*, II. xvi. 17에서 다룬다.
191) 한국천주교회는 "그리로부터"라고 번역했다.

④ "심판(審判)"은 한자어지만 이를 대체할 한글표현이 없어서 그대로 했다. ⑤ 성자 하나님께서 다시 오시는 것은 미래에 있을 일이다. 그러므로 "오십니다"보다는 "오실 것입니다"라는 표현으로 미래형을 분명히 했다.

(1) 재림

"거기로부터 살아 있는 사람들과 죽은 사람들을 심판하러 오실 것이다"는 성자 하나님께서 장차 하실 일에 대한 고백이다. 성자 하나님은 현재 하나님 아버지의 오른쪽에 앉아계신다. 이 상태는 마가복음 16:19 당시부터 지금까지 계속되고 있다. 그렇게 계신 성자 하나님은 다시 이 세상에 오실 것이다. 이 오심(Coming)은 동정녀 마리아에게서 나셨던 오심인 초림(初臨)과 구분하여 재림(再臨, Second coming)이라고 부른다.[192] 다시 오시는 것의 출발점은 '거기', 즉 '하나님 아버지의 오른쪽'이다. "거기로부터" 오실 것이다. 다시 오셔서 살아있는 사람들과 죽은 사람들을 심판하실 것이다.

근거 성경구절

성자 하나님께서 하나님 아버지의 오른쪽에서부터 다시 이 땅에 오실 것에 대한 근거구절은 다음과 같다. 마태복음 16:27 **"인자가 아버지의 영광으로 그 천사들과 함께 오리니** 그때에 각 사람이 행한 대로 갚으리라." 마태복음 24:30 "그때에 인자의 징조가 하늘에서 보이겠고 그때에 땅의 모든 족속들이 통곡하며 그들이 **인자가 구름을 타고 능력과 큰 영광으로 오는 것을 보리라.**" 마태복음 26:64 "예수께서 이르시되 네가 말하였느니라 그러나 내가 너희에게 이르노니 이 후에 인자가 권능의 우편에 앉아 있는 것과 **하늘 구름을 타고 오는 것을 너희가 보리라** 하시니." 사도행전 1:11 "이르되 갈릴리 사람들아 어찌하여 서서 하늘을 쳐다보느냐 **너희 가운데서 하늘로 올려지신 이 예수는 하늘로 가심을 본 그대로 오시리라** 하였느니라." 데살로니가전서 1:10 "또 죽은 자들 가운데서 다시 **살리신 그의 아들이 하늘로부터 강림하실 것**을 너희가 어떻게 기다리는지를 말하니 이는 장래의 노하심에서 우리를 건지시는 예수시니라." 데살로니가전서

---

192) 성경에는 재림이라는 표현이 나오지 않는다. 표준새번역과 현대인의 성경은 의역하여 '재림'이라고 표현한 경우가 있다.

4:16 "주께서 호령과 천사장의 소리와 하나님의 나팔 소리로 **친히 하늘로부터 강림하시리니** 그리스도 안에서 죽은 자들이 먼저 일어나고." 데살로니가후서 1:7 "환난을 받는 너희에게는 우리와 함께 안식으로 갚으시는 것이 하나님의 공의시니 주 예수께서 자기의 능력의 천사들과 함께 **하늘로부터 불꽃 가운데에 나타나실 때에**." 데살로니가후서 1:10 "**그날에 그가 강림하사** 그의 성도들에게서 영광을 받으시고 모든 믿는 자들에게서 놀랍게 여김을 얻으시리니 이는 우리의 증거가 너희에게 믿어졌음이라." 야고보서 5:7-8 "⁷그러므로 형제들아 **주께서 강림하시기까지** 길이 참으라 보라 농부가 땅에서 나는 귀한 열매를 바라고 길이 참아 이른 비와 늦은 비를 기다리나니 ⁸너희도 길이 참고 마음을 굳건하게 하라 **주의 강림이 가까우니라**." 요한계시록 1:7 "볼지어다 **그가 구름을 타고 오시리라** 각 사람의 눈이 그를 보겠고 그를 찌른 자들도 볼 것이요 땅에 있는 모든 족속이 그로 말미암아 애곡하리니 그러하리라 아멘." 요한계시록 22:20 "이것들을 증언하신 이가 이르시되 **내가 진실로 속히 오리라** 하시거늘 아멘 주 예수여 오시옵소서."

위에 언급한 구절들을 보면 '재림'이라는 말이 직접적으로 나오지는 않는다. 그 대신 ① 강림(降臨, 고전 15:23; 살전 1:10; 2:19; 3:13; 4:16; 5:23; 살후 1:10; 2:1,8; 약 5:7-8; 벧후 3:4; 요일 2:28) ② 나타나심(살후 1:7; 2:8; 딤전 6:14; 딤후 4:1,8; 딛 2:13; 벧전 1:7,13) ③ 드러나심(고전 1:7; 살후 1:7; 벧전 1:7,13; 4:13) ④ 오심(마 16:27; 24:30; 26:64; 행 1:11; 계 1:7; 22:20)이라는 표현을 사용한다. 비록 재림이라는 말은 나오지 않지만, 이미 오신 예수님에 대해서 강림, 나타나심, 드러나심, 오심이라고 표현하고 있으니 이것을 당연히 두 번째 오심이라고 여겨서, '재림'(再臨)이라고 표현하는 것이다.

반드시 있을 재림

사도신경에 나오는 성자 하나님에 관한 내용 중 지금까지 다룬 것들은 과거와 현재에 관한 내용이다. "거기로부터 살아 있는 사람들과 죽은 사람들을 심판하러 오실 것입니다"는 미래에 일어날 일이다. 그렇다면 미래에 있을 성자 하나님의 다시 오심은 분명히 있을 것인가? 분명히 있을 일이다. 아직 일어나지 않은 일이지만, 반드시 일어날 일이다.

그럼에도 불구하고 사람들은 성자 하나님의 다시 오실 것을 부인한다. 베드로후서 3:3-5 "³먼저 이것을 알지니 말세에 조롱하는 자들이 와서 자기의 정욕을 따라 행하며 조롱하여 ⁴이르되 주께서 강림하신다는 약속이 어디 있느냐? 조상들이 잔 후로부터 만물이 처음 창조될 때와 같이 그냥 있다 하니 ⁵이는 하늘이 옛적부터 있는 것과 땅이 물에서 나와 물로 성립된 것도 하나님의 말씀으로 된 것을 그들이 일부러 잊으려 함이로다"에 따르면 말세에 사람들이 성자 하나님의 강림(재림)하심에 대해 조롱한다.

하지만, 이러한 거짓 가르침에도 불구하고 죽은 사람들 가운데서 다시 살아나셔서 하늘로 오르신 뒤에 지금 현재 전능하신 하나님 아버지의 오른쪽에 앉아 계신 우리 주님 예수 그리스도께서는 반드시 다시 오신다(마 24:30; 25:19,31; 26:64; 요 14:3; 계 22:20).

사도신경이 성립되던 때와 가장 가까운 시대였던 초대교회는 임박한 재림을 기다렸으니, 로마서 13:11-12 "¹¹또한 너희가 이 시기를 알거니와 **자다가 깰 때가 벌써 되었으니** 이는 이제 우리의 구원이 처음 믿을 때보다 **가까웠음이라.** ¹²**밤이 깊고 낮이 가까웠으니** 그러므로 우리가 어둠의 일을 벗고 빛의 갑옷을 입자." 빌립보서 4:5 "너희 관용을 모든 사람에게 알게 하라 **주께서 가까우시니라.**" 야고보서 5:8 "너희도 길이 참고 마음을 굳건하게 하라 **주의 강림이 가까우니라.**" 요한계시록 22:20 "이것들을 증언하신 이가 이르시되 **내가 진실로 속히 오리라** 하시거늘 아멘 주 예수여 오시옵소서"라고 말씀한다.

재림의 시기

성자 하나님께서는 언제 이 세상에 다시 오실까? 재림의 시기는 하나님 외에는 아무도 모른다(마 24:36,42; 벧후 3:10; WLC 제88문답). 성자 하나님께서는 "그날과 그때는 아무도 모르나니 하늘의 천사들도, 아들도 모르고 오직 아버지만 아시느니라"(마 24:36)라고 말씀하셨다.

재림의 시기는 왜 비밀일까? 첫째, 우리로 하여금 항상 깨어 있도록 하기 위함이다(마 24:42; 25:13). 둘째, 만약 재림의 시기를 안다면 현재의 삶에 충실할 수 없기 때문이다(WCF 제33장 제3절).

재림의 시기를 알 수는 없지만, 재림이 가까워진다는 것은 알 수 있다. 로마서 13:11 "또한 너희가 이 시기를 알거니와 **자다가 깰 때가 벌써 되었으니** 이는 이제 **우리의 구원이 처음 믿을 때보다 가까웠음이라.**" 히브리서 10:25 "모이기를 폐하는 어떤 사람들의 습관과 같이 하지 말고 오직 권하여 **그날이 가까움을 볼수록** 더욱 그리하자." 요한계시록 1:3 "이 예언의 말씀을 읽는 자와 듣는 자와 그 가운데에 기록한 것을 지키는 자는 복이 있나니 **때가 가까움이라.**"

거기로부터

성자 하나님께서는 하나님의 오른쪽에 앉으신 뒤에 다시 오실 때까지 계속해서 그곳에 계실 것이다. 이에 대해 웨스트민스터 대요리문답 제53문답은 다음과 같이 고백한다.

웨스트민스터 대요리문답

53문 : 그리스도께서는 자기의 승천에서 어떻게 높이 되셨습니까?

답 : 그리스도께서는 자기의 승천에서 높이 되셨으니, 부활하신 후에 사도들에게 자주 나타나셔서 대화를 나누시되 그들에게 하나님 나라에 관한 pertaining 것들을 말씀하셨고,[1] 모든 민족에게 복음을 전할 사명 commission을 주셨고,[2] 부활하신지 사십 일 후에 우리의 본성을 가지고 우리의 머리로서[3] 원수들을 이기시고,[4] 눈에 보이게visibly 가장 높은 하늘로 올라가셨고, 거기서 사람들을 위하여 선물들을 받으시고,[5] 우리의 애정affections을 그곳으로thither 끌어 올리시고,[6] 우리를 위하여 있을 곳을 예비하십니다.[7] 그분 자신은 그곳에 계시고, **세상 끝에 재림second coming 하실 때까지 계속해서 그곳에 계실 것입니다.**[8]

---

1) 행 1:2-3   2) 마 28:19-20   3) 히 6:20   4) 엡 4:8   5) 행 1:9-11; 엡 4:10; 시 68:18   6) 골 3:1-2   7) 요 14:3
8) 행 3:21

그러므로 성자 하나님은 성부 하나님의 오른쪽에서부터 오신다. 이에 따라 사도신경은 "거기로부터"(그곳으로부터)라고 고백한다.

재림의 방식

성자 하나님께서는 어떤 방식으로 이 세상에 다시 오실까? 재림의 방식은 승천의 방식과 같다. 성자 하나님께서 하늘로 올라가실 때 천사들은 "갈릴리 사람들아 어찌하여 서서 하늘을 쳐다보느냐 너희 가운데서 하늘로 올려지신 이 예수는 하늘로 가심을 본 그대로 오시리라 하였느니라"(행 1:11)라고 하였다. 그러므로 올라가신 그대로 다시 오실 것이다.

사도행전 1:9-11에 근거해서 재림의 방식은 다음과 같이 정리할 수 있다. 첫째, 친히 오실 것이다. 둘째, 모든 사람이 볼 수 있게 오실 것이다(마 24:27; BC 제37조). 셋째, 승천하실 때의 그 몸으로 오실 것이다(행 1:11). 넷째, 큰 영광과 위엄 가운데 오실 것이다(행 1:9; 계 1:7; BC 제37조).[193]

위의 방식은 다음의 방식을 반대한다. 첫째, 상징적으로 오실 것이다. 둘째, 비밀스럽게 오실 것이다. 셋째, 영혼만이 오실 것이다.

(2) 최후심판

재림의 목적
전능하신 하나님 아버지의 오른쪽에 앉아 계신 성자 하나님은 왜 이 세상에 다시 오시는가? 재림의 목적은 무엇인가? "살아 있는 사람들과 죽은 사람들을 심판하기 위해서"다.

근거 성경구절
성자 하나님께서 다시 오시는 목적에 대한 근거구절은 다음과 같다. 사도행전 10:42 "우리에게 명하사 백성에게 전도하되 **하나님이 살아 있는 자와 죽은 자의 재판장으로 정하신 자가 곧 이 사람**인 것을 증언하게 하셨고." 디모데후서 4:1 "하나님 앞과 **살아 있는 자와 죽은 자를 심판하실 그리스도 예수** 앞에서 그가 나타나실 것과 그의 나라를 두고 엄히 명하노니." 히브리서 10:30 "원수 갚는 것이 내게 있으니 내가 갚으리라 하시고 또 다시 **주께서 그의 백성을 심판하리라** 말씀하신 것을 우리가 아노니." 베드로전서 4:5 "그들이 **산 자와 죽은 자를 심판하기로 예비하신 이**에게 사실대로 고하리라." 요한계시록 20:12 "또 내가 보니 **죽은 자들**이 큰 자나 작은 자나 그 보좌 앞에 서 있는데 책들이 펴 있고 또 다른 책이 펴졌으니 곧 생명책이라 **죽은 자들**이 자기 행위를 따라 책들에 기록된 대로 **심판을 받으니.**"

---

193) 성경에서 '구름'은 영광을 상징한다(출 16:10; 24:16; 40:34-38; 민 16:42; 왕상 8:11; 대하 5:14; 겔 10:4; 마 24:30; 막 13:26; 눅 21:27).

신조들의 설명

벨기에 신앙고백서는 제37조에서 사도신경의 가르침을 보다 확대하여 성자 하나님의 재림과 최후심판에 대해서 다룬다.

벨기에 신앙고백서
제37조 최후심판
The Last Judgment

마지막으로, 우리는 하나님의 말씀에 따라 주님께서 정하셨지만ordained 모든 피조물에게 알려지지 않은 그때가 이르고[1] 선택받은 자들의 수가 찰 때is complete,[2] **우리 주 예수 그리스도께서 큰 영광과 위엄으로[3] 승천하신 것처럼(행 1:11) 육신으로 그리고 눈에 보이게bodily and visibly[4] 하늘로부터 오실 것이라고 믿습니다. 그리스도께서는 당신 자신을 산 사람들과 죽은 사람들의 심판주Judge로 선언하시고[5] 옛 세상을 정결하게purge 하기 위해서 이 옛 세상을 불태우실afire 것입니다.[6] 그때에 세상의 시작부터 끝까지 살았던 남자와 여자와 아이들 곧 모든 산 사람들이 이 위대하신 심판주great Judge 앞에 자기 스스로in person 서게 될 것입니다.[7] 그들은 천사장의 부름archangel's call과 하나님의 나팔 소리로 소집될 것입니다be summoned(살전 6:16).**

그때 이전에 죽은 사람들은 땅으로부터 일어나서[8] 그들의 영혼their spirits이 다시 한 번 그들이 살았던 바로 그 몸과 연합할 것입니다united with their own bodies in which they lived. 그때 다른 사람들처럼 죽지 않고 여전히 살아 있는 자들은 썩어질 것perishable이 썩지 않게imperishable 순식간에the twinkling of an eye 변화될 것입니다.[9] 그때 책들books이 펴지고 죽은 사람들이 선악 간에(고후 5:10) 이 세상에서 행한 것에 따라 심판을 받을 것입니다(계 20:12).[10] 정말로 모든 사람들은 자신이 언급한 모든 무익한 말careless word에 책임을 져야 하는데(마 12:36), 이것은 세상이 단지 농담jest과 재미amusement로 여긴 것들입니다. 사람들의 비밀과 외식hypocrisies이 모든 사람들의 눈앞에서 공개적으로publicly 드러날 것입니다. 그래서 이런 선한 이유로 사악한 악인들the wicked에게는 이 심판에 대한 생각이 무섭고horrible 두려운dreadful 것입니다.[11] 그러나 의로운 택자들에게는 이 심판에 대한 생각이 큰 기쁨joy과 위로comfort가 됩니다. 왜냐하면 택자들의 완전한 구속full redemption이 이루어지고 그들이 겪은 수고와 고통의 열매를 받을 것이기 때문입니다.[12] 그들의 무죄innocence가 모든 사람들에게 알려지고 그들이 이 세상에서 자신들을 핍박하고persecuted 압제하고oppressed 괴롭히던tormented 악한 자들에게 하나님께서 무서운 보복vengeance을 하시는 것을 볼 것입니다.[13]

악한 자들은 그들 자신의 양심의 증거에 의해서 유죄가 입증되어be convicted 죽지도 않고immortal 오직 마귀devil와 그의 사자들angels을 위하여 예비 된 영원한 불 속에서(마 25:41)[14] 고통을 받게 될 것입니다be tormented.[15]

한편 신실하고 택함 받은 자들은 영광과 존귀의 면류관을 쓸 것입니다. 하나님의 아들이 하나님 아버지와 택한 천사들 앞에서(마 10:32) 그들의 이름을 인정하실acknowledge 것입니다.[16] 하나님께서 모든 눈물을 그 눈에서 씻기실 것이고 wipe away(계 21:4),[17] 그들이 현재 많은 재판관들과 시민 정부의 권세자들에 의해서 이단자heretical와 악인evil으로 정죄 받은 이유가 하나님의 아들로 인한 것임이 인정될 것입니다be recognized. 주님께서는 은혜로운 보상a gracious reward으로서 사람의 마음이 결코 생각할 수 없는 그런 영광을 소유하도록 해주실 것입니다.[18] 그러므로 우리는 예수 그리스도 우리 주 안에서 하나님의 충만한 약속을 즐길 것을 간절히 열망하면서 이 위대한 날을 고대합니다. 아멘. 주 예수여 오시옵소서!(계 22:20)

---

1) 마 24:36; 25:13; 살전 5:1-2   2) 히 11:39-40; 계 6:11   3) 마 24:30; 25:31   4) 계 1:7   5) 마 25:31-46; 딤후 4:1; 벧전 4:5   6) 벧후 3:10-13   7) 신 7:9-11; 계 20:12-13   8) 단 12:2; 요 5:28-29   9) 고전 15:51-52; 빌 3:20-21   10) 히 9:27; 계 22:12   11) 마 11:22; 23:33; 롬 2:5-6; 히 10:27; 벧후 2:9; 유 15; 계 14:7a   12) 눅 14:14; 살후 1:3-10; 요일 4:17   13) 계 15:4; 18:20   14) 계 20:10   15) 마 13:41-42; 막 9:48; 눅 16:22-28; 계 21:8   16) 계 3:5   17) 사 25:8; 계 7:17   18) 단 12:3; 마 5:12; 13:43; 고전 2:9; 계 21:9-22:5

웨스트민스터 신앙고백서는 제33장에서 최후심판에 대해 다룬다.

웨스트민스터 신앙고백서
제33장 최후심판에 관하여
Of the Last Judgment

1. 하나님께서는 예수 그리스도로 말미암아 공의righteousness로 세상을 심판하실 한 날을 정하시고[1] 그에게 모든 권세와 심판을 맡기셨다.[2] 그날에는 배교한 apostate 천사들이 심판을 받을 뿐 아니라[3] 땅 위에 살았던 모든 사람들이 그리스도의 심판대tribunal 앞에 서서apepar 그들의 생각과 말과 행위의 전말(顚末)을 밝히고give an account of 선이든 악이든 그들이 몸으로 행한 바를 따라 보응을 받을 것이다.[4]

---

1) 행 17:31 2) 요 5:22,27 3) 고전 6:3; 유 1:6; 벧후 2:4 4) 고후 5:10; 전 12:14; 롬 2:16; 14:10,12; 마 12:36-37

2. 하나님께서 이날을 정하신 목적은 택함 받은 자들을 영원히 구원하셔서 자신의 자비의 영광을 나타내시고, 악하고 순종하지 않는 유기자들the reprobate을 지옥에 떨어뜨리셔서damnation 자신의 공의의 영광을 나타내시고자 함이다. 그때 의인들the righteous은 영원한 생명으로 들어가 주님의 임재로부터 오는 충만한 기쁨과 만족refreshing을 누리게 되지만, 하나님을 알지 못하고 예수 그리스도의 복음에 순종하지 않는 악인들the wicked은 영원한 고통torments 가운데 던져져서 주님의 임재와 그분의 영광으로부터 영원한 멸망destruction의 형벌을 받게 된다.[5]

---

5) 마 25:31-46; 롬 2:5-6; 9:22-23; 마 25:21; 행 3:19; 살후 1:7-10

3. 그리스도께서 심판 날이 있을 것을 우리에게 확실하게 확신시키고자 하셨던 것to be certainly persuaded은 모든 사람으로 하여금 죄를 멀리하게 하고to deter, 경건한 자들이 역경adversity 가운데서 큰 위로the greater consolation를 받게 하시기 위함이다.[6] 또한 그리스도께서는 심판 날을 사람들에게 숨겨두시니 이는 그들이 주님께서 언제 오실지를 알지 못하므로 모든 육적인 평안을

떨쳐버리고they may shake off all carnal security, 항상 깨어 있어서be always watchful, 언제든지 "주 예수여, 오시옵소서. 속히 오시옵소서. 아멘"이라고 말할 수 있도록 준비하게 하시기 위함이다.[7]

6) 벧후 3:11,14; 고후 5:10-11; 살후 1:5-7; 눅 21:7,28; 롬 8:23-25   7) 마 24:36,42-44; 막 13:35-37; 눅 12:35-36; 계 22:20

살아 있는 사람들과 죽은 사람들은 누구

살아 있는 사람들과 죽은 사람들은 누구인가? 예수님을 믿으므로 말미암아 살아 있는 사람들, 예수님을 믿지 않음으로 말미암아 죽은 사람들이라고 오해할 수 있다. 하지만, 여기에서 말하는 살아 있는 사람들과 죽은 사람들은 성자 하나님께서 다시 오실 그 당시에 살아 있는 사람들과 죽은 사람들을 말하는 것으로, 곧 모든 사람이다. 성자 하나님께서 다시 오실 당시에 살아있는 사람만 심판하시는 것이 아니라, 이미 죽은 사람들도 심판하신다. 이 사실은 요한계시록 20:13 "바다가 그 가운데에서 죽은 자들을 내주고 또 사망과 음부도 그 가운데에서 죽은 자들을 내주매 각 사람이 자기의 행위대로 심판을 받고"라는 말씀을 통해 알 수 있다.

성자 하나님께서는 재림하셔서 살아 있는 사람들과 죽은 사람들을 의인과 악인으로 분리시키실 것이며(마 25:31-33), 이때 믿는 사람은 영원한 천국으로, 믿지 않는 사람은 영원한 지옥으로 가게 된다(계 20:15).

심판의 주체

심판자는 그리스도시다. 그리스도께서 살아 있는 사람들과 죽은 사람들을 심판하신다. 이 사실은 요한복음 5:22 "아버지께서 아무도 심판하지 아니하시고 심판을 다 아들에게 맡기셨으니", 요한복음 5:27 "또 인자됨으로 말미암아 심판하는 권한을 주셨느니라", 고린도후서 5:10 "이는 우리가 다 반드시 그리스도의 심판대 앞에 나타나게 되어 각각 선악 간에 그 몸으로 행한 것을 따라 받으려 함이라" 등의 구절이 증거한다.

그렇다고 해서 성부와 성령께서 심판에 전혀 관여하지 않으신다고 생각해서는 안 된다. 성부와 성령도 이 심판에 관여하신다. 그리스도의 심판의 동의와 권위는 삼위 하나님 모두에게 속하는 일이다. 다만 보이는 면에서 그리스도께서 선고를 내리시며 집행하시는 일에 있어서 그리스도께서 하실 뿐이다.[194] 또한 그

리스도께서 심판을 하실 때 천사들과 성도들의 보좌를 받으실 것이다.[195]

심판의 과정

심판의 과정은 다음과 같다. ① 성자 하나님께서 강림하실 것이다. ② 모든 사람(재림 당시에 살아 있는 사람들과 죽은 사람들)이 심판대에 서게 될 것이다. ③ 사람의 모든 생각과 행위들이 드러날 것이다. ④ 의인과 악인이 분리될 것이다(마 25:31-33). ⑤ 믿지 않는 사람은 '지옥'에 던져질 것이다(계 20:15). ⑥ 믿는 사람은 심판은 받지만 형벌은 받지 않는다.

악인과 의인이 심판 날에 당할 일들

심판 때에 악인들에게는 무슨 일이 일어나는지를 웨스트민스터 대요리문답 제89문답은 다음과 같이 설명한다.

웨스트민스터 대요리문답

89문 : 심판 날에 악인들the wicked에게는 무슨 일이 일어날 것입니까?

답 : 심판 날에 악인들은 그리스도의 왼쪽에 세워질 것이고,[1] 확실한 증거와 그들 자신의 양심의 충분한 확증conviction에 근거하여[2] 두려우면서도 공평한 정죄의 선고가 내려질 것입니다.[3] 그리고 은혜로우신 하나님의 임재와 그리스도와 그분의 성도들과 모든 그분의 거룩한 천사들과의 영광스러운 교제fellowship로부터 쫓겨나 지옥hell으로 던져져서 몸과 영혼 둘 다 마귀와 그의 천사들과 함께 말할 수 없는 고통의 형벌을 영원히 받을 것입니다.[4]

---

1) 마 25:33   2) 롬 2:15-16   3) 마 25:41-43   4) 눅 16:26; 살후 1:8-9

심판 때에 의인들에게는 무슨 일이 일어나는지를 웨스트민스터 대요리문답 제90문답은 다음과 같이 설명한다.

---

194) Ursinus, *Commentary on the Heidelberg Catechism*, 264.

195) Hoekema, 『개혁주의 종말론』, 361-362.

최후심판과 높이 되심

　재림과 심판은 그리스도의 사역 중 높이 되심(승귀)에 해당한다. 그렇다면 그리스도께서는 재림과 심판을 통해 어떻게 높이 되시는가? 이에 대해서 웨스트민스터 대요리문답 제56문답은 다음과 같이 설명한다.

하나님의 나팔 소리와 함께[4] 오셔서 세상을 의로 심판하실 것입니다.[5]

1) 행 3:14-15   2) 마 24:30   3) 눅 9:26; 마 25:31   4) 살전 4:16   5) 행 17:31

재림과 최후심판이 주는 위로

하이델베르크 요리문답은 그리스도의 재림을 다루면서 다른 내용은 전혀 다루지 않은 채로 "재림이 우리에게 주는 위로"에 대해서만 다룬다. 그 내용은 다음과 같다.

하이델베르크 요리문답

52문 : 그리스도께서 "살아 있는 사람들과 죽은 사람들을 심판하러 오실 것"은 당신에게 어떠한 위로를 줍니까?

답 : 내가 어떠한 슬픔distress과 핍박persecution을 당하더라도, 전에 나를 대신하여 하나님의 심판대 앞에 서시사 내게 임한 모든 저주curse를 제거하신 바로 그분이 심판자로서 하늘로부터 오시기를 머리 들어 기다립니다.[5] 그가 그의 모든 원수들, 곧 나의 원수들은 영원한 멸망punishment으로 형벌하실condemn 것이며,[6] 나는 그의 택함을 받은 모든 사람들과 함께 하늘의 기쁨과 영광 가운데 그에게로 이끌어 들이실 것입니다.[7]

5) 눅 21:28; 롬 8:23-24; 빌 3:20; 딛 2:13   6) 마 25:41-43; 살후 1:6,8-9   7) 마 25:34-36; 살전 4:16-17; 살후 1:7,10

성자 하나님께서 다시 오실 것은 사도신경을 믿고 고백하는 자들에게는 위로이지만, 그렇지 않은 자들에게는 두려움이다.

자칭 재림예수들에 대하여

사도신경의 이 고백은 소위 '자칭 재림예수'인 사이비 교주들의 가르침에 현혹되지 않게 한다.[196]

거의 대부분의 '자칭 재림예수'들은 비밀리에 재림했다고 한다. 하지만 재림은 반드시 모든 사람이 볼 수 있도록 이루어질 것이다(행 1:11). 아무도 모르게 재림했다는 거짓은 성경적 가르침에 맞지 않다. 또한 재림을 했다면 살아 있는 사람들과 죽은 사람들을 심판했어야 한다. 그러나 '자칭 재림예수' 들은 아무도 심판하지 않았다.

'자칭 재림예수' 와 그들을 추종하는 사람들은 사도신경의 "거기로부터 살아 있는 사람들과 죽은 사람들을 심판하러 오실 것입니다"를 고백할 수 없다. 재림예수를 믿는 자들은 더 이상 사도신경을 고백할 수 없는 자들이다.

웨스트민스터 신앙고백서 제8장 제4절에 요약된 성자 하나님의 생애

웨스트민스터 신앙고백서 제8장 제4절에는 사도신경의 네 번째 문장부터 일곱 번째 문장인 "고난을 받으셨고, 십자가에 못 박히셨고, 죽으셨고, 장사되셨고, 삼 일째에 죽은 사람들 가운데서 다시 살아나셨고, 하늘로 오르셨고, 전능하신 하나님 아버지의 오른쪽에 앉아 계시고, 거기로부터 살아 있는 사람들과 죽은 사람들을 심판하러 오실 것"에 대해서 다음과 같이 고백한다.

웨스트민스터 신앙고백서
제8장 중보자 그리스도에 관하여
Of Christ the Mediator

4. 주 예수님께서는 이 직분office을 아주 기꺼이willingly 맡으셨고undertake,[22] 그 직분을 감당하시려고 율법 아래 나서서[23] 율법을 온전히 성취하셨다.[24] 그분의 영혼으로는 아주 심한 고뇌most grievous torments를 견디셨으며,[25] 그분의 몸으로는 아주 심한 고통most painful sufferings을 견디셨으며,[26] 십자가에 못 박히셨고 죽으셨으며,[27] 장사되셨고, 죽음의 권세 아래 계셨으나 썩음을 보시지는 않으셨다yet saw no corruption.[28] 제 삼 일에 고난 당하셨던 동일한 몸으로[29] 죽은 자들 가운데서 살아나셨고,[30] 동일한 몸으로 하늘로 올라가셨으며, 그

---

196) 필자는 '자칭 재림예수' 라 하는 사람들을 '이단' 이라고 생각하지 않는다. '이단' 은 삼위일체를 부정하거나, 기독론과 구원론, 교회론 등에 모순이 있는 경우들을 말하는 것이지, 자칭 예수는 이단에도 미치지 못하는 사이비 교주일 뿐이다.

후 그분의 아버지 오른쪽에 앉으셨고,[31] 거기서 중보기도intercession를 하고 계신다.[32] 그리고 세상 끝 날에 사람들과 천사들을 심판하시기 위해 다시 오실 것이다.[33]

---

22) 시 40:7,8; 히 10:5-10; 요 10:18; 빌 2:8   23) 갈 4:4   24) 마 3:15; 5:17   25) 마 26:37,38; 눅 22:44; 27:46
26) 마 26-27   27) 빌 2:8   28) 행 2:23,24,27; 13:37; 롬 6:9   29) 요 20:25,27   30) 고전 15:3-5   31) 막 16:19
32) 롬 8:34; 히 9:24; 7:25   33) 롬 14:9-10; 행 1:11; 10:42; 마 13:40-42; 유 1:6; 벧후 2:4

성자 하나님의 생애와 사역, 그리고 신자의 삶

성도는 그리스도와 함께 태어나고(히 2:11), 함께 상속자가 되고, 함께 지체가 되고, 함께 약속에 참여하는 자가 되고(엡 3:6), 함께 고난 받고(롬 8:17), 함께 살아나고, 일어나고, 하늘에 앉히고(엡 2:5-6), 마지막 날 함께 영광 가운데 나타날 것이다(골 3:4).[197]

이 고백을 할 때 가져야 할 마음

"거기로부터 살아 있는 사람들과 죽은 사람들을 심판하러 오실 것입니다"라는 고백을 할 때는 성자 하나님께서 지금 현재 성부 하나님의 오른쪽에 앉아 계시다는 사실을 기억하고, 반드시 다시 오실 성자 하나님을 기다리고 소망해야 한다. 우리가 알지 못하는 때에 이 세상에 다시 오실 성자 하나님은 살아 있는 사람들과 죽은 사람들을 심판하실 것이다. 성자 하나님께서 다시 오셔서 심판하실 때에 그분을 믿는 자들은 무죄선고를 받고 하늘의 영원한 기쁨과 영광을 누리게 될 것이다.

---

196) 문병호, 『기독론』, 49-50.

3장
성령 하나님에 관하여

삼위일체 하나님에 대한 믿음을 기본 뼈대로 하는 사도신경은 크게 세 부분으로 되어 있다. 첫 번째 문장은 성부 하나님, 두 번째 문장부터 일곱 번째 문장까지는 성자 하나님, 여덟 번째 문장부터 열두 번째 문장까지는 제3위에 해당하시는 성령 하나님에 대해 다룬다.

흔히 성령 하나님에 대한 고백이 여덟 번째 문장의 "성령을 믿습니다"에만 해당하는 것으로 생각하지만, 그 이후에 나오는 "거룩하고 보편적인 교회와 성도가 서로 사귀는 것과 죄를 용서해 주시는 것과 몸이 다시 살아날 것과 영원히 사는 것"도 성령 하나님에 대한 고백이다. 거룩하고 보편적인 교회는 성령 하나님께서 세우신 기관이고, 성도의 사귐, 죄 용서, 몸의 부활, 영원한 생명은 성령 하나님께서 교회에 베푸시는 그리스도의 은덕에 속한다.[198]

---

198) Ursinus, *Commentary on the Heidelberg Catechism*, 270; 유해무, 『개혁교의학』, 392; 김헌수, 『하이델베르크 요리문답 강해 II』, 101, 103. 헤르만 바빙크나 루이스 벌코프를 비롯한 개혁주의 신학자들의 교의학 저술에서 성령론을 따로 다루지 않은 것에 대해 "개혁주의 신학은 성령론이 약하다"는 비판은 잘못이다. 개혁주의 교의학은 철저히 사도신경에 근거하여 교회론 (아홉 번째 문장), 구원론(열 번째 문장), 종말론(열한 번째와 열두 번째 문장)을 통해 성령론을 다루고 있다. 교회론, 구원론, 종말론이 곧 성령론이다.

8문장 | 성령

– 성령 하나님: 존재

관련 신조

하이델베르크 요리문답 제53문답

웨스트민스터 소요리문답 제6, 29–30문답

웨스트민스터 대요리문답 제9–11, 58문답

웨스트민스터 신앙고백서 제2장 제3절,[199] 제8장 제8절

벨기에 신앙고백서 제11조

번역 문제

옛 번역: 성령을 믿사오며,

새 번역: 성령을 믿으며,

저자 번역: 성령(님)을 믿사오니(믿으오니),

번역 설명: ① 옛 번역과 새 번역은 첫 문장을 "성부"라고 번역하지 않고 "하나님 아버지"라고 번역했다. 그러므로 여덟 번째 문장의 성령은 성부, 성자, 성령의 대응어보다는 성령 자체를 말하고자 함으로 한글의 존칭어법을 고려하여 "성령님"으로 번역할 수 있다.[200] ② 새 번역은 "믿으며"라고 함으로써 여덟 번째 문장과 아홉 번째 문장부터 열두 번째 문장을 구분 짓는데, "믿사오니"라고 함으로써 두 부분이 연결됨을 드러내었다.

---

199) 필자는 수정된 웨스트민스터 신앙고백서(1903)를 받아들이지 않고, 전통적 웨스트민스터 신앙고백서(1647)를 받아들이기 때문에 수정된 웨스트민스터 신앙고백서의 "제34장 성령 하나님에 관하여"를 관련신조로 언급하지 않았다. 참고로, 필자가 속한 대한예수교장로회 고신총회는 1981년 헌법을 통해 제34장과 제35장을 추가하였다.

200) 참고로 로마가톨릭의 사도신경은 성령에 대해서는 "님"을 붙이지 않고 예수 그리스도에 대해서 "그 외아들 우리 주 예수 그리스도님"으로 번역했다.

(1) 성령 하나님의 존재

"성령을 믿사오니"는 성령 하나님을 믿는다는 고백이다. 왜 성령을 믿는가? 성령을 믿는다는 것은 성령을 어떤 분으로 믿는다는 말인가? 성령이 하나님이시기 때문에 믿는다. 성령을 믿는다는 것은 성령이 하나님이심을 믿는다는 의미다. 성령께서는 삼위일체의 한 위격이시면서 성부, 성자와 동일본질이시다.

하나님이신 성령

성령은 성부, 성자와 동일 본질을 가지신 참되신 하나님이시다. 성령은 제3위이면서, 본질상 하나님이시다. 성부, 성자, 성령은 그 존재와 영광과 능력에 있어서 동등하시다. 성령은 성부, 성자와 동일 본질이시지만, 성부와 성자로부터 영원히 나오신다(요 14:16,26; 15:26; BC 제11조; WCF 제2장 제3절; WLC 제10문답).

근거 성경구절

성경은 성령을 하나님의 영(롬 8:9; 고전 3:16; 6:11; 엡 4:30), 예수의 영(행 16:7), 그리스도의 영(롬 8:9), 아들의 영(갈 4:6), 진리의 영(요 14:17; 15:26), 양자의 영(롬 8:15; 갈 4:6) 등으로 표현한다. 이러한 표현 때문에 하나의 독립된 인격체로 보기보다는 성부나 성자께 종속된 분으로 오해할 수 있다. 그러나 성령은 성부 하나님의 한 부분이 아니다. 성부에게 종속된 분이 아니요, 성부 하나님의 일부가 아니다. 성령은 참되고 영원한 하나님이시다. 성령은 태초부터 하나님과 함께 계신 삼위의 한 위격(位格)이시다.

성령께서 곧 하나님이시라는 점은 다음을 통해서 알 수 있다.

첫째, 성경은 성령을 하나님이라고 부른다. 사도행전 5:3-4 "³베드로가 이르되 아나니아야 어찌하여 사탄이 네 마음에 가득하여 네가 **성령**을 속이고 땅 값 얼마를 감추었느냐. ⁴땅이 그대로 있을 때에는 네 땅이 아니며 판 후에도 네 마음대로 할 수가 없더냐 어찌하여 이 일을 네 마음에 두었느냐 사람에게 거짓말한 것이 아니요 **하나님**께로다"에 의하면, 헌금을 속인 아나니아를 향하여서 "어떻게 네가 성령을 속였느냐?"라고 말하면서 사람에게 거짓말한 것이 아니라 '하나님' 께 한 것이라고 말함으로써 3절에서 말한 성령을 4절에서는 '하나님' 이시라고 직접적으로 말한다.

둘째, 성령의 속성은 하나님의 속성과 동일하다. 고린도전서 2:10 "오직 하나님이 성령으로 이것을 우리에게 보이셨으니 성령은 모든 것 곧 하나님의 깊은 것까지도 통달하시느니라"에 의하면 성령은 전지(全知)하시다. 스가랴 4:6 "그가 내게 대답하여 이르되 여호와께서 스룹바벨에게 하신 말씀이 이러하니라. 만군의 여호와께서 말씀하시되 이는 힘으로 되지 아니하며 능력으로 되지 아니하고 오직 나의 영으로 되느니라"에 의하면 성령은 전능(全能)하시다. 히브리서 9:14 "하물며 영원하신 성령으로 말미암아 흠 없는 자기를 하나님께 드린 그리스도의 피가 어찌 너희 양심을 죽은 행실에서 깨끗하게 하고 살아 계신 하나님을 섬기게 하지 못하겠느냐"에 의하면 성령은 영원(永遠)하시다. 시편 139:7 "내가 주의 영을 떠나 어디로 가며 주의 앞에서 어디로 피하리이까?"에 의하면 성령은 편재(遍在)하시다. 전지, 전능, 영원, 편재 등의 속성은 하나님께 속한 속성이다.

셋째, 성경이 성령께 돌리는 위엄과 영광은 성부와 성자께 돌리는 위엄 및 영광과 동일하다. 마태복음 28:19 "그러므로 너희는 가서 모든 민족을 제자로 삼아 아버지와 아들과 성령의 이름으로 세례를 베풀고"와 고린도후서 13:13 "주 예수 그리스도의 은혜와 하나님의 사랑과 성령의 교통하심이 너희 무리와 함께 있을지어다"라는 말씀은 성부, 성자에게 돌리는 위엄과 영광을 성령께도 돌린다.

이처럼 성령은 성부 하나님, 성자 하나님과 동일한 본질을 가지신 참되신 하나님이시다.

성부, 성자와 동일본질이시며 동등하신 성령께서 성부와 성자로부터 나오셨다는 사실은 다음을 통해서 알 수 있다. 요한복음 14:16 "내가 아버지께 구하겠으니 그가 또 다른 보혜사를 너희에게 주사 영원토록 너희와 함께 있게 하리니." 요한복음 14:26 "보혜사 곧 아버지께서 내 이름으로 보내실 성령…" 요한복음 15:26 "내가 아버지께로부터 너희에게 보낼 보혜사 곧 아버지께로부터 나오시는 진리의 성령이 오실 때에 그가 나를 증언하실 것이요" 등의 말씀이다. 그 외 사도행전 2:33 "하나님이 오른손으로 예수를 높이시매 그가 약속하신 성령을 아버지께 받아서 너희가 보고 듣는 이것을 부어주셨느니라"는 말씀도 지지해준다. 또한 성령을 하나님의 영(롬 8:9; 고전 3:16; 6:11; 엡 4:30)이라고만 말하지 않고, 예수의 영(행 16:7), 그리스도의 영(롬 8:9), 아들의 영(갈 4:6)이라고 말한 점에서도 성령께서 성부와 성자로부터 나오셨다는 사실의 근거가 된다.[201]

신조들의 설명

성령께서 하나님이시라는 사실과 성령께서 성부, 성자와 어떤 관계에 계신지에 대해서는 벨기에 신앙고백서 제11조, 하이델베르크 요리문답 제53문답, 웨스트민스터 신앙고백서 제2장 제3절, 웨스트민스터 소요리문답 제6문답, 웨스트민스터 대요리문답 제9-11문답에서 잘 설명한다.

벨기에 신앙고백서

제11조 성령님은 참되고 영원한 하나님이시다
The Holy Spirit is True and Eternal God

우리는 또한 **성령님께서 영원부터 성부와 성자로부터 나오신다**는 것proceeds from을 믿고 고백합니다. 그분은 만들어지지도, 창조되지도, 태어나신 것도 아니라neither made, created, nor begotten, 다만 **성부와 성자로부터 나오신다고** proceed from both 말할 수 있을 뿐입니다.[1] 성령님께서는 순서order에 있어서 삼위일체 가운데 제3위이시고, 본질essence과 위엄majesty과 영광glory에 있어서 성부, 성자와 동일하시고 하나이십니다. 따라서 성경이 우리에게 가르치는 바대로 **성령님께서는 참되고 영원한 하나님이십니다.**[2]

---

1) 요 14:15-26; 15:26; 롬 8:9   2) 창 1:2; 마 28:19; 행 5:3-4; 고전 2:10; 3:16; 6:11; 요일 5:7

---

201) 성령께서 성부와 성자에게서 나오셨다는 표현을 가리켜 '필리오케'(Filioque)라고 하는데, 이는 역사적인 의미가 있다. 원래 하나였던 교회가 1054년에 처음으로 나뉘게 되는데, 동방교회와 서방교회로 나뉜다. 그 계기는 '필리오케(Filioque) 논쟁'이다. 두 교회가 나뉘게 된 이 논쟁은 '아들로부터'라는 뜻을 가진 라틴어 '필리오케'(filioque)라는 말을 통해서 엿볼 수 있는데, 성령께서 성부로부터만 나오시느냐 아니면 성부와 성자로부터 나오시느냐 하는 논쟁이다. 동방교회(러시아 정교회, 그리스 정교회)는 성령이 성부로부터 성자를 통하여 나오신다(processio per Filium)라고 고백하고, 서방교회(로마 가톨릭, 개신교)는 성령께서 성부와 성자로부터 나오신다고 고백한다. 이 두 차이로 인하여서 두 교회가 갈라졌다.
동방교회는 필리오케 교리를 비정상적인 과정을 통해서 들어온 잘못된 조항으로 폄하하면서, 이를 수용하면 삼위일체 하나님 안에 두 시작, 두 근원, 두 원인을 인정하는 결과를 낳을 수밖에 없다고 여긴다. 문병호, 『기독론』, 171. 그러나 우리는 동방교회의 가르침을 따를 수 없다. 성경(요 14:16,26; 15:26; 롬 8:9)과 신앙고백(BC 제11조; WCF 제2장 제3절; WLC 제10문답)은 성령께서 성부와 성자로부터 나오신다고 가르친다.

하이델베르크 요리문답

53문 : 성령께 관하여 당신은 무엇을 믿습니까?

　답 : 첫째, 성령은 성부와 성자와 함께 **참되고 영원한 하나님이십니다.**[1] 둘째,
　　　그분은 또한 나에게도 주어져서[2] 나로 하여금 참된 믿음true faith으로 그
　　　리스도와 그분의 모든 은덕blessings에 참여하게 하며[3] 나를 위로하고[4]
　　　영원히 나와 함께하십니다.[5]

---

1) 창 1:2; **마 28:19; 행 5:3-4; 고전 2:10**; 3:16; 6:19　　2) 고후 1:21-22; 갈 4:6; 엡 1:13　　3) 요
16:14; 고전 2:12; 갈 3:14; 벧전 1:2　　4) 요 15:26; 행 9:31　　5) 요 14:16-17; 벧전 4:14

웨스트민스터 신앙고백서

제2장 하나님에 관하여와 삼위일체에 관하여
Of God, and of the Holy Trinity

3. 단일한 신격 안에 하나의 본질substance과 능력power과 영원성eternity을 지니
신 삼위가 계시니In the unity of the Godhead there be three Persons of one
substance, power, and eternity 성부 하나님, 성자 하나님, **성령 하나님**이시다.[38]
성부께서는 아무에게도 기원하지 않으시고of none 나지도 나오시지도 않는다
neither begotten nor proceeding. 성자께서는 성부로 말미암아 영원히 나신 바
되시고begotten of the Father,[39] **성령께서는 성부와 성자로부터 영원히 나오신다**
proceeding from.[40]

---

38) 마 3:16; 요일 5:7　　39) 요 1:18; 1:14　　**40) 요 15:26; 갈 4:6**

웨스트민스터 소요리문답

6문 : 하나님의 신격Godhead에는 몇 위(位)persons가 계십니까?

　답 : 하나님의 신격에는 성부, 성자, 성령의 삼위가 계시는데, 이 삼위는 **한 하**

나님이시며, 본질substance이 같으시고same, 능력power과 영광은 동등equal
하십니다.[1]

1) 요일 5:7; 마 28:19

웨스트민스터 대요리문답

9문 : 하나님의 신격Godhead에는 몇 위(位)persons가 계십니까?

답 : 하나님의 신격에는 성부, 성자, 성령의 삼위가 계시는데, 이 삼위는 비록
각 위의 고유성properties은 구별되지만, **참되시고 영원하신 한 하나님**이시
며, 본질substance이 같으시고same, 능력power과 영광은 동등equal하십니
다.[1]

1) 요일 5:7; 마 3:16,17; **28:19; 고후 13:13**; 요 10:30

10문 : 하나님의 신격Godhead에 있는 삼위의 위격적 고유성personal properties이
란 무엇입니까?

답 : 성부는 성자를 낳으시고to beget,[1] 성자는 성부에게 나셨으며to be
begotten,[2] **성령은 성부와 성자로부터 영원히 나오심**proceed from the Father
and the Son from all eternity을 말합니다.[3]

1) 히 1:5-6,8   2) 요 1:14,18   **3) 요 15:26; 갈 4:6**

11문 : 성자와 성령이 성부와 동등한 하나님이심은 어떻게 나타납니까appear?

답 : 하나님께만 속하는proper to God only 이름들[1]과 속성들[2]과 사역들[3]과 예배[4]
를 그들에게도 돌림으로써 성자와 성령이 성부와 동등한 하나님이심을 성
경이 나타냅니다manifest.

1) 사 6:3,5,8 (요 12:41; 행 28:25; 요일 5:20; **행 5:3-4)**   2) 요 1:1; 사 9:6; 요 2:24-25; **고전 2:10-11**   3) 골 1:16;
창 1:2   **4) 마 28:19; 고후 13:13**

(2) 성령 하나님의 사역

성령 하나님께서 하시는 일은 사도신경의 아홉 번째 문장에서부터 다룬다. 사도신경에서 언급하는 것 외에 성령 하나님께서 하시는 사역은 다음과 같다.

성령 하나님은 성부, 성자와 함께 이 세상을 창조하셨다(WCF 제4장 제1절). 창세기 1:1-2 "¹태초에 하나님이 천지를 창조하시니라 ²땅이 혼돈하고 공허하며 흑암이 깊음 위에 있고 **하나님의 영**은 수면 위에 운행하시니라." 욥기 33:4 "**하나님의 영이 나를 지으셨고** 전능자의 기운이 나를 살리시느니라." 시편 104:30 "**주의 영을 보내어 그들을 창조하사** 지면을 새롭게 하시나이다."

성령 하나님은 계시의 영이시다. 마가복음 13:11 "사람들이 너희를 끌어다가 넘겨줄 때에 무슨 말을 할까 미리 염려하지 말고 무엇이든지 그때에 너희에게 주시는 그 말을 하라 말하는 이는 너희가 아니요 성령이시니라." 누가복음 2:26 "그가 주의 그리스도를 보기 전에는 죽지 아니하리라 하는 성령의 지시를 받았더니." 사도행전 13:2 "주를 섬겨 금식할 때에 성령이 이르시되 내가 불러 시키는 일을 위하여 바나바와 사울을 따로 세우라 하시니." 사도행전 21:11 "우리에게 와서 바울의 띠를 가져다가 자기 수족을 잡아매고 말하기를 성령이 말씀하시되 예루살렘에서 유대인들이 이같이 이 띠 임자를 결박하여 이방인의 손에 넘겨 주리라 하거늘." 디모데전서 4:1 "그러나 성령이 밝히 말씀하시기를 후일에 어떤 사람들이 믿음에서 떠나 미혹하는 영과 귀신의 가르침을 따르리라 하셨으니." 요한계시록 2:7 "귀 있는 자는 성령이 교회들에게 하시는 말씀을 들을 지어다 이기는 그에게는 내가 하나님의 낙원에 있는 생명나무의 열매를 주어 먹게 하리라"(참조. 계 2:11,17,29).

성령 하나님은 성경을 기록하셨다. 베드로후서 1:20-21 "²⁰먼저 알 것은 성경의 모든 예언은 사사로이 풀 것이 아니니 ²¹예언은 언제든지 사람의 뜻으로 낸 것이 아니요 오직 성령의 감동하심을 받은 사람들이 하나님께 받아 말한 것임이라."

성령 하나님은 신자에게 내주하신다. 요한복음 14:16에서 성자 하나님께서 말씀하시기를 "내가 아버지께 구하겠으니 그가 또 다른 보혜사를 너희에게 주사 **영원토록 너희와 함께 있게 하리니**"라고 했는데, 오순절 성령 강림 사건(행 2장)을 통해서 성령께서는 이 세상에 오셨고, 모든 신자에게 내주(來住)하시니 고린도후서 1:22는 "그가 또한 우리에게 인치시고 보증으로 **우리 마음에 성령을 주**

셨느니라", 갈라디아서 4:6은 "너희가 아들이므로 **하나님이 그 아들의 영을 우리 마음 가운데 보내사** 아빠 아버지라 부르게 하셨느니라", 디모데후서 1:4는 "**우리 안에 거하시는 성령으로** 말미암아 네게 부탁한 아름다운 것을 지키라", 요한일서 4:13은 "그의 **성령을 우리에게 주시므로** 우리가 그 안에 거하고 **그가 우리 안에 거하시는 줄을** 아느니라"라고 말씀한다. 성령은 성자께서 성부로부터 받아 믿는 자들에게 보내어 주신 분으로서, 우리와 늘 함께하시는 분이시다. 이에 대해서는 하이델베르크 요리문답 제53문답도 다음과 같이 고백한다.

하이델베르크 요리문답

53문 : 성령께 관하여 당신은 무엇을 믿습니까?

답 : 첫째, 성령은 성부와 성자와 함께 참되고 영원한 하나님이십니다.[1] 둘째, **그분은 또한 나에게도 주어져서**[2] 나로 하여금 참된 믿음true faith으로 그리스도와 그분의 모든 은덕blessings에 참여하게 하며[3] 나를 위로하고[4] **영원히 나와 함께하십니다.**[5]

1) 창 1:2; 마 28:19; 행 5:3-4; 고전 2:10; 3:16; 6:19 2) **고후 1:21-22; 갈 4:6;** 엡 1:13 3) 요 16:14; 고전 2:12; 갈 3:14; 벧전 1:2 4) 요 15:26; 행 9:31 5) **요 14:16-17;** 벧전 4:14

성령 하나님은 사도신경의 모든 고백을 우리가 믿을 수 있게 하신다. 사도신경의 첫째 문장이 고백하는 성부 하나님을 믿는 것은 성령으로 가능하다. 성부 하나님께서 이 세상을 창조하셨다는 사실을 믿는 것은 성령으로 가능하다. 사도신경의 두 번째 문장이 고백하는 "우리 주님 예수 그리스도"를 믿는 것은 성령으로 가능하다(WSC 제31문답; WLC 제59, 67, 155문답). 고린도전서 12:3은 "그러므로 내가 너희에게 알리노니 하나님의 영으로 말하는 자는 누구든지 예수를 저주할 자라 하지 아니하고 또 성령으로 아니하고는 누구든지 예수를 주시라 할 수 없느니라"라고 말씀하며, 로마서 8:9는 "만일 너희 속에 하나님의 영이 거하시면 너희가 육신에 있지 아니하고 영에 있나니 누구든지 그리스도의 영이 없으면 그리스도의 사람이 아니라"라고 말씀하니, 우리가 예수님을 믿을 수 있는 것은 성령 하나님 덕분이다. 사도신경의 세 번째 문장이 고백하는 성자 하나님께

서 이 세상에 오셨을 때 성령으로 잉태되셨음을 믿을 수 있는 것은 성령으로 가능하다. 이 밖에 사도신경에 기록된 성부, 성자, 성령의 존재와 사역을 믿는 것은 성령으로 가능하다.

성령 하나님은 성자 하나님께서 성취하신 구속 사역을 우리에게 적용하신다 (WCF 제8장 제8절; 제11장 제4절; WSC 제29문답; WLC 제58문답).[202] 그래서 ① 그리스도를 증거하심(요 15:26; 고전 12:3) ② 그리스도의 영광을 나타내심(요 16:14) ③ 그리스도께서 말한 모든 것을 생각나게 하심(요 14:26) ④ 거듭나게 하심(겔 11:19-20; 36:26; 요 3:5; WCF 제10장 제1절; WLC 제67문답) ⑤ 하나님의 자녀 됨을 증거하심(롬 8:16) 등의 일을 하신다. 이에 대해서 하이델베르크 요리문답 제53문답, 웨스트민스터 소요리문답 제29-30문답, 웨스트민스터 대요리문답 제58문답은 다음과 같이 고백한다.

하이델베르크 요리문답

53문 : 성령께 관하여 당신은 무엇을 믿습니까?

   답 : 첫째, 성령은 성부와 성자와 함께 참되고 영원한 하나님이십니다.[1] 둘째, 그분은 또한 나에게도 주어져서[2] 나로 하여금 참된 믿음true faith으로 **그리스도와 그분의 모든 은덕blessings에 참여하게 하며**[3] 나를 위로하고[4] 영원히 나와 함께하십니다.[5]

   ---

   1) 창 1:2; 마 28:19; 행 5:3-4; 고전 2:10; 3:16; 6:19   2) 고후 1:21-22; 갈 4:6; 엡 1:13   3) 요 16:14; 고전 2:12; 갈 3:14; 벧전 1:2   4) 요 15:26; 행 9:31   5) 요 14:16-17; 벧전 4:14

웨스트민스터 소요리문답

29문 : 우리가 어떻게 그리스도께서 값 주고 사신 구속에 참여하는 자partakers 가 됩니까?

   답 : 그리스도께서 값 주고 사신 구속에 참여하는 자가 되는 것은, 그분의 성

---

202) 칼뱅은 이 주제를 *Institutes*, III. i에서 다룬다.

령께서[1] 우리에게 구속을 효력 있게 적용하심the effectual application
으로 됩니다.[2]

1) 딛 3:5-6 2) 요 1:11-12

30문 : 성령님께서는 그리스도께서 값 주고 사신 구속을 우리에게 어떻게 적용
하십니까?
  답 : 성령님께서 그리스도께서 값 주고 사신 구속을 우리에게 적용하시는 것
은 효력 있는 부르심effectual calling으로 우리 안에 믿음을 일으키시고[1],
우리를 그리스도와 연합하게 하심으로[2] 하십니다.

1) 엡 1:13-14; 요 6:37,39; 엡 2:8 2) 엡 3:17; 고전 1:9

웨스트민스터 대요리문답

58문 : 우리는 그리스도께서 획득하신has procured 유익들에 어떻게 참여하는 자
가 됩니까?
  답 : 우리가 그리스도께서 획득하신 유익들에 참여자가 되는 것은 성령 하나
님의 특별하신 사역에 의해서[1] 이 유익을 우리에게 적용함application으로
써 됩니다.[2]

1) 딛 3:5-6 2) 요 1:11-12

성령 하나님은 신자들을 위해 기도하신다. 로마서 8:26-27 "26이와 같이 성령
도 우리의 연약함을 도우시나니 우리는 마땅히 기도할 바를 알지 못하나 오직
성령이 말할 수 없는 탄식으로 우리를 위하여 친히 간구하시느니라. 27마음을 살
피시는 이가 성령의 생각을 아시나니 이는 성령이 하나님의 뜻대로 성도를 위하
여 간구하심이니라."

성령 하나님은 직분자를 보내신다. 사도행전 13:4 "두 사람이 성령의 보내심
을 받아 실루기아에 내려가 거기서 배 타고 구브로에 가서." 사도행전 20:28

"여러분은 자기를 위하여 또는 온 양 떼를 위하여 삼가라 성령이 그들 가운데 여러분을 감독자로 삼고 하나님이 자기 피로 사신 교회를 보살피게 하셨느니라."

이외에도 성령 하나님께서 하시는 사역은 무수히 많다. 성자 하나님은 33년의 일생을 사시는 동안 3년 동안 공생애를 하시고 3일 동안 십자가 사역을 감당하셨으나, 성령 하나님은 오순절 강림 사건 이후 삼위 하나님의 모든 사역을 감당하신다. 그러므로 오순절 강림 사건 이후의 모든 하나님의 사역은 성령 하나님의 사역이라 할 수 있으며, 성령 하나님을 떠나서는 역사를 설명할 수 없다.[203]

> **이 고백을 할 때 가져야 할 마음**
>
> **"성령을 믿사오니"**라고 고백할 때 가져야 할 마음은 성령께서 하나님이시며, 성부 성자와 동일본질이시며, 존재와 영광과 능력과 위엄에 있어서 동등하신 분이심을 믿어야 한다.

---

203) 유해무, 『개혁교의학』, 393.

9문장 | 거룩하고 보편적인 교회와 성도가 서로 사귀는 것
– 성령 하나님: 교회, 교회의 속성, 성도의 교제

> **관련 신조**
> 하이델베르크 요리문답 제54–55문답
> 웨스트민스터 대요리문답 제62–65문답
> 웨스트민스터 신앙고백서 제25–26장
> 벨기에 신앙고백서 제27–28조

번역 문제

옛 번역: 거룩한 공회와 성도가 서로 교통하는 것

새 번역: 거룩한 공교회와 성도의 교제

저자 번역: 거룩하고 보편적인 교회와 성도가 서로 사귀는 것(성도의 교제)

번역 설명: ① 옛 번역이 "공회(公會)"라고 한 것을 새 번역은 "공교회(公敎會)"라고 했다. 공회는 공교회의 줄임말이다. 그러므로 공회라고 해도 상관없다. 하지만, 줄임말을 사용하다 보니 사람들이 이 말의 뜻을 잘 알지 못했다. 그래서 좀 더 이해하기 쉽게 "공교회"라고 한 것은 매우 바람직하다. 하지만, 공교회라는 표현도 그 의미가 쉽게 다가오지 않는다. 그러므로 공(公)이 뜻하는 '보편'으로 대체하는 것이 좋다. 보편(普遍)도 한자어이긴 하지만, 공(公)보다는 좀 더 의미가 드러나므로 "보편 교회"라고 번역하는 것이 낫다. 보편(普遍)의 의미를 가장 잘 드러내면서도 짧은 한글표현이 있다면 좋겠지만, 없기에 부득이 한자어인 보편(普遍)으로 번역했다.[204] ② 거룩과 보편은 각각 의미를 가지므로 "거룩하고 보편적인"으로 했다. ③ 교회(敎會) 역시 한자어지만, 일반명사이며, 이를 대체할

---

204) 예장 고신 헌법은 유해무의 번역을 따라 "거룩한 공교회"로 번역했다. 한국천주교회는 "거룩하고 보편된 교회"라고 번역했다.

수 있는 용어가 없다. ④ 성도(聖徒) 역시 마찬가지다. '거룩한 무리'라고 바꿀 수 있겠으나, 이미 보편화된 성도라는 표현이 낫다.[205] ⑤ 성도들이라고 하지 않고 성도라고 한 이유는 성도(聖徒)라는 단어 그 자체로 이미 복수(複數)를 의미하기 때문이다. ⑥ 옛 번역은 "서로 교통하는 것"이라고 했는데, 새 번역은 "교제"로 바꾸었다. 교통(交通)은 '서로 통한다', '사람과 사람, 또는 나라와 나라끼리 관계를 맺어 오고가는 일'이라는 의미인데, 요즘은 '자동차, 기차, 비행기 등의 탈 것을 이용하여 사람이나 짐이 한 지역에서 다른 지역으로 이동하는 일'이라는 뜻으로 더욱 일반화되어 있으며, 잘 사용하지 않는 표현이다. 그러다보니 더욱 익숙한 '교제'라고 바꾸었다. ⑦ "서로"를 생략한 이유는 교(交)라는 단어에 이미 '서로'의 의미가 포함되어 있기 때문이다. ⑧ 교제(交際)도 한자어다. 그래서 "서로 사귀는 것"으로 번역했다(참조. 롬 15:24; 요일 1:3,6-7).[206]

(1) 교회

성령의 사역으로 세워진 교회

사도신경의 아홉 번째 문장은 성령 하나님의 사역 중 하나다. 여덟 번째 문장과 아홉 번째 문장은 서로 연결된다.

성자 하나님께서는 이 세상에 계실 때에 교회 설립에 대해 약속하셨다(마 16:18). 이를 위해 십자가에서 죽으시고 부활하신 뒤에 하늘로 오르셨고, 10일 뒤인 오순절 성령 강림 사건(행 2장)을 통해 성령 하나님을 이 세상에 보내셨다.

이 땅에 오신 성령 하나님께서는 중생과 회심의 역사를 감당하셨고(행 2:37-40), 성령을 받은 자들은 사도의 세례를 받아 한 교회를 이루었고(행 2:38-41) 함께 모여서 사도들의 가르침을 받고 교제하며 성찬을 나누고 기도하기에 힘썼으니(행 2:42-47) 바로 첫 교회의 모습이다. 이렇게 성령의 사역으로 말미암아 교회가 이 땅에 세워졌다.

오순절 성령 강림 사건을 통해 교회를 세우신 성령님께서는 사도들의 복음 전파를 통해 계속해서 온 세상에 교회를 세워나가셨다. 성령 강림과 동시에 세워진 예루살렘교회를 비롯하여, 안디옥교회, 빌립보교회(행 16:11-15), 데살로니

---

205) 한국천주교회는 "모든 성인"이라고 번역했다.
206) 예장 고신 헌법은 유해무의 번역을 따라 "성도의 교제"로 번역했다. 한국천주교회는 "모든 성인의 통공"이라고 번역했다.

가교회(행 17:1-9), 고린도교회(행 18:1-17), 에베소교회(행 19:1-20) 등의 설립은 철저히 성령 하나님의 사역이다.

교회를 세우신 성령 하나님께서는 계속해서 교회를 불러 모으시고 보호하시고 인도하시고 가르치시고 다스리신다.[207]

삼위일체 하나님의 사역으로 세워진 교회

교회는 성령 하나님께서 세우셨지만, 궁극적으로는 삼위 하나님께서 친히 세우신 공동체다. 교회는 하나님의 백성이요(벧전 2:9-10), 그리스도의 몸이며(엡 1:23), 성령님의 전(殿)이다(고전 3:16). 성부 하나님께서는 교회에 속할 자들을 택하셨고, 부활하신 성자 하나님은 하늘로 오르신 뒤에 성령을 보내셨고, 성령 하나님께서는 강림하심과 함께 구원과 교회설립을 하셨다(행 2장). 이는 삼위일체 하나님의 밖으로의 사역은 나누어지지 않는다"(*opera ad extra sunt indivisa*)는 사실을 잘 보여준다.

하이델베르크 요리문답 제54문답은 교회가 세워진 것을 성자와 성령의 사역으로 고백한다.

하이델베르크 요리문답

54문 : "거룩하고 보편적인 교회"에 관하여 당신은 무엇을 믿습니까?

답 : 나는 **하나님의 아들이**[1] 세상의 처음부터 마지막 날까지[2] 모든 인류 가운데서[3] 영생을 위하여 **선택하신**[4] **교회**community를[5] 참된 믿음true faith으로 하나가 되도록united[6] 그의 말씀과 **성령으로**[7] **자신을 위하여 불러 모으고** gather 보호하고protect 보존하심preserve을[8] 믿습니다. 나도 지금 이 교회 community의 살아 있는 지체(肢體)a living member이며[9] 영원히 그러할 것을 믿습니다.[10]

---

1) 요 10:11; 엡 4:11-12; 5:25-26   2) 시 71:17-18; 사 59:21; 고전 11:26   3) 창 26:4; 사 49:6; 롬 10:12-13; 계 5:9
4) 롬 8:29-30; 엡 1:3-5,10-14; 벧전 2:9   5) 시 111:1; 행 20:28; 딤전 3:15; 히 12:22-23   6) 요 17:21; 행 2:42;
고전 3:16; 엡 4:3-6,13   7) 사 59:21; 롬 1:16; 10:14-17; 엡 5:26   8) 시 129:4-5; 마 16:18; 요 10:16,28   9) 고전
12:27; 벧전 2:5   10) 시 23:6; 요 10:28; 롬 8:35-39; 고전 1:8-9; 벧전 1:5; 요일 2:19

---

207) 마르틴 루터의 대요리문답, II. 61-62.

좀 더 구체적으로 말하면, 교회는 사도신경에서 언급된 성부의 사역, 성자의 사역, 성령의 사역에 의해 구속받은 백성들의 모임이다. 특별히 성자 하나님의 구속 사역에 근거하여 성령 하나님의 사역으로 말미암아 세워진 성부 하나님의 백성들로 이루어진 하나님 나라의 공동체다. 그렇기에 사도신경은 성부, 성자, 성령 하나님에 대한 고백에 이어서 '교회'에 대한 고백을 다룬다.

교회도 믿음의 주제

교회도 믿음의 주제 중 하나다. 성부, 성자, 성령을 믿는 것과 동일한 방식으로 교회를 믿는 것은 아니지만,[208] 분명히 교회를 믿는다. 신자라면 누구든지 삼위 하나님의 구원사역으로 말미암아 세워진 교회, 성령 하나님께서 친히 세우신 교회를 믿는다. 그리고 그 교회의 회원이 된다. 교회의 지체된 자들은 "거룩하고 보편적인 교회를 믿습니다"라고 고백한다. 성자 하나님을 믿으면서 그분의 사역인 십자가와 부활을 믿듯이, 성령 하나님을 믿으면서 그분의 사역인 교회를 믿는 것은 당연하다.

교회는 삼위일체 하나님의 사역의 결과며, 성령 하나님께서 세우신 공적인 기관이다. 교회는 성령께서 모으시고 확정하시고 보존하시는 공동체다. 그러므로 신자는 교회를 떠날 수 없다.

고대교회의 교부인 키프리아누스(Cyprianus, ?-258)와 아우구스티누스(Augustinus, 354-430), 종교개혁자인 칼뱅(John Calvin, 1509-1564)은 "하나님이 아버지가 되는 사람에게는 교회가 어머니가 되어야 한다"라고 했다.[209] 이 표현을 교회역사에서는 "교회 바깥에는 구원이 없다"(*Salus extra ecclesiam non est*)라고 한다.

키프리아누스, 아우구스티누스, 칼뱅의 가르침에 따라 벨기에 신앙고백서 제28조와 웨스트민스터 신앙고백서 제25장 제2절은 다음과 같이 고백한다.

---

208) Edmund P. Clowney, *The Church* (Leicester: IVP, 1995), 황영철 옮김,『교회』(서울: IVP, 1998), 81; *Catechism of the Catholic Church*, para. 750.

209) Cyprian, *On the Unity of the Catholic Church* vi (CSEL 3. I. 214; tr. LCC V. 127 f.); Augustine, *Psalms*, Ps. 88. ii. 14 (MPL 37. 1140); *Institutes*, IV. i. 1.

벨기에 신앙고백서

제28조 교회에 가입해야 할 모든 사람의 의무

Everyone's Duty to Join the Church

우리는 이 거룩한 모임과 회중은 구속받은 자들의 모임이며, **이 모임 밖에는 구원이 없기 때문에**[1] 신분이나 지위를 막론하고 **누구도 이 모임에서 물러나**withdraw **혼자 있는 것에 만족해서는**content **안 된다고 믿습니다.** 오히려 모든 사람은 교회에 가입하고 교회와 연합해야 할 의무가 있으며[2] 교회의 일치the unity of the church**를 유지해야 합니다.** 그들은 자기 자신을 교회의 가르침instruction과 권징 discipline에 복종시켜야 하고[3] 자신의 목을 예수 그리스도의 멍에yoke 아래 숙여야 하며[4] 동일한 몸의 지체로서as members of the same body 하나님께서 그들에게 주신 재능talents에 따라[5] 형제자매들을 세우기edification 위해 봉사해야 합니다.[6]

이것이 좀 더 효과적이기 위해 하나님의 말씀을 따라 그 교회에 속하지 않는 자들에게서 분리하여[7] 하나님이 세우신 곳이면 어디서든지 이 모임에 가입하는 것은[8] 모든 신자의 의무입니다. 설령 지배자들과 왕의 칙령edicts of princes이 그 의무에 반대될지라도, 죽음이나 육체적 형벌이 따른다고 할지라도 모든 신자들은 그렇게 해야 합니다.[9]

그러므로 **그 교회로부터 떨어져 나오거나 그 교회에 가입하지 않는 자는 모두 하나님의 규례the ordinance of God를 거슬러 행하는 것입니다.**

---

1) 마 16:18-19; 행 2:47; 갈 4:26; 엡 5:25-27; 히 2:11-12; 12:23   2) 대하 30:8; 요 17:21; 골 3:15   3) 히 13:17
4) 마 11:28-30   5) 고전 12:7,27; 엡 4:16   6) 엡 4:12   7) 민 16:23-26; 사 52:11-12; 행 2:40; 롬 16:17; 계 18:4
8) 시 122:1; 사 2:3; 히 10:25   9) 행 4:19-20

웨스트민스터 신앙고백서

제25장 교회에 관하여

Of the Church

2. 보이는 교회the visible Church 역시 복음시대 아래에서는under the Gospel 보편적이고catholic 우주적인universal 것으로서(이전의 율법시대와 같이 특별한 한 민

족에 국한된 것이 아니다.), 전 세계에 걸쳐서 참된 종교를 고백하는profess the true religion 모든 사람들과[2] 그들의 자녀들로[3] 구성된다consists of. 그리고 이 교회는 주 예수 그리스도의 나라요the kingdom of the Lord Jesus Christ,[4] 하나님의 집이며, 권속이다the house and family of God.[5] **이 교회 밖에서는 통상적인 구원의 가능성은 없다**out of which there is no ordinary possibility of salvation.[6]

---

2) 고전 1:2; 12:12-13; 시 2:8; 계 7:9; 롬 15:9-12   3) 고전 7:14; 행 2:39; 겔 16:20-21; 롬 11:16; 창 3:15,17:7   4) 마 13:47; 사 9:7   5) 엡 2:19, 3:15   6) 행 2:47

하이델베르크 요리문답의 경우 제54문답에서 "거룩하고 보편적인 교회"를 믿는 것이 곧 교회의 지체로 살아가는 것임을 고백함으로써 신자는 교회에 속해야 함을 강조한다.

하이델베르크 요리문답

54문 : "거룩하고 보편적인 교회"에 관하여 당신은 무엇을 믿습니까?

답 : 나는 하나님의 아들이[1] 세상의 처음부터 마지막 날까지[2] 모든 인류 가운데서[3] 영생을 위하여 선택하신[4] 교회community를[5] 참된 믿음true faith으로 하나가 되도록united[6] 그의 말씀과 성령으로[7] 자신을 위하여 불러 모으고 gather 보호하고protect 보존하심preserve을[8] 믿습니다. **나도 지금 이 교회 community의 살아 있는 지체(肢體)a living member이며[9] 영원히 그러할 것을 믿습니다.**[10]

---

1) 요 10:11; 엡 4:11-12; 5:25-26   2) 시 71:17-18; 사 59:21; 고전 11:26   3) 창 26:4; 사 49:6; 롬 10:12-13; 계 5:9
4) 롬 8:29-30; 엡 1:3-5,10-14; 벧전 2:9   5) 시 111:1; 행 20:28; 딤전 3:15; 히 12:22-23   6) 요 17:21; 행 2:42;
고전 3:16; 엡 4:3-6,13   7) 사 59:21; 롬 1:16; 10:14-17; 엡 5:26   8) 시 129:4-5; 마 16:18; 요 10:16,28   9) 고전
12:27; 벧전 2:5   10) 시 23:6; 요 10:28; 롬 8:35-39; 고전 1:8-9; 벧전 1:5; 요일 2:19

"거룩하고 보편적인 교회"를 고백하면서 정작 하나님께서 세우신 보편교회의 한 부분인 지역교회의 회원(member)으로 살지 않는 것은 바람직하지 않다.[210)

(2) 교회의 속성

"거룩하고 보편적인"은 교회의 속성에 대한 믿음을 의미한다. 사도신경은 교회의 여러 가지 속성 중 두 가지를 고백한다. 거룩성과 보편성이다.

거룩성

교회는 거룩하다. 그 이유는 크게 두 가지다. 첫째, 교회는 그리스도로 말미암아 구원받은 백성들로 구성되어 있기 때문이다. 그리스도께서는 하나님의 택한 백성들을 위하여 자신의 죽음으로 그들을 구원하셨고, 물로 씻어 말씀으로 깨끗하게 하시고 거룩하게 하셨다. 에베소서 5:26-27은 "²⁶이는 곧 물로 씻어 말씀으로 깨끗하게 하사 **거룩**하게 하시고 ²⁷자기 앞에 영광스러운 **교회**로 세우사 티나 주름 잡힌 것이나 이런 것들이 없이 **거룩**하고 흠이 없게 하려 하심이라"라고 말씀한다. 그리스도 예수 안에서 거룩하여진 성도들로 구성된(고전 1:2) 교회는 거룩할 수밖에 없다. 피로 값 주고 사신 교회는 성도(聖徒), 즉 거룩한 무리들의 모임이다(롬 15:25-26; 고전 16:1,15; 고후 8:4; 롬 1:7; 고전 1:2; 고후 1:1; 엡 1:1; 빌 1:1; 골 1:2). 둘째, 교회는 세상과 구별되어 하나님께 드려진 공동체기 때문이다.

교회가 거룩성을 유지하는 방법은 다음과 같다. ① 사도적 가르침에 충실하여 하나님의 말씀을 잘 받아, 그 진리를 적극 수호하고 변증하며 선포하는 것 ② 성령님으로 말미암아 교회의 각 지체들이 성숙하고 성화를 이루어가는 것 ③ 교회의 모든 성원들이 교회의 거룩성을 잘 유지하기 위해 다 같이 격려하고 힘써 나가는 것이다.[211]

교회는 거룩하지만, 완성된 거룩은 아니다. 교회는 매일매일 거룩을 향하여 나아가는 공동체다.[212]

---

210) 오늘날 교회를 떠나 신앙생활하는 이른바 '가나안 신자' 현상은 사도신경의 가르침에서 벗어난 신앙 형태다.
211) 이승구, 『사도신경』, 302-303.
212) *Institutes*, IV. i. 17.

보편성

교회는 보편적이다. 보편적이라는 말은 영어로 catholic 또는 universal로 번역할 수 있다.

보편적이란 시간과 공간에 있어서의 보편을 의미한다.

교회는 시간적으로 태초부터 세상 끝 날까지 계속해서 있을 것이다. 교회는 언제든지 있어왔고 있을 것이다. 구약시대에 에덴동산에서부터 교회가 있었고 광야에서도 교회가 있었으며(행 7:38), 아합이 다스리던 때와 같은 때에도 하나님께서 교회를 보존해주셨고, 바벨론으로 끌려갔던 때에도 구약의 교회는 여전히 있었다. 신약시대에도 교회는 있었고, 중세시대와 같은 암울한 때에도 교회는 있었고, 일제 강점기와 같은 때에도 교회는 있었고, 오늘날에도 교회는 존재하며 앞으로도 영원히 있을 것이다. 때로는 거의 사라진 것처럼 보일 때도 있지만 하나님의 교회는 세상 끝까지 계속해서 있을 것이다. 이런 점에서 교회는 시간적으로 보편적이다.

교회는 공간적으로 온 세상에 퍼져 있다는 점에서 보편적이다. 구약시대에는 예외적이었지만, 예루살렘 성전 파괴 이후 교회는 더 이상 국가적 개념을 넘어서게 되었다. 이제 교회는 우주적이다. 교회는 땅의 이쪽에서부터 저쪽까지 온 세상에 두루 퍼져 있다는 점에서 보편적이다.

교회의 보편성에 대해서는 벨기에 신앙고백서 제27조, 하이델베르크 요리문답 제54문답, 웨스트민스터 신앙고백서 제25장 제1절, 웨스트민스터 대요리문답 제62, 64문답이 잘 설명한다.

벨기에 신앙고백서
제27조 보편적 기독교회
The Catholic Christian Church

우리는 하나의one 보편적catholic, 혹은 우주적인universal 교회를 믿고 고백합니다.[1] 이 교회는 예수 그리스도의 피로 씻음을 받고, 성령님으로 거룩하게 되며 sanctified 인침을 받아sealed,[2] 그리스도 안에서 온전하게 구원받을 것을 바라는[3] 참된 기독 신자들의 거룩한 회중congregation이며 모임assembly입니다.[4] **이 교회는 세상의 시작부터 있어 왔으며, 세상의 끝 날까지 있을 것입니다. 왜냐**

하면 그리스도께서는 그의 백성subjects 없이는 계실 수 없는 영원한 왕이시기 때문입니다.[5] 교회는 비록 잠시 동안 사람의 눈에는 아주 미미하게 보이고 거의 사라진 것처럼 보일 때도 있지만,[6] 이 거룩한 교회는 온 세상의 격노fury에 대항하여 하나님에 의해 보존될 것입니다preserved.[7] 그래서, 아합의 폭정 동안에도 during the perilous reign of Ahab 주께서는 바알에게 무릎 꿇지 않고 절하지 아니한 칠천 명을 자신을 위해 남겨 두셨던 것입니다.[8]

뿐만 아니라, **이 거룩한 교회는 어떤 특정 장소나 혹은 어떤 인물들에게 국한되거나 제한을 받고 있는 것이 아니고not confined or limited, 온 세상에 걸쳐 퍼져 있고 흩어져 있습니다.**[9] 그러면서도 믿음의 능력에 의해서 한 분이시고 동일하신 성령님 안에서 마음heart과 뜻will으로 연결되고 연합되어 있습니다joined and united.[10]

---

1) 창 22:18; 사 49:6; 엡 2:17-19   2) 엡 1:13; 4:30   3) 욜 2:32; 행 2:21   4) 시 111:1; 요 10:14,16; 엡 4:3-6; 히 12:22-23   5) 삼하 7:16; 시 89:36; 110:4; 마 28:18; 눅 1:32   6) 사 1:9; 벧전 3:20; 계 11:7   7) 시 46:5; 마 16:18   8) 왕상 19:18; 롬 11:4   9) 마 23:8; 요 4:21-23; 롬 10:12-13   10) 시 119:63; 행 4:32; 엡 4:4

하이델베르크 요리문답

54문 : "거룩하고 보편적인 교회"에 관하여 당신은 무엇을 믿습니까?

　답 : 나는 하나님의 아들이[1] **세상의 처음부터 마지막 날까지**[2] **모든 인류 가운데서**[3] 영생을 위하여 선택하신[4] 교회community를[5] 참된 믿음true faith으로 하나가 되도록united[6] 그의 말씀과 성령으로[7] 자신을 위하여 불러 모으고 gather 보호하고protect 보존하심preserve을[8] 믿습니다. 나도 지금 이 교회 community의 살아 있는 지체(肢體)a living member이며[9] 영원히 그러할 것을 믿습니다.[10]

---

1) 요 10:11; 엡 4:11-12; 5:25-26   2) 시 71:17-18; 사 59:21; 고전 11:26   3) 창 26:4; 사 49:6; 롬 10:12-13; 계 5:9   4) 롬 8:29-30; 엡 1:3-5,10-14; 벧전 2:9   5) 시 111:1; 잠 20:28; 딤전 3:15; 히 12:22-23   6) 요 17:21; 행 2:42; 고전 3:16; 엡 4:3-6,13   7) 사 59:21; 롬 1:16; 10:14-17; 엡 5:26   8) 시 129:4-5; 마 16:18; 요 10:16,28   9) 고전 12:27; 벧전 2:5   10) 시 23:6; 요 10:28; 롬 8:35-39; 고전 1:8-9; 벧전 1:5; 요일 2:19

웨스트민스터 신앙고백서

제25장 교회에 관하여

Of the Church

1. 보편적 또는 우주적 교회는 보이지 않는 것으로서The catholic or universal Church, which is invisible, **과거와 현재와 미래에 걸쳐서 교회의 머리이신 그리스도 아래 하나로 모이는 택함 받은 자들의 전체로 구성되며**, 이 교회는 그리스도의 신부요, 몸이며, 만물 안에서 만물을 충만하게 하시는 이의 충만이다.[1]

---

1) 엡 1:10,22,23; 5:23,27,32; 골 1:18

2. 보이는 교회the visible Church 역시 복음시대 아래에서는under the Gospel **보편적이고**catholic **우주적인**universal **것으로서(이전의 율법시대와 같이 특별한 한 민족에 국한된 것이 아니다), 전 세계에 걸쳐서 참된 종교를 고백하는**profess the true religion **모든 사람들과**[2] **그들의 자녀들로**[3] **구성된다**consists of. 그리고 이 교회는 주 예수 그리스도의 나라요the kingdom of the Lord Jesus Christ,[4] 하나님의 집이며, 권속이다the house and family of God.[5] 이 교회 밖에서는 통상적인 구원의 가능성은 없다out of which there is no ordinary possibility of salvation.[6]

---

2) 고전 1:2; 12:12–13; 시 2:8; 계 7:9; 롬 15:9–12   3) 고전 7:14; 행 2:39; 겔 16:20–21; 롬 11:16; 창 3:15,17:7   4) 마 13:47; 사 9:7   5) 엡 2:19, 3:15   6) 행 2:47

웨스트민스터 대요리문답

62문 : 보이는 교회the visible church란 무엇입니까?

　답 : 보이는 교회는 세상의 모든 시대들과 모든 곳에서 참된 믿음true religion을 고백하는 모든 사람들[1]과 그들의 자녀들[2]로 구성된 공동체society입니다.

---

1) 고전 1:2; 12:13; 롬 15:9–12; 계 7:9; 시 2:8; 22:27–31; 45:17; 마 28:19–20; 사 59:21   2) 고전 7:14; 행 2:39; 롬 11:16; 창 17:7

64문 : 보이지 않는 교회the invisible church란 무엇입니까?

답 : 보이지 않는 교회는 머리 되신 그리스도 아래 하나로 모여져 왔었고, 모여지고 있으며, 모여지게 될, 택함 받은 사람들 전체the whole number of the elect입니다.[1]

---

1) 엡 1:10,22-23; 요 10:16; 11:52

교회의 보편성은 다음의 세 가지 측면에서 유지되어야 한다. 첫째, 교회 안에서 인종, 성별, 지위, 교육 정도를 이유로 차별하지 않아야 한다.[213] 교회에는 어떤 특정한 집단이나 계층만이 존재해서는 안 된다. 교회는 한 민족이나 한 국가 혹은 한 인종만의 것이 될 수 없으며, 어떤 특정한 시간이나 문화에 묶여 있을 수도 없다. 예컨대, 흑인만을 위한 교회, 백인만을 위한 교회, 장애인들만을 위한 교회, 의사들만을 위한 교회, 연예인들만을 위한 교회 등과 같은 보편적이지 않는 형태로의 모임은 바람직하지 않다. 둘째, 선교적 사명을 다함으로써 교회의 보편성을 유지할 수 있다. 교회가 선교를 한다는 것은 시간적으로 또한 공간적으로 교회의 보편성을 유지해 나가는 것이다. 셋째, 현재 내가 속한 교회가 태초부터 있어 온 교회의 한 부분이라는 의식과 현재 내가 속한 교회가 지금 동시대에 존재하는 세계교회의 한 부분이라는 인식을 가지고 늘 말씀에 온전히 붙어 있어서 그 말씀을 하나로 잘 드러내려고 애를 써야 한다.

사도신경은 거룩성과 보편성의 두 가지만 고백하지만, 그 외에 교회의 속성에는 통일성, 사도성이 있다. 이 두 가지는 니케아신경이 고백한다.[214]

같은 고백, 다른 표현

로마가톨릭교회는 교회의 보편성을 고백한다. 그래서 자신들의 교회 이름에 '가톨릭'(Catholic)이라고 붙였다. 그러나 로마가톨릭은 자신들만이 보편적이라

---

213) Clowney, 『교회』, 112.

214) 교회론을 교회의 네 가지 속성으로 풀어낸 저술로는 다음을 참고하라. G. C. Berkouwer, *The Church*, trans by James E. Darison (Grand Rapids: Eerdmans, 1976), 나용화, 이승구 공역, 『개혁주의 교회론』(서울: CLC, 2006).

고 믿으며, 자신들이야말로 보편적이라고 믿는다. 로마가톨릭교회만이 그리스도의 유일한 교회라고 주장하며,[215] 로마가톨릭교회를 떠나는 것은 이단 혹은 배교라고 주장한다.[216]

그러므로 그들에 따르면 개신교인이 "거룩하고 보편적인 교회를 믿습니다"라고 고백해도 사실상 보편교회에서 벗어난 자들이 된다.

(3) 성도의 교제

성도

성도(聖徒)란 거룩한 무리라는 뜻인데, 그리스도 예수 안에서 거룩해진 자들이다(고전 1:2). 성도는 그리스도와 연합된 자들이다. 머리이신 그리스도께 접붙임을 받은 자들이다. 웨스트민스터 신앙고백서 제26장 제2절은 "공적인 신앙고백을 통해 성도가 된 자들(Saints by profession)은…"이라고 표현한다.

성도는 교회를 구성하는 회원이다. 성도는 교회의 지체다(HC 제55문답). 교회는 참된 기독 신자들의 거룩한 회중(congregation)이며 모임(assembly)이다(BC 제27-28조). 성도가 모여 교회를 이루고, 교회는 성도가 있는 곳에 있다.

성도는 신자 한 사람이 아니라 여러 사람이다. 성경에서 성도는 항상 복수(複數)로 사용된다(롬 8:27; 12:13; 15:26; 고전 1:2; 6:1,2; 고후 9:1; 13:12; 엡 1:18; 2:19; 3:8,18; 4:12; 5:3; 빌 1:1; 4:22; 골 1:26; 계 8:4; 14:12 등).[217] 그러므로 그리스도인은 개개인으로서 의미가 있는 것이 아니라, 복수로 구성된 '성도'(saints)일 때에 비로소 의미가 있다(참조. 고전 12:12-27).

이러한 사실은 '성도의 교제'라는 것이 '필연적'이라는 사실을 말해준다.

교제 혹은 사귐

'교제'(communion)란 신약성경에서 '코이노니아'라고 표현된다. 교제 혹은 사귐으로 번역된다. 교제란 복음의 모든 약속들에 참여하는 것, 그리스도와 그의 모든 은혜에 함께 참여하며, 자기에게 주어진 은사를 다른 지체를 위해서 사

---

215) *Catechism of the Catholic Church*, para. 816, 822, 870.

216) *Catechism of the Catholic Church*, para. 817, 2089.

217) 한글성경은 이 부분을 엄밀하게 표현해주지 못하고 있다. 그러므로 헬라어 원문과 NIV를 참조하라.

용하는 것이다. 그래서 성도의 교제는 모든 성도들이 그리스도와 연합됨으로 말미암아 시작된다. 요한일서 1:3은 "우리가 보고 들은 바를 너희에게도 전함은 너희로 **우리와 사귐**이 있게 하려 함이니 **우리의 사귐**은 아버지와 그의 아들 예수 그리스도와 더불어 누림이라"라고 말씀한다. 성도의 교제는 모든 성도들이 그리스도의 모든 은덕에 참여함으로 이루어진다(엡 4:4). 각 성도들이 그리스도와의 연합을 이루고, 그렇게 그리스도와 연합을 이룬 자들이, 그렇게 하고 있는 다른 자들과 함께 연합하는 것이 성도의 교제다.

함께 한 말씀을 듣고, 한 빵과 포도주로 성찬을 나누는 것, 같은 신앙을 고백하는 것, 이렇게 함으로써 모든 성도들이 그리스도의 모든 은덕에 참여하는 것이 성도의 사귐이다(엡 4:4).[218]

특별히 성경은 '헌금'이 성도의 교제라고 말씀한다(롬 15:25-26; 고후 8:4; 9:1,13).[219] 왜냐하면 헌금이 사용되는 여러 용도 중 하나는 구제인데, 다른 성도를 위한 물질적인 도움을 주는 것이 곧 성도의 교제이기 때문이다(행 2:45; 4:32-37; 고후 8-9장; WCF 제26장 제2-3절).

이 외에도 함께 식사를 나누는 애찬, 성도와 나누는 대화 등도 성도의 사귐이다.

성도는 말씀을 나누고, 성찬을 나누고, 신앙을 나누고, 고백을 나누고, 은사를 나누고, 물질을 나누고, 사랑을 나눈다.

교제가 무엇인지에 대해서는 웨스트민스터 신앙고백서 제26장 제2절이 잘 설명한다.

---

218) Ursinus, *Commentary on the Heidelberg Catechism*, 304.
219) 개역개정 성경 로마서 15:25; 고린도후서 8:4; 9:1,13에 "섬기는"이라고 번역된 말이 헬라어 원문에 의하면 '코이노니아'다. 개역개정 성경 로마서 15:26에 '연보하다'(개역한글에서는 '동정하다')라고 번역된 말도 헬라어 원문에 의하면 '코이노니아'다.

웨스트민스터 신앙고백서

제26장 성도의 교제에 관하여
Of the Communion of the Saints

2. 공적인 신앙고백을 통해 성도가 된 자들Saints by profession은 **하나님을 예배하고**in the worship of God, **상호 간의 건덕**edification**을 세우기 위해 신령한 봉사** spiritual services**를 하며**in performing,[4)] **또한 각자의 능력**abilities**과 필요**necessities **에 따라 서로 간에 물질적인 짐들**outward things**을 덜어줌으로써**in relieving, **거룩한 친교**holy fellowship**와 교제**communion**를 유지해야 한다.** 이같은 교제 communion는 하나님께서 기회를 주시는 대로 어디에서나 주 예수의 이름을 부르는 모든 자들에게까지 확장되어야 한다.[5)]

---

4) 사 2:3; 행 2:42,46; 고전 11:20; 히 10:24,25   5) 행 2:44-45; 11:29-30; 고후 8-9장; 요일 3:17

서로

교제(交際)의 교(交)는 서로라는 뜻이다. 그러므로 교제는 서로 간에 이루어져야 한다(엡 5:21; 살전 5:11; 히 10:24). 어느 한쪽의 노력만으로 될 수 없다. 일방적인 교제란 없다. 교제는 반드시 상호(相互)적이고, 교호(交互)적이다.

근거 성경구절

성도의 교제에 대한 근거구절은 다음과 같다. 사도행전 2:42 "그들이 사도의 가르침을 받아 **서로 교제하고** 떡을 떼며 오로지 기도하기를 힘쓰니라." 사도행전 2:46 "날마다 **마음을 같이하여** 성전에 모이기를 힘쓰고 집에서 떡을 떼며 기쁨과 순전한 마음으로 음식을 먹고." 사도행전 4:32 "믿는 무리가 **한마음과 한뜻이 되어** 모든 물건을 서로 통용하고 자기 재물을 조금이라도 자기 것이라 하는 이가 하나도 없더라." 로마서 12:4-5 "⁴우리가 한 몸에 많은 지체를 가졌으나 모든 지체가 같은 기능을 가진 것이 아니니 ⁵이와 같이 **우리 많은 사람이 그리스도 안에서 한 몸이 되어 서로 지체가 되었느니라.**" 로마서 12:10 "형제를 사랑하여 **서로 우애하고** 존경하기를 **서로** 먼저 하며." 로마서 12:15-16 "¹⁵즐거워하는 자들과 **함께** 즐거워하고 우는 자들과 **함께** 울라. [16]**서로 마음을 같이하며** 높은 데 마음을 두지 말고 도리어 낮은 데 처하며 스스로 지혜 있는 체하지 말라." 로마서 15:5-6 "[5]이제 인내와 위로의 하나님이 너희로 그리스도 예수를 본받아 **서로 뜻이 같게 하여** 주사 [6]**한마음과 한 입으로** 하나님 곧 우리 주 예수 그리스도의 아버지께 영광을 돌리게 하려 하노라." 로마서 15:14 "내 형제들아 너희가 스스로 선함이 가득하고 모든 지식이 차서 능히 **서로 권하는 자**임을 나도 확신하노라." 고린도전서 12:12-27 "[12]몸은 하나인데 많은 지체가 있고 몸의 지체가 많으나 한 몸임과 같이 그리스도도 그러하니라. [13]우리가 유대인이나 헬라인이나 종이나 자유인이나 다 한 성령으로 세례를 받아 한 몸이 되었고 또 다 한 성령을 마시게 하셨느니라. [14]몸은 한 지체뿐만 아니요 여럿이니 [15]만일 발이 이르되 나는 손이 아니니 몸에 붙지 아니하였다 할지라도 이로써 몸에 붙지 아니한 것이 아니요 [16]또 귀가 이르되 나는 눈이 아니니 몸에 붙지 아니하였다 할지라도 이로써 몸에 붙지 아니한 것이 아니니 [17]만일 온몸이 눈이면 듣는 곳은 어디며 온몸이 듣는 곳이면 냄새 맡는 곳은 어디냐. [18]그러나 이제 하나님이 그 원하시는 대로 지체를 각각 몸에 두셨으니 [19]만일 다 한 지체뿐이면 몸은 어디냐. [20]이제 지체는 많으나 몸은 하나라. [21]눈이 손더러 내가 너를 쓸 데가 없다 하거나 또한 머리가 발더러 내가 너를 쓸 데가 없다 하지 못하리라. [22]그뿐 아니라 더 약하게 보이는 몸의 지체가 도리어 요긴하고 [23]우리가 몸의 덜 귀히 여기는 그것들을 더욱 귀한 것들로 입혀 주며 우리의 아름답지 못한 지체는 더욱 아름다운 것을 얻느니라 그런즉 [24]우리의 아름다운 지체는 그럴 필요가 없느니라 오직 하나님이 몸을 고르게 하여 부족한 지체에게 귀중함을 더하사 [25]몸 가운데서 분쟁이 없고 오직 여러 지체가 서로 같이 돌보게 하셨느니라. [26]만일 한 지체가 고통을 받으면 모든 지체가 함께 고통을 받고 한 지체가 영광을 얻으면 모든 지체가 함께 즐거워하느니라. [27]너희는 그리스도의 몸이요 지체의 각 부분이라." 고린도후서 13:11 "마지막으로 말하노니 형제들아 기뻐하라 온전하게 되며 위로를 받으며 **마음을 같이하며** 평안할지어다 또 사랑과 평강의 하나님이 너희와 함께 계시리라 거룩하게 입맞춤으로 **서로 문안하라.**" 갈라디아서 5:13 "형제들아 너희가 자유를 위하여 부르심을 입었으나 그러나 그 자유로 육체의 기회를 삼지 말고 오직 사랑으로 **서로 종노릇 하라.**" 갈라디아서 6:2 "너희가 **짐을 서로 지라** 그리하여 그리스도의 법을 성취하라." 에베소서 4:2-4 "[2]모든 겸손과 온유로 하고 오래 참음으로 사랑 가운데서 **서로 용납하고** [3]평안의 매는 줄로 **성령이 하나 되게 하신 것을**

힘써 지키라. [4]몸이 하나요 성령도 한 분이시니 이와 같이 너희가 부르심의 한 소망 안에서 부르심을 받았느니라." 에베소서 5:19 "시와 찬송과 신령한 노래들로 **서로 화답하며** 너희의 마음으로 주께 노래하며 찬송하며." 빌립보서 2:2-4 "[2]**마음을 같이하여 같은 사랑을 가지고 뜻을 합하며 한마음을 품어** [3]아무 일에든지 다툼이나 허영으로 하지 말고 오직 겸손한 마음으로 각각 자기보다 남을 낫게 여기고 [4]각각 자기 일을 돌볼뿐더러 또한 **각각 다른 사람들의 일을 돌보아** 나의 기쁨을 충만하게 하라." 골로새서 3:16 "그리스도의 말씀이 너희 속에 풍성히 거하여 모든 지혜로 **피차 가르치며 권면하고** 시와 찬송과 신령한 노래를 부르며 감사하는 마음으로 하나님을 찬양하고." 데살로니가전서 4:18 "그러므로 이러한 말로 서로 위로하라." 데살로니가전서 5:11 "그러므로 **피차 권면하고 서로 덕을 세우기를** 너희가 하는 것같이 하라." 히브리서 3:13 "오직 오늘이라 일컫는 동안에 매일 **피차 권면하여** 너희 중에 누구든지 죄의 유혹으로 완고하게 되지 않도록 하라." 히브리서 10:24-25 "[24]**서로 돌아보아 사랑과 선행을 격려하며** [25]모이기를 폐하는 어떤 사람들의 습관과 같이 하지 말고 오직 권하여 그날이 가까움을 볼수록 더욱 그리하자." 야고보서 5:16 "그러므로 **너희 죄를 서로 고백하며** 병이 낫기를 위하여 서로 기도하라 의인의 간구는 역사하는 힘이 큼이니라." 베드로전서 1:22 "너희가 진리를 순종함으로 너희 영혼을 깨끗하게 하여 거짓이 없이 형제를 사랑하기에 이르렀으니 마음으로 뜨겁게 서로 사랑하라." 베드로전서 4:8-10 "[8]무엇보다도 뜨겁게 **서로 사랑할지니** 사랑은 허다한 죄를 덮느니라. [9]**서로 대접하기를** 원망 없이 하고 [10]각각 은사를 받은 대로 하나님의 여러 가지 은혜를 맡은 선한 청지기 같이 **서로 봉사하라.**" 요한일서 1:3, 6-7 "[3]우리가 보고 들은 바를 너희에게도 전함은 **너희로 우리와 사귐이 있게 하려 함이니 우리의 사귐은 아버지와 그의 아들 예수 그리스도와 더불어 누림이라.** [6]만일 우리가 하나님과 사귐이 있다 하고 어둠에 행하면 거짓말을 하고 진리를 행하지 아니함이거니와 [7]그가 빛 가운데 계신 것같이 우리도 빛 가운데 행하면 **우리가 서로 사귐이 있고** 그 아들 예수의 피가 우리를 모든 죄에서 깨끗하게 하실 것이요."

신조들의 설명

성도의 교제에 대해 하이델베르크 요리문답 제55문답, 웨스트민스터 신앙고백서 제26장 제1-2절은 다음과 같이 고백한다.

하이델베르크 요리문답

55문 : "성도의 교제"를 당신은 어떻게 이해합니까?

> 답 : 첫째, 신자는 모두 또한 각각 그리스도의 지체members of this community로
> 서 주 그리스도와 교제하며 그의 모든 부요treasures와 은사gifts에 참여합
> 니다.[11] 둘째, 각 신자는 자기의 은사를 다른 지체의 유익service과 복
> enrichment을 위하여 기꺼이readily 그리고 즐거이cheerfully 사용할 의무가
> 있습니다.[12]

---

11) 롬 8:32; 고전 6:17; 12:12-13; 요일 1:3   12) 고전 12:21; 12:31-13:7; 빌 2:2-5

웨스트민스터 신앙고백서

제26장 성도의 교제에 관하여
Of the Communion of the Saints

1. 그리스도의 영his Spirit과 믿음faith으로 말미암아 그들의 머리이신 예수 그리스
도와 연합되어 있는 모든 성도들saints은 그분의 은혜graces와 고난sufferings과
죽음death과 부활resurrection과 영광glory 안에서 그분과 교제한다have fellowship
with him.[1] 그리고 사랑 안에서 서로 연합되어 있어서 각자의 은사와 은혜gifts
and graces 안에서 교제하며have communion,[2] 공적으로나 사적으로, 속사람과
겉사람으로도both in the inward and outward man 상호 유익에 도움이 되기 위해
서as to conduce to their mutual good 서로의 의무를 수행해야 한다are obliged to
the performance of such duties.[3]

---

1) 요 1:16; 롬 6:5,6; 엡 2:5-6; 3:16-19; 빌 3:10; 딤후 2:12; 요일 1:3   2) 고전 3:21-23; 12:7; 엡 4:15-16; 골 2:19
3) 롬 1:11-12:14; 갈 6:10; 살전 5:11,14; 요일 3:16-18

---

2. 공적인 신앙고백을 통해 성도가 된 자들Saints by profession은 하나님을 예배하
고in the worship of God, 상호 간의 건덕edification을 세우기 위해 신령한 봉사
spiritual services를 하며in performing,[4] 또한 각자의 능력abilities과 필요

necessities에 따라 서로 간에 물질적인 짐들outward things을 덜어줌으로써in relieving, 거룩한 친교holy fellowship와 교제communion를 유지해야 한다. 이같은 교제communion는 하나님께서 기회를 주시는 대로 어디에서나 주 예수의 이름을 부르는 모든 자들에게까지 확장되어야 한다.[5]

---

4) 사 2:3; 행 2:42,46; 고전 11:20; 히 10:24,25 5) 행 2:44-45; 11:29-30; 고후 8-9장; 요일 3:17

성령으로 말미암는 성도의 교제

성도의 사귐은 신자의 일이면서 또한 동시에 성령 하나님의 사역이다. 그래서 사도신경의 아홉 번째 문장은 여덟 번째 문장에서부터 이어진다.

성령 하나님의 사역이라는 사실은 다음 구절을 통해서 알 수 있다. 고린도전서 12:13 "우리가 유대인이나 헬라인이나 종이나 자유인이나 다 한 성령으로 세례를 받아 한 몸이 되었고 또 다 한 성령을 마시게 하셨느니라." 에베소서 4:3 "평안의 매는 줄로 성령이 하나 되게 하신 것을 힘써 지키라."

성령 하나님은 우리를 그리스도와 연합케 하심으로써 성령 자신께서 성부, 성자와 연합하신 것처럼 우리도 그렇게 만드시는 분이신데, 나와 그리스도를 연결하실 뿐만 아니라 나와 다른 성도를 연결하신다.

삼위일체의 사귐을 본받는 성도의 사귐

성도가 서로 사귀는 것은 삼위일체 하나님의 사귐을 기초로 한다. 영원 전부터 살아계신 하나님은 관계 속에서, 관계로서 존재하셨다. 성부, 성자, 성령으로 관계를 누려 오셨다.[220] 영원부터 삼위(三位) 하나님은 일체(一體)로 존재하심으로써 삼위 간의 위격적인 관계들 속에서 사랑의 충만하고 영원한 삶에 필수적인 것들을 채우셨다(요 17:5,24).[221] 하나님은 영원 전부터 공동체 안에서 공동체 그 자체로, 교제 안에서 교제 그 자체로, 관계 안에서 관계 그 자체로 존재하여 오셨다.[222] 우리가 하나님과 교제할 수 있는 이유는 하나님의 존재 방식 자체가 교제이기 때문이다(요 17:5,24).

---

220) Johnson, 『삼위 하나님과의 사귐』, 59-60, 73.
221) Berkhof, *Systematic Theology*, 136.
222) Johnson, 『삼위 하나님과의 사귐』, 71, 73.

성도는 다른 성도들과 교제하기 전에 이러한 삼위일체 하나님과 교제한다. 나아가 삼위일체 하나님의 사귐처럼 다른 성도들과 사귄다. 영원부터 서로 사랑하신 삼위 하나님처럼 성도가 교제한다. 성도의 교제 이전에 삼위 하나님의 교제가 있고, 그 교제에 근거해서 성도의 사귐이 이루어진다.[223]

이 교제는 예배를 통해 가장 잘 드러난다. 삼위일체 하나님의 이름으로 모인 자들이(마 28:19) 삼위일체 하나님과 더불어 교제하며(고전 1:9), 그러한 다른 성도들과도 교제함으로 삼위일체 하나님에 대한 신앙을 더욱 풍성케 한다. 그리고 삼위일체 하나님의 임재와 동행과 교제를 약속 받고 파송을 받아 세상으로 나아간다(고후 13:13).

교회를 통해 이루어지는 성도의 교제

성령 하나님은 교회라는 신적인 기관을 통해 성도가 교제케 하신다(WLC 제63문답). 성도는 반드시 지역교회와 보편교회를 기반으로 교제한다. 지역교회를 떠나서 교제할 수 없고, 지역교회에서만 머무를 수 없다. 보편교회로 그 범위가 확장되어야 한다(WCF 제26장 제2절). "거룩하고 보편적인 교회와 성도가 서로 사귀는 것"에 대한 믿음은 서로 연결되어 있다. 둘을 따로 구분할 수 없다. 성도는 교회라는 신적 기관을 통해 교제한다.

'성도의 교제'라는 고백은 앞에 나오는 고백인 '교회'의 의미를 더욱 분명히 해주는 고백이다.[224] '거룩하고 보편적인 교회'를 믿는다면 당연히 '성도의 교제'도 믿고 실제로 그렇게 살아야 한다. 성도는 자신이 속한 공동체인 교회를 통해 교제하며, 성도의 교제를 곧 교회로 나타낸다. 그래서 요한일서 2:19은 "그들이 우리에게서 나갔으나 우리에게 속하지 아니하였나니 만일 우리에게 속하였더라면 우리와 함께 거하였으려니와 그들이 나간 것은 다 우리에게 속하지 아니함을 나타내려 함이니라"라고 말씀한다.

우리는 우리의 존재와 우리의 은사를 함께 교회를 이루고 있는 이들을 위해서 사용해야 하고 나눠주어야 한다. 신자는 개인으로 존재하지 않고 반드시 한 몸 된 교회의 한 지체로 존재한다.

---

223) 김헌수, 『하이델베르크 요리문답 강해 II』, 151.
224) *Catechism of the Catholic Church*, para. 946.

웨스트민스터 신앙고백서는 제25장에서 "교회에 관하여"를 다룬 뒤 바로 이어서 제26장에서 "성도의 교제에 관하여"를 다룬다. 이는 사도신경의 구조를 그대로 따른 것이다.

이 고백을 할 때 가져야 할 마음

"거룩하고 보편적인 교회와 성도가 서로 사귀는 것을 믿습니다"라는 고백을 할 때는 성령 하나님께서 강림하심으로 말미암아 세워진 교회를 믿으며, 그 교회를 떠나서는 구원이 없음을 믿어야 한다. 또한 교회의 속성이 거룩하고 보편적임을 기억해야 한다. 교회에는 나 혼자 존재하는 것이 아니라 다른 성도들이 함께 있음을 기억하고, 함께 지역교회를 이루고 있는 다른 성도들과의 사귐에 힘쓰고 있는지를 생각해야 하며, 지역교회를 넘어 보편교회로까지 교제가 확장되어야 한다.

10문장 | 죄를 용서해 주시는 것

- 성령 하나님: 죄 용서

관련 신조

하이델베르크 요리문답 제2-3, 7-8, 10-15, 56, 70, 72-73, 82-85문답

웨스트민스터 소요리문답 제14, 31, 33문답

웨스트민스터 대요리문답 제21-30, 57-58, 70, 72, 77, 84, 152문답

웨스트민스터 신앙고백서 제6장, 제11장 제1,5절, 제15장 제3,6절, 제30장 제2절

번역 문제

옛 번역: 죄를 사하여 주시는 것

새 번역: 죄를 용서받는 것

저자 번역: 죄를 용서해 주시는 것

번역 설명: ① 옛 번역의 "사(赦)"와 새 번역의 "용서(容恕)"는 둘 다 한자어다. 마땅한 한글표현이 없으므로 둘 중 하나를 사용하는 것이 가능하나 용서가 좀 더 현대화된 표현이므로 "용서"로 했다. ② 라틴어나 영어번역은 명사로 되어 있기에 "죄 사함" 혹은 "죄 용서"라고만 해도 되지만, 한국어의 특성이나 내용적으로 볼 때 "죄를 용서해 주시는 것"으로 풀어 썼다.[225] ③ 옛 번역은 "사하여 주시는 것"이라고 했고, 새 번역은 "용서 받는 것"이라고 했는데, 이 문장은 성령의 사역을 다루고 있으므로 "죄를 용서해 주시는 것"으로 했다.

---

225) 예장 고신 헌법은 유해무의 번역을 따라 "사죄"로 번역했다. 한국천주교회는 "죄의 용서"로 번역했다.

(1) 사람의 타락과 죄[226]

사람의 타락

하나님께서 사람을 처음 창조하셨을 때는 죄가 없었다. 사람은 하나님의 형상과 모양을 따라 지음 받았기에(창 1:26-27), 지식과 의와 거룩이라는 하나님의 속성을 반영하고 있었으니(엡 4:24; 골 3:10; BC 제14조; HC 제6문답; WSC 제10문답; WLC 제17문답), 죄가 전혀 없는 무죄한 상태(the estate of innocence)였다(WCF 제9장 제2절).

그러나 첫 사람 아담이 범죄함으로 타락했다(창 3:6; BC 제14조; HC 제7-8문답; WCF 제6장 제1-2절; WSC 제13문답; WLC 제21문답). 그 결과 온 인류에 죄가 들어왔으며(롬 5:19; BC 제15조; HC 제7문답; WCF 제6장 제3절; WSC 제16문답; WLC 제22문답), 죄와 비참의 상태에 이르게 되었고(WSC 제17문답; WLC 제23문답), 선은 조금도 행할 수 없고 온갖 악만 행하는 성향을 갖게 되었다(롬 1:21; HC 제8문답; WCF 제6장 제4절; WLC 제25문답).

죄의 개념

죄란 무엇인가? 죄는 하나님의 거룩한 본성에 반대되는 것으로서, 완전하시고 거룩하시며 공의로우신 하나님으로부터 벗어난 모든 행위와 생각과 마음이다. 죄는 근본적으로 하나님을 대적하는 것이요, 하나님을 대적하여 반역하는 것이며 하나님에 대한 미움에 그 뿌리를 박고 있는 것이다.[226] 죄는 하나님으로부터 분리되는 것이요, 하나님에 반대되는 것이며, 하나님을 미워하는 것이다.[227] 죄는 하나님의 법을 순종함에 있어서 부족하거나 또는 어기는 것이다.

죄가 무엇인지에 대해서는 웨스트민스터 소요리문답 제14문답, 웨스트민스터 대요리문답 제24문답에 잘 나타나 있다.

---

226) 칼뱅은 이 주제를 *Institutes*, II. i. 4-11에서 다룬다.
227) Anthony A. Hoekema, *Created in God's Image* (Grand Rapids: Eerdmans, 1986), 류호준 역, 『개혁주의 인간론』(서울: CLC, 1990), 285.
228) Berkhof, *Systematic Theology*, 232.

웨스트민스터 소요리문답

14문 : 죄sin가 무엇입니까?

　답 : 죄는 하나님의 율법을 순종함conformity에 부족한 것want이나 어기는 것 transgression입니다.[1]

───────
1) 요일 3:4

웨스트민스터 대요리문답

24문 : 죄가 무엇입니까?

　답 : 죄는 이성을 가진 피조물에게 법칙으로 주신 하나님의 율법을 순종함 conformity에 부족한 것want이나 어기는 것transgression입니다.[1]

───────
1) 요일 3:4; 갈 3:10,12

죄의 종류

죄는 크게 두 가지로 나눌 수 있다. 원죄(原罪, orisinal sin)와 자범죄(自犯罪, actual sin)다(HC 제10문답; WSC 제18문답; WLC 제25문답). 첫 사람 아담의 범죄로 인하여 온 인류에게 전가된 죄를 원죄라고 한다(BC 제15조). 원죄는 모든 죄의 뿌리로서, 인간 안에 있는 모든 종류의 죄를 생산한다. 죄는 마치 물이 샘에서 솟구쳐 나오는 것처럼 지속적으로 흘러나온다. 원죄로 말미암아 발생하는 죄를 자범죄라고 한다(WCF 제6장 제4절; WSC 제18문답; WLC 제25문답). 사람은 부패한 본성에 근거하여 자범죄를 짓는다.

원죄든 자범죄든 모든 죄는 하나님의 의로우신 율법을 범하는 것이며 율법에 반하는 것이다(WCF 제6장 제6절).

죄의 결과

죄로 인하여 사람은 하나님과의 교제를 상실했고(WCF 제6장 제2절; WSC 제19문답; WLC 제25문답), 몸과 영혼의 모든 기능과 부분이 전적으로 더러워졌으며(WCF 제6장 제2절), 선을 전적으로 싫어하고 선을 행할 수 없으며(WCF 제6

장 제2절; WLC 제25문답), 하나님의 진노와 저주 아래 있게 됐으며(WCF 제6장 제2절; WSC 제19, 84문답; WLC 제25, 152문답), 비참함과 죽음에 이르게 됐다(롬 5:12,17,21; WCF 제6장 제2절; WLC 제84문답).

죄는 이 세상에서 형벌을 받게 했으며, 죽어서도 영원한 형벌을 받게 했다(WCF 제6장 제6절; WSC 제19문답; WLC 제27-29, 152문답). 이 세상에서 받는 형벌은 내적으로는 마음이 굳어지고(엡 4:18), 하나님으로부터 버림받은 감각이 되며(롬 1:28), 강한 미혹을 받으며(살후 2:11), 마음의 고집(롬 2:5), 양심의 두려움 등이며, 외적으로는 몸과 이름과 재산과 관계와 일에 내려지는 모든 해악들과 하나님의 저주다(WLC 제28문답). 죽어서 받는 형벌은 하나님의 임재로부터 영원히 분리되는 것과 몸과 영혼이 영원한 지옥 불에서 가장 견디기 어려운 고통을 쉼 없이 받게 되는 것이다(HC 제11문답; WLC 제29문답).

무엇보다도 죄의 삯은 사망이다(롬 5:12,17,21; 6:23; WLC 제84문답). 모든 죄는 죽음에 이르는 죄다.[229]

죄의 결과는 사도신경의 열한 번째 문장인 몸이 다시 살아날 것과 열두 번째 문장인 영원히 사는 것과 연관된다. 왜냐하면 죄는 궁극적으로 인간을 육적으로나 영적으로 죽음의 상태에 이르게 하였는데, 죄 용서함을 받게 되면 그 두 가지 문제가 해결되기 때문이다. 바로 몸이 다시 살아날 것과 영원히 사는 것이다.

죄인이라는 인식이 전제되어야 함

"죄 용서"에 대한 고백에 있어서 전제될 것은 나와 우리가 죄인이라는 사실을 인식하는 것이다. 또한 죄의 결과가 죽음이라는 사실을 깨닫는 것이다. 죄의 비참함을 인식하지 않는다면 굳이 죄 용서를 필요로 하지 않는다. 그러므로 이러한 전제가 없다면 "죄 용서"를 고백할 수 없다.

죄를 깨닫게 되는 것은 사람의 힘과 노력으로 되는 것이 아니라 전적으로 말씀과 성령의 역사를 통해서만 가능하다. 그렇기에 죄 용서의 사역은 성령의 사역이다.

---

[229] 지극히 작은 죄라도 하나님 앞에서는 큰 죄이며, 마음에 품은 아주 작은 죄라도 하나님 보시기에 가증하다(WLC 제99문답 제1항).

(2) 죄 용서

그리스도의 순종과 속죄[230]

하나님께서는 사람의 죄를 용서해 주시기 위해 타락 직후 은혜언약을 맺으셨다(WCF 제7장 제3절; WSC 제20문답; WLC 제30문답). 은혜언약의 중보자이신 성자 하나님께서는 이 세상에 오셔서 고난 당하셨고, 십자가에 못 박히셨고, 죽으셨다(WCF 제8장 제4절). 이를 통해 완전한 순종을 하셨고, 성자 하나님의 공의를 충분히 만족시키셨다(WCF 제8장 제5절; WLC 제57, 70-71문답). 성자 하나님께서 십자가 위에서 쏟으신 피야말로 속죄의 유일한 방법이다(WCF 제11장 제3절; WLC 제152문답). 하나님께서 우리의 죄를 용서해 주시는 것은 그리스도의 공로 때문이다.

근거 성경구절

성자 하나님이야 말로 속죄의 근거가 된다는 성경구절은 다음과 같다. 마태복음 9:6 "그러나 **인자가 세상에서 죄를 사하는 권능이 있는 줄**을 너희로 알게 하려 하노라 하시고…." 마태복음 26:28 "이것은 **죄 사함을 얻게 하려고 많은 사람을 위하여 흘리는바 나의 피** 곧 언약의 피니라." 마가복음 2:10 "그러나 **인자가 땅에서 죄를 사하는 권세가 있는 줄**을 너희로 알게 하려 하노라 하시고…." 누가복음 24:47 "또 **그의 이름으로 죄 사함을 받게 하는 회개**가 예루살렘에서 시작하여 모든 족속에게 전파될 것이 기록되었으니." 사도행전 10:43 "그에 대하여 모든 선지자도 증언하되 **그를 믿는 사람들이 다 그의 이름을 힘입어 죄 사함을 받는다** 하였느니라." 로마서 5:18 "그런즉 한 범죄로 많은 사람이 정죄에 이른 것같이 **한 의로운 행위로 말미암아 많은 사람이 의롭다 하심을 받아** 생명에 이르렀느니라." 로마서 6:10 "**그가 죽으심은 죄에 대하여 단번에 죽으심이요** 그가 살아계심은 하나님께 대하여 살아계심이니." 고린도후서 5:21 "**하나님이 죄를 알지도 못하신 이를 우리를 대신하여 죄로 삼으신 것**은 우리로 하여금 그 안에서 하나님의 의가 되게 하려 하심이라." 에베소서 1:7 "우리는 그리스도 안에서 그의 은혜의 풍성함을 따라 **그의 피로 말미암아 속량 곧 죄 사함을 받았느니라.**" 골로새서 1:14 "**그 아들 안에서 우리가 속량 곧 죄 사함을 얻었도다.**" 골

---

230) 칼뱅은 이 주제를 *Institutes*, II. xvii에서 다룬다.

로새서 2:13 "또 범죄와 육체의 무할례로 죽었던 너희를 하나님이 그와 함께 살리시고 **우리의 모든 죄를 사하시고.**" 디도서 2:14 "그가 우리를 대신하여 자신을 주심은 모든 불법에서 **우리를 속량하시고** 우리를 깨끗하게 하사 선한 일을 열심히 하는 자기 백성이 되게 하려 하심이라." 히브리서 9:22 "율법을 따라 거의 모든 물건이 피로써 정결하게 되나니 피 흘림이 없은즉 **사함이** 없느니라." 히브리서 9:28 "이와 같이 **그리스도도 많은 사람의 죄를 담당하시려고** 단번에 드리신 바 되셨고 구원에 이르게 하기 위하여 죄와 상관없이 자기를 바라는 자들에게 두 번째 나타나시리라." 베드로전서 2:24 "친히 나무에 달려 **그 몸으로 우리 죄를 담당하셨으니** 이는 우리로 죄에 대하여 죽고 의에 대하여 살게 하려 하심이라 그가 채찍에 맞음으로 너희는 나음을 얻었나니." 요한일서 1:7 "…**그 아들 예수의 피가 우리를 모든 죄에서 깨끗하게 하실 것이요.**" 요한일서 1:9 "만일 우리가 우리 죄를 자백하면 그는 미쁘시고 의로우사 **우리 죄를 사하시며** 우리를 모든 불의에서 깨끗하게 하실 것이요." 요한일서 2:2 "그는 **우리 죄를 위한 화목제물이니** 우리만 위할 뿐 아니요 **온 세상의 죄를 위하심이라.**" 요한일서 2:12 "자녀들아 내가 너희에게 쓰는 것은 **너희 죄가 그의 이름으로 말미암아 사함을 받았음이요.**"

죄를 용서해 주시는 성령 하나님

사도신경은 죄 용서를 성령 하나님의 사역 중 하나로 다룬다. 사도신경의 여덟 번째 문장에서 성령에 대해 고백한 뒤, 열 번째 문장에서 죄 용서를 다룬다. 이는 죄 용서가 성령 하나님의 사역이기 때문이다.

왜 죄 용서가 성령의 사역인가? 성령 하나님은 성자 하나님께서 마련하신 순종과 속죄를 적용하심으로 죄 용서를 하신다(WCF 제8장 제8절; WSC 제29문답; WLC 제58문답).

성령은 성자 하나님의 순종과 속죄를 어떤 방식으로 적용하시는가? 성령 하나님은 죄인의 심령에 내주하심으로 역사하신다. 먼저 거듭나게 하신다. 이때 선포되는 설교를 통해(*per verbum*) 설교와 함께(*cum verbo*) 역사하셔서(사

---

231) *Institutes*, I. ix. 1-3. 루터파는 '말씀을 통해서'(*per verbum*) 만을 강조하였다. 그러나 그런 강조는 성령님의 사역을 말씀 안에 가두는 인상을 줄 수 있기 때문에 개혁신학자들은 성령님의 주체되심을 의식하면서, 성령님이 말씀을 사용하셔서(with the word) 우리 안에서 역사하신다는 것을 표현하기를 "말씀을 가지고" 혹은 "말씀과 함께"(*cum verbo*) 역사하신다고 표현하였다.

59:21; 엡 6:17; BC 제24조; HC 제65문답; WSC 제89문답)[231] 죄와 죄책, 죄의 결과인 비참함을 깨닫게 하신다. 그 죄를 깨달음(conviction of sin)으로 인하여 우리 속에 있는 강팍하고 패역한 마음을 제거해 주시고 예수님께서 나의 죄를 구원하실 분이라는 사실을 깨닫는 일이 일어난다. 율법과 복음이 담겨 있는 설교를 들음으로써, 말씀의 율법적 요소를 통해서는 죄를 깨닫게 되고(롬 3:19), 말씀의 복음적 요소를 통해서는 그리스도를 바라보게 된다(갈 3:24). 이 과정을 웨스트민스터 소요리문답 제31문답은 '효력 있는 부르심'을 설명하면서 다룬다.

웨스트민스터 소요리문답

31문 : 효력 있는 부르심effectual calling이란 무엇입니까?

답 : 효력 있는 부르심은 **하나님의 영께서 하시는 사역**work으로서,[1] **우리의 죄와 비참함을 깨닫게**convincing **하시고**,[2] 우리의 마음mind을 밝혀enlightening 그리스도를 알게 하시고,[3] 우리의 의지will를 새롭게 하셔서renewing,[4] 우리를 설득하사persuade 능히 복음 가운데 값없이 주시는 **예수 그리스도를 영접할 수 있게 하시는**enable us to embrace 것입니다.[5]

1) 딤후 1:9; 살후 2:13-14 2) 행 2:37 3) 행 26:18 4) 겔 36:26-27 5) 요 6:44-45; 빌 2:13

효력 있는 부르심(소명)을 통해 거듭나게 하시고(중생) 예수 그리스도를 믿게(영접하게) 하시는 성령 하나님은 의롭다 칭해 주시는(칭의) 사역을 하신다. 이를 통해 죄를 용서해 주신다.[232] 이에 대해 웨스트민스터 소요리문답 제33문답, 웨스트민스터 대요리문답 제70, 77문답, 웨스트민스터 신앙고백서 제11장 제1,5절은 다음과 같이 고백한다.

---

232) 칼뱅은 칭의와 죄 용서의 관계를 *Institutes*, III. xi. 21-23에서 다룬다.

웨스트민스터 소요리문답

33문 : 칭의(稱義)—의롭다 하심—justification란 무엇입니까?

   답 : 칭의란 하나님께서 값없이 주시는 은혜의 행위act로서, **그분이 우리의 모든 죄를 용서하시고**pardoneth,[1] 그분이 보시기에 의로운 자로 우리를 받아주시는 것accepteth입니다.[2] 이것은 오직 그리스도의 의the righteousness of Christ를 우리에게 돌려주시는 일이며imputed to us,[3] 우리는 오직 믿음faith alone으로 그 의를 받게 되는 것입니다.[4]

---

1) 롬 3:24-25; 4:6-8   2) 고후 5:19,21   3) 롬 5:17-19   4) 갈 2:16; 빌 3:9

웨스트민스터 대요리문답

70문 : 칭의(稱義)—의롭다 하심—justification란 무엇입니까?

   답 : 칭의란 하나님께서 죄인들에게 값없이 주시는 은혜의 행위로서,[1] **그분이 그들의 모든 죄를 용서하시고**, 그분이 보시기에 의로운 자로 받아주시고 간주하시는accepts and accounts 것입니다.[2] 그들 안에서 이루어진 어떤 것이나 그들이 행한 어떤 것으로가 아니라,[3] 하나님께서 그들에게 전가하셨고imputed,[4] 오직 믿음으로 받는,[5] 그리스도의 완전한 순종과 충분한 속죄satisfaction로 말미암는 것입니다.

---

1) 롬 3:22,24-25; 4:5   2) 고후 5:19,21; 롬 3:22,24-25,27-28   3) 딛 3:5,7; 엡 1:7   4) 롬 5:17-19; 4:6-8   5) 행 10:43; 갈 2:16; 빌 3:9

77문 : 칭의(의롭다 하심)와 성화(거룩하게 하심)는 어떤 점에서Wherein 다릅니까?

   답 : 성화는 칭의와 분리할 수 없게inseparably 연결되어 있지만,[1] 그 둘은 다릅니다. 하나님께서는 칭의를 통해서는 그리스도의 의the righteousness of Christ를 전가하시지만imputes,[2] 성화를 통해서는 하나님의 영께서 은혜grace를 주입하시고infuses 그 은혜가 영향을 미칠 수 있게 하십니다.[3] **칭의를 통해서는 죄가 용서되며**pardoned,[4] 성화를 통해서는 죄가 억제됩니다subdued.[5] 칭의는 하나님의 복수하시는 진노로부터 모든 신자들을 동일하게 자유롭게 하되, 이 세상의 삶에서 완전히perfectly 자유롭게 하기 때문

에 결코 그들이 정죄에 빠지지 않게 됩니다.[6] 성화는 모든 신자들에게 동일하지 않고,[7] 이 세상의 삶에서는 아무에게도 완전하지perfect 않고,[8] 다만 완전perfection을 향해 자라갈 뿐입니다.[9]

---

1) 고전 6:11; 1:30 2) 롬 4:6,8 3) 겔 36:7 4) 롬 3:24-25 5) 롬 6:6,14 6) 롬 8:33-34 7) 요일 2:12-14; 히 5:12-14 8) 요일 1:8,10 9) 고후 7:1; 빌 3:12-14

웨스트민스터 신앙고백서

제11장 칭의(稱義)—의롭다 하심—에 관하여
Of Justification

1. 하나님께서 효력 있게 부르신 자들을 값없이freely 의롭다 칭하시니justifieth[1] 그들 속에 의righteousness를 주입함으로써가 아니라not by infusing 그들의 죄를 용서하시고by pardoning 그들의 인격을 의로 간주하여 받아주심으로by accounting and accepting 하신다. 그들 안에서 이루어진 어떤 것이나 그들이 행한 어떤 것으로가 아니라 오직 그리스도로 인해 하셨다. 믿음 자체나 믿는 행위나 어떤 복음적인 순종을 그들의 의로 여겨 그들에게 전가함으로써가 아니라, **그리스도의 순종과 속죄**satisfaction**를 그들에게 전가함으로써**by imputing **하신다.**[2] 그들은 믿음으로 그리스도와 그분의 의를 받아 의지하며, 이 믿음은 그들에게서 난 것이 아니라 하나님의 선물이다.[3]

---

1) 롬 8:30; 3:24 2) 롬 4:5-8; 고후 5:19,21; 롬 3:22,24-25,27-28; 딛 3:5,7; 엡 1:7; 렘 23:6; 고전 1:30-31; 롬 5:17-19 3) 행 10:44; 갈 2:16; 빌 3:9; 행 13:38-39; 엡 2:7-8

---

5. **하나님께서는 의롭다 함을 받은 자들의 죄를 계속해서 용서하신다.**[14] 비록 그들이 칭의의 상태에서 결코 떨어질 수 없지만,[15] 그들의 죄는 성부 하나님의 분노displeasure를 사게 되기도 하는데, 그들이 스스로 겸비하고humble 죄를 자백하고 용서를 빌며beg pardon 그들의 믿음과 회개를 새롭게 하기까지는[16] 아버지의 얼굴 광채countenance가 그들에게 회복되지restored 않는다.

---

14) 마 6:12; 요일 1:7,9; 2:1-2 15) 눅 22:32; 요 10:28; 히 10:14 16) 시 89:31-33; 51:7-12; 32:5; 마 26:75; 고전 11:30,32; 눅 1:20

의롭다 하시는 사역이 성령 하나님의 사역이라는 사실은 웨스트민스터 대요리문답 제72문답에 언급된다.[233]

웨스트민스터 대요리문답

72문 : 의롭게 하는 믿음justifying faith은 무엇입니까?

답 : **의롭게 하는 믿음은 성령[1]과 하나님의 말씀[2]으로 죄인의 마음heart속에 역사하는 구원하는 은혜saving grace입니다.[3]** 이것으로 죄인은 자기의 죄와 비참을 확신하고being convinced, 자신의 상실된 상태lost condition에서 스스로 회복할 수 있는 능력이 자신과 다른 피조물들에게는 없다는 것을 확신하여,[4] 복음에 약속된 진리에 동의할assents 뿐 아니라,[5] **죄 용서를 받기 위해서for pardon of sin,[6]** 그리고 구원을 위해 하나님께서 보시기에 의로운 자로 받아주시고 간주하시기 위해서for the accepting and accounting[7] 복음에 제시된therein held forth 그리스도와 그분의 의를 받아들이고 의지합니다receives and rests upon.

---

1) 고후 4:13; 엡 1:17-19 2) 롬 10:14,17 3) 히 10:39 4) 행 2:37; 16:30; 요 16:8-9; 롬 5:6; 엡 2:1; 행 4:12 5) 엡 1:13 6) 요 1:12; 행 16:31; 10:43 7) 빌 3:9; 행 15:11

성령 하나님께서 우리의 죄를 용서해 주시는 방법은 그리스도께서 행하신 완전한 순종과 충분한 속죄를 우리에게 돌리심(전가시킴, impute)으로써 하신다. 반면 로마가톨릭은 의를 주입(infuse)함으로써 하신다고 본다(WCF 제11장 제1절).

성령의 사역이면서 또한 동시에 삼위일체의 사역

죄 용서는 성령 하나님의 사역이면서 또한 동시에 삼위일체 하나님의 사역이다. 구원에 관한 모든 사역은 삼위 하나님의 공동사역이다. 성부 하나님은 우리의 구원을 계획하셨고, 성자 하나님은 우리의 구원을 성취하셨으며, 성령 하나님은 우리의 구원을 적용하신다.

---

233) 칼뱅은 이 주제를 *Institutes*, III. ii. 33; III. xi. 4에서 다룬다.

특별히 '적용'에 있어서 성령의 역할이 있기 때문에 사도신경은 "죄 용서"를 성령의 사역으로 돌린다. 경륜에 있어서는 성령의 사역으로 부각되지만, 이것은 잠시라도 그리스도의 사역과 분리될 수 없다(요 16:13-14). 성령의 사역은 성자의 사역에 근거하여 완성시키는 것이며, 성자의 사역은 성부의 보내심에 근거한 것이다. 그러므로 구원사역 전체가 삼위일체적으로 맞물려 있다.

교회를 통한 죄 용서

사도신경은 여덟 번째 문장에서 성령 하나님에 대한 믿음을 고백한 뒤 아홉 번째 문장에서 교회를 고백하고, 열 번째 문장에서 죄 용서를 고백한다. 이는 성령 하나님께서 교회라는 신적 기관을 통해서 죄 용서의 사역을 하시기 때문이다.[234]

죄를 깨닫고 돌이키는 것은 교회에서 선포되는 말씀을 통해서 말씀과 함께 역사하시는 성령을 통해 가능하다.[235] 성령 하나님은 교회라는 공적 기관을 중심으로 일하신다. 교회에서 사도적 복음이 선포되게 하심으로 죄 용서의 역사를 일으키신다. 성령께서는 교회를 세우신 사역에 기초하여 죄를 깨닫게 해주신다. 이런 점에서도 교회를 떠나서는 구원이 없다.[236]

나아가 죄를 이길 힘을 주시며, 하나님께로 인도하신다. 그 외에 성경을 깨닫도록 우리의 마음을 조명하여 주시고 우리에게 향하신 하나님의 뜻이 무엇인지 인도하신다.

죄 용서와 공동체

죄 용서의 사역을 교회 및 성도의 교제와 연관시키고 있음은 죄가 개인적이기도 하지만 또한 동시에 공동체적이기도 함을 시사한다. 이는 여호수아 7장의 아간의 범죄를 통해 알 수 있다. 여호수아 7:1에서 아간이 범죄하였을 때 하나님께서는 이스라엘 전체에게 진노하셨다. 아간 한 사람의 죄가 이스라엘 전체를 힘들게 만들었다. 아간 한 사람의 죄는 이스라엘 공동체 전체를 무너뜨리는 것이었다. 이에 대해 여호수아 7:11에서 하나님은 "이스라엘이 범죄하여"라고 말씀하셨다. 그리고 하나님께서는 아간의 범죄 사실을 밝힌 뒤에야 비로소 이스라엘

---

234) *Catechism of the Catholic Church*, para. 976.

235) 황원하, 『하이델베르크 요리문답 해설』(평택: 교회와 성경, 2015), 280.

236) 마르틴 루터의 대요리문답, II. 54-56, 59.

백성들이 가나안 땅을 향해 나아가게 하셨다. 이처럼 죄란 철저히 공동체적이며, 죄 용서 역시 공동체적이다.

죄 용서와 권징

죄 용서가 교회와 관련 있음은 교회의 권징사역과 연관된다. 다시 살아나신 성자 하나님께서는 요한복음 20:21-23에서 다음과 같이 말씀하셨다. "²¹예수께서 또 이르시되 너희에게 평강이 있을지어다. 아버지께서 나를 보내신 것같이 나도 너희를 보내노라. ²²이 말씀을 하시고 그들을 향하사 숨을 내쉬며 이르시되 **성령을 받으라. ²³너희가 누구의 죄든지 사하면 사하여 질 것이요 누구의 죄든지 그대로 두면 그대로 있으리라** 하시니라." 부활하신 성자께서는 성령을 보내시고, 제자들에게 죄 용서의 사역을 맡기셨다.

제자들에게 맡기신 이 사역은 교회에 허락하신 권징사역으로서 마태복음 16:19; 18:18과 연결시켜서 생각해야 한다. 성자 하나님은 마태복음 16:19에서 "내가 천국 열쇠를 네게 주리니 네가 땅에서 무엇이든지 매면 하늘에서도 매일 것이요 네가 땅에서 무엇이든지 풀면 하늘에서도 풀리리라 하시고"라고 하셨고, 마태복음 18:18에서 "진실로 너희에게 이르노니 무엇이든지 너희가 땅에서 매면 하늘에서도 매일 것이요 무엇이든지 땅에서 풀면 하늘에서도 풀리리라"라고 하셨는데, 이 표현은 요한복음 20:23과 같다.

교회의 설립을 약속하시고, 교회에 천국 열쇠의 권한을 맡기셨던 성자 하나님께서는 다시 살아나신 뒤에 제자들에게 성령을 주시고, 죄 용서의 권한을 맡기셨으니 곧 천국 열쇠에 대한 권한이다.

이에 대해서 웨스트민스터 신앙고백서 제30장 제2절이 요한복음 20:21-23을 근거구절로 해서 다음과 같이 고백한다.

웨스트민스터 신앙고백서
제30장 교회의 권징에 관하여
Of Church Censures

2. 이 직원들에게 천국의 열쇠the keys of the Kingdom of Heaven가 맡겨졌는데, **그들은 그 효력으로 정죄하고to retain sins 사죄하는to remit sins 권세가 있으며**, 회

개하지 않는 자들the impenitent에게는 말씀the word과 권징censures을 사용하여 천국을 닫고to shut that kingdom, 회개하는 죄인들penitent sinners에게는 복음 사역으로 말미암아, 때로는 권징censures으로부터 해벌함absolution으로써 천국을 열어줄 수 있다.[2]

2) 마 16:19; 18:17-18; 요 20:21-23; 고후 2:6-8

하이델베르크 요리문답은 제82-85문답에서 다음과 같이 고백한다.

하이델베르크 요리문답

82문 : 자신의 고백say과 생활do에서 믿지 않음unbelieving과 경건치 않음ungodly 을 드러내는 자에게도 이 성찬이 허용됩니까be admitted?

답 : 아닙니다. 그렇게 되면 하나님의 언약이 더럽혀져서 하나님의 진노anger 가 모든 회중congregation에게 내릴 것입니다.[7] 그러므로 그리스도와 그의 사도들의 명령instruction에 따라, 그리스도의 교회는 천국의 열쇠the keys of the kingdom를 사용하여 그러한 자들이 생활을 돌이킬 때까지reform 성 찬에서 제외시킬exclude 의무가 있습니다.

7) 시 50:16; 사 1:11-15; 66:3; 렘 7:21-23; 고전 11:20,27-34

83문 : 천국의 열쇠는 무엇입니까?

답 : 거룩한 복음의 강설과 교회의 권징discipline인데, 이 두 가지를 통하여 믿 는 자에게는 천국이 열리고 믿지 않는 자에게는 닫힙니다.[1]

1) 마 16:18-19; 18:15-18

84문 : 거룩한 복음의 강설을 통하여 어떻게 천국이 열리고 닫힙니까?

답 : 그리스도의 명령에 따라, **하나님께서 그리스도의 공로 때문에 사람들이 참된 믿음으로 복음의 약속을 받아들일 때마다 참으로 그들의 모든 죄를 사하신다는 사실이 신자들 전체나 개개인에게 선포되고proclaiming 공적(公**

的)으로 증언될 때declaring, 천국이 열립니다. 반대로 그들이 돌이키지 않는 한 하나님의 진노와 영원한 정죄가 그들 위에 머문다는 사실이 모든 믿지 않는 자와 외식(外飾)하는 자에게 선포되고 공적으로 증언될 때, 천국이 닫힙니다. 이러한 복음의 증언this gospel testimony에 따라서 하나님께서는 이 세상에서와 장차 올 세상에서 심판하실 것입니다.[2]

2) 마 16:19; 요 3:34-36; **20:21-23**

85문 : 교회의 권징을 통해서 어떻게 천국이 닫히고 열립니까?

답 : 그리스도의 명령에 따라, 그리스도인의 이름을 가진 자가 교리teachings나 생활live에서 그리스도인답지 않을 경우, 먼저 형제로서 거듭 권고loving counsel할 것입니다. 그렇지만 자신의 오류errors나 악행wickedness에서 돌이키기를abandon 거부한다면refuse, 그 사실을 교회the church 곧 치리회(治理會)its officers에 보고해야report 합니다. **그들이 교회의 권고 admonition를 듣고도 돌이키지 않으면, 성례에 참여함을 금하여 성도의 사귐fellowship 밖에 두어야 하며, 하나님께서도 친히 그들을 그리스도의 나라the kingdom of Christ에서 제외시킬 것입니다.[3] 그러나 그들이 참으로 돌이키기를 약속하고 증명한다면, 그들을 그리스도의 지체(肢體)와 교회의 회원으로 다시 받아들입니다.[4]**

3) 마 18:15-18; 고전 5:3-5,11; 살후 3:14-15; 딤전 5:20; 요이 10-11   4) 눅 15:20-24; 고후 2:6-8

같은 표현, 다른 고백

죄 용서가 교회의 권징사역과 관련 있다고 할 때 오해의 가능성이 있다. 그것은 교회가 특별한 능력을 갖고 있어서 직접 사죄를 한다는 생각이다. 교회의 권징 사역은 교회 스스로의 능력에 의한 것이 아니라 오직 교회의 머리이신 예수 그리스도로부터 위임받아 하는 것이다.

그러나 로마가톨릭교회는 교회의 권징에 지나친 의미를 부여하여, 교회가 곧 죄 용서의 권세를 갖고 있다고 본다. 나아가 고해성사(告解聖事)를 통해 교회가 죄를 용서해 준다고 본다.[237)

죄 용서의 결과

죄 용서를 받고 나면 어떻게 되는가? 하이델베르크 요리문답은 사도신경의 열 번째 문장을 해설하면서 죄 용서의 결과를 다룬다.

하이델베르크 요리문답

56문 : "죄 용서"에 관하여 당신은 무엇을 믿습니까?

　답 : 그리스도께서 하나님의 의를 만족시키셨기 때문에 **하나님께서는 나의 모든 죄와**[13] **내가 일평생 싸워야 할 나의 죄악 된 본성**sinful nature**을**[14] **더 이상 기억하지 않으십니다**never hold against me. 오히려 하나님께서는 은혜로 그리스도의 의를 나에게 선물로 주셔서[15] **결코 정죄함에 이르지 않게 하십니다.**[16]

---

13) 시 103:3,10,12; 렘 31:34; 미 7:19; 고후 5:19　　14) 롬 7:23-25　　15) 롬 3:23-24; 5:18-19; 고후 5:21; 요일 1:7;
2:1-2　16) 요 3:18; 5:24; **롬 8:1-2**

하나님께서는 나의 모든 죄, 내가 일평생 싸워야 할 나의 죄악 된 본성을 용서해 주신다. 하나님께서 우리를 용서해 주시는 정도(程度)는 기억하지 않으시는 것이다. 이에 대해 예레미야 31:34는 "…내가 그들의 악행을 사하고 다시는 그 죄를 기억하지 아니하리라 여호와의 말씀이니라"라고 말씀한다. 기억하지 않음으로 인해 결코 정죄함에 이르지 않는다. 그래서 로마서 8:1-2는 "¹그러므로 이제 그리스도 예수 안에 있는 자에게는 결코 정죄함이 없나니 ²이는 그리스도 예수 안에 있는 생명의 성령의 법이 죄와 사망의 법에서 너를 해방하였음이라"라고 말씀한다.

죄 용서와 회개[237]

죄 용서함을 받기 위해서 따라와야 하는 것은 회개다. 시편 32:5 "내가 이르기를 내 허물을 여호와께 자복하리라 하고 주께 내 죄를 아뢰고 내 죄악을 숨기지

---

237) *Catechism of the Catholic Church*, para. 980.
238) 칼뱅은 이 주제를 *Institutes*, III. iii-iv에서 다룬다.

아니하였더니 곧 주께서 내 죄악을 사하셨나이다." 마가복음 1:4 "세례 요한이 광야에 이르러 **죄 사함을 받게 하는 회개**의 세례를 전파하니." 누가복음 3:3 "요한이 요단 강 부근 각처에 와서 **죄 사함을 받게 하는 회개**의 세례를 전파하니"라는 말씀은 회개가 곧 죄 사함을 받는 전제라고 말씀하며, 사도행전 5:31 "이스라엘에게 **회개함과 죄 사함**을 주시려고 그를 오른손으로 높이사 임금과 구주로 삼으셨느니라"는 말씀은 회개와 죄 사함을 연결시키며, 요한일서 1:9는 "만일 우리가 우리 **죄를 자백하면** 그는 미쁘시고 의로우사 우리 **죄를 사하시며** 우리를 모든 불의에서 깨끗하게 하실 것이요"라고 말씀한다.

죄 용서는 처음 예수님을 믿을 때 일어나는 일이다. 예수 그리스도를 믿음으로 인하여 과거의 죄와 미래의 죄가 다 용서받는다. 그런데 죄 용서는 신자의 삶에서 계속된다. 예수 그리스도를 믿음으로 말미암아 의롭다 함을 받았지만, 죄의 본성과 부패가 여전히 남아 있다(WCF 제6장 제5절; 제13장 제2절). 그렇기에 하나님께서는 의롭다 함을 받은 자들의 죄를 계속해서 용서하신다. 그러므로 신자는 계속해서 회개해야 한다. 날마다 죄를 고백하고 용서를 구하며 믿음과 회개를 갱신해야 한다(WCF 제11장 제5절; 제15장 제6절). 그렇다고 해서 회개가 사람의 공로나 사죄의 원인은 아니다(WCF 제15장 제3절). 왜냐하면 회개를 가능케 하는 것도 성령 하나님의 사역이기 때문이다.

죄 용서를 받은 자들의 삶

기독교 복음의 핵심은 "죄 사함을 받게 하는 회개"다(막 1:4; 눅 3:3; 24:47; 행 2:38; 5:31). 교회는 죄를 가르치고 그 죄를 용서해 주시는 성자 하나님의 사랑과 성부 하나님의 은혜를 가르치는 공동체다.

죄 용서를 받은 자들은 시편 32:1 "허물의 사함을 받고 자신의 죄가 가려진 자는 복이 있도다"는 가르침을 기억하며 자신이 복 받은 자임을 기억해야 한다.[239] 시편 130:3-5 "³여호와여 주께서 죄악을 지켜보실진대 주여 누가 서리이까. ⁴그러나 사유하심이 주께 있음은 주를 경외하게 하심이니이다. ⁵나 곧 내 영혼은 여호와를 기다리며 나는 주의 말씀을 바라는도다"라는 가르침을 따라 하나님을 경외하는 삶을 살아야 한다. 죄 용서 받은 사람은 언제든지 용서받을 수 있다는 사실을 악용하여 습관적으로 범죄하는 자가 아니라 오히려 하나님을 경외하는 삶

---

239) 바울은 로마서 4:6-8에서 칭의를 설명하면서 시편 32:1을 인용한다.

을 사는 자다. 이 큰 죄악을 용서해 주신 하나님께 감사하면서 경배하면서 사는 자다.

죄 용서를 받은 자들은 다른 사람의 죄도 용서해야 한다. 주님께서 가르쳐주신 기도의 다섯 번째 기원 "우리가 우리에게 죄 지은 자를 사하여 준 것같이 우리 죄를 사하여 주시옵고"(마 6:12)에 잘 나와 있듯이 다른 사람의 잘못을 용서해야 한다. 성자 하나님께서는 "¹⁴너희가 사람의 잘못을 용서하면 너희 하늘 아버지께서도 너희 잘못을 용서하시려니와 ¹⁵너희가 사람의 잘못을 용서하지 아니하면 너희 아버지께서도 너희 잘못을 용서하지 아니하시리라"(마 6:14-15)라고도 말씀하셨다. 사도 바울은 "서로 친절하게 하며 불쌍히 여기며 서로 용서하기를 하나님이 그리스도 안에서 너희를 용서하심과 같이 하라"(엡 4:32), "누가 누구에게 불만이 있거든 서로 용납하여 피차 용서하되 주께서 너희를 용서하신 것같이 너희도 그리하고"(골 3:13)라고 말씀했다.

이 고백을 할 때 가져야 할 마음

"죄를 용서해 주시는 것"이라는 고백을 할 때는 자기 자신이 원죄와 자범죄로 인하여 비참한 상태에 있으며 반드시 죽을 수밖에 없는 죄인이라는 사실을 생각해야 한다. 죽어야 마땅한 자를 위하여 성자 하나님께서 하나님께 완전한 순종을 하셨고, 십자가에서 죽으셨고 다시 살아나셨으며, 성령 하나님께서는 우리로 하여금 성자 하나님을 믿게 하심으로 모든 죄를 용서해 주셨으며 의롭다 함을 얻게 해 주셨음을 기억해야 한다.

11문장 | 몸이 다시 살아날 것[240]
– 성령 하나님: 몸의 부활

> **관련 신조**
> 하이델베르크 요리문답 제57문답
> 웨스트민스터 소요리문답 제37-38문답
> 웨스트민스터 대요리문답 제86-88문답
> 웨스트민스터 신앙고백서 제32장

번역 문제

옛 번역: 몸이 다시 사는 것

새 번역: 몸의 부활

저자 번역: 몸이 다시 살아날 것

번역 설명: ① 몸이라는 단어가 팔, 다리, 머리를 제외한 부분을 가리키는 표현으로도 사용된다는 점에서 육신(肉身)혹은 육체(肉體)로 바꾸어야 한다는 주장이 있으나, 몸은 영혼과 반대되는 뜻으로도 사용되고, 한글표현이라는 점에서 몸으로 했다. ② 새 번역은 다시 사는 것을 한자어 부활(復活)로 바꾸었다. 그러나 다섯 번째 문장은 "다시 살아나셨으며"라고 했다는 점에서 일관성이 없다. 가급적 한글 표현을 사용하려고 하여 옛 번역대로 "다시 사는 것"으로 했다.[241] ③ 미래에 일어날 사건이기에 "살아날 것"이라고 했다.

---

240) 칼뱅은 이 주제를 *Institutes*, III. xxv에서 다룬다.

241) 예장 고신 헌법은 유해무의 번역을 따라 "육의 부활"로 번역했다. 한국천주교회는 "육신의 부활"로 번역했다.

몸이 다시 살아날 것

"몸이 다시 살아날 것"은 장차 성자 하나님께서 다시 오실 때 죽은 우리의 몸이 다시 살아날 것에 대한 고백이다. 사람은 죽음과 함께 몸과 영혼이 분리되고 몸은 썩지만, 성자 하나님께서 다시 오실 때 우리의 몸도 다시 살아날 것이다. 우리의 몸은 그리스도처럼, 그리스도와 함께, 그리스도를 통해 다시 살아나게 될 것이다.

죄의 결과

죄의 결과는 사도신경의 열한 번째 문장인 몸이 다시 사는 것과 열두 번째 문장인 영원히 사는 것과 연관된다. 죄는 궁극적으로 인간을 육적으로나 영적으로 죽음의 상태에 이르게 했다.

열한 번째 문장은 죄의 결과 중 육적인 부분과 관련된다. 죄의 결과 사람은 죽게 되고, 죽는 순간 몸은 썩는다. 이에 대해 성경은 "…너는 흙이니 흙으로 돌아갈 것이니라…"(창 3:19)라고 말씀한다.

죽음과 함께 일어나는 현상

하나님께서 처음 사람을 창조하셨을 때 흙으로 몸을 만드셨고 코에 생기를 불어넣으심으로 생령이 되게 하셨다. 그렇기에 사람은 몸과 영혼으로 구성되어 있다(창 2:7). 그런데 몸과 영혼은 사람이 살아 있는 동안에는 절대로 나뉘지 않는다. 사람은 몸과 영혼으로 구성된 영육통일체(psycho-somatic unity)다. 단, 사람이 죽으면 그 즉시로 몸과 영혼이 분리된다.

죽음으로 인해 영혼과 분리된 몸은 그 기능이 정지된 채 땅속에 들어가 썩어서 흙으로 돌아가고(창 3:19), 영혼은 하늘(heaven)로 간다(전 12:7). 영혼은 거기에서 그리스도와 함께 하나님 앞(with Christ in the presence of God)에 있게 된다(빌 1:23; 고후 5:8).[242]

이에 대해 하이델베르크 요리문답 제57문답, 웨스트민스터 소요리문답 제37문답, 웨스트민스터 대요리문답 제86문답, 웨스트민스터 신앙고백서 제32장 제1절은 다음과 같이 고백한다.

---

242) 죽음과 함께 영혼이 사라진다고 믿는 영혼멸절설은 성경적이지 않다.

하이델베르크 요리문답

57문 : "몸이 다시 살아날 것"은 당신에게 어떠한 위로를 줍니까?

  답 : **이 생명이 끝나는 즉시 나의 영혼은 머리 되신 그리스도에게 올려질 것입니다.**[1] 또한 나의 이 육신도 그리스도의 능력으로 일으킴을 받아 나의 영혼과 다시 결합되어be reunited 그리스도의 영광스러운 몸과 같이 될 것입니다.[2]

---

1) 눅 16:22; 20:37-38; 23:43; 빌 1:21,23; 계 14:13   2) 욥 19:25-27; 고전 15:20,53-54; 빌 3:21; 요일 3:2

웨스트민스터 소요리문답

37문 : 신자가 죽을 때 그리스도로부터 무슨 유익benefits을 받습니까?

  답 : 신자가 죽을 때 그의 영혼은 완전히 거룩하게 되어[1] 즉시 영광glory에 들어가고,[2] 그의 몸은 여전히 그리스도께 연합되어[3] 부활 때까지[4] 무덤에서 쉽니다.[5]

---

1) 히 12:23   2) 고후 5:1,6,8; 빌 1:23; 눅 23:43   3) 살전 4:14   4) 욥 19:26-27   5) 사 57:2

웨스트민스터 대요리문답

86문 : 보이지 않는 교회의 회원들이 죽음 직후에, 영광중에 그리스도와 누리는 enjoy 교제communion는 무엇입니까?

  답 : 보이지 않는 교회의 회원들이 죽음 직후에, 영광중에 그리스도와 누리는 교제는 그들의 영혼이 완전히 거룩해져서[1] 빛과 영광중에 계시는 하나님의 얼굴을 보는[2] 지극히 높은 하늘the highest heavens로 받아들여지고,[3] 몸의 완전한 구속redemption을 기다리는 것으로,[4] 그들의 몸은 죽음 가운데서도 계속해서 그리스도와 연합되어 있으며,[5] 마지막 날에 그들의 영혼과 다시 결합할 때까지[6] 침상에 있는 것처럼 무덤 속에서 쉽니다rest.[7] 반면에 악인들의 영혼은 그들이 죽을 때에 지옥hell으로 던져져서, 거기서 고통과 극심한 어둠에 있게 되며, 그들의 몸은 부활과 대심판 날the resurrection and judgment of the great day까지 감옥에 갇힌 것처럼 무덤에

갇혀 있습니다kept.[8]

1) 히 12:23   2) 요일 3:2; 고전 13:12   3) 고후 5:1,6,8; 빌 1:23; 행 3:21; 엡 4:10   4) 롬 8:23; 시 16:9   5) 살전 4:14   6) 욥 19:26-27   7) 사 57:2   8) 눅 16:23-24; 행 1:25; 유 1:6-7

웨스트민스터 신앙고백서
제32장 죽음 이후 사람의 상태에 관하여와 죽은 자의 부활에 관하여

Of the State of Man After Death, and of the Resurrection of the Dead

1. 사람의 몸은 죽은 후 흙dust으로 돌아가 썩는다see corruption.[1] 그러나 그들의 영혼은 (죽거나 잠자지 않으며), 죽지 않고 살아서immortal subsistence, 즉시 하나님께로 돌아간다.[2] 의인들the righteous의 영혼은 완전히 거룩해져서 빛과 영광중에 계시는 하나님의 얼굴을 보는 지극히 높은 하늘the highest heavens로 받아들여지고, 몸의 완전한 구속redemption을 기다린다.[3] 악인들the wicked의 영혼은 지옥hell으로 던져져서, 거기서 고통과 극심한 어둠에 있게 되며, 대심판 날the judgment of the great day이 예비되어 있다reserved.[4] 이 두 장소 외에 몸으로부터 분리된 영혼이 있는 장소는 성경이 인정하지 않는다.

1) 창 3:19; 행 13:36   2) 눅 23:43; 전 12:7   3) 히 12:23; 고후 5:1,6,8; 빌 1:23; 행 3:21; 엡 4:10   4) 눅 16:23-24; 행 1:25; 유 1:6-7; 벧전 3:19

몸의 부활

죽은 몸은 성자 하나님께서 다시 오실 때(고전 15:52; 살전 4:16; 살후 1:7-10) 다시 살아난다. 다시 살아난 몸은 영혼과 다시 결합될 것이다.

사람이 태어나면서부터 죽기까지 경험하는 모든 것들은 각각 그 시와 때가 다르다. 그러나 몸이 다시 사는 것은 모든 성도들과 함께 한날한시에 경험하게 될 것이다. 그리고 몸이 다시 살아나는 것은 신자와 불신자 상관없이 모두에게 동시적으로 일어날 사건이다(단 12:2; 요 5:28-29; 행 24:15; 계 20:13-15; WCF 제32장 제2,3절).

근거 성경구절

몸이 다시 살아날 것에 대한 직접적인 성경의 언급은 로마서 8:11 "예수를 죽은 자 가운데서 살리신 이의 영이 너희 안에 거하시면 그리스도 예수를 죽은 자 가운데서 살리신 이가 너희 안에 거하시는 그의 영으로 말미암아 너희 죽을 몸도 살리시리라"이다.

신조들의 설명

몸이 다시 살아날 것에 대한 신조들의 가르침은 다음과 같다.

하이델베르크 요리문답

57문 : "몸이 다시 살아날 것"은 당신에게 어떠한 위로를 줍니까?

답 : 이 생명이 끝나는 즉시 나의 영혼은 머리 되신 그리스도에게 올려질 것입니다.[1] 또한 나의 이 육신도 그리스도의 능력으로 일으킴을 받아 나의 영혼과 다시 결합되어be reunited 그리스도의 영광스러운 몸과 같이 될 것입니다.[2]

1) 눅 16:22; 20:37-38; 23:43; 빌 1:21,23; 계 14:13   2) 욥 19:25-27; 고전 15:20,53-54; 빌 3:21; 요일 3:2

웨스트민스터 신앙고백서

제32장 죽음 이후 사람의 상태에 관하여와
죽은 자의 부활에 관하여

Of the State of Man After Death, and of the Resurrection of the Dead

2. 마지막 날에 여전히 살아 있는 자들은 죽지 않고 변화된다.[5] 죽은 모든 자들은 비록 몸이 다른 성질qualities을 갖게 되지만, 다시 자기들의 영혼과 영원히 결합한 이전과 같은 몸으로 일어나게 된다shall be raised up.[6]

5) 살전 4:17; 고전 15:51-52   6) 욥 19:26-27; 고전 15:42-44

3. 불의한 자들the unjust의 몸은 그리스도의 능력에 의해 욕된 것dishonor으로 살

아난다. 의로운 자들the just의 몸은 그분의 영에 의해 영광스러운 것honor으로 살아나서 그리스도의 영광스러운glorious 몸과 같아진다conformable.[7]

7) 행 24:15; 요 5:28-29; 고전 15:43; 빌 3:21

웨스트민스터 대요리문답

87문 : 부활에 관하여 우리가 믿어야 할 것은 무엇입니까?

　답 : 우리는 마지막 날, 의로운 자들the just과 불의한 자들the unjust 모두 죽은 자들의 일반적인 부활이 있을 것을 믿어야 합니다.[1] 그때에 여전히 살아 있는 자들은 즉시 변화될 것입니다. 그리고 무덤에 누워 있는 죽은 자들의 몸은 그리스도의 능력으로 일으킴을 받아shall be raised up 자기들의 영혼과 영원히 결합한 이전과 같은 몸으로 있게 될 것입니다.[2] 의로운 자들의 몸은 그리스도의 영에 의해, 그리고 그들의 머리이신 그리스도의 부활 덕택으로 능력 중에 신령하고 썩지 않는 몸으로 살아나서shall be raised 그리스도의 영광스러운 몸과 같이 될 것입니다.[3] 불의한 자들의 몸은 진노하시는 심판주이신 그리스도에 의하여 욕된 것dishonor으로 살아날 것입니다.[4]

1) 행 24:15　2) 고전 15:51-53; 살전 4:15-17; 요 5:28-29　3) 고전 15:21-23,42-44; 빌 3:21　4) 요 5:27-29; 마 25:33

중간 상태

사람이 죽고 나면 모든 것이 다 완성된 것이 아니다. 몸이 다시 살아날 때까지 기다려야 한다. 그렇기에 사람이 죽고 난 후부터 몸이 다시 살아날 때까지를 중간 상태(intermediated period)라고 한다.

신자가 죽은 후 몸은 썩고 영혼은 하늘에서 복락(福樂)을 누리지만, 그것은 최후 상태가 아니다. 몸의 부활이 남아 있다.

그렇기에 하늘에 있는 구약과 신약의 모든 성도는 지금 현재 영혼만이 즐거움과 기쁨을 누리고 있다. 그러면서 그들은 즐거움과 기쁨이 완성되는 날, 즉 몸이 다시 살아날 것을 기다리며 새 하늘과 새 땅을 창조하실 하나님의 구원사역의 완성을 바라보고 있다(계 6:10-11; WSC 제37문답).

웨스트민스터 신앙고백서 제32장 제1절, 웨스트민스터 대요리문답 제86문답은 중간 상태를 고백한다.

웨스트민스터 신앙고백서

제32장 죽음 이후 사람의 상태에 관하여와
죽은 자의 부활에 관하여
Of the State of Man After Death, and of the Resurrection of the Dead

1. 사람의 몸은 죽은 후 흙dust으로 돌아가 썩는다see corruption.[1] 그러나 그들의 영혼은 (죽거나 잠자지 않으며), 죽지 않고 살아서immortal subsistence, 즉시 하나님께로 돌아간다.[2] 의인들the righteous의 영혼은 완전히 거룩해져서 빛과 영광중에 계시는 하나님의 얼굴을 보는 지극히 높은 하늘the highest heavens로 받아들여지고, **몸의 완전한 구속redemption을 기다린다.**[3] 악인들the wicked의 영혼은 지옥hell으로 던져져서, 거기서 고통과 극심한 어둠에 있게 되며, **대심판 날이 예비되어 있다reserved.**[4] 이 두 장소 외에 몸으로부터 분리된 영혼이 있는 장소는 성경이 인정하지 않는다.

---

1) 창 3:19; 행 13:36 2) 눅 23:43; 전 12:7 3) 히 12:23; 고후 5:1,6,8; 빌 1:23; 행 3:21; 엡 4:10 4) 눅 16:23~24; 행 1:25; 유 1:6~7; 벧전 3:19

웨스트민스터 대요리문답

86문 : 보이지 않는 교회의 회원들이 죽음 직후에, 영광중에 그리스도와 누리는 enjoy 교제communion는 무엇입니까?

  답 : 보이지 않는 교회의 회원들이 죽음 직후에, 영광중에 그리스도와 누리는 교제는 그들의 영혼이 완전히 거룩해져서[1] 빛과 영광중에 계시는 하나님의 얼굴을 보는[2] 지극히 높은 하늘the highest heavens로 받아들여지고,[3] **몸의 완전한 구속redemption을 기다리는 것으로,**[4] 그들의 몸은 죽음 가운데서도 계속해서 그리스도와 연합되어 있으며,[5] **마지막 날에 그들의 영혼과 다시 결합할 때까지6) 침상에 있는 것처럼 무덤 속에서 쉽니다rest.**[7] 반면에 악인들의 영혼은 그들이 죽을 때에 지옥hell으로 던져져서, 거기

서 고통과 극심한 어둠에 있게 되며, 그들의 몸은 부활과 대심판 날the resurrection and judgment of the great day까지 감옥에 갇힌 것처럼 무덤에 갇혀 있습니다kept.[8]

---

1) 히 12:23   2) 요일 3:2; 고전 13:12   3) 고후 5:1,6,8; 빌 1:23; 행 3:21; 엡 4:10   4) 롬 8:23; 시 16:9   5) 살전 4:14   6) 욥 19:26-27   7) 사 57:2   8) 눅 16:23-24; 행 1:25; 유 1:6-7

의인들에게는 몸의 완전한 구속이 있기까지의 과정이 중간 상태이며, 악인들에게는 대심판 날이 있기까지의 과정이 중간 상태다.

신자와 불신자 모두에게 있을 몸의 부활

누구의 몸이 다시 살아나는가? 신자의 몸만 다시 살아나는가? 그렇지 않다. 모든 사람의 몸이 다시 살아난다. 요한복음 5:29 "선한 일을 행한 자는 생명의 부활로, 악한 일을 행한 자는 심판의 부활로 나오리라." 사도행전 24:15 "그들이 기다리는바 하나님께 향한 소망을 나도 가졌으니 곧 의인과 악인의 부활이 있으리라 함이니이다"라는 말씀에 의하면 의인들만 아니라 악인들도 다시 살아날 것이다. 이 사실을 웨스트민스터 대요리문답 제87문답, 웨스트민스터 신앙고백서 제32장 제3절에서도 고백한다.

웨스트민스터 대요리문답

87문 : 부활에 관하여 우리가 믿어야 할 것은 무엇입니까?

답 : 우리는 마지막 날, **의로운 자들**the just**과 불의한 자들**the unjust **모두 죽은 자들의 일반적인 부활이 있을 것을 믿어야 합니다.**[1] 그때에 여전히 살아 있는 자들은 즉시 변화될 것입니다. 그리고 무덤에 누워 있는 죽은 자들의 몸은 그리스도의 능력으로 일으킴을 받아shall be raised up 자기들의 영혼과 영원히 결합한 이전과 같은 몸으로 있게 될 것입니다.[2] **의로운 자들의 몸**은 그리스도의 영에 의해, 그리고 그들의 머리이신 그리스도의 부활 덕택으로 능력 중에 신령하고 썩지 않는 몸으로 살아나서shall be raised 그리스도의 영광스러운 몸과 같이 될 것입니다.[3] **불의한 자들의 몸**은 진노하시는 심판주이신 그리스도에 의하여 욕된 것dishonor으로 살아

날 것입니다.[4]

---

1) 행 24:15   2) 고전 15:51-53; 살전 4:15-17; 요 5:28-29   3) 고전 15:21-23,42-44; 빌 3:21   4) **요 5:27-29;** 마 25:33

웨스트민스터 신앙고백서

제32장 죽음 이후 사람의 상태에 관하여와
　　　죽은 자의 부활에 관하여

Of the State of Man After Death, and of the Resurrection of the Dead

3. **불의한 자들**the unjust**의 몸**은 그리스도의 능력에 의해 욕된 것dishonor으로 살
   아난다. **의로운 자들**the just**의 몸**은 그분의 영에 의해 영광스러운 것honor으로
   살아나서 그리스도의 영광스러운glorious 몸과 같아진다conformable.[7]

---

7) 행 24:15; 요 5:28-29; 고전 15:43; 빌 3:21

부활한 몸(부활체)의 특성

다시 살아난 몸은 어떤 몸일까? 의인들과 악인들 모두 다시 살아난다는 점에
서는 같지만 다시 살아난 몸은 전혀 다르다. 불의한 자들의 몸은 욕된 것이다.
반면 의로운 자들의 몸은 영광스러운 것이다(고전 15:43; 빌 3:21; WCF 제32장
제3절; WLC 제87문답).

신자의 영광스러운 부활체는 정확하게 어떤 것일까? 성경은 구체적으로 가르
쳐주지는 않는다. 그러나 적어도 우리가 알아야 할 만한, 소망을 갖도록 할 만한
특성들을 알려준다.

부활한 몸은 죽을 때의 몸과 다르다. ① 썩지 아니할 몸이다(고전 15:42,53).
② 영광스러운 몸이다(고전 15:43; 빌 3:21; 골 3:4). ③ 강한 몸이다(고전
15:43). ④ 신령한 몸이다(고전 15:44). ⑤ 더 이상 장가가고 시집가는 일이 없다
(눅 20:35).

부활한 몸의 특성은 예수님의 부활체에서도 찾을 수 있다(고전 15:45; 빌
3:21; 롬 8:11). ① 살과 뼈를 가진 몸이다(눅 24:39,43). ② 그렇기에 만져질 수
있는 몸이다(요 20:17,27). 부활체가 그리스도의 부활체와 같을 것에 대해서는

하이델베르크 요리문답 제57문답, 웨스트민스터 대요리문답 제87문답, 웨스트민스터 신앙고백서 제32장 제3절에서도 고백한다.

하이델베르크 요리문답

57문 : "몸이 다시 살아날 것"은 당신에게 어떠한 위로를 줍니까?

　답 : 이 생명이 끝나는 즉시 나의 영혼은 머리 되신 그리스도에게 올려질 것입니다.[1] 또한 나의 이 육신도 그리스도의 능력으로 일으킴을 받아 나의 영혼과 다시 결합되어be reunited **그리스도의 영광스러운 몸과 같이** 될 것입니다.[2]

---

1) 눅 16:22; 20:37-38; 23:43; 빌 1:21,23; 계 14:13　2) 욥 19:25-27; 고전 15:20,53-54; 빌 3:21; 요일 3:2

웨스트민스터 대요리문답

87문 : 부활에 관하여 우리가 믿어야 할 것은 무엇입니까?

　답 : 우리는 마지막 날, 의로운 자들the just과 불의한 자들the unjust 모두 죽은 자들의 일반적인 부활이 있을 것을 믿어야 합니다.[1] 그때에 여전히 살아 있는 자들은 즉시 변화될 것입니다. 그리고 무덤에 누워 있는 죽은 자들의 몸은 그리스도의 능력으로 일으킴을 받아shall be raised up 자기들의 영혼과 영원히 결합한 이전과 같은 몸으로 있게 될 것입니다.[2] 의로운 자들의 몸은 그리스도의 영에 의해, 그리고 그들의 머리이신 그리스도의 부활 덕택으로 능력 중에 신령하고 썩지 않는 몸으로 살아나서shall be raised **그리스도의 영광스러운 몸과 같이 될 것입니다.**[3] 불의한 자들의 몸은 진노하시는 심판주이신 그리스도에 의하여 욕된 것dishonor으로 살아날 것입니다.[4]

---

1) 행 24:15　2) 고전 15:51-53; 살전 4:15-17; 요 5:28-29　3) 고전 15:21-23,42-44; 빌 3:21　4) 요 5:27-29; 마 25:33

몸이 다시 살아날 때 누리게 될 유익

성자 하나님의 다시 오심으로 신자의 몸이 다시 살아날 때 어떤 유익을 누리
게 되는가? 이에 대해 웨스트민스터 소요리문답 제38문답은 다음과 같이 고백
한다.

성령 하나님의 사역

몸의 부활은 성령 하나님의 사역이다. 로마서 8:11 **"예수를 죽은 자 가운데서
살리신 이의 영이 너희 안에 거하시면 그리스도 예수를 죽은 자 가운데서 살리**

신 이가 **너희 안에 거하시는 그의 영**으로 말미암아 너희 죽을 몸도 살리시리라" 에 따르면 성령 하나님께서 우리의 죽을 몸을 살리실 것이다. 로마서 8:23 "그뿐 아니라 또한 우리 곧 성령의 처음 익은 열매를 받은 우리까지도 속으로 탄식하여 양자 될 것 곧 우리 몸의 속량을 기다리느니라"에 따르면 성령 하나님께서는 우리 몸의 속량, 즉 몸의 부활을 기다리신다. 이처럼 몸이 다시 살아나는 것은 성부 하나님께서 성령 하나님께 맡기신 일이다.

웨스트민스터 신앙고백서 제32장 제3절도 몸이 다시 살아나는 것이 그리스도의 성령께서 하실 일임을 고백한다.

웨스트민스터 신앙고백서

제32장 죽음 이후 사람의 상태에 관하여와
죽은 자의 부활에 관하여

Of the State of Man After Death, and of the Resurrection of the Dead

3. 불의한 자들the unjust의 몸은 그리스도의 능력에 의해 욕된 것dishonor으로 살아난다. 의로운 자들the just의 몸은 **그분의 영에 의해** 영광스러운 것honor으로 살아나서 그리스도의 영광스러운glorious 몸과 같아진다conformable.[7]

7) 행 24:15; 요 5:28-29; 고전 15:43; 빌 3:21

삼위일체 하나님의 사역

성도의 몸을 부활케 하시는 것은 성령 하나님의 사역이면서 나아가 삼위 하나님의 사역이다.[243]

성부 하나님의 사역이라는 사실은 다음의 성경구절이 말씀한다. 마태복음 22:29-30 "[29]예수께서 대답하여 이르시되 너희가 성경도, **하나님의 능력**도 알지 못하는 고로 오해하였도다. [30]부활 때에는 장가도 아니 가고 시집도 아니 가고 하늘에 있는 천사들과 같으니라."

---

243) *Catechism of the Catholic Church*, para. 989.

성자 하나님의 사역이라는 사실은 다음의 성경구절이 말씀한다. 요한복음 5:21 "아버지께서 죽은 자들을 일으켜 살리심같이 **아들**도 자기가 원하는 자들을 살리느니라." 요한복음 6:38-40 "[38]내가 하늘에서 내려온 것은 내 뜻을 행하려 함이 아니요 나를 보내신 이의 뜻을 행하려 함이니라. [39]나를 보내신 이의 뜻은 내게 주신 자 중에 내가 하나도 잃어버리지 아니하고 마지막 날에 다시 살리는 이것이니라. [40]내 아버지의 뜻은 아들을 보고 믿는 자마다 영생을 얻는 이것이니 마지막 날에 내가 이를 다시 살리리라 하시니라." 요한복음 6:44 "나를 보내신 아버지께서 이끌지 아니하시면 아무도 내게 올 수 없으니 오는 그를 **내가 마지막 날에 다시 살리리라.**" 요한복음 6:54 "내 살을 먹고 내 피를 마시는 자는 영생을 가졌고 **마지막 날에 내가 그를 다시 살리리니.**"

이 고백을 할 때 가져야 할 마음

"몸이 다시 살아날 것"이라고 고백할 때는 사람의 죄의 결과로 인해 죽음과 함께 몸이 썩지만, 성자 하나님께서 다시 오실 때에 몸이 다시 살아날 것이며, 그 몸은 현재의 몸과 달리 영광스러운 몸임을 믿어야 한다.

12문장 | 영원히 사는 것[244)
– 성령 하나님: 영원한 생명

번역 문제

옛 번역: 영원히 사는 것

새 번역: 영생

저자 번역: 영원히 사는 것

번역 설명: ① 옛 번역은 "영원히 사는 것"이라고 했고, 새 번역은 "영생"이라고 했다. 아마도 요한복음 3:16에 나오는 '영생'이라는 표현과 이미 보편화된 영생이라는 단어 때문으로 보인다.[245) ② 필자는 가급적 한글 표현을 사용하기 위해서 "생" 대신 "사는 것"이라고 하였고, "영원히"의 경우 "영원(永遠)히"로서 일부는 한자어지만, 이를 대체할 만한 한글 표현이 없다는 점에서 "영원히 사는 것"이라고 했다.[246)

죄와 죽음

하나님께서 처음 사람을 창조하셨을 때 사람의 상태는 죽을 수 없는 상태(*posse non mori*)였다. 사람은 영원히 죽지 않고 이 세상에 존재할 수 있는 상

---

244) 칼뱅은 이 주제를 *Institutes*, III. ix-x에서 다룬다.

245) 예장 고신 헌법은 유해무의 번역을 따라 "영생"으로 번역했다.

246) 한국천주교회는 "영원한 삶"으로 번역했다.

태로 지음 받았다.

그러나 죄로 말미암아 하나님께서 진노하시므로(시 90:7,9) 그 심판의 결과(롬 1:32; 5:16; 갈 3:13)로 죽음이 왔다(창 2:17; 3:19; 롬 5:12,17; 6:23; 히 9:27; 약 1:15).

이제는 죽지 않을 수 없는 상태(non posse non mori)로 떨어졌다. 그래서 히브리서 9:27은 "한 번 죽는 것은 사람에게 정해진 것이요"라고 말씀한다.

구원과 영원한 삶

죄의 결과로 죽은 자들(엡 2:1)은 그리스도의 순종과 속죄, 그에 대한 성령의 적용을 통해 구원받고 결국 구원의 결과로 영원히 살게 된다. 요한복음 3:16은 "하나님이 세상을 이처럼 사랑하사 독생자를 주셨으니 이는 그를 믿는 자마다 멸망하지 않고 **영생을 얻게 하려 하심이라**"라고 말씀한다.

근거 성경구절

영원히 사는 것에 대한 근거구절은 다음과 같다. 마태복음 25:46 "그들은 영벌에, **의인들은 영생에 들어가리라** 하시니라." 요한복음 3:16 "하나님이 세상을 이처럼 사랑하사 독생자를 주셨으니 이는 그를 믿는 자마다 멸망하지 않고 **영생을 얻게 하려 하심이라**." 요한복음 3:36 "**아들을 믿는 자에게는 영생이 있고** 아들에게 순종하지 아니하는 자는 영생을 보지 못하고 도리어 하나님의 진노가 그 위에 머물러 있느니라." 요한복음 5:24 "내가 진실로진실로 너희에게 이르노니 **내 말을 듣고 또 나 보내신 이를 믿는 자는 영생을 얻었고** 심판에 이르지 아니하나니 사망에서 생명으로 옮겼느니라." 요한복음 5:39 "너희가 성경에서 **영생을 얻는 줄** 생각하고 성경을 연구하거니와 이 성경이 곧 내게 대하여 증언하는 것이니라." 요한복음 6:40 "내 아버지의 뜻은 **아들을 보고 믿는 자마다 영생을 얻는 이것이니 마지막 날에 내가 이를 다시 살리리라** 하시니라." 요한복음 6:47 "진실로진실로 너희에게 이르노니 **믿는 자는 영생을 가졌나니**." 요한복음 6:51 "나는 하늘에서 내려온 살아 있는 떡이니 사람이 이 떡을 먹으면 **영생하리라** 내가 줄 떡은 곧 **세상의 생명을 위한** 내 살이니라 하시니라." 요한복음 6:54 "내 살을 먹고 내 피를 마시는 자는 **영생을 가졌고 마지막 날에 내가 그를 다시 살리리니**." 요한복음 10:28 "내가 그들에게 **영생을 주노니** 영원히 멸망하지 아니할 것이요 또 그들을 내 손에서 빼앗을 자가 없느니라." 요한복음 11:25-26 "[25]예수께서 이르시되 **나는 부활이요 생명이니 나를 믿는 자는 죽어도 살겠고 **²⁶**무릇 살아서 나를 믿는 자는 영원히 죽지 아니하리니** 이것을 네가 믿느냐." 요한복음 17:2 "**아버지께서 아들에게 주신 모든 사람에게 영생을 주게 하시려고** 만민을 다스리는 권세를 아들에게 주셨음이로소이다." 로마서 5:21 "이는 죄가 사망 안에서 왕 노릇 한 것같이 은혜도 또한 의로 말미암아 왕 노릇 하여 **우리 주 예수 그리스도로 말미암아 영생에 이르게 하려 함이라.**" 로마서 6:22 "그러나 이제는 너희가 죄로부터 해방되고 하나님께 종이 되어 거룩함에 이르는 열매를 맺었으니 **그 마지막은 영생이라.**" 로마서 6:23 "죄의 삯은 사망이요 하나님의 은사는 **그리스도 예수 우리 주 안에 있는 영생이니라.**" 갈라디아서 6:8 "자기의 육체를 위하여 심는 자는 육체로부터 썩어질 것을 거두고 성령을 위하여 심는 자는 **성령으로부터 영생을 거두리라.**" 디도서 3:7 "우리로 **그의 은혜를 힘입어 의롭다 하심을 얻어 영생의 소망을 따라** 상속자가 되게 하려 하심이라." 요한일서 5:11 "또 증거는 이것이니 **하나님이 우리에게 영생을 주신 것**과 이 생명이 그의 아들 안에 있는 그것이니라." 요한일서 5:13 "내가 하나님의 아들의 이름을 믿는 너희에게 이것을 쓰는 것은 너희로 하여금 **너희에게 영생이 있음**을 알게 하려 함이라." 요한일서 5:20 "또 아는 것은 하나님의 아들이 이르러 우리에게 지각을 주사 우리로 참된 자를 알게 하신 것과 또한 우리가 참된 자 곧 그의 아들 예수 그리스도 안에 있는 것이니 그는 참 하나님이시요 **영생이시라.**" 유다서 1:21 "하나님의 사랑 안에서 자신을 지키며 **영생에 이르도록** 우리 주 예수 그리스도의 긍휼을 기다리라."

이 세상에서부터 계속되는 영원한 생명

영원한 생명은 죽음 이후에 비로소 시작되는 것이 아니다. 예수 그리스도를 믿는 순간에 시작된다. 예수님은 "²⁵…**나는 부활이요 생명이니 나를 믿는 자는 죽어도 살겠고 **²⁶**무릇 살아서 나를 믿는 자는 영원히 죽지 아니하리니** 이것을 네가 믿느냐"(요 11:25-26)라고 하셨다. 또한 요한복음 5:24 "내가 진실로진실로 너희에게 이르노니 **내 말을 듣고 또 나 보내신 이를 믿는 자는 영생을 얻었고** 심판에 이르지 아니하나니 사망에서 생명으로 옮겼느니라." 요한복음 6:47 "진실로진실로 너희에게 이르노니 **믿는 자는 영생을 가졌나니.**" 요한복음 6:54 "내 살을 먹고 내 피를 마시는 자는 **영생을 가졌고** 마지막 날에 내가 그를 다시 살리리니." 요한일서 5:11 "또 증거는 이것이니 **하나님이 우리에게 영생을 주신 것**과 이 생명이 그의 아들 안에 있는 그것이니라." 요한일서 5:13 "내가 하나님의 아들의 이름을 믿는 너희에게 이것을 쓰는 것은 너희로 하여금 **너희에게 영생이 있음**을 알게 하려 함이라" 등의 말씀은 신자는 이 세상에서 이미 영생을 소유했음에 대해 말씀한다. 예수 그리스도의 사역으로 말미암아 영원한 하나님 나라가 이미 시작되었으니, 예수 그리스도를 믿어 그 나라에 참여하는 순간부터 영원한 생명이 시작되는 것이다.

신자는 이 세상에서부터 이미 영원히 산다. 지금 이 세상에서 영원한 생명이 주는 즐거움을 맛보고 누리고 살아간다. 교회를 통해서, 예배를 통해서, 개개인의 일상을 통해서 그렇게 살아간다. "지금 여기서" 하나님 나라와 그 나라의 영원한 생명에 참여하지 못하는 이들에게는 그 어떤 영생도 없다.[247]

이에 대해 하이델베르크 요리문답 제58문답이 다음과 같이 고백한다.

하이델베르크 요리문답

58문 : "영원히 사는 것"은 당신에게 어떠한 위로를 줍니까?

답 : **내가 이미 지금 영원한 즐거움**joy을 **마음**heart**으로 누리기**experience **시작한 것처럼**[3] 이 생명이 끝나면 눈으로 보지 못하고 귀로도 듣지 못하고 사람의 마음으로도 생각지imagined 못한 완전한 복락blessedness을 얻어 하나님을 영원히 찬양할 것입니다.[4]

---

3) 요 17:3; 롬 14:17; 요일 3:14 4) 요 17:24; 고전 2:9; 고후 5:2-3

이 세상에서 누리는 영생인 성례

영원한 생명을 누리는 것이 이 세상에서부터 시작된다는 사실이 가장 잘 드러나는 것이 성례다.

세례의 성례를 통해 우리는 이 세상에서 이미 새 생명을 얻었다는 사실을 깨닫는다. 그리스도와 함께 죽었고, 그리스도와 함께 다시 살아났다는 것을 드러내는 것이 세례이기 때문이다(롬 6:4; 골 2:12; 벧전 3:21).

---

247) 이승구, 『사도신경』, 344.

성찬의 성례를 통해 우리는 이 세상에서 몸이 다시 살아날 것과 영원히 살 것을 경험한다. 성찬은 그리스도의 다시 살아나신 몸을 먹고 마시는 행위이며, 장차 우리가 경험하게 될 부활을 미리 체험하는 예식이기 때문이다. 우리는 성찬을 통해 그리스도를 통한 우리 몸의 영광스러운 변화를 미리 맛본다.[248]

이렇게 영원히 사는 것은 이 세상에서 이미 시작되고 있다.

죽음과 동시에 계속되는 영원한 생명

이 세상에서 영생을 맛보며 살다가 죽음을 맞이했을 때, 완전한 영생에 들어간다. 이에 대해 마태복음 25:46은 "그들은 영벌에, **의인들은 영생에 들어가리라** 하시니라"라고 말씀한다. 그리스도인들은 이미 영광스러운 상태로 변화되어 영원한 생명을 얻은 사람이지만, 죽음과 동시에 그 영혼이 영원히 살게 되며, 예수님께서 다시 오실 때에 영혼과 육체가 결합되어서 영원히 살게 될 것이다.

영원한 생명을 누리는 기쁨

이 세상이 끝난 이후 신자들이 누리게 될 영원한 상태에 대해 어떤 이들은 지겨울 것이라고 생각한다. 그러나 그것은 엄청난 오해다. 오히려 성도가 죽어서 하늘(heaven)에 있을 때의 상태는 기쁘고 즐거우며(시 16:10-11), 이미 안식에 들어간 좋은 상태. 성도는 분명한 기쁨과 즐거움과 영생에 대한 의식을 가진 상태에 있을 것이다(시 17:15; HC 제58문답). 또한 성도의 영혼은 더 이상의 성화가 일어날 수 없는 완전한 성화의 상태에 있을 것이다(히 12:23). 하나님의 구원 경륜이 온전히 다 이루어진 새 하늘과 새 땅에서 우리가 피조된 존재의 온전한 의미를 다 누리며 살게 될 것이며, 하나님께서 사람을 처음 창조하셨던 그 목적이 온전히 이루어지고 그 뜻의 계속적인 구현이 있는 삶을 살게 될 것이다.[249] 그리하여 하나님과 깊이 교제하며, 다른 모든 이들과, 다른 피조물들과의 교제가 있을 것이다. 그 어떤 불완전이나 현세의 방해물이 없을 것이다. 하나님이 주시는 진정한 위로로 가득 찬 기쁨만이 '새 하늘과 새 땅'을 가득 채울 것이다. 이에 대해 요한계시록 21:4는 "모든 눈물을 그 눈에서 씻기시매, 다시 사망이 없고 애통하는 것이나 곡하는 것이나 아픈 것이 다시 있지 아니하리니, 처음 것들이

---

248) *Catechism of the Catholic Church*, para. 1000.
249) 이승구, 『사도신경』, 358.

다 지나갔음 이러라"라고 말씀한다. 하이델베르크 요리문답 제58문답, 웨스트민스터 대요리문답 제85-86, 90문답, 웨스트민스터 신앙고백서 제33장 제2절은 다음과 같이 고백한다.

하이델베르크 요리문답

58문 : "영원히 사는 것"은 당신에게 어떠한 위로를 줍니까?

답 : 내가 이미 지금 영원한 즐거움joy을 마음heart으로 누리기experience 시작한 것처럼[3] **이 생명이 끝나면 눈으로 보지 못하고 귀로도 듣지 못하고 사람의 마음으로도 생각지imagined 못한 완전한 복락blessedness을 얻어** 하나님을 영원히 찬양할 것입니다.[4]

---

3) 요 17:3; 롬 14:17; 요일 3:14   4) 요 17:24; 고전 2:9; 고후 5:2-3

웨스트민스터 대요리문답

85문 : 죄의 삯이 사망이라면, 왜 그리스도 안에서 자신들의 모든 죄를 용서받은 의인들the righteous은 죽음에서 건져냄을 받지 못합니까?

답 : 의인들은 마지막 날에 죽음에서 건져냄을 받을 것이며delivered from death, 죽을 때에도 사망의 쏘는 것sting과 저주에서 건져냄을 받을 것입니다.[1] 그러므로 비록 그들이 죽더라도 그 죽음은 하나님의 사랑에서 비롯된 것으로,[2] 그들을 죄와 비참에서 완전히 해방시켜주며,[3] **그들이 그 후에 들어가는 영광중에 그리스도와 더불어 더 깊은 교제further communion를 갖게 하십니다.**[4]

---

1) 고전 15:26,55-57; 히 2:15   2) 사 57:1-2; 왕하 22:20   3) 계 14:13; 엡 5:27   4) 눅 23:43; 빌 1:23

86문 : 보이지 않는 교회의 회원들이 죽음 직후에, 영광중에 그리스도와 누리는 enjoy 교제communion는 무엇입니까?

답 : 보이지 않는 교회의 회원들이 죽음 직후에, 영광중에 그리스도와 누리는 교제는 **그들의 영혼이 완전히 거룩해져서[1] 빛과 영광중에 계시는 하나님의 얼굴을 보는[2] 지극히 높은 하늘the highest heavens로 받아들여지고,[3] 몸**

의 완전한 구속redemption을 기다리는 것으로,[4] 그들의 몸은 죽음 가운데 서도 계속해서 그리스도와 연합되어 있으며,[5] 마지막 날에 그들의 영혼과 다시 결합할 때까지[6] 침상에 있는 것처럼 무덤 속에서 쉽니다rest.[7] 반면에 악인들의 영혼은 그들이 죽을 때에 지옥hell으로 던져져서, 거기서 고통과 극심한 어둠에 있게 되며, 그들의 몸은 부활과 대심판 날the resurrection and judgment of the great day까지 감옥에 갇힌 것처럼 무덤에 갇혀 있습니다kept.[8]

---

1) 히 12:23   2) 요일 3:2; 고전 13:12   3) 고후 5:1,6,8; 빌 1:23; 행 3:21; 엡 4:10   4) 롬 8:23; 시 16:9   5) 살전 4:14   6) 욥 19:26-27   7) 사 57:2   8) 눅 16:23-24; 행 1:25; 유 1:6-7

90문 : 심판 날에 의인들the righteous에게는 무슨 일이 일어날 것입니까?

답 : 심판 날에 의인들은 구름으로 그리스도에게로 끌어올려져 그분의 오른쪽에 세워질 것이고,[1] 거기서 공개적으로 인정을 받고 무죄선고를 받으며 acquitted,[2] 그리스도와 함께 버림 받은reprobate 천사들과 사람들을 심판할 것입니다.[3] 그리고 하늘로 영접되어[4] **모든 죄와 비참으로부터 완전히 그리고 영원히 자유하게 될 것이며,[5] 셀 수 없이 많은 성도들과 거룩한 천사들의 무리 가운데서,[6] 특히 성부 하나님과 우리 주 예수 그리스도와 성령을 영원토록 직접 보고**immediate vision **즐기면서**fruition,[7] 상상할 수 없는inconceivable **기쁨으로 충만하게 될 것이며,[8] 몸과 영혼 둘 다 완전히 거룩하고 행복하게 될 것입니다. 이것이 보이지 않는 교회**the invisible church의 **회원들이 부활과 심판 날에 그리스도와 함께 영광중에 누릴 완전하고 충만한 교제**communion입니다.

---

1) 살전 4:17   2) 마 25:33; 10:32   3) 고전 6:2-3   4) 마 25:34,46   5) 엡 5:27; 계 14:1   6) 요일 3:2; 고전 13:12; 살전 4:17-18   7) 히 12:22-23   8) 시 16:11

웨스트민스터 신앙고백서
제33장 최후심판에 관하여
Of the Last Judgment

2. 하나님께서 이날을 정하신 목적은 택함 받은 자들을 영원히 구원하셔서 자신의 자비의 영광을 나타내시고, 악하고 순종하지 않는 유기자들the reprobate을 지옥에 떨어뜨리셔서damnation 자신의 공의의 영광을 나타내시고자 함이다. **그때 의인들the righteous은 영원한 생명으로 들어가 주님의 임재로부터 오는 충만한 기쁨과 만족refreshing을 누리게 되지만,** 하나님을 알지 못하고 예수 그리스도의 복음에 순종하지 않는 악인들the wicked은 영원한 고통torments 가운데 던져져서 주님의 임재와 그분의 영광으로부터 영원한 멸망destruction의 형벌을 받게 된다.[5]

---

5) 마 25:31-46; 롬 2:5-6; 9:22-23; 마 25:21; 행 3:19; 살후 1:7-10

성령의 사역으로서의 영원한 생명

영원히 사는 것은 성령의 사역이다. 이 사실은 로마서 8:11 **"예수를 죽은 자 가운데서 살리신 이의 영이 너희 안에 거하시면 그리스도 예수를 죽은 자 가운데서 살리신 이가 너희 안에 거하시는 그의 영으로 말미암아 너희 죽을 몸도 살리시리라"**는 말씀에 나타나 있다.

이 세상에서 우리가 영원한 생명을 맛보는 것은 성령을 통해 가능하다. 우리를 장차 완전한 천국으로 인도하시는 것도 성령께서 하시는 일이다. 그러므로 몸의 부활, 영원한 생명은 모두 다 성령 하나님의 사역이다.

영원히 사는 것이 주는 위로

영원히 사는 것에 대한 믿음은 우리에게 어떤 위로를 주는가? 하이델베르크 요리문답 제58문답은 다음과 같이 고백한다.

성도의 진정한 소망은 단순히 사후의 세계에 있는 것이 아니라, 그리스도의
재림과 함께 있게 될 이 몸의 부활과 그 후에 있을 새 하늘과 새 땅에서 계속될
영원한 삶과 그 즐거움에 있다.[251]

영원한 멸망을 받을 불신자들

영원히 사는 것은 신자만 아니라 불신자에게도 해당된다. 그러나 불신자의 영
원한 생명은 신자의 영원한 생명(eternal life)과 다르다(마 25:46). 불신자는 영
원한 형벌(eternal punishment)을 받는다(마 25:41,46; 막 9:43; 살후 1:8-9).
불신자는 죽지 않고 영원히 산다는 점에서 신자와 같지만, 불신자의 영원한 삶
은 기쁨과 영광의 삶이 아니라 몸과 영혼 둘 다 마귀와 그의 천사들과 함께 말할
수 없는 고통의 형벌을 영원히 받는 것이다. 마태복음 25:41은 "또 왼편에 있는
자들에게 이르시되 저주를 받은 자들아 나를 떠나 마귀와 그 사자들을 위하여
예비된 **영원한 불**에 들어가라"라고 말씀하며, 데살로니가후서 1:8-9는 "[8]하나
님을 모르는 자들과 우리 주 예수의 복음에 복종하지 않는 자들에게 **형벌**을 내
리시리니 [9]이런 자들은 주의 얼굴과 그의 힘의 영광을 떠나 **영원한 멸망의 형벌**
을 받으리로다"라고 말씀한다. 웨스트민스터 대요리문답 제89문답은 다음과 같
이 가르친다.

---

251) 이승구, 『사도신경』, 357.

제7일 안식일 예수 재림교회는 영원한 멸망을 믿지 않는다. 죄의 양과 질에 따라 형벌의 고통기간이 있을 것이다. 그 이후에는 소멸된다고 본다. 이러한 가르침은 성경적이지 않다.

죽음에 대한 성도의 자세

몸이 다시 살아날 것과 영원히 사는 것을 믿는 성도들은 죽음을 두려워하지 말아야 한다(살전 4:13-18). 왜냐하면 불신자에게는 죽음이 영원한 형벌이 시작되는 순간이지만, 신자에게는 죽음이 성화가 끝나고 영화가 시작되는 순간이기 때문이다.

성도에게 있어서 삶과 죽음은 동일한 의미를 가진다(빌 1:20-21). 성도는 살든지 죽든지 주를 위해 살아야 한다. 성도는 마치 그리스도께서 어제 죽으셨고 오늘 아침 일어나셨으며 내일 다시 오실 것처럼 살아야 한다.[252]

사도신경에 대한 믿음과 영원한 생명

사도신경의 마지막 문장 "영원히 사는 것"이 가능하려면 사도신경을 믿어야

---

252) Hoekema, 『개혁주의 종말론』, 197.

한다. 그래서 하이델베르크 요리문답은 제22문답에서부터 제58문답까지 사도신경을 해설한 뒤에 제59문답에서 다음과 같이 고백한다.

하이델베르크 요리문답

59문 : 이 모든 것을 믿는 것이 당신에게 지금 어떤 유익을 줍니까?

답 : 그리스도 안에서 나는 하나님 앞에서 의롭게 되며 **영원한 생명**의 상속자 heir가 됩니다.[1]

---

1) 합 2:4; 요 3:36; 롬 1:17

기독교 복음의 요약인 사도신경을 믿는 자만이 이 세상에서와 장차 올 세상에서 영원한 생명을 누릴 수 있다.

이 고백을 할 때 가져야 할 마음

"영원히 사는 것"이라고 고백할 때는 삼위일체 하나님의 구원사역으로 말미암아 구원 받은 자들은 영원한 삶이 있음을 믿어야 한다. 영원한 생명은 죽은 이후에만 있는 것이 아니라 이 세상에서 이미 시작되고 있음을 믿어야 한다.

제3부

사도신경 12문장에 담긴 기독교 신앙

사도신경의
참된 고백을 위해

1. 사도신경과 성경

사도신경은 성경이 아니다. 그러나 사도신경의 모든 단어들, 문장들은 성경에서 왔다. 사도신경 본문 자체는 영감된 것이 아니지만, 그 내용 하나하나는 철저히 성경 본문에 근거를 두고 있다. 그렇다고 단순히 성경본문을 열거한 것은 아니다. 성경의 가르침 중 핵심 되는 부분을 체계적으로 정리해 놓았다. 이처럼 사도신경은 사람에게서 나온 것이 아니라 하나님의 계시인 성경에서 나온 것이다.[253]

그래서 하이델베르크 요리문답은 제23문답에서부터 사도신경을 해설하기에 앞서 제21문답에서 다음과 같이 고백한다.

하이델베르크 요리문답

21문 : 참된 믿음이란 무엇입니까?

답 : 참된 믿음은 **하나님께서 그의 말씀에서 우리에게 계시하신 모든 것**이 진리라고 여기는 확실한 지식a knowledge and conviction이며,[3] 동시에 성령께서[4] 복음으로써[5] 내 마음속에 일으키신 굳은 신뢰assurance입니다.[6] 곧 순전히 은혜sheer grace로, 오직 그리스도의 공로 때문에 하나님께서 죄 사함과 영원한 의로움과 구원을[7] 다른 사람뿐 아니라 나에게도 주심을[8] 믿는 것입니다.[9]

---

3) 요 17:3; 롬 4:20-21; 히 11:1,3; 약 1:6   4) 마 16:17; 요 3:5; 행 16:14; 고후 4:13; 빌 1:19   5) 막 16:15; 행 10:44; 16:14; 롬 1:16; 10:17; 고전 1:21   6) 시 9:10; 롬 4:16-21; 5:1; 10:10; 엡 3:12; 히 4:16   7) 눅 1:77-78; 요 20:31; 행 10:43; 롬 3:24; 5:19; 갈 2:16; 엡 2:8; 히 10:10   8) 딤후 4:8   9) 합 2:4; 롬 1:17; 갈 3:11; 히 10:38

---

253) 성경은 *norma normans*(rule ruling, 규범 하는 규범)이며, 신조는 *norma normata*(rule ruled, 규범된 규범)이다. 그런데 로마가톨릭교회는 *norma normans*(규범 하는 규범)에 성경뿐만 아니라 전통(교회의 결정)을 포함시킨다. 반면 개신교는 절대적인 최고의 규범을 오직 성경에만 돌린다. 이것을 말하기 위하여 *norma normans*(성경)와 *norma normata*(신조)를 구별한다.

사도신경을 비판하는 사람들은 사도신경이 성경이 아니며, 성경적이지도 않다고 말한다. 그러면서 사도신경은 필요가 없다고 주장한다.

그러나 그러한 주장은 전혀 논리적이지도 합리적이지도 않다. 왜냐하면 성경 외의 모든 것은 불필요한 것이 아니며, 사도신경은 성경 전체를 잘 요약해 둔 것으로서 분명히 성경적이기 때문이다.

2. 사도신경과 믿음

사도신경은 "믿습니다"라는 말이 반복된다. 한글번역의 경우 첫 번째 문장, 두 번째 문장, 여덟 번째 문장, 열두 번째 문장에서 각각 "믿습니다"라는 말이 반복된다. 이것은 라틴어 원문의 *Credo*(믿다, 고백하다)를 번역한 것으로, 라틴어 원문에는 3번만 나온다. 마지막 열두 번째 문장의 "믿습니다"는 원문에는 없지만, 한글의 특성상 부득이하게 여덟 번째 문장의 "믿습니다"를 반복한 것이다.

그러므로 사도신경의 "믿습니다"는 성부, 성자, 성령에게 해당하는 것이므로, 핵심은 삼위 하나님에 대한 '믿음'이다.[254]

기독교 신앙에 있어서 '믿음'이란 크게 두 가지 의미를 담고 있다. 지식(*cognitio*)과 신뢰(*fiducia*)다.[255] 그리고 이 믿음의 내용은 사도신경에 잘 요약되어 있다. 이 사실은 하이델베르크 요리문답 제21-22문답에서 다음과 같이 가르친다.

하이델베르크 요리문답

21문 : 참된 믿음이란 무엇입니까?

답 : 참된 믿음은 하나님께서 그의 말씀에서 우리에게 계시하신 모든 것이 진리라고 여기는 **확실한 지식**a knowledge and conviction이며,[3] 동시에 성령께서[4] 복음으로써[5] 내 마음속에 일으키신 **굳은 신뢰**assurance입니

---

254) 루터의 대요리문답은 제2부에서 사도신경을 다루는데, 그 제목이 '믿음'(Der Glaube)이다. 루터는 믿음을 설명하기 위해 사도신경을 사용한다.

255) 칼뱅은 이 주제를 *Institutes*, III. ii. 2-5에서 다룬다.

다.[6] 곧 순전히 은혜sheer grace로, 오직 그리스도의 공로 때문에 하나
님께서 죄 사함과 영원한 의로움과 구원을[7] 다른 사람뿐 아니라 나에
게도 주심을[8] 믿는 것입니다.[9]

---

3) 요 17:3; 롬 4:20-21; 히 11:1,3; 약 1:6   4) 마 16:17; 요 3:5; 행 16:14; 고후 4:13; 빌 1:19   5) 막 16:15; 행
10:44; 16:14; 롬 1:16; 10:17; 고전 1:21   6) 시 9:10; 롬 4:16-21; 5:1; 10:10; 엡 3:12; 히 4:16   7) 눅 1:77-78; 요
20:31; 행 10:43; 롬 3:24; 5:19; 갈 2:16; 엡 2:8; 히 10:10   8) 딤후 4:8   9) 합 2:4; 롬 1:17; 갈 3:11; 히 10:38

22문 : 그러면 그리스도인은 무엇을 믿어야 합니까?

답 : 복음에 약속된 모든 것everything God promises us in the gospel을 믿어
야 합니다.[10] 이 복음은 보편적이고 의심할 여지없는 우리의 기독교 신
앙의 조항들인 **사도신경**이 요약하여 가르쳐줍니다.

---

10) 마 28:19-20; 막 1:15; 요 20:31

사도신경을 믿는다면, 사도신경이 가르치는 내용을 알아야 한다. 무슨 내용인
지를 모르고 믿을 수 없다. 아는 것을 믿는다. 아는 것을 진리로 여겨야 한다. 그
것이 곧 믿음이다. 이러한 믿음을 명시적(明示的) 믿음(explicit faith)이라고 한
다. 이 믿음은 로마가톨릭이 가르치는 맹목적(盲目的) 믿음(implicit faith)과 대
조된다. 맹목적 믿음이란 이해가 없는 믿음, 내용을 이해하지 못해도 교회가 가
르치는 것을 믿으려는 태도만 갖고 있는 것을 말한다. 그러나 성경은 참된 믿음
은 확실한 지식을 동반한다는 것을 분명히 가르치기 때문에, 맹목적 믿음이란
것은 잘못된 개념이다. 지식 없는 믿음은 참 믿음이 아니다. 믿음은 어떤 존재를
막연하게 믿는 것이 아니고, 확실한 대상, 즉 하나님과 그 아들 예수 그리스도를
믿고 고백하는 것이다. 그러므로 사도신경을 믿는다는 것은 사도신경이 가르치
는바 내용이 무엇인지를 안다는 것을 포함한다.

지식과 앎이 중요한 또 다른 이유는 사도신경을 고백한다고 하지만, 실제로는
그 의미가 완전히 달라지는 경우가 많기 때문이다. 로마가톨릭, 루터교회, 재세
례파 등이 사도신경의 문구를 동일하게 고백하지만, 그 내용은 전혀 다르다.

사도신경을 믿는다면, 사도신경의 내용을 신뢰해야 한다. 알지만 신뢰하지 않

으면 믿음이 아니다. 야고보서 2:19 "네가 하나님은 한 분이신 줄을 믿느냐 잘 하는 도다 귀신들도 믿고 떠느니라"에 의하면 귀신(사탄)도 하나님께서 한 분이 심을 안다. 하지만, 귀신은 하나님을 믿지 않는다. 사탄도 사도신경의 내용을 안 다. 하지만 사도신경을 믿지 않는다. 이처럼 아는 것이 믿음의 한 부분이지만, 믿음의 전체는 아니다. 아는 것과 함께 신뢰가 동반되어야 한다. 지식과 신뢰는 한 가지의 두 면이다. 이 둘은 따로 있는 것이 아니라 하니로 붙어 있다. 확실한 지식 위에 굳은 신뢰가 있으며, 굳은 신뢰는 확실한 지식을 전제로 한다.[256)]

3. 사도신경과 고백

민음은 고백되어야 하고, 고백된 것이야 말로 믿음이다. 우리의 신앙은 마음 으로 믿고 끝나는 것이 아니라, 마음으로 믿은 것을 입으로 고백해야 한다. 이에 대해 로마서 10:10은 "사람이 마음으로 믿어 의에 이르고 입으로 시인하여 구원 에 이르느니라"고 말씀한다.

사도신경은 우리의 믿음을 마음으로 믿고 입으로 고백하기 위해 만들어졌다. 그렇기에 예수 그리스도를 믿고 세례를 받을 때 삼위일체 하나님 앞에서 사도신 경을 입으로 고백하고, 그 이후 드리는 모든 예배 때 하나님 앞에서 사도신경을 입으로 고백한다. 나아가 세상에서 사람 앞에서 사도신경을 입으로 고백한다.

4. 사도신경과 교회

그리스도인은 자신의 믿음을 고백하는 사람이다. 고백자인 그리스도인들로 모여 있는 교회는 고백 공동체다. 그러므로 사도신경은 교회에서 고백되어야 하 고, 교회는 사도신경으로 하나가 되어야 한다. 신앙고백을 하는 '나'는 '우리'라 는 교회공동체에서 '나'와 동일한 신앙고백으로 교회의 회원 된 자들과 '우리' 를 이룬다. 교회에 속한 자들은 모두 다 사도신경을 고백하는 자들이다. 그렇기 에 "신조 없이는 교회가 없다"(*Ecclesia sine symbolis nulla*)는 말은 참되다.

---

256) 김헌수, 『하이델베르크 요리문답 강해 I』, 181-182; 황원하, 『하이델베르크 요리문답 해설』, 132.

5. 사도신경으로 충분한가?

사도신경만 믿으면 충분할까? 사도신경을 믿으면 구원받는다. 그렇다면 충분하다. 그러나 성경은 사도신경보다 크다. 그렇기에 사도신경으로 충분하지 않다. 사도신경은 우리가 믿어야 할 바의 '전부'가 아니다. 성경의 가르침 중 사도신경이 다루지 않는 부분이 훨씬 많다. 사도신경은 성경의 권위, 율법, 죄의 본질, 구원역사, 거듭남, 칭의, 믿음과 회개, 성화, 예배, 성례, 직분, 천년왕국, 신자의 삶과 윤리, 기도 등은 다루지 않는다. 그렇기에 사도신경은 우리가 믿어야 할 바의 '최소한'일 뿐이다. 사도신경으로 출발해서 그 외의 다른 부분도 역사가 전해 준 다른 신조들(니케아신경, 아타나시우스신경, 벨기에 신앙고백서, 하이델베르크 요리문답서, 도르트신조, 웨스트민스터 신앙고백서, 웨스트민스터 대소요리문답서 등)의 가르침을 통해 계속해서 배워야 한다.

사도신경만 믿으면 충분할까? 사도신경을 믿으면 충분하다. 그러나 사도신경의 각 단어와 문장에 대한 이해가 성경적이어야 한다. 예컨대, 성부 하나님의 창조를 믿지만, 성자와 성령께서 창조에 함께 참여하셨음을 믿지 않을 수 있다. 창조를 믿지만 섭리를 믿지 않을 수 있다. 성자 하나님께서 동정녀 마리아에게서 나셨음을 믿지만 마리아의 무죄설을 믿을 수 있다. 음부에 내려가셨으며를 믿지만 성자 하나님께서 죽으신 뒤에 지옥에 가셨다고 믿을 수 있다. 이런 경우가 있을 수 있기에 사도신경으로 충분하지 않다. 그래서 교회역사는 사도신경으로 만족하지 않고 수많은 신조들을 만들었는데, 모든 신조들은 사도신경을 바탕으로 한다. 모든 신조들은 사도신경에 대한 주석이라고 할 수 있다.

사도신경을 믿는 교회는 모두 다 건전한 교회인가? 사도신경을 믿지 않으면 모두 다 건전하지 않은 교회인가? 사도신경을 믿으면 건전한 교회다. 그러나 사도신경을 어떻게 믿느냐가 중요하다. 사도신경을 사용하지 않더라도 그 내용을 믿으면 건전한 교회다. 로마가톨릭교회는 사도신경을 고백하지만, 내용에 대한 이해가 건전하지 않다. 침례교회는 사도신경 자체가 성경에 없다는 이유로 고백하지 않지만, 사도신경의 내용 전체를 동의한다. 로마가톨릭교회는 사도신경을 고백하지만, 사실상 고백하지 않는 것이다. 침례교회는 사도신경을 고백하지 않지만, 사실상 고백하는 것이다. 그렇기에 사도신경을 고백하는 로마가톨릭교회는 건전하지 않지만, 사도신경을 고백하지 않는(그러나 사실상 고백하는 것과 다름없는) 침례교회는 건전하다. 그러므로 사도신경을 고백하지 않는 침례교회와는 연합할 수 있지만, 사도신경을 고백하는 로마가톨릭교회와는 연합할 수 없다.[257] 사도신경을 고백하지 않는 침례교인이었던 사람을 장로교인으로 받는 것은 어렵지 않지만, 사도신경을 고백하는 로마가톨릭교회 교인이었던 사람을 장로교인으로 받기 위해서는 개종(改宗)이 필요하다. 그러면서도 침례교회와 장로교회가 한 교파를 형성할 수는 없다. 사도신경의 내용에 있어서는 일치하지만, 사도신경이 다루지 않는 예배, 성례, 직분 등에 있어서 다르게 믿기 때문이다. 이런 점에서 사도신경은 충분하지만, 충분하지 않다.

사도신경으로 충분하냐 아니냐를 단순하게 말할 수 없다. 사도신경을 믿느냐 아니냐를 단순하게 말할 수 없다. 사도신경을 입술로 고백해도 그 의미를 전혀 모른다면 사도신경을 고백하지 않는 것이다. 사도신경의 모든 문장을 똑같이 고백해도, 그 의미를 다르게 받아들인다면 사도신경을 고백하지 않는 것이다. 사도신경의 전체 내용을 그 의미대로 다 믿지 않는다면 아무리 이 고백을 암송해도 참된 그리스도인이라 할 수 없다. 사도신경을 암송하는 사람들이 그리스도인이 아니라 이 모든 내용을 믿는 사람들이 그리스도인이다.

사도신경은 짧다. 그러나 풍성하다. 그렇기에 아우구스티누스(Augustinus)는 이렇게 말했다. "사도신경은 간결하고 장엄한 신앙의 규범이다. 단어의 수는 간결하나, 문장의 무게는 장엄하다."(regula fidei brevis et grandis; brevis numero verborum, grandis pondere sententiarum.)[258]

---

257) 2005년에 대한예수교장로회 (고신)에서는 "사도신경으로 충분한가?"라는 주제가 심각하게 논의되었다. 특별히 교회 연합과 관련된 문제였다. 고려신학대학원 교수 논문집인 『개혁신학과 교회』, 제18호 (천안: 고려신학대학원, 2005), 145-215를 참조하라.

258) Augustinus, Sermo, 59, 1, PL 38, 400.

참 고 문 헌

성경

벨기에 신앙고백서 (BC. 1561)
하이델베르크 요리문답 (HC. 1563)
도르트 신조 (Dort. 1619)
웨스트민스터 신앙고백서 (WCF. 1647)
웨스트민스터 대요리문답 (WLC. 1648)
웨스트민스터 소요리문답 (WSC. 1648)

Institutes (기독교 강요. 1559)

고재수. 『교의학의 이론과 실제』. 천안: 고려신학대학원, 2001².
김영재. 『기독교 신앙고백: 사도신경에서 로잔협약까지』. 수원: 영음사, 2011.
김진홍. 『교리문답으로 배우는 장로교 신앙』. 서울: 생명의 양식, 2017.
김헌수. "종교개혁과 요리문답 교육 및 설교." 『하이델베르크 요리문답의 역사와 신학: 개혁 신앙 강좌 6』. 서울: 성약, 2006.
김헌수. 『하이델베르크 요리문답 강해 I: 우리의 유일한 위로와 삼위 하나님』. 서울: 성약출판사, 2009.
김헌수. 『하이델베르크 요리문답 강해 II: 높아지신 그리스도와 성신 하나님의 위로』. 서울: 성약출판사, 2010.
문병호. 『기독론: 중보자 그리스도의 인격과 사역』. 서울: 생명의말씀사, 2016.
박일민. 『개혁교회의 신조』. 서울: 성광문화사, 1998.
손재익. 『십계명, 언약의 10가지 말씀: 웨스트민스터 신앙고백서 및 대소요리문답, 하이델베르크 요리문답, 벨기에 신앙고백서로 보는 십계명』. 서울: 디다스코, 2016.
유해무. 『개혁교의학』. 서울: 크리스챤다이제스트, 1997.
유해무. 『신학: 삼위일체 하나님을 향한 송영』. 서울: 성약, 2007.
이승구. 『기독교 세계관이란 무엇인가?』. 서울: SFC, 2004.
이승구. 『사도신경』. 서울: SFC, 2004.
조영엽. 『가톨릭교회 교리서 비평』. 서울: CLC, 2010.
황원하. 『하이델베르크 요리문답 해설』. 평택: 교회와 성경, 2015.
한국 천주교 주교회의. 『가톨릭 기도서』. 서울: 한국천주교중앙협의회, 1997.

Bavinck, Herman. *Gereformeerde Dogmatiek.*
Berkhof, Louis. *Systematic Theology.* Grand Rapids: Eerdmans, 1941.
Catechism of the Catholic Church (가톨릭 교회 교리서)
France, R. T. *The Gospel of Mark.* NIGTC. Grand Rapids: Eerdmans, 2002.
Hodge, Charles. *Systematic Theology.* vol I, 1871; Reprinted, Mass: Hendrickson, 2003.
Kelly, J. N. D. *Early Christian Creeds.* London: Continuum, 1972³.
Klooster, Fred H. *Our Only Comfort: A Comprehensive Commentary on the Heidelberg Catechism.* Grand Rapids: CRC Publications, 2001.

Reymond, Robert L. *A New Systematic Theology of the Christian Faith*. Nashville: Thomas Nelson, 1998.

Ursinus, Zacharias. *Commentary on the Heidelberg Catechism*. Phillipsburg: P&R, 1852.

Bavinck, Herman. *Our Reasonable Faith*, trans by Henry Zylstra. Grand Rapids: Baker, 1977. 김영규 역.『하나님의 큰 일』. 서울: CLC, 1999.

Berkouwer, G. C. *The Church*. trans by James E. Darison. Grand Rapids: Eerdmans, 1976. 나용화, 이승구 공역.『개혁주의 교회론』. 서울: CLC, 2006.

Clowney, Edmund P. *The Church*. Leicester: IVP, 1995. 황영철 옮김.『교회』. 서울: IVP, 1998.

Grudem, Wayne. *Systematic Theology: An Introduction to Biblical Doctrine*. Grand Rapids: Zondervan, 1994. 노진준 옮김.『조직신학(중)』. 서울: 은성, 1997.

Guthrie, Donald. *New Testament Theology*. Leicester: IVP, 1981. 정원태, 김근수 옮김.『신약신학』. 서울: CLC, 1988.

Hoekema, Anthony A. *Created in God's Image*. Grand Rapids: Eerdmans, 1986. 류호준 역.『개혁주의 인간론』. 서울: CLC, 1990.

Hoekema, Anthony A. *The Bible and The Future*. Grand Rapids: Eerdmans, 1979. 류호준 역.『개혁주의 종말론』. 서울: CLC, 1986.

Johnson, Darrell W. *Experiencing the Trinity*. Vancouver: Regent College, 2002. 김성환 옮김.『삼위 하나님과의 사귐』. 서울: IVP, 2006.

Klooster, Fred H. *A Might Comfort: The Christian Faith according to the Heidelberg Catechism*. Grand Rapids: CRC Publications, 1990. 이승구 역.『하나님의 강력한 위로: 하이델베르크 요리문답에 나타난 기독교 신앙』. 서울: 토라, 2004.

Luther, Martin. *Der Große Katechismus* (1529), 최주훈 옮김,『마르틴 루터 대교리문답』. 서울: 복 있는 사람, 2017.

Macleod, Donald. *The Person of Christ*. Leicester: IVP, 1998. 김재영 역.『그리스도의 위격』. 서울: IVP, 2001.

Packer, James I. *Knowing God*. London: Hodder & Stoughton, 1973. 정옥배 옮김.『하나님을 아는 지식』. 서울: IVP, 1996.

Prime, Derek. *The Ascension: The Shout of a King*. Leominster: Day One Pub., 1999. 김귀탁 옮김.『승천: 왕을 부르는 소리』. 서울: 부흥과 개혁사, 2008.

Smail, Tom A. *The Forgotten Father: Rediscovering the Heart of the Christian Gospel*. London: Hodder & Stoughton, 1980. 정옥배 옮김.『잊혀진 아버지』. 서울: IVP, 2005.

Vos, Geerhardus. *The Self-disclosure of Jesus*. Philipsburg: P&R, 1978. 이승구 옮김.『예수의 자기계시』. 김포: 그나라, 2014.